睿文館

FLESH AND STONE

The Body and the City in Western Civilization

Richard Sennett

肉体与石头

西方文明中的身体与城市

〔美〕理查德·桑内特 著　黄煜文 译

上海译文出版社

献 给 希 拉 里

城市是由各种不同的人所构成：
相似的人无法让城市存在。

——亚里士多德：《政治学》

忧思现代文明的另类视角

——读理查德·桑内特的《肉体与石头》

赵立行

（复旦大学历史系教授）

　　人类总是在期待中匆匆前行，而人类的心灵层面却时时回溯过去，希望在过去、现在和未来之间找到某种关系。在匆匆前行的背后遗留下无数的文明痕迹，而时时的回望则成就了一部又一部的文明史。不同的时代环境、不同的知识结构、不同的历史意识，促成了不同的观察文明的视角。在过去传统的历史学中，从政治和军事角度观察者有之，从文化的角度观察者有之，从经济和社会的角度观察者有之。尽管在传统历史学中，这些角度之间也有着矛盾和争论，但是随着后现代主义等形形色色新型流派的兴起，传统历史学的整体界限已被突破，被传统历史学长期忽略的领域被挖掘出来，看似"另类"的视角为历史学增添了不少的活力。理查德·桑内特的《肉体与石头——西方文明中的身体与城市》就是诸多另类视角文明史之一种。

　　理查德·桑内特对人类文明演进的考察，聚焦于人类身体和城市这两个要素。这两个要素分开来看都是极其普通的，人类身体是无处不在的，城市也是文明的重要构成要素，但是在传统的文明史中很难看到这两者有什么密切的关联。正是在这样一个普通但又被忽略的领域，在身体与城市之间复杂关系的表现中，桑内特确立了复原人类文明史的架构。

在桑内特的架构中，人类自希腊以来的城市发展史被浓缩概括为三种身体的形象，分别以身体的不同器官来命名，它们又对应着人类历史上的三种城市理念和类型。每一种类型都体现着身体体验与城市形象的相互关系，其中身体体验塑造着城市的形象，反过来城市形象又回应和加强着身体的体验。第一种类型，他命名为"声音与眼睛的力量"。在这一部分，他以具体社会生活的事例，向我们展示了希腊和罗马的古典时代人们是如何以声音和眼睛来参与城市生活、塑造城市形象，以及城市的形态如何规训着人们的身体行为的。这些身体行为在城市空间的展示，从具体的角度反映了希腊和罗马的意识形态和文化风尚。希腊人更注重声音，也就是自我的表达和彼此之间的袒露心胸。希腊人对裸体的注重其实是对自我公民身份的强调，对彼此真诚表露自己的肯定。无论是公共集市还是公民大会的场所，或者普通居民的房顶，都是一个聆听声音和发出声音的地方。这些声音引导人们更加关注集体，关注城邦集体的利益。与此相对应，希腊的城市建筑是开放式的，易于沟通的和便于声音传达的。与希腊相比，罗马人更加注重眼睛。罗马人的建筑往往注重中心，强调一致，强调秩序。罗马的万神殿、竞技场以及所征服地区的城市，都典型地体现了这种理念，指望通过这些建筑驯化人们的眼睛，让人们观看并相信，把威严、永恒和秩序的观念浸透到人们的内心。第二种类型称作"心脏的运动"，主要是探讨中世纪和文艺复兴时期的城市理念和身体的体验。在这一部分，作者主要探讨了两对矛盾以及这两对矛盾如何体现在城市空间方面。他探讨基督教平等、禁欲的理念如何塑造了城市的公共空间，以及这种新的理念如何消除了希腊和罗马声音和眼睛的力量。基督教徒虽然生活在现实的城市空间中，但是他们的心灵却要转向上帝，避免现实的诱惑，这就需要营造一个模仿基督、服务虔诚事业和将信徒凝聚为一个社团的空间。因此，中世纪城市理念主要考虑的是如何设立慈善机构以及如何配置礼拜问题，从外表的装饰转向内部气氛的营造：城市就"如同一个修道院"，能够制造"晕厥"的效果。第二对矛盾产生于商业经济的复兴对基督教伦理的冲击。这其中经济个人主义和基督教社团意识、商业对基督教城市空间的占领，都形成强烈的矛盾。身体的纯洁与感染概念被用于社会生活之中，恐惧中西欧出现了比较奇特的隔离现象。其中桑内特着重考察了威尼斯犹太隔离区现象，这是身体意识影响城市空间的一个典型的例证。在身体上封闭犹太人满足了基督教徒渴望纯净的愿望，同时也剥夺了犹太商人的社会野心。最重要的是，它能够让统治精英们继续利用犹太人的经济力量为自己服务。第三种类型称为"动脉与静脉"。作者认为，哈维对人类身体血液循环理论的发现，极大地影响了城市理念的改变。如果把城市比作一个身体的话，那么四通八达、畅通无阻的道路就是血液的动脉和静脉，循环系统成为城市结构中最中心的设计。这种理念强调畅通、迅速和舒适。以此为起点，开始了迄今为止的现代城市设计的模式。这种设计在给生活提供了便利的同时，也排斥了人的身体对城市的参与和在公共空间的停留，过去的公共空间不存在了，个人主义取代了集体意识，人们的感觉和感受的能力越来越弱，舒适和快速是以麻木人的心灵和同情心为代价的。通过这三种类型的描述，桑内特试图告诉我们，文化在创建和利用城市空间方面曾经起到过重要的影响，但是我们现在的城市理念却在造成文化的缺失和人们心灵的麻木。人类只有重新回归身体，回归感觉，才能真正恢复被现代城市文明所排挤掉的人的身体和文化。这是本书写作的目的，也是本书所得出的结论。

桑内特是从对现代文明的忧思开始考察人类身体与城市文明的，建立身体与城市的关系当然是本书独特的视角，体现着他对历史和现代文明的深深的思考。但是，这本书的出现并不是突如其来的，而是他长期对该问题关注和研究的结晶。从某种程度上来讲，桑内特是一个多才多艺的人，也是一个多产的作家。桑内特出生为芝加哥人，性情上是纽约人，此后他又居住到伦敦。他早年投身音乐学习，以当一个专业大提琴手为理想，但手部手术使他的理想破碎，之后转入了研究领域，20世纪60年代后期开始在耶鲁任课。在70年代早期，他前往纽约大学，后来他在那里设立了有影响的纽约人文学院，1999年在伦敦经济学院担任社会和文化理论方面的教授。桑内特写过一系列的著作，包括三部小说，他的知识跨越建筑学、装饰学、音乐、艺术、文学、历史和政治经济理论。而且，在这些学科之上，他从人类学的角度考察人类体验的细节。这些著作包括《混乱的运用：城市生活对个人身份影响的研究》（*The Uses of Disorder: a study of the effect of city life on personal identity*）、《阶级中隐藏的伤害》（*The Hidden Injuries of Class*）、《公共人的衰落》（*The Fall of Public Man*）、《眼睛的良心》（*The Conscience of the Eye*）、《不平等世界中的尊敬》（*Respect in a World of Inequality*）、《品性的腐蚀》（*The Corrosion of Character*）等。这些著作主要探讨城市经验，以及权威、现代主义和公共生活之间的相互关系。他所关注的"物质力量的增长和选择度的自由会伴随着自我尊重的危机"、"一个更加富裕的社会里工人阶级关于自我意识和地位的混乱"、"公共和城市生活变动的形式"等问题，都可以在他的《肉体与石头》中找到。

《肉体与石头》不但体现了桑内特个人的独特观察视角，同时也体现了反思现代文明的总体的思想趋势。桑内特从身体的角度介入对文明的研究，深受米歇尔·福柯的影响。作者自己也说，他是受到福柯的影响才开始研究身体史的。桑内特认为，城市的设计和安排都在一定程度上规训着人们的身体和思维，同时压制会导致创造性的抵抗和顺从。这些都让我们很自然地联想到福柯最重要的著作《规训与惩罚》中的观点；桑内特的观点也反映着新城市主义的理论。新城市主义起源于20世纪80年代，其主要针对社会公众对现代工业文明的不满：冷冰冰的钢筋混凝土森林让人们失去了自我，过多地强调经济竞争而使城市出现了严重的公正和公平的问题，千篇一律的城市规划也使城市失去了地方和传统特色。因此，新城市主义的理想回归自然，回归生态，回归文化，而这样的情怀在《肉体与石头》中我们可以深切地感受到。在桑内特的著作中，我们同样看到后现代的理论和方法。桑内特并没有把历史看成一个连续的过程，而是把自古希腊以来的历史分成三个层面。这三个层面并不是置于一个线形发展中，而是置于一个平等的平台上。它们之间并没有什么联系，也没有什么因果关系，而这正是后现代的倾向。同样，桑内特通过对身体与城市的考察，并没有得出现代必然比过去进步的观点。相反，他认为现代的文明甚至不如古代的文明，我们在进步过程中所抛弃的东西，正是我们现在要寻求的东西，这也是后现代反现代的理论之一。也许，我们了解了这些理论的趋势，才能更好地理解桑内特的忧思。

桑内特以轻松的文笔论述了深奥的理论问题，以翔实的普通社会生活的资料论述了比较严肃的话题。此书具有很强的可读性和哲理性。尽管他在确立身体与城市的联系时忽略了更加丰富的历史场景和内涵，尽管在许多具体问题上有牵强附会的嫌疑，但无论如何这本书都给我们提供了一个认识人类文明的新颖视角。他揭示的现代文明的弊端和现代人所面临的困境，给我们这些穿行于大街小巷、行色匆匆的现代城市人反观自己和周围的环境提供了非常有益的启示。

目　录

致　　谢

　　《肉体与石头》初稿发表于 1992 年法兰克福的歌德大学。我要感谢尽地主之谊的哈贝马斯（Jurgen Habermas）教授，他帮助我想清楚了许多问题。关于古代城市的部分，是在 1992 年至 1993 年之间在罗马的美国研究院完成的。我要感谢院长查特菲尔德-泰勒（Adele Chatfield-Taylor）和主任教授贝尔（Malcolm Bell），他们相当热心。1993 年，由于待在伍德罗·威尔逊国际学者中心（Woodrow Wilson International Center for Scholars）的缘故，而得以一窥国会图书馆（The Library of Congress）的手稿。对此，我要感谢中心的主任布利策（Charles Blitzer）博士。

　　这本书曾由几个朋友阅读过。高等研究所的鲍尔索克（Glen Bowersock）教授提供了我第一章的写作关键；纽约大学的诺曼·坎托（Norman Cantor）教授协助我找到了中古巴黎的整个历史脉络；宾夕法尼亚大学的里科沃特（Joseph Rykwert）教授很仔细地传授我建筑史方面的知识；普林斯顿大学的休斯克（Carl Schorske）教授协助我完成启蒙运动的章节；高等研究所斯科特（Joan Scott）教授和新社会研究院蒂莉（Charles Tilly）教授，则以带有宽容的批判眼光检视了整个手稿。

　　诺顿出版社的巴伯（Edwin Barber）仔细且会心地阅读了本书，阿德尔曼（Ann Adelman）在排版上相当注意作者的自尊心。本书由沙佐（Jacques Chazaud）设计，马拉西亚（Andrew Marasia）印制。

我的朋友布鲁克斯（Peter Brooks）和西格尔（Jerrold Seigel）相当支持我，他们也对我给予批评，让我的写作过程不那么寂寞。还有我的妻子萨森（Saskia Sassen），她是我生活探险中一个热情的伴侣。这本书要献给我们的儿子，在这本书形成过程中，他的成长带给我们莫大的喜悦。

我要特别感谢最后几年跟我一起研究的学生们。麦戈伊（Molly McGarry）研究建筑物、地图以及身体的意象；费米亚（Joseph Femia）让我了解到断头台是怎样运作的，从而构成我写作的根据；切里索拉（Anna-Sophie Cerisola）帮我翻译法文并加了大量注释。如果没有斯洛克姆（David Slocum）这位研究生的帮助，我几乎无法完成这本书：他耐心地寻找资料，并且仔细地辨认手稿上不计其数的改动之处。

最后，我最应该感谢的是我的朋友福柯（Michel Foucault），15年前由于他的缘故，我才开始研究身体的历史。在他故世后，我停止了这本书的写作，几年后，才以完全不同的态度重新开始。我认为，年轻时候的福柯应该不会喜欢《肉体与石头》这本书。理由我在导论中作了解释，福柯到了人生最后几年的时候，才真正指引了我这部历史的另一种写法。

导论　身体与城市 [*]

　　《肉体与石头》是一部以人类身体的体验而写成的城市史：从上古时期的雅典到现代的纽约，在城市里，女人与男人是如何迁徙的，他们看到或听到了什么，他们闻到了什么气味，他们在哪里饮食，他们如何穿着，他们何时沐浴，他们怎样做爱？虽然本书是以人的身体来理解过去，但它并不是描绘城市空间内身体感觉的历史一览表。西方文明长久以来相当看重身体的尊严以及身体的多样性。我想知道，从建筑、都市规划以及计划的实施中，能不能看出人类身体所表现出来的种种困顿。

　　我之所以写这本书，完全是出于对当代问题的种种困惑：绝大部分的现代建筑都已失去了外观上的美感；呆板、单调，整个都市环境让人了无生趣。较之现代人对于身体的感觉与自主性的重视，这种感官剥夺（sensory deprivation）更加显著。当我开始探索空间上的感官剥夺现象时，这个问题看起来似乎是一种专业上的失败——现代建筑师与都市计划专家都无法主动地将人类的身体与他们的设计结合在一起。后来我才逐渐了解到，感官剥夺的问题其实是有着更深远的历史因素。

1. 被动的身体

　　几年前，我跟一个朋友到纽约近郊的购物中心看电影。我朋友的左手在越战期间被流弹击中，军医不得不从手腕以下将其整只手掌切除。

现在，他戴着机械装置，有金属手指，能够拿餐具或打字。我们看的电影是一部残酷的战争史诗，不过我的朋友似乎没什么感觉，只是偶尔批评一点技术上的问题。电影结束后，我们在外面等人，一边抽着烟，一边看看跟我们约好的朋友到了没有。我朋友缓慢地点燃雪茄，然后用手拿着烟，旁若无人地将烟叼在嘴上。观众坐着经历了两个小时的爆炸与撕裂，对于当中精彩场面热烈鼓掌叫好，他们的确很享受这些血腥的画面。人们从戏院里陆续走出，并经过我们身边时，不安地瞥了一眼我朋友的金属手掌，然后走掉了；我们仿佛是人海中的一座孤岛。

心理学家雨果·闵斯特贝格（Hugo Munsterberg）在1911年首次观看无声电影时，觉得现代的大众媒体也许会让人感觉迟钝，在电影院里"充实的外在世界突然失去了重量，人完全从空间、时间与因果律中解放出来"，他担心"电影会让人……完全孤立于现实世界之外"。① 几乎没有哪位军人能在充斥断肢残躯的电影中得到丝毫乐趣，同样的，电影中所呈现出的性愉悦也跟实际恋人间的性经验没有什么关联性。几乎没有影片会拍两个老人，或者是两个脱光衣服的胖子在做爱。电影的性镜头，其伟大之处就在于，连上床的镜头都是演出来的，这是人类史上的创举。大众媒体所展现的东西，与实际的生活经验有着极大的断裂。

继闵斯特贝格之后而起的心理学家为了解释这种割裂，便将研究焦点放在大众媒体对观众的影响，以及媒体本身所运用的技术上面。观看带来了平静。虽然在数百万的观众中会有那么几位可能特别喜欢观看屏幕上出现的折磨与强暴镜头，而这些人后来也变成了虐待狂或性暴力加害者。不过，就那些看到我朋友金属手掌的人来说，他们完全是另一种

＊　导论的翻译承蒙台湾辅仁大学历史系王芝芝教授细心指点，特此致谢。文中如有疏漏错误，均由译者负责。——译者

① 雨果·闵斯特贝格：《电影：一个心理学的研究，1916年的无声电影》（*The Film：A Psychological Study：The Silent Photoplay in 1916*，New York：Dover Publication，1970；1916），第95页，第82页。

反应：对于暴力共鸣的经验让他们对于真正的疼痛没有了感觉。例如心理学家罗伯特·库贝（Robert Kubey）和米哈伊·奇克森特米哈伊（Mihaly Csikszentmihalyi）在对电视观众所作的研究显示，"人们在被动、放松以及漫不经心当中，从电视获取了某种生活体验"。[①] 过度地摄取虚拟的疼痛或虚拟的性爱，只会让我们身体的知觉越来越迟钝。

我们虽然比我们的曾祖父那一代更能够正视或者表达我们对身体的感觉，然而在身体自由上却不一定有相同程度的解放；至少透过大众媒体感受身体的方式反而比那些害怕表现身体感受的世代要被动得多。要怎么样才能让身体过一个道德及感觉丰富的生活呢？怎么样才能让现代人更能够察觉到彼此的存在，并且在身体上反应更敏感呢？

人类的身体与空间的关系，明显影响了人们彼此间的互动方式，他们是如何注视对方或聆听对方讲话（不管是面对面还是远距离沟通）。譬如我们已看到了战争片是如何影响了观众，致使他们看到我朋友的手也无动于衷。我们在纽约市北郊的一个大型购物中心里看电影。这是个不起眼的购物中心，大概是上一世代所建的，约有 30 家左右的商店，坐落在高速公路附近，其中还包括了电影院。电影院周围则是杂乱无章的大型停车场。这是正在发生的向巨大都市转变的结果，人口从拥挤不堪的市中心流向比较宽敞却也比较杂乱的空间，如郊区的住宅区、购物中心、办公区、工业区等。如果说郊区购物中心的电影院是个用来聚会的场所，可以让人在装有空调的舒适环境下感受欣赏暴力所带来的快感，那么人口在地理分布上的分散化致使人们在现实中感受弱化，并且压抑了身体感觉功能。

之所以会有这种现象，首先是因为某种身体上的体验让这种新地理

---

① 罗伯特·库贝和米哈伊·奇克森特米哈伊：《电视与生活质量：观看是如何塑造每天的经验》（*Television and the Quality of Life: How Viewing Shapes Everyday Experience*, Hillsdale, NJ: Lawrence Erlbaum, 1990），第 175 页。

学得以成立，也就是速度感。时至今日，人类旅行时的速度远超过我们祖先的想象。移动的技术——从汽车到连绵不绝的高速公路——让人类可以从拥挤得如同包裹般的市中心移居到城市边缘地区。空间成为达到移动目的的手段——我们现在用来衡量都市的空间，是以开车穿越一座城市或者离开城市的容易程度来衡量的。都市空间限制着移动的力量，但它的性质绝对是中性的：只有在影响驾驶的各种因素减少到最低的状况下，驾驶员才能安全开车；顺畅驾驶需要有标准的标牌、隔离带以及排水系统，还有街道上必须排除除驾驶员以外的任何生命体。当都市空间的功能变成了纯粹用来移动的时候，都市空间本身也就失去了吸引力；驾驶员只想穿过这块空间，而不想注意这块空间。

移动中的身体所处的状态也加大了身体与空间的隔断。光是速度本身就让人难以留意那些飞逝而过的景致。配合着速度，驾驶汽车，颇耗费心神，轻踩着油门与踩刹车，眼光还要在前方与后视镜之间来回扫视。拿这些驾驶汽车的动作与驾驶马车所要注意的动作相比较，开车还需要留心一些琐碎的事。在现代社会的环境中旅行并不需要花费太多身体的力气，因而也不用太投入。事实上，道路变得越来越直，越来越划一，旅行者就越来越不会在意街道旁的行人与建筑，因为他的目的只是为了移动，在这个越来越简单的环境中只需做一些细微的身体动作就行了。因此，新的地理学强化了大众媒体的效果。旅行者，就像电视观众一样，处于一种被催眠的状况下，并以此来感觉世界；身体完全没有感受到空间的存在，只是被动地在片断而不连续的都市环境中朝着目的地行进。

高速公路的工程师、电视节目的导演，这两者都创造了所谓的"无阻挡的自由"（freedom from resistance）。工程师设计了没有障碍、让人开起车来不用花力气也不用太投入的道路系统；导演则为人们寻找一切让他们看起来不会觉得不舒服的节目。从电影放映完毕、人们走出来看到我朋友时所表现出来的退缩神情，我知道我朋友吓着他们了，一具印有实际经验的烙印并在不自由状况下还能动弹的身体，要比影像中的伤痕更有震撼力。

这种想让身体不受阻挡的渴望，还伴随着一种对接触的恐惧，这种恐惧从现代都市设计中可以明显看出来。譬如在选择高速公路的行经路线时，设计者经常会以交通干线将住宅区与商业区分隔开来，或者以道路作为划分住宅区内的贫富或种族的界线。在社区发展上，设计者喜欢将学校与住宅设在社区的中心，而不是设在能与社区外的人群接触的边缘地带上。这种思维屡见不鲜，于是买房子的人便越来越觉得这种有篱笆墙与外界隔开的住宅代表着一种良好的生活。因此，我们也就不必惊讶于鲍姆格特纳（M. P. Baumgartner）在针对市郊（就像我和我朋友去看战争片的电影院所在的市郊一样）所作的研究中发现的现象，"每天，生活里都要努力否认、减少、控制和避免冲突。人们避免彼此面对面，并且不愿意路见不平拔刀相助，更不想当面谴责恶行"。① 一旦与他人接触，自己就有可能冒风险，以至于把某事物或某人当成与己无关的事物或人。现在的科技已可以让我们避开这种风险。

因此，若从现代人的眼光来看威廉·贺加斯（William Hogarth）于1751 年所画的两幅版画，一定会觉得很奇怪。在《啤酒街》与《杜松子酒巷》这两幅版画中，贺加斯特意将他那个时代伦敦的有序与无序画出来。《啤酒街》显示了一群人紧挨着坐在一起喝啤酒，男人将他们的手臂搭在女人的肩膀上。对贺加斯来说，彼此身体的接触代表着社会的连结以及秩序。今天，我们在意大利南部的小镇上还可以看到人们抓着对方的手或前臂，表示他们是很严肃地在跟你交谈。相反的，《杜松子

---

① 鲍姆格特纳：《市郊的道德秩序》（*The Moral Order of a Suburb*，New York：Oxford University Press，1988），第 127 页。

威廉·贺加斯《啤酒街》，1751 年，版画。感谢耶鲁大学刘易斯·沃波尔图书馆提供。

酒巷》展示了一个社会场景：在这个场景中，每个主要人物都只看到自己，他们都喝醉了。《杜松子酒巷》中的人，肉体都已经失去了感觉，他们感觉不到别人的存在，甚至也感觉不到楼梯、板凳以及街上的建筑物。这种身体接触的缺乏，构成了贺加斯画中城市空间无序的景象。贺加斯画中对在城市中身体所呈现出来的有序与无序的概念，与那些为害怕拥挤的顾客设计封闭性社区的建筑师的想法大不相同。在今天，秩序代表着缺乏接触。

威廉·贺加斯《杜松子酒巷》，1751 年，版画。感谢耶鲁大学刘易斯·沃波尔图书馆提供。

这种明显的区别——现代城市不断延伸的地理形态，与人类身体失去感觉的科技相映成趣——让一些现代文化的批评者得以宣称，现代与过去之间有着巨大的差异。对现实的感受力以及身体的活动能力一直在减弱，现代社会似乎变成了一个独特的历史现象。批评家们都认为，这场历史转变的源头，要从城市群众特征的转变说起。过去大众多半紧密地居住于市中心，现在则分散开来。现代市民所聚集的地方是购物中心，而它不具有任何生活共同体的意义，聚集也不是为了追求政治权力。对于现代大众来说，他人身体出现在自己面前所带来的只是威胁感。这种看法在社会理论里，已经由一些大众社会的批评家提出了，比较著名的有阿多尔诺（Theodor Adorno）和马尔库塞（Herbert Marcuse）。[①]

不过，我所要挑战的却正是这种观点。现代城市的地理学，就像现代科技一样，将西方文明中根深蒂固的问题搬到了台面上，我们必须要开始想象一个人与人之间都能彼此察觉与接触的空间。计算机屏幕以及市郊零散的住宅区是最近才出现的，在此之前，街道与广场上、教堂与市政大厅里，还有住房与庭院之间，乃是人们群聚交流的地方——石砌的老建筑让人能够去接触，至于精巧的设计则反而让人失去了贺加斯版画中所预示的对肉体的那种知觉。

2. 本书的计划

芒福德（Lewis Mumford）在写《历史名城》（*The City in History*）的时候，借由追溯城墙、房屋、街道和中央广场演变（这些是构成城市的基本形式），来描述 4 000 年来的城市历史。我的学养有限，见识也比较浅薄，因此我用不同的方式来写这本书，研究特定时期中的几座城市——选定在战争或革命爆发的时期，建筑物落成时，新医学理论诞生时，或者是某本书出版标志出人们自己身体的体验与身体所在空间的关

---

① 参见霍克海姆尔（Max Horkheimer）与阿多尔诺合著"文化产业：以集体欺骗作为启蒙"（"The Culture Industry: Enlightenment as Mass Deception"），载于《启蒙的辩证法》（*Dialectic of Enlightenment*，New York: Continuum, 1993; 1944），卡明斯（John Cummings）译，第 120—167 页；阿多尔诺著"文化产业的再思考"（"Culture Industry Reconsidered"），载于《新德国批判》（*New German Critique*），第 6 期（1975），第 12—19 页；马尔库塞著《单向度的人：先进工业社会意识形态的研究》（*One-Dimensional Man: Studies in the Ideology of Advanced Industrial Society*，Boston: Beacon Press, 1964）。

系的时候。

《肉体与石头》这本书一开始便要探讨，在伯罗奔尼撒战争爆发时，裸体对于古雅典人所具有的意义是什么，而当时也是雅典城发展到最高峰的时候。裸露、暴露身体的行为，经常被认为是人们对于自己以及对于自己城市感到骄傲的一种象征。不过，我却尝试着从中找出这种身体观是如何造成男女之间关系的障碍，并且如何塑造了城市空间及雅典民主的运作方式。

第二段历史时期则将焦点放在罗马，也就是皇帝哈德良（Hadrian）完成万神殿的时候。我试着探索罗马人对于形象的崇拜是怎么一回事，特别是罗马人执着于身体几何学，以及他们是如何将这种身体观转移到都市的设计和帝国的运作上。眼睛的力量完全束缚了罗马异教徒，并且让他们的敏感度降低，哈德良时期的基督教徒于是开始挑战这种迟钝的现象。我试着去了解基督教皇帝君士坦丁（Constantine）回到罗马并且建造了拉特兰大教堂（Lateran Basilica）的时代下，许多为基督徒所建设的空间形式。

接下来的研究，则转而放在基督教对于身体的信仰是如何塑造了中古时期极盛期及早期文艺复兴时代的都市设计。当伟大的圣路易《圣经》（Bible of St. Louis）出现于 1250 年时，基督在十字架上所受的肉体之苦也为中古时期的巴黎人提供了一个方式，来思考巴黎用来进行慈善事业以及宗教礼拜的空间该如何配置。不过，这些街头空间后来却受到新兴市场经济下熙来攘往人群的威胁而显得局促不安。到了文艺复兴时代，非基督徒与非欧洲人都被拉进了欧洲城市的经济体系当中，这也使得城市基督徒感觉到他们的共同体理想受到了威胁。1516 年，威尼斯出现了犹太人居住区。从此之后，这种威胁论就不绝于耳了。

《肉体与石头》的最后部分涉及的是现代科学有关身体的了解与早期中古的知识完全分离之后，现代空间所发生的问题。这场革命始于

17世纪初哈维（Harvey）《心血运动论》（*De motu cordis*），这部科学作品极大地改变了人们对于身体内循环的理解。这种全新的以身体作为循环系统的图像，造成18世纪开始尝试着在城市中让居民能够自由流动。革命时代的巴黎，这种全新的身体上自由的意象，与共同体空间和仪式的需要相冲突，而且现代符号中的感官被动性也首次出现。19世纪大城市的形成过程中，让个人可以自由移动，但其间所构成的进退两难的境遇却一直延续到现在。也就是说，在这种境遇里得以自由移动的个人身体，无法知觉到他人的身体。对于小说家福斯特（E. M. Forster）来说，这种两难的局面所造成的心理成本在大英帝国时代的伦敦可以看得很清楚，而对市民们所造成的代价则显现在今日具有多元文化的纽约。

没有人可以样样精通，我是以一个认真的业余工作者身份来写这本书的，所以我也希望读者在阅读过程中也能抱着跟我一样的态度。但是，这样一个简短的摘要马上会让人想问：我们要探索的是谁的身体——总之，"人类身体"（the human body）涵盖了各种年龄，不分性别与种族，这些各色各样的身体在过去与现在的城市中，都有着属于自己的空间。为了避免沦为流水账，我尝试着去理解过去对于"人类身体"所存在的集体的与一般的意象究竟是什么。统治阶级的"身体"意象倾向于压抑人们去知觉彼此，尤其是当他们的身体彼此不同的时候。当一个社会或政治秩序笼统地谈论"身体"的时候，就有可能否认那些与他们想法不同者的身体的需要。

统治阶级对身体的意象，可以用一个词来表示，那就是"身体政治"（the body politic），它表达出对社会秩序的需要。哲学家索尔兹伯里的约翰（John of Salisbury）对于身体政治所作的定义也许是最全面的，他在1159年说"国家（res publica）是一个身体"。他的意思是说，一个统治者在社会中的功能就是脑子，统治者的顾问就是心脏，商人是社会的胃，士兵是手，农人与用人则是脚。① 他所表达的是一个等级式的意象；社会秩序从脑子开始，也就是统治机关。索尔兹伯里的约翰依次地开始连结出一个人类身体的形状以及城市的形式：他认为城市的宫殿或大教堂是城市的头，市中心的市场则是胃，城市的手跟脚则是民房。因此，人们在大教堂中移动必须缓慢，因为头脑是用来思考的器官，在市场中移动则必须快速，因为消化在胃里头就像快速燃烧的火。

索尔兹伯里的约翰以科学家的方式，说明人脑的运作方式可以告诉统治者如何制定法律。现代的社会生物学从目标上来看，跟这种中古时期的科学也差不了多少；它同时也以自然现象为基础来思考社会是如何运作的。不管是中古的还是现代的形式，身体政治都按照统治阶级的身体意象建立了社会的规则。

索尔兹伯里的约翰对于身体形式与都市形式两者间所进行的类推是很不寻常的，而在都市发展的过程中，统治阶级的"身体"意象经常以"变形"的方式来界定建筑物或整座城市该是什么模样。歌颂裸体的古雅典人企图在他们的健身活动（gymnasia）中给予裸体一个实体的意义，在城市政治空间给它一个比喻性的意义。不过，他们所寻找的一般人体形式局限于男性，尤其年轻男性，更是他们的理想模式。文艺复兴时代，威尼斯人在城市里提到"身体"的尊严时，他们所指的其实是基督的身体。因此，按照这一逻辑，将半人半兽的犹太人身体排挤出去就显得相当合理。身体政治借由这些方式来运作权力，这是一种借由排除来

---

① 索尔兹伯里的约翰：《国家的原则》（*Policraticus*，Oxford：Oxford University Press，1909；original，1159），韦伯（C. C. J. Webb）编，第 5 部分，第 2 卷。由于这个文本已经朽坏，所以本文所引来自于勒戈夫（Jacques Le Goff）所用的版本，"头或心？中古时期身体隐喻的政治使用"，（"Head or Heart? The Political Use of Body Metaphors in the Middle Ages"），载于《人类身体历史的断简残篇》（*Fragments for a History of the Human Body*，New York：Zone Books，1990），第 3 部分，费赫尔（Michel Feher）、纳达夫（Ramona Naddaff）及塔齐（Nadia Tazi）合编，第 17 页。

进行压抑的语言。

然而，如果我们因此就认为身体的一般语言以及身体政治完全只是一种权力艺术的话，这也过于偏执；社会可以用单一的声音来发言，借此也可以把人民捆绑在一起。这种一般化的身体语言在转变成都市空间的语言时，也遭受了相当不寻常的命运。

在西方发展的过程中，居于支配地位的身体意象在铭刻到城市上时却变得分裂了。统治阶级的身体意象原本就允许它所统治的人民拥有含混不清的相貌，因为每具人类身体在形象上本来就各不相同，而且每个人都有各自矛盾的欲望。集体的统治意象所引起的身体矛盾与暧昧，通过都市形式的改变与污损以及都市空间的破坏性使用，而在西方城市中显示出来。也正是因为有了都市空间中所必然发生的"人类身体"的矛盾性与断片化，不同的人类身体才得以享有权利与尊严。

《肉体与石头》不想追溯权力的魔掌是从何而来，它只是从西方文明诸多伟大主题中选择了一个来进行探索，而这一个主题在《圣经·旧约》及希腊悲剧中都曾出现过。我们身体上所感受的种种被压抑的以及不快乐的经验，让我们更能对自身所处的世界有所知觉。亚当与夏娃的逾矩，他们对于赤身露体所产生的羞耻感以及最后被逐出伊甸园，都告诉了我们人类是怎么开始的，而后又是如何迷失的。在伊甸园中，他们是无知而顺从的。被逐出后，他们开始有了意识，知道自己是有瑕疵的生物。所以，他们去探索，试图去理解陌生和不同的东西。他们不再是上帝的宠儿。索福克勒斯（Sophokles）的《俄狄浦斯王》（*Oedipus the King*）讲述了一段家族的故事。俄狄浦斯在弄瞎双眼后，漫游着，并对他所看不见的世界有了全新的知觉；他变得谦卑，因此更接近众神。

我们的文明从一开始就受到身体疼痛的挑战。我们并没有单纯地把受苦当成一种不可避免或不可抗拒的经验，也不认为它具有不言自明的意义。身体疼痛这个难题，成了希腊悲剧以及早期基督徒竭力要理解圣子意义的一大特点。身体的被动性，被动地响应他人，这两个问题都同样深深植根于我们的文明当中。斯多噶学派在愉悦与疼痛之间培养出一个被动的关系，至于他们的基督教后裔，则试图将对自我感官的漠视和对同胞们痛苦的积极关注结合起来。西方文明拒绝将痛苦视为"自然的产物"，所以西方文明要是不把疼痛当成是社会控制下应顺从的代价，就是把它当成是意识上更高心灵层次的表现。我不认为当代人的观点会跟古代人一样。不过这些主题的确在西方历史上反复出现，只是有一点加工，形式有些不同，既持续又有些变动。

统治阶级的身体意象构成了我们的历史书写，让我们无法接触到伊甸园外的身体知识。他们想要传达身体的完整性，把身体当成一个系统，并且把由身体所支配的自然环境与身体一起结合成一个单位。整体性、一元性以及一贯性：这些都是权力语言中的关键词汇。我们的文明以更神圣的身体意象来与这种支配性语言搏斗，这种神圣意象让身体自己与自己争战，它是痛苦与不幸的根源。人与人之间本来就存在着不同意见，凡是能接受这一点的人，对于自己所身处的世界的理解，往往要比那些接受支配形式的人理解得更深刻。这是我们的文化所作的神圣承诺。

《肉体与石头》尝试着要了解这个承诺是如何约定下来的，而后来又是如何被打破的，尤其这个过程的发生地点是在一个特别的地方：城市。城市可以作为权力所在，它的空间可以以人本身的意象为模板，讲求一致性与整体性。城市也可以是一个统治阶级的意象在其中分裂再分裂的空间。城市将各式各样的人结合在一起，它加深了社会生活的复杂程度，也让人与人相处宛如陌生人。都市经验所带来的各个方面——差异、复杂和疏离——造成了支配的困难。这个崎岖而困难的都市地理学，构成了独特的道德承诺。它为那些自伊甸园流亡出来的人提供了栖身之所。

3. 个人的注记

我是在与已经过世的福柯（Michel Foucault）合作时，才开始研究身体史的，那是在 20 世纪 70 年代末。[1] 我的朋友的影响力，在这本书中处处可见。当我在他死后几年开始重新进行这项历史研究时，我并没有延续我们之前的做法。

在他最负盛名的书《规训与惩罚》（*Discipline and Punish*）当中，福柯想象了一个几乎快要被社会的权力之结所勒死的人类身体。当他自己的身体状况越来越差的时候，他却开始想解开这个结；在《性史》（*History of Sexuality*）第三册中，甚至更多是来自于《性史》其他还没来得及出版的部分的注释里，他都试着要身体的愉悦能摆脱社会的束缚。他一生都执迷于研究"控制"，至死不渝。

福柯死去的过程——每经一次修改，福柯的精神就越发地涌现在纸面上——让我思索维特根施泰因（Wittgenstein）曾经说过的话，他的说法挑战了这样一个观念，那就是建筑空间与身体的疼痛有关。维特根施泰因问："难道我们一旦知道痛处在哪，就能知道我们所在的房间大小吗？……当我的指尖感到疼痛，并且以我的指尖来碰牙齿，这时候真正的痛处如果距离原来我认为的痛处有十六分之一英寸的误差时，这个误差重要吗？"[2]

我写作《肉体与石头》也有尊敬并纪念福柯的意思，因为他在最后几个月里除了承受了自己身体上的痛苦以外，也持续地写出关于异教身

---

[1] 参见福柯与桑内特合著"性欲与孤独"（"Sexuality and Solitude"），载于《人文学评论》（*Humanities in Review*），第 1 卷第 1 期（1982）：第 3—21 页。

[2] 维特根施泰因：《蓝皮书和棕皮书："哲学研究"的初步研究》（*The Blue and Brown Books: Preliminary Studies for the "Philosophical Investigations"*，New York：Harper Colophon，1965），第 50 页。

体的篇章。同时也正因如此，我改变了我们原先的研究重心：从性欲的角度来观看社会上的身体。如果将身体从维多利亚式的性压抑中解放出来是现代文化中的一件大事的话，那么这个解放同时也造成了身体对性欲的感受力降低。在《肉体与石头》中，虽然我试着将性欲问题与身体对他人的察觉这个主题予以整合，不过我对于疼痛感觉的强调，与愉悦是相同的。这个主题敬重犹太—基督徒的信仰，即在身体中可以获得精神知识。同时，我也是以站在一个信仰者的立场上来写这本书的。我试着要表述出那些从伊甸园中被流放出来的人，如何在城市中找到属于自己的家园。

第一部分

声音与眼睛的力量

第 1 章　裸　体

伯里克利时期雅典公民的身体

公元前 431 年，一场战争横扫了古代世界，让雅典与斯巴达卷进了残酷战争之中。雅典自信满满地参战，但 27 年后，它受到了重创。对修昔底德（Thucydides）这位写出这场战争史的将军来说，伯罗奔尼撒战争（Peloponnesian War）所反映出来的是社会和军事的冲突，也就是说，是斯巴达的军事化生活与雅典的开放社会之间的冲突。雅典的公民领袖伯里克利（Perikles），在公元前 431 到前 430 年之间的冬天发表了葬礼演说（Funeral Oration），纪念战殁的将士。修昔底德通过这篇文稿，描绘出雅典的价值观。修昔底德所写的文字，与伯里克利实际上所说的话，其间有多少差距我们不得而知。但是，随着时间的流逝，我们越来越倾向于认定，这篇讲词的确反映了那个时代。

按照一位现代史家洛罗（Nicole Loraux）的讲法，葬礼演说试图要将"父母的悲伤转化为骄傲"。[①]青年们的白骨置于柏木棺材之内，在送葬队伍的随行下，前往城墙外的墓地，后面则簇拥着追思的群众。公共墓地的松树林里铺展着如地毯般浓密的针叶丛，守护着这些为国牺牲者的骨骸。伯里克利以赞颂雅典光荣的方式，来表彰这些死者。他说道："权力不是掌握在少数人手中，而是置于全体人民，法律之前，人人平等。"[②]希腊文中的 demokratia（民主）意味着"人民"（demos）是国家的"权力"（kratos）。雅典人民具有包容力和世界主义的心胸，"我们的城市是对世界开放的”。③ 而且，相对于斯巴达人那样只是盲目而愚蠢地遵守命令，雅典人则彼此以理性来论辩；伯里克利说道："我们认为言语与行为应该要一致。"④

伯里克利把令现代人大吃一惊的事视为理所当然。年轻勇士中的领

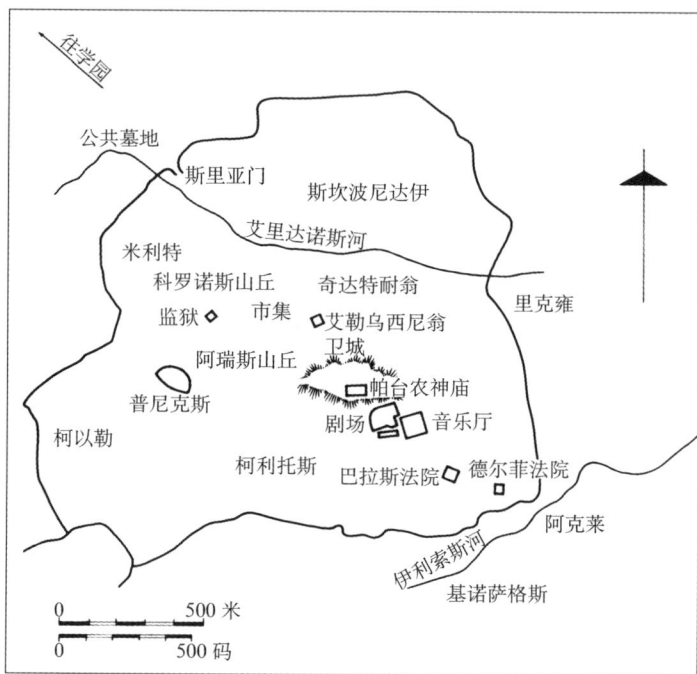

雅典地图，约公元前 400 年。

---

① 洛罗：《雅典的创造：古典城市中的葬礼演说》（*The Invention of Athens：The Funeral Oration in the Classical City*，Cambridge，MA：Harvard University Press，1986；Paris，1981），谢里登（Alan Sheridan）译，第 113 页。
② 修昔底德：《伯罗奔尼撒战争史》（*History of the Peloponnesian War*，London：Penguin，1954），瓦尔纳（Rex Warner）译，第 145 页。
③ 同上书，第 146 页。
④ 同上书，第 147 页。

导人在艺术作品中以近乎裸体的方式被描绘出来，他们那些一丝不挂的身体只靠手持的盾牌与长矛来遮掩。在城市里，年轻人在体操场内裸体角力；人们穿着宽松的衣裳上街，并且任意地在公共场所暴露自己的身体。正如艺术史家克拉克（Kenneth Clark）所观察到的，对于古希腊人而言，一具赤裸而暴露在外的身体所代表的是强壮而非弱小，更代表的是文明（civilized）。[1] 修昔底德在开始叙述伯罗奔尼撒战争时，就追溯了文明演进到战争爆发。他以斯巴达人作为这种演进的一个标志，认为他们"是第一个在运动竞赛中裸体的民族，在大庭广众之下脱光了衣服"，相反，许多野蛮人（barbaroi）仍然坚持在公开的运动竞赛中遮掩生殖器官。（Barbaroi 可以译为"异邦人"或"野蛮人"。）[2] 文明的希腊人则认为自己的裸体是值得赞美的。

对于古雅典人来说，展示自己就是肯定自己身为市民的尊严。雅典民主强调公民彼此间要能吐露思想，正如男人要暴露他们的身体一样。这种相互暴露的行为是为了用来将公民之间的结拉得更紧。我们今天也许可以称这个结为"男人间的纽带关系"，而雅典人则视其为全民的纽带。在古希腊时代，用来表达男人间同性之爱的词汇，也可以用来表达一个人对于城市的依恋。一个政治人物想要在公众面前出现，莫过于让自己成为一个恋人或战士。

坚持显示、暴露和显露，成为雅典的印记。伯里克利时期最伟大的建筑物帕台农神庙（the Parthenon），坐落于海岬上，能让全城都可以仰望到它。城市的中央大广场涵盖了几个小广场，这些小广场都是禁止进入的区域，有点像是现代的私有财产观念。在雅典人所建的民主政治广场当中，最著名的就是建于普尼克斯（Pnyx）山丘上的剧场，全体公民

---

[1] 参见克拉克《裸体：理想形式的研究》（*The Nude：A Study in Ideal Form*，Princeton：Princeton University Press，1956）。

[2] 修昔底德：《伯罗奔尼撒战争史》，第 38 页。

大会在此召开，群众组织与投票规则则是用来显示个人或小团体的投票是如何在众目睽睽下完成。裸体似乎已经成了雅典人的标志：城市是一个人们可以快乐地暴露的地方，而不像野蛮人那样只是漫无目的地漫游在世界上，没有石头的保护。伯里克利赞颂雅典在肉体与石头之间取得了和谐。

对于裸体所赋予的价值，有一部分是来自于伯里克利时期的希腊人对于人类身体内部的思考方式。体热是人类生理学的关键：最能够集中及引导体热的人，不需要穿衣服。除此之外，与冷而迟缓的身体相比较，热身体对于他人比较有反应，比较热情；热身体是强壮的，拥有热来活动与反应。这些生理学原则延伸到语言的使用上。当人们听、说或读的时候，他们的体温就会上升，同样他们活动的欲望也会上升——这是一种对身体的信仰，所以伯里克利才会认为言语与行为应该合一。

这种希腊式的生理学概念将裸体予以理想化，其内容远较修昔底德的区分更为复杂：以自己的身体与城市为荣的希腊人，以及住在森林与湿地间穿着带补丁兽皮的野蛮人。希腊的人类身体概念暗示了不同的权利、都市空间的差异，因为身体有不同程度的热。这些差异很显然在性别上也有所区分，如女性就被视为是身体比较冷的男性。女性在城市中并不裸露；她们的活动空间局限在屋内，阴暗的内部要比日光下的开放空间更适合她们的体质。在屋内，她们穿着薄布料所制作的长衫，长至膝盖；在街上，她们的长衫则长至脚踝，以粗糙不透光的亚麻布制成。希腊人对待奴隶的方式也同样反映出这样的信仰，那就是艰苦的奴役环境可以降低奴隶的体温，即使是一个贵族出身的战俘，也会因此变得越来越迟钝，无法说话，越来越不像人，而只适合于完成主人吩咐给他的工作。伯里克利所称颂的言行一致，只能应用在男性市民身上，因为他们的"本质"适合。希腊人以这种体热说来制定出支配与从属的法律规定。

　　这种统治阶级的身体意象，以及以此为基础所进行的对人民极为不平等的统治及广场配置，并不是只出现在雅典。但是，伯里克利时期的雅典人告诉我们现代人，古斯巴达并不享有这样的身体意象，部分理由是这样的身体意象给雅典民主带来了危机。修昔底德在他所写的历史里不断地提到葬礼演说的主题；他对于伯里克利对城市所表现的自信感到恐惧。修昔底德的历史显示了在关键时刻，人类因拥有权力所产生的自信，将招来自我毁灭的结果，以及雅典人身体的疼痛如何在城市的石头中找不到舒解。裸体并不能为苦难提供慰藉。

　　修昔底德说了一个关于文明开始之初努力自我展示的告诫性故事。我们在这一章将要追寻他所提供的线索，来看看这种自我展示是如何毁于语言的热度与修辞的火焰之中的。下一章，我们则要从另一个角度观察：那些具有冷身体的人是如何不甘沉默地受苦，并且反过来在城市中对冷重新赋予意义。

1. 公民的身体

伯里克利时期的雅典

　　要了解伯里克利所赞美的雅典，我们就得想象一下在战争的第一年在雅典漫步的情景，从他发表演讲的公共墓地开始。公共墓地位于雅典城墙外的西北边缘——位于城外是因为希腊人对于尸体的恐惧：死者的身体会分泌污染物，而且它们会在夜间起来行走。往城镇走去，我们来到了斯里亚门（Thriasian Gate，后来称为戴普隆门〔Dipylon Gate〕），是雅典的主要入口。这座城门由 4 座纪念塔环绕着一个中庭所构成。有一位现代史家评论说，对一个来到雅典而不具敌意的访客来说，斯里亚门是"城市权力与固若金汤的象征"。[1]

雅典的城墙说明了它权力日渐扩大。雅典原本是从卫城（Akropolis）周围发展起来的，那是一片像小山似的地表岩层，简单的武器就能加以防守。在伯里克利之前 1 000 年左右，雅典人筑起城墙来保护卫城。雅典主要是往北发展，有部分证据显示，雅典人在公元前 6 世纪开始为新发展出来的市区建造城墙。不过，雅典初期仍不是一个完整封闭的堡垒。地理位置让防卫的问题变得更复杂，因为雅典跟其他古代城市一样，都靠近水边但并不紧挨着水边；港口比雷埃夫斯（Piraeus）距离雅典有 4 英里之遥。

连接城市与海的生命线很脆弱。公元前 480 年，波斯人侵略雅典，而城墙几乎没有发挥防卫功能。为了生存，必须把城给围起来。公元前 470 年后 10 年间，雅典开始堡垒化，并且为求慎重，分成两个阶段完成。第一阶段把城自身围起来，第二阶段则把城市与海连接起来。有一道墙延伸到比雷埃夫斯，另一道墙则通往比雷埃夫斯东边的一个小港帕勒隆（Phaleron）。

这些城墙代表了一段艰苦工作的过程，然而葬礼演说却从来没提过这一点。雅典邻接的土地远大于城墙所围起来的部分。雅典城郊，或者我们可以说是核心外围（khora），约有 800 平方英里，适合于放牧绵羊、山羊，并种植大麦，而不适合于牧牛和种植小麦。早在公元前 7 世纪这片土地上的森林就已经被砍伐殆尽，因此产生了生态问题。希腊的农人勤于修剪，照料他们的橄榄树和葡萄树，而这种做法在地中海相当普遍，也让已经裸露的土地进一步暴晒于烈日之下。土地如此贫瘠，以至于雅典有三分之二的谷物仰赖进口。城郊出产白银，而在城墙建筑完成

---

[1] 威彻利（R. E. Wycherley）:《雅典的石头》（*The Stones of Athens*，Princeton：Princeton University Press, 1978），第 19 页。

之后，乡间也开始密集地开采大理石。不过，农村经济主要还是由小农所构成，由一个地主与一个或两个奴隶组成。古代世界就整体而言，完全是一个农业的世界，历史学家琳·怀特（Lynn White）写道："即使我们做最保守的估计，就算是在一个相当繁荣的区域，土地也必须有10个人耕作，才能支撑一个人不依靠土地生活。"①

对于亚里士多德、其他希腊人或者现代的西方社会精英来说，在物质方面进行奋斗以求得生存似乎是一件丢脸的事。事实上，就目前所看到的资料来说，古希腊并没有任何"词汇可以用来表达一般的'劳动'概念，也没有把劳动看成是'一种普遍存在的社会功能'的想法"。②这也许是因为当时需要把人口完全投入在劳动上，造成他们的生活内容完全被工作充满，也就是说，生活本身就是工作。古代编年史家赫西俄德（Hesiod）在《工作与时日》（*Works and Days*）中写道："白天时，人们无法摆脱劳苦与忧伤，夜晚时，也无法摆脱悲惨。"③

这种压榨式的经济使城市文明成为可能。它痛苦地编织出"城市"与"农村"的内涵。在希腊文中，城市（asteios）与农村（agroikos）也可以翻译成"机智"与"粗鄙"。④

一旦走进城门之内，城市的性格就显得不那么具有禁制意味。经由斯里亚门走进城里，我们马上来到了陶匠广场（Potters' Quarter, Kerameikos）的中心。陶匠们聚集的地方接近城外新墓地和城内旧墓地，因为骨瓮是葬礼的必需之物。从斯里亚门通往市中心的大道，建于伯里

---

① 引自奇波拉（C. M. Cipolla）:《欧洲经济史》（*Economic History of Europe*，London: Fontana, 1972），第 1 册，第 144—145 页。
② 芬利（M. I. Finley）:《古代经济》（*The Ancient Economy*，London: Hogarth Press, 1985），第 2 版编辑，第 81 页。
③ 赫西俄德:《工作与时日》，第 176—178 页；引自芬利著《古代经济》，第 81 页。
④ 罗伯茨（J. W. Roberts）:《苏格拉底的城市：古典时代雅典导论》（*City of Sokrates: An Introduction to Classical Athens*，London and New York: Routledge & Kegan Paul, 1984），第 10—11 页。

克利时期之前 500 年；原本以大花瓶排列而成，在伯里克利之前 1 世纪时则改成以较小的石头（stelai）作标识，这种石头反映出雅典人在石雕上所发展的技术。就在同时，其他形式的贸易与商业也沿着这条街道开始发展。

这条主要大街被称作驰道（Dromos）或泛雅典道（Panathenaic Way）。当人们沿着泛雅典道走下去，地势不断下降，行人将会跨越艾瑞丹诺斯河（Eridanos），这是一条流经城市北部的小河。道路绕着科罗诺斯·阿哥莱欧斯（Kolonos Agoraios）丘陵而行，一直通到雅典的中央广场，即开放市集（agora）所在地。在波斯人来袭之前，市集里大部分的建筑物都建在科罗诺斯·阿哥莱欧斯旁边。波斯人撤退之后，这些建筑物又都加以重建。在这些建筑物前面是一块约 10 英亩的长菱形广场。雅典人就是在这个市集的开放空间做生意、聚会、讨论政治以及敬拜诸神的。

如果旅行者走到一半就从泛雅典道走出来，将会看到雅典的另一种风貌。雅典城墙长度约有 4 英里，有 15 座城门，以略呈圆形的环状，将密布着矮房与窄巷的雅典围了起来。在伯里克利时期，住宅最拥挤的地带是在靠西南一个叫柯以勒（Koile）的区域。雅典的住宅经常只有一层平房，用石头与高温烧制而成的砖砌成。如果家里有钱的话，可能会在内部用墙围出一个庭院来，或是加盖成二层楼房。大部分的住宅结合了居住与工作两个功能，可能是杂货店，也可能是作坊。城里也划定特定区域，专门用来制作或买卖器皿、谷物、油、银及大理石石雕等。除此之外，还有中央的主要市场。"希腊的崇高"（grandeur that was Greece）当然不是指这些拥挤的区域，这里充满着尿味与烹煮过后的油味，街道上的墙壁单调而肮脏。

我们离开市集继续沿着泛雅典道行走，就会发现地势开始上升，道路一直往上延伸直到卫城西北边的城墙下，道路的末端是进入卫城的大门楼（Propylaia）。门楼原本是座堡垒，在古典时代早期，卫城丘陵成为一个不可侵犯的宗教圣地时，用来将神圣的卫城与纷扰不堪的市集分隔开来的建筑物。亚里士多德（Aristotle）深信，这种空间上的变化可以合理地说明雅典的政治变迁。他在《政治学》中说："卫城适合于寡头政治与一人统治，平地则适合民主政治。"[①] 亚里士多德假定市民之间应该处于同一个平面上。至于卫城之上最醒目的建筑物，帕台农神庙，则代表了城市本身的光荣。

帕台农神庙初建于公元前 447 年，大概在公元前 431 年完成，用来取代原先的神庙。这座伯里克利积极推动建成的神庙，对他来说，等于是雅典美德的展现，因为它代表了全体公民的努力。他在战争开始前的演说中提到，那些伯罗奔尼撒敌人"自己种田来养活自己"。他对这种现象嗤之以鼻，认为"那些自己种田来养活自己的人，在战争时对金钱的关心更甚于生命"。他们与雅典人不同，"他们只会将自己的一部分时间放在公众利益上，大部分时间则都用来打理自己的事"。雅典之所以比较强大，就在于"它不会跟敌人一样，因为冷漠而破坏了全体的利益"。[②] 希腊文中的城邦（polis），对于伯里克利这样的雅典人来说，所具有的意义远超过地图上的一个地名；它代表了一个人们能够共同生活的地方。

帕台农神庙的出现，提高了雅典集体的公民价值。它立于全城都看得见的地点上，不管是新扩建的城区还是旧城区，都可以看到这块在阳光下闪闪发亮的团结标志。芬利（M. I. Finley）恰如其分地将这种自我展示、被注视的特质称之为"门面性"（out-of-doorness）。他说："从这个角度来看，我们一般的印象其实都是被误导了：我们看到废墟，我

---

① 亚里士多德：《政治学》（*Politics*，New York：Random House，1968），麦基翁（Richard McKeon）编，乔伊特（Benjamin Jowett）译，第 7 卷，第 1330 页 B。
② 修昔底德：《伯罗奔尼撒战争史》，第 120 页。

雅典卫城，公元前5世纪，斯卡拉（Scala）/艺术资源（Art Resource），纽约州。

们看到内部，并且在帕台农神庙'里面'漫步……希腊人所看到的其实
跟我们所看到的有很大的差异……"① 建筑物外部的意义很大，就像
裸露的肌肤一样，是持续的、自足的、吸引目光的表面。就建筑物来
说，外表（surface）与外观（facade）是不同的。外观，就像巴黎的圣母
院（Cathedral of Notre Dame）一样，是先有了建筑物的内在装饰，才产
生外观。相反，帕台农神庙的柱子与屋顶的外表并不是由内部产生出来
的形式。从这一点来看，神庙等于给了我们一个理解雅典都市形式的线
索，外表的弹奏形成了城市的声音。

　　虽然如此，从伯里克利发表演说的墓园一直到帕台农神庙的这段短
暂路程，参观者已经可以看到一个伟大时代城市建筑的概观。特别是，
建筑物还提供了雅典人一个借由言谈来展现自己的场所。雅典人在城外
建立了学园，让青年可以通过辩论而非机械式的教学而得到训练。在市

---

① 芬利：《古希腊人：他们的生活与思想导论》（*The Ancient Greeks：An Introduction to
Their Life and Thought*，London：Penguin，1963)，第137页。

集里，雅典人建了一个能容纳 1 500 人的法院，以及一个会堂，用来让被推举出来的 500 名公民开会讨论政治事务。另外，还有圆形神庙（Tholos），更小的 50 人显贵团体在此讨论日常事务。在市集附近，雅典人在普尼克斯山丘旁边找到了一个自然天成的碗形凹地，并且把它整理成一个能容纳全体公民的聚会所。

这些物质进步的事实，不免让人对于未来的战局充满了希望。有些现代史家相信，雅典人将自己的城市偶像化，结果造成了他们的自大与傲慢。另一些史家则认为，这种集体整合造成了一种修辞上的抽象效果，使他们开始排除异己，并对于暴动的团体予以镇压。不过，伯里克利对此却毫不疑惑。现代史家多兹（E. R. Dodds）说："这样的希望一点都不难理解，只要是看到波斯战争后雅典在物质生活上急速繁荣的人，都不免有这种相信，对于那个世代的人来说，黄金时代并不是赫西俄德所说的遥不可及的失乐园。对他们来说，黄金时代不是发生在过去，而是发生在未来，而且是不久的未来。"[1]

体　热

帕台农神庙外围著名饰条上雕有人物的石头，被称为"埃尔金大理石雕"（Elgin Marbles），显示了人类裸体对于当时都市形式与理想的影响。这些饰条之所以以埃尔金为名，是因为一位英国贵族，在 19 世纪时将这些饰条由雅典运往伦敦，收藏在大英博物馆中。有一部分人像雕刻描绘了泛雅典游行行列（Panathenaic processeon）的状况：所有的雅典市民在当中表现出对于城市创建与诸神的敬意，而雅典人顺着泛雅典道

---

① 杜德：《希腊人与非理性的人》（*The Greeks and the Irrational*，Berkeley：University of California Press，1951），第 183 页。

徐徐前行，有如我们前往卫城的过程一样。雅典的建立与文明战胜野蛮合而为一，"每一个雅典人……都会理所当然地认为雅典是这场斗争中的主角，"哈里森（Evelyn Harrison）如此说道。① 雅典娜（Athena）的诞生被描绘在帕台农神庙的正面山形墙上。在另一面的山形墙上，则是身为雅典守护神的雅典娜与海神波塞冬（Poseidon）争斗的景象。在浮雕饰带上，则刻有希腊人与人首马身的怪物以及奥林匹斯诸神与巨人们的争斗。

埃尔金大理石雕是不寻常的，因为它们将泛雅典游行行列中的广大群众，与诸神的形象联结起来。雕刻家菲狄亚斯（Pheidias）以特定的方式来表现人体。首先，他的雕刻在轮廓上较为粗犷，这种方式让那些人体看起来近似神明。事实上，帕台农神庙饰条上的人体形像在雅典较为常见，而在德尔斐（Delphi）则较为罕见。德尔斐的雕刻家强调诸神与人类的不同，至于雅典的菲狄亚斯所雕刻的，用费尔（Philipp Fehl）的话来说，是"神领域与人领域之间的微弱连结，是一种具有内在必然性的表象"。②

帕台农神庙饰条上的人像都是年轻人，有着完美的身体。他们完全裸体，并且在走近公牛或驯服野马的时候，表情也如往常一样冷静。这些人似乎代表了一种人体应该是什么样的通则，并且与几年前在奥林匹斯山上雕刻的宙斯像大异其趣：神的身体像人一样，肌肉显出老态，脸上也露出恐惧。批评家博德曼（John Boardman）对于帕台农神庙的饰条，曾如此评论，人体的形象"被理想化，而不是写实化；同时也不是

---

① 哈里森："帕台农神庙东面山形墙的雅典娜与雅典"（"Athena and Athens in the East Pediment of the Parthenon", 1967），《帕台农神庙》（*The Parthenon*, New York: Norton, 1974），布鲁诺（Vincent J. Bruno）编，第 226 页。
② 费尔："帕台农神庙饰条上的诸神与人"（"Gods and Men in the Parthenon Frieze", 1961），《帕台农神庙》，第 321 页。

帕台农神庙雕像：骑士正准备上马，公元前 5 世纪末，大英博物馆。

将神拟人化，而是将人予以神化"。① 理想的、年轻的与裸露的身体代表着人类的权力对神人界线的挑战，而希腊人也知道这种挑战将会带来悲剧的结果。不过，由于对自己身体的热爱，雅典人甘冒"傲慢"（hubris，致命的骄傲）的悲剧风险。②

以身体为荣的根源，来自于体热的信仰。体热主宰了生成人类的过程。怀孕初期，胎儿在子宫中能好好加温的，便会成为男性；初期没有加温的，就成为女性。这种在子宫中没有充分加温的后果，便会造出一种生物，"相对于男人来说，（女性）比较柔弱，比较像液体，比较冷而黏湿，比较不具形体"。③ 阿波洛尼亚的第奥根尼（Diogenes of Apollonia）是首位探索热的不平等性的希腊人。亚里士多德随后拓展了他的分析，因而发表了著名的《动物的生殖》（*On the Generation of*

---

① 博德曼："希腊艺术与建筑"（"Greek Art and Architecture"），《牛津古典世界史》（*The Oxford History of the Classical World*，New York：Oxford University Press，1986），博德曼、格里芬（Jasper Griffin）、穆拉（Oswyn Murray）合编，第 291 页。

② 参见克拉克《裸体》第 3 页和第 23—24 页。

③ 布朗（Peter Brown）：《身体与社会：男人、女人与早期基督教性别区分》（*The Body and Society：Men，Women，and Sexual Renunciation in Early Christianity*，New York：Columbia University Press，1988），第 10 页。

Animals）。例如，亚里士多德将经血与精子作了比较，认为经血是冷的血而精子是煮过的血；精子比较优越因为它产生了新生命，相反经血则是迟滞的。因此，亚里士多德认为"男性具有运动与生产的原理，而女性则拥有物质的原理"，代表了身体中主动与被动的两种力量。[①] 古代的医生希波克拉底（Hippocrates）作了另外一种不同的解释，但结果是相同的。他想象了两种精子形式，强的与弱的，分别包含了人类的精子体液与阴道体液。在拉克尔（Thomas Laqueur）对希波克拉底的观点所作的简述当中提到："如果双方都产生了强壮的精子，则生男；如果双方都产生了软弱的精子，则生女；如果一个产生强精子，一个产生弱精子，这时男女的决定就要看哪一方的量大。"[②] 从这个角度来看，结果当然也会产生出比较热的男性胎儿与比较冷的女性胎儿。

　　体热概念并不是希腊人创造的，第一个将这种概念与性别联结在一起的也不是他们，而是埃及人，甚至可能是更早之前的苏美人。埃及有份文献叫朱米拉克纸草（Jumilhac Papyrus），将"骨骼归于男性原则，肉体则归于女性原则"，骨髓由精液组成，肉体中的脂肪则来自于冷的女性血液。[③] 希腊人改良了埃及人的医学：亚里士多德认为精液中的热能量经由血液进入了肉体，因而男性的肉体比较热，不容易冻结。他认为，男性的肌肉之所以比女性坚硬，是因为男性的组织比较热。[④] 男性因此可以暴露且裸体地站立着，而女性不能。

---

① 亚里士多德：《动物的生殖》（Cambridge, MA: Harvard University Press, 1953），佩克（A. L. Peck）译，洛布古典丛书（Loeb Classical Library），第 11 页。
② 拉克尔：《制造性别：从希腊到弗洛伊德的身体与性别》（*Making Sex: Body and Gender from the Greeks to Freud*, Cambridge: Harvard University Press, 1990），第 39 页。
③ 赫里提尔-欧格（Françoise Heritier-Auge）："精液与血液：讨论它们的起源及关系的一些古代理论"（"Semen and Blood: Some Ancient Theories Concerning Their Genesis and Relationship"），《人类身体历史的断简残篇》，第 3 部分，第 171 页。
④ 亚里士多德：《动物的生殖》，第 2 卷，第 i 页，第 732a22—23 页；佩克译，第 133 页。

希腊人相信"女性"与"男性"代表了身体的两极，而维多利亚时代的人则认为月经与停经乃是神秘的女性力量，因而男人与女人似乎是完全不同的物种。拉克尔在描述希腊人的观点时指出，希腊人似乎认为"性只有一个，但可区别成两种性别，也就是说，男性与女性的区别其实只是单性身体（one-sex body）因程度不同所作的区分"。[1] 热度不足的男性胎儿将来会成为娘娘腔的男人；女性胎儿如果热度过高则会变成带有男人味的女人。希腊人从这种生殖生理学中推演出用来了解男性女性解剖的原理：帕加马的盖伦（Galen of Pergamum）要求医学生想象一下，"把女性的阴道往外翻，然后再内翻……并且将男性的阴茎对折，你将会发现两者的结构在各方面都一模一样"。[2] 盖伦的观点两千年来都被当作是一个科学真理，从西方上古时期，经由阿拉伯医生，传到了中古时期的基督教医学，在文艺复兴时代延续，最后到了 17 世纪。

在西方历史中，医学谈的是"身体"——一个从冷到热、从女性到男性的生理学。身体中的热，似乎是一种主导人们视觉、听觉、行动与反应的力量。在伯里克利时期，这种说法开始凝聚为一种身体刺激的语言。在那两个世代之前，人们普遍相信，"人之所以能看得见，是因为有光从眼睛内射出来的缘故"。[3] 到了伯里克利的时代，人们则认为是因为眼睛接收到了来自于物体的温暖光线。在其著作《论感觉及其对象》（*On Sense and Sensible Objects*）中，亚里士多德表示，即使是对于透明及空无一物的感知，也是一种实体的感知，因为光也是实体，会射进

---

① 拉克尔：《制造性别》，第 25 页。
② 同上书：第 25 页。
③ 参见亚里士多德对恩培多克勒（Empedokles）的批判，《论感觉及其对象》，第 437b25 页；《论灵魂、小自然、呼吸》（*On the Soul*，*Parva Naturalis*，*On Breath*，Cambridge, MA: Harvard University Press, 1964），黑特（W. S. Hett）译，洛布古典丛书，第 223 页。

眼睛之中，至于景象也会对于观看者产生热。① 不过，这些温暖的光线对不同的人来说也会产生不同的感觉：接收者的身体越暖，对于刺激源的反应就越大——就好像大火在燃烧木头时要比星星之火来得热烈一样。冷的身体的反应比较迟缓，它加热的速度也比较慢。

言词跟景象一样，也会对身体的感官产生相同的实体印象，而对于言词作出反应的能力，也与接收者身体所含热度有关。对柏拉图（Plato）来说，所谓的"热的语言"（hot words）与"论证的热度"（the heat of argument）并不是一种比喻，而是一种完全的描述；往复辩难会将参与者的身体予以加热，相反地，那些独自进行思考的人则会越来越冷。② 我们可以肯定的是，在伯里克利的时代，希腊人已经有了默读的习惯。这一点可以在剧作家欧里庇得斯（Euripides）《希波吕托斯》（Hippolytos）这出戏中看出；阅读所要求的心智习惯与谈论不同。③ 不过，希腊人并不具有现代抽象的"文本"经验：希腊读者会觉得他听到一个实际存在的人在纸面上说话，而去修改书面文字就等于打断某人的谈话。只有在独处的时候，既不说话也不阅读，它才会变得冷而迟缓。

这种古代体热说造成一种对荣誉与耻辱的看法。医学登记簿从女性、冷、被动和软弱移转到男性、热、强壮和主动这边来，形成了人类的价值等级；它认为男性优于女性，但两者都是由同一种物质所构成的。现代史家西萨（Giulia Sissa）认为，"当女性与男性归属于同一领域

---

① 亚里士多德：《论感官及其对象》，第 438b 页；黑特译，第 225 页。
② 参见柏拉图《共和国》（Republic, New York：Penguin, 1974）第 8 卷对于"僭主制"的讨论，德斯蒙德·李（Desmond Lee）编译，第 2 版，第 381—398 页。
③ 参见诺克斯（B. M. W. Knox）"上古时期的默读"（"Silent Reading in Antiquity"），《希腊、罗马与拜占庭研究》（Greek, Rome, and Byzantine Studies），第 9 期（1968），第 421—435 页；斯文布罗（Jesper Svenbro）"内在的声音"（"La voix intérieure"），《弗拉西克莱雅：古希腊的阅读人类学》（Phrasikleia: anthropologie de la lecture en Grèce ancienne, Paris：Editions la Découverte, 1988），第 178—206 页。

时……产生的结果并不是自由派所说的平等，而是女性明显地被压抑在男性之下"。① 医学登记簿也有助于将公民与奴隶作个对比：一端是奴隶的身体，由于缺乏交谈而越来越迟缓而冷；另一端则是公民的身体，由于在公民大会上论辩，所点燃的火温暖了身体。那些在帕台农神庙饰条上以裸体形式被描绘出来的身体，其中所带有的完整、平和及荣誉，与弱小身体的耻辱是不可分的。城市中的荣誉与耻辱来自于希腊的生理学概念。

为了从男孩的裸体中导引出力量来，年长者会送他去体操场。现代语言中的 gymnasium 来自于希腊文中的 gumnoi，意思是"强壮的裸体"。② 裸露的、美丽的身体似乎是自然的礼物，修昔底德则认为裸体是文明的成就。体操场可以教导年轻的雅典人怎么样成为裸露者。雅典有 3 个体操场，其中最重要的就是学园（Academy），它在伯里克利之后几个世代变成柏拉图的学校。要想从我们的想象漫步中到达这个地方，我们就应该回到斯里亚门，通过此门后，沿着广阔的林荫步行大道走去。学园就位于城门西北 1 500 码处。

学生们并不住在学园里，而是于当天从城里徒步前往。学园的庭院原本是座古代神龛；到了民主时代，这个地方被改为"郊区公园"。③ 庭院内有"角力场"（palestra），是一座有柱廊的矩形建筑物，内有供角

---

① 西萨："柏拉图与亚里士多德的性别哲学"（"The Sexual Philosophies of Plato and Aristotle"），《西方女人史》（*A History of Women in the West*），第 1 册《从古代女神到基督教圣人》（*From Ancient Goddesses to Christian Saints*，Cambridge，MA：Harvard University Press, 1992；Paris, 1991），潘特尔（Pauline S. Pantel）编，戈尔达梅（Arthur Goldhammer）译，第 80—81 页。

② 古典学教师联合会（Joint Association of Classical Teachers）：《雅典的世界：古典雅典文化导论》（*The World of Athens：An Introduction to Classical Athenian Culture*，Cambridge，UK：Cambridge University Press, 1984），第 174 页。

③ 威彻利：《雅典的石头》，第 219 页。

力的空间、一般运动的房间，以及饮食与谈天的地方。有些体操场让角力学校独自拥有一幢建筑物。阿里斯托芬（Aristophanes）在《云》（*The Clouds*）中描写了一天内体操场上的田园景象：以现代人的说法，就是"四肢健壮的年轻人所进行的健康活动，刚好可以跟市集中那些苍白、无用、思考复杂、耍聪明而唠叨不绝的人作一个对比"。[1]

在体操场上锻炼的那些男孩正处于青春期中晚期，他们的肌肉这时候正要开始结实。而第二性征，特别是胡须，则还没开始出现。生命周期中的这个时点，正是将体热永久释放到肌肉中的关键点。角力时，通过将其他男孩举起来这个动作，青少年的背部及肩部肌肉将会扩展；角力时抓紧腰部的动作，则可以让身体能扭转蜷曲；投掷标枪或铁饼时，手臂的肌肉可以延伸；跑步的时候，腿部的肌肉会紧实，臀部也能变得坚挺。男孩们运动时在身体上涂抹了一层橄榄油，所以在角力时往往相当地滑溜。于是，手的握力便在抵消油的滑溜中得到了训练。竞技有助于达到生理目的，通过身体摩擦可以提高身体的温度。

体操场训练了男性的肌肉，并借由教导男孩们彼此以言词辩论，可以训练男性的声音，这种技术是他们在参与城市民主大会时所必备的。这种辩论训练发生在伯里克利时期，一般市民纷纷出城到体操场进行这种活动。第一步是要为男孩示范，如何把声音放出来，以及如何坚定地陈述意见。男孩也会被教以如何在陈述自己论点及反击对方论点时，也能够恪守他从角力中学到的相同运动方式。伯里克利时期的学校并不遵循过去的机械式教法，而是以竞赛的方式取代。不过，男孩们还得默记背诵篇幅庞大的《荷马史诗》，以作为辩论时引用的根据。

斯巴达的体操场只训练身体，因为论辩的声音并不是他们公民文化的一部分。除此之外，斯巴达体操场的目标，仅仅是让男孩锻炼出伤害

---

① 阿里斯托芬：《云》，第 1005 页及以后；转引自《雅典的石头》，第 220 页。

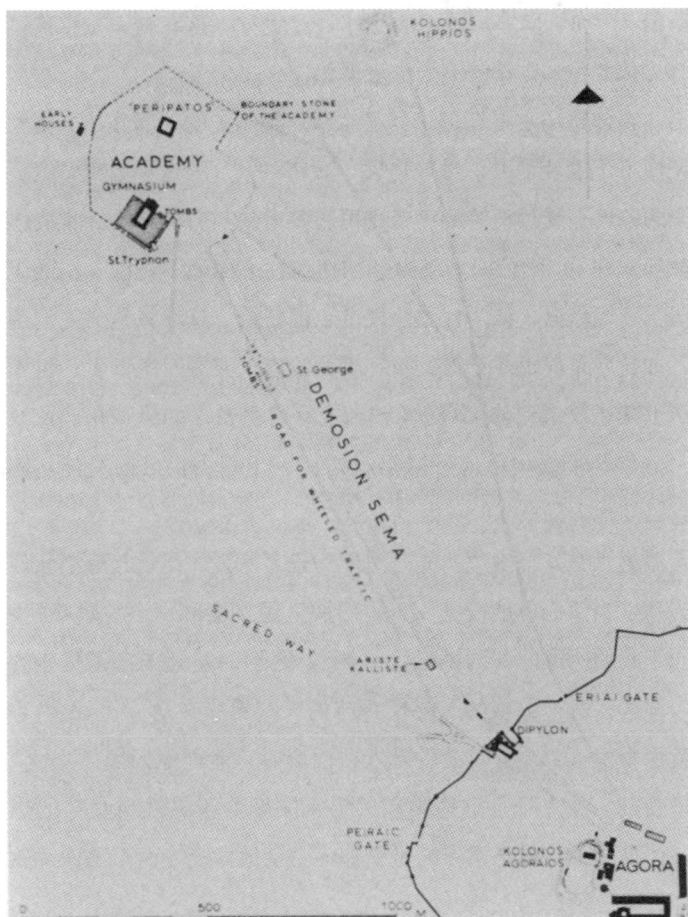

雅典西北郊：前往学园，公元前 4 世纪。

对方身体的能力。举例来说，斯巴达体操场周围是壕沟，"年轻的斯巴达人彼此野蛮地打斗，并且把对方推进水里"。[①] 值得一提的是，有极少数的城市鼓吹女孩角力，斯巴达就是其中之一。但是，这也是为了功

---

① 威彻利：《希腊人如何建城》（*How the Greeks Built Cities*，New York：Norton，1976），第 146 页。

利的目的：运动可以锻炼她们的身体，对生育小孩有利。在雅典，体操场训练男孩的目的则不是为了血腥暴力。

男孩在体操场学习知道了其身体乃是集体中的一部分，而更大的集体就是城市，也就是说，男孩是属于城市的。[①] 强健的体魄显然是当个好战士的条件；受过训练的声音则可在日后参与公共事务。雅典体操场还要教导一件事：学校要训练男孩如何在性方面毫不掩饰。不同于现代的道德学家，雅典人认为性是公民的正面特质。这不只是要人们遵守性禁忌，如自慰是奴隶才会做的事，因为没有人会跟奴隶做爱；也不只是在立法上禁止奴隶到体操场去，"与拥有自由身份的男孩相恋，或追求他"。[②] 在体操场中，男孩可以学习如何善于利用自己的身体，体面地满足自己与他人的欲求。

希腊男性在其一生中，先是可能为长者所爱，然后年事渐长，可能爱上男孩，当然也可能爱上女人。希腊人经常会区别出"娘娘腔"（并不等同于我们所说的"同性恋"一词），区别的基础来自于身体的生理特征。那些有着"柔软的"男性身体的人（希腊文是 malthakoi），行动起来就像个女人："他们希望男人在性交时，能把他们当'女性'（意即，接受方）看待"。[③] 这些柔软的男人刚好介于男性与女性的热度之间。在体操场中，男孩学习的是要如何主动地做爱，而不是像柔软的男人一样，采取被动的态度。

男孩的老师，可能是比男孩再大一点的青年，或者是一个成年男人，往往是在体操场观看角力或其他竞技时坠入情网的。年纪较大的男

---

① 参见布朗（Brown）"身体与城市"，《身体与社会》，第 5—32 页。
② 艾斯克海涅斯（Aiskhines）：《起诉提玛克荷斯》（*Prosecution of Timarkhus*），第 138 页以下；转摘自多弗（Dover）《希腊的同性恋》（*Greek Homosexuality*, Cambridge, MA: Harvard University Press, 1989）。
③ 霍尔珀林（David M. Halperin）：《同性恋百年》（*One Hundred Years of Homosexuality*, London: Routledge, 1990），第 22 页。

男人间的做爱，公元前 5 世纪初。

性（erastes）向年纪较轻者（eromenos）求爱；两者的年龄界线经常是划定在特定的第二性征是否出现上面，譬如说，胡子或体毛是不是已经长出来了。这时，年纪较小的一方虽然已经长得跟成人一样高大了，却还是属于被追求的一方。苏格拉底（Socrates）在 60 岁的时候还在追逐年轻的情人，不过这是少数。追求者多半是还没有结婚或刚结过婚的年轻人。追求者会先对被追求者恭维一番，给他礼物，然后试着去爱抚他。体操场的公共房间显然并不是性交的场所，但最初的接触的确是在这里发生的。当两个男人彼此情投意合了，他们便转移到体操场周围隐蔽的花园中，或者在稍后的夜里在城中见面。

不过，当时的性法令规定不可以有任何插入体穴的行为，口交或肛交都在禁止之列。因此，男孩跟男人只好将对方的阴茎放在自己的大腿之间抚弄、摩擦。这种摩擦被认为是可以提高情人之间身体的热度。事实上，男人之间性体验的重点也不在于射精，而是身体的摩擦所带来的感觉。男人与女人在性交前的摩擦，则被认为是可以用来提高女人体温的一种前戏，体热提高了之后，两人才能产生适合生育的体液。

男人与女人性交时，女人经常弯腰，把臀部对着男人，而男人在女人身后，采用站姿或跪姿。古典学家多弗以瓶画为证据，断定以这种姿势，"插入的地方应该是女人的肛门，而不是一般我们所认为的阴道"。[①] 希腊跟许多其他文化一样，发现肛交除了可以带来快感外，也是最简单而安全的避孕方法。肛交也是社会地位的一种表征：女人趴下或弯腰，表示她处于从属的地位。所以，娘娘腔的男人若想被插入，也要用从属的体位。在处理雅典人提玛克荷斯（Timarkhos）卖淫的审判中——这个审判的目的是要剥夺他的公民身份——他的指控者艾斯克海涅斯拟定了一个目录来对比一个雅典人不该有的性行为与符合公民身份尊严的行为：

> 采取弯腰或低姿体位；以肛门或口腔接受另一个男人的阴茎。（与此对比的是）拒绝酬金，在自己中意的伴侣还没证明他的价值之前，不与他发生任何身体接触，上述这种身体接触所带来的感官愉悦也应禁止，必须采用站姿体位，性交时避免与对方目光接触……[②]

男人间的性交经常是采用站姿。这种姿势可以防止插入，彼此的动作相同，显示他们年纪虽然不同，但彼此地位平等。艾斯克海涅斯认为，这种姿势显示他们是以平等的公民身份来做爱。性爱只发生在身体表面的碰触，同样的价值观也表现在都市空间的表面上。

希腊文化认为走路与站立的姿态是性格的表现。大步行走可以表现出男子气概；荷马（Homer）就曾因此对赫克托（Hector）大加赞赏，

---

① 多弗：《希腊的同性恋》，第 100 页。
② 同上书，第 106 页。

"特洛伊人蜂拥而上，领导他们的是赫克托，他迈开大步走在前面"。①
反过来说，"当女神赫拉（Hera）与雅典娜出现在特洛伊来帮助希腊人
时，她们（根据荷马的说法）的步履有如羞怯的鸽子——与大步行走的
英雄完全不同"。② 在城市里，这些古代特质有一部分仍留存着。步伐
稳健，即便缓慢，也会让人显得有男子气概及有教养。作家亚历克西斯
（Alexis）说道："人们明明能走得优雅，却偏在街上莽莽撞撞，我会认
为这是没有教养的表现。"③ 女人走路步伐小而且经常停顿，男人如果
走路像这样的话，就会让自己成了"娘娘腔"。直立、平等、果断：希
腊文 orthos，即"直立"，可以引申出男性正直的意涵。与正直相对的就
是被动，指的是屈从于肛交的男人，是不名誉的词汇。

　　这种性爱的身体姿态学塑造了适合雅典公民的行为。在葬礼演说
中，伯里克利要求公民们要"爱"城市，用恋人之间性爱的方式来表
达。④ 修昔底德让伯里克利说出了当时大家的共同语言。其他的雅典人
都以性爱来表达对城市的爱——阿里斯托芬的剧作中也采取了这种用
法。⑤ 市民与城市之间、市民与市民之间的性爱纽带，正是男孩们在体
操场上一开始所学到的东西，这是一种主动而正直的爱。

　　雅典人对身体与建筑物做了直接的类比——这并不是说他们把建筑

---

① 荷马：《伊利亚特》（*Iliad*，Cambridge，MA：Harvard University Press，1963），第 15
　　页，第 306—310 页；默里（A. T. Murray）译，第 2 卷，洛布古典丛书，第
　　129 页。
② 布雷默（Jan Bremmer）："古希腊文化中的走、站与坐"（"Walking, Standing, and
　　Sitting in Ancient Greek Culture"），《姿势文化史》（*A Cultural History of Gesture*，
　　Ithaca, NY：Cornell University Press，1991），布雷默与罗登博格（Herman
　　Roodenburg）合编，第 20 页。荷马史诗部分引自《伊利亚特》，第 5 页，第 778 页。
③ 亚历克西斯，残篇 263；科克（T. Kock），《雅典喜剧残篇》（*Comicorum Atticorum
　　fragmenta*，Leipzig，1880—1888），久利克（C. B. Gulick）译；转引自布雷默"古希
　　腊文化中的走、站与坐"，第 19 页。
④ 修昔底德：《伯罗奔尼撒战争史》，第 149 页。
⑤ 对此，我要感谢鲍尔索克（G. W. Bowersock）教授的指点。

物造得像头或手指一样，而是说他们根据自己对身体生理的理解来创造都市形式。举例来说，我们之前曾想象漫步来到了市集，在市集中，我们会经过柱廊（stoa），这个建筑物就是这种理解的体现。基本上，柱廊是个长形的房屋，同时包含了冷与热、遮蔽与暴露。柱廊的后头以墙围住，前头则是由柱子所构成的对市集开放的空间。柱廊虽然在形式上是独立的，但在伯里克利时期，它却被视为是市集的装饰品。在屋子有墙围住的一侧，男人们三三两两聚在一起聊天、做生意或用餐。公共建筑内的用餐室通常布置得有点像一般民宅。男人们想要在稳固的墙内彼此围成一圈共同饮食，如此也可以避免在躺卧时"让背部面对着开放的柱廊"。[1] 其他的人也不会擅闯入内，任意地观看里面的陈设。人们朝着面对市集的无墙一侧走去，便可以让人随意地注视与靠近；因为他正处于"男性这一面，即暴露的一面"。[2]

在设计上，也体现出体操场上所学得的东西，男孩的身体被塑造成艺术品，并以身体生理学的概念来填充内容。有位现代评论家说道，当帕台农神庙的饰条完成的时候，它们呈现出戏剧性雕刻的身体的景象，使人不得不注意到雕刻家的巧思，"其力量足以与诗相提并论"。[3] 不过，帕台农神庙本身的尺寸与形式，更可以透露出把身体当成艺术品时，其中所带有的政治意味。

建于伯里克利时期的帕台农神庙，与其他希腊的神庙有些不同。它高 230 英尺、宽 98 英尺，比例大约 9 比 4，内部空间也是按照这个比

---

① 参见贝里奎斯特（Birgitta Bergquist）："宴饮空间：希腊用餐室的功能面向"（"Sympotic Space：A Functional Aspect of Greek Dining-Rooms"），《飨宴：讨论宴饮的宴饮座谈会》（*Sympotica：A Symposium on the Symposion*，Oxford：Clarendon Press，1990），默里编，第 54 页。
② 坎普（John M. Camp）：《雅典市集：古典时代雅典中心地带的挖掘》（*The Athenian Agora：Excavations in the Heart of Classical Athens*，London：Thames & Hudson，1986）。
③ 布鲁诺（Vincent J. Bruno）："帕台农神庙与古典形式理论"（"The Parthenon and the Theory of Classical Form"），《帕台农神庙》，第 95 页。

例，与过去希腊的神庙完全不同。光是外头的廊柱就很不寻常。希腊神庙是矩形，通常正面有六根廊柱，侧面有十三根；而帕台农神庙则分别是 8 根与 17 根。之所以会有这个古怪的做法，是为了要在内部安置一座巨大的女性雕像——雅典娜。雕刻家菲狄亚斯让雅典娜成为战神，并将雕像取名为"帕台农的雅典娜"（Athena Parthenos），而用来安放这座雕像的神庙就名为帕台农。至于原本的老雕像则是城邦的雅典娜（Athena Polias），是子宫与土地女神，神像放在卫城其他的地方，是木制的小雕像。由于雅典已经成为海上的帝国，已非昔日以土地维生以筑墙自守的小城。因此，帕台农神庙的出现正足以显现城市日渐增强的力量。为了与此相应，就要有更合适的守护女神，所以必须打破旧有的传统。

帕台农神庙的内部分成两个房间：后面是宝库，前面的房间则放有雅典娜的神像。帕台农神庙的雅典娜有四十英尺高，她的高度在基座水池的反射下显得更高，而安放雅典娜所用的基座也差不多有一个人高。她有着青铜制的身体，穿着黄金制成长约 34 英尺的衣服；她的手臂跟面孔是裸露的，皮肤则是以象牙铺成，包裹着金属的肉体。水池可以让她的象牙皮肤常保湿润，同时也可以将她的影像反映于大地之中。伯里克利对于这座巨大的新雅典娜所耗费的巨资有一套说辞。他认为在必要的时候，雅典娜身上的黄金衣裳可以熔化以充作军费——当国家需要钱的时候，神圣的象征也可以抛弃。于是，这座城市的守护神就这样安放在最显赫的建筑物当中了。

如果说体操场、柱廊以及帕台农神庙显示出身体对城市形式的影响的话，那么我们认为，这些并没有完全显示出伯里克利要求雅典人要成为城市的情人的结果。雅典人需要一个能够满足这种爱的空间设计。除此之外，伯里克利的葬礼演说是一首雅典民主的颂歌，它的根源来自于人类声音的力量。雅典人想要设计出一个专属于说话声音的空间，用以加强身体的力量，尤其是让单一的、持续的，以及暴露的说话声音能够具有裸体的荣誉感。然而，这些城市设计无法达到设想的辅助声音的目的，裸声（naked voice）本身变成了暴政与分裂的工具。

2. 公民的声音

雅典把公民放在两种空间当中，每个空间都赋予群众不同的说话体验。在市集里，许多活动正在发生，人们到处走动，同时而快速地陈述着不同的事情。没有任何一种声音可以支配整体。在古城的剧场里，人们安静地坐着，听着单一而持续的声音。这两种空间都对语言构成威胁。在市集同时而快速的活动当中，人声嘈杂让声音不易辨识，于是一大群四处走动的身体只会听到片段的意义。在剧场中，单一的人声借由修辞的技术将自身转化成艺术作品。用来让人聆听的空间，早就经过精心布置，让观众变成了修辞的受害者，在语言的流动中变得麻痹，受到玷污。

说话的空间

虽然市集对所有人开放，不论贫富，不过当中有关仪式性与政治性的事务则要拒绝为数众多的奴隶与支持雅典经济发展的外国人（metics）参与。有人估算过，公元前 4 世纪时，阿提卡（Attica）总人口数在 15 到 25 万之间，公民人数约 2 到 3 万。在整个古典时代，公民占总人口的比例不会超过 15％到 20％，成年男子也不超过一半。而且，只有极少数的公民有足够的财富能够悠闲地与人聊天、辩论：有闲阶级只占公民人数中的 5％到 10％。身为一个公民，要成为有闲阶级的一员，必须至少拥有 1 塔兰特（talent）的财产，也就是 6 000 德拉克马（drachma）。相较之下，1 个有技术的劳工 1 天也只不过赚 1 德拉克马。

每天热中于波动而紧张的市集生活，使得公民们必须要紧邻市集而雅典的市集，约公元前 400 年。

居。不过，大部分的城邦成员还是住在离市集较远的区域，也就是城外的市郊地区。在公元前 5 世纪末，约有 40％ 的公民住在距离市中心 15 英里外的区域。住得远，如果前往市集，至少要花 4 个小时的时间，徒步走在令人不悦、满是坑洞的乡间小路上。

能够参加市集的人，会发现在市集里同时进行着许多散乱的和不同的活动，但场面并不混乱。在开放的平地上（其中有一部分是供合唱队演唱的场地〔orkhestra〕）有宗教舞蹈；光天化日之下，公然摆开赌桌，庄家就坐在桌后面对着顾客。雅典人在户外的开放场地举行宗教仪式，而神圣场地如"十二神祇"（Twelve Gods）圣地也就坐落在合唱队表演场的北面。饮食、交易、聊天与宗教祭典都在柱廊中进行。在伯里克利时期，柱廊主要位于市集的西面与北面。北面的柱廊在冬天时特别有用，因为它的墙壁刚好可以挡风，而柱廊又可以引入阳光。

最有名的柱廊，即彩绘柱廊（Poikile, painted stoa），大概建于公元前460年前后，刚好位于市集的北面，通往卫城的泛雅典道路口处。坎普指出："彩绘柱廊与市集中绝大部分柱廊不同，它并不是用来服务于特定目的或活动，也不是只提供官方使用。相反，它似乎是为了满足民众的需要而设的，让人们从市集广场出来后，可以找个地方休息或聚会。"民众可以在这里看到"吞剑者、幻术师、乞丐、食客，以及鱼贩……还有哲学家"。[1] 而且，芝诺（Zeno）日后也在这里确立了哲学流派，称为斯多葛学派（Stoicism）。奇怪的是，从这种矫饰逸乐之处所发展出来的斯多葛学派，居然有弃绝世俗的想法。

雅典民主的发展影响了市集的外表与建筑，从人们在市集里移动的方式可以看出市集对民主参与所产生的效果。人们从一个群体走进另一个群体，可以发现城里最近发生了什么事，并且可以拿出来跟大家讨论一番。开放的空间也让人可以任意地参与法院的案件审理。民主时代的雅典人以热爱法律辩论而著称。《云》剧当中的人物指着地图说："这里是雅典。"有人回答说："我不相信，我没有看到那里坐着陪审团。"[2] 虽然还没有确切的考古证据，不过判断起来，雅典最主要的人民法庭（Heliaia）应该是位于市集的西南角。建筑物本身的历史可以上溯到僭主（tyranny）时期，但得益于同时代人们的流动。法庭的空间广大，而

---

[1] 坎普：《雅典市集》，第72页。
[2] 阿里斯托芬：《云》，第207页，转引自《雅典的石头》，第53页。

雅典市集中的柱廊，公元前4世纪。

且是露天的，足以容纳1 500人（陪审团至少要由201人组成，一般情况下总是会超过501人，甚至还可以达到1 500人）。围绕法庭的围墙并不高，只有3英尺高而已。因此，每个人都可以从外头看到里面的情形，路过的人甚至还可以跟陪审员讨论案情。

在市集的开放空间中，雅典人从事着最严肃的政治事务：陶片放逐法（ostracism），也就是将人流放于城市之外。每年一次，所有公民开会决定，是否某个特定人士的权力已经太大而有变成僭主的可能；借由不断的演说，开始拟定出流放的名单。两个月后，公民再重新开会。大家也可以利用这两个月好好思索，而在陶片放逐法的威胁下，条件交换、流言、耳语及用来运作的晚宴接连不断——政治浪潮就这样一而再、再而三地冲刷着市集。当公民再度集会时，如果有任何人得到了6 000票以上，他就必须被流放10年。

"直立"统治着市集中的身体行为。市民果断地行走着，并且在拥挤的人群中快速通过。他静静站立，不会避免与陌生人的目光交接，而是通过这样的运动、姿势以及身姿语言，显得泰然自若。艺术史家温克尔曼（Johann Winckelmann）认为，市集中的各种身体动作，在繁乱的世界中提供了一个身体秩序的图像。①

当6 000人身体挤在一起时，将会是什么状况？照现在的密度标准，等于在10英亩的面积里有着中到中高密度的人口；只比足球场好一点，但却又比购物中心挤一点，差不多等于现代的锡耶那（Siena）广场中午时的状况。按现在的密度，6 000人大概会分成30到50个小群体。每一群人都会背对着另一群人，等别人转身时便缩回身子。这样一大群人分成许多群。个人的身体能见度便淹没在每个小群体之中了。我们知道古雅典人了解在市集中挤了6 000人将会无法动弹，所以他们就设计了各种功能性建筑来解决这个问题。举例来说，圆形神庙可以容纳定期选举产生的城市执行委员会，是个50人的团体，由各区代表组成。这个组织每天开会，每年改选一次——圆形神庙中每天一定要有17人执勤。因此，总是有一小群人在负责着雅典的事务，足以应付所有紧急事件。

我们也知道，后来的古代观察者发现市集的多样性让他们在政治上缺乏合宜与庄重的态度。在《政治学》中，亚里士多德建议"用来买卖的市集广场应该与公共事务广场分离，并且离得越远越好"。② 亚里士多德并不反对多样性，他在《政治学》的其他部分中表示："城市是由各种不同的人所构成，相似的人无法让城市存在。"③ 他不主张现代保守主义者所说的政府不应该介入市场。但是，他也认为将经济与政治混为一谈会贬低政治，尤其是贬低了正义的执行。后来其他评论者也类似

---

① 参见温克尔曼《古代艺术史》（History of Ancient Art，New York：Ungar, 1969），赫尔德（Johann Gottfried Herder）译。
② 亚里士多德：《政治学》，乔伊特译，第310页。
③ 同上书，第310页。

地以"直立"的语言肯定了"法律威严"应该有专属的空间，一定要让人感受到行政长官的威严，使其成为众所周知之人，而不是在人群的推挤中消失。[①]

我们都知道，光是"合宜"（如果我们指的是身体动作上的合宜的话）本身并不足以与市集的"人声"鼎沸相抗衡。在群众对话的搅扰下，身体不断地从一个群体移到另一个群体，让人觉得意识破碎而浮动。雅典人于是设立了一个比较能够进行持久对话的地方，也就是位于市集西面的议事厅（Council House，Bouleuterion），在这里，大家不能像在市集那样同时说话，必须遵守另外一套原则。

议事厅可以容纳 500 人，由这 500 人来组织议程以供全城公民讨论，除了雅典历上每年固定的 60 个公共节日以及少数必须平息神怒的"凶"日之外，他们天天都得到这里来开会。虽然议事厅建于僭主时期，不过它的形式却相当适合于民主政体。建筑的遗迹显示，它有着斜坡式的座位，就好像剧院一样。议员们坐着，聆听站在一楼的演说者演说。可以确定的是，所有的听众都可以看到演说的人，而听众也可以看到彼此。这里没有像潮水一样的人群来打断演说者与听众的互动。考古学家威彻利认为，议事厅的确有点孤立于市集的喧嚣之外，它在"市集的建筑中并不是那么明显"，是一幢分离出来的建筑物，"而且要走到这儿来也不是很方便"。[②] 议事厅的墙很高，建筑物有屋顶；外面的人很难窥伺，也不能随意进去。因此，这个空间只容许一种声音，它可以尽情发挥；座位的形式让议员们的注意力集中到声音上来。这个让人专注于声音的空间，同时也造成了视觉的监视。因为斜坡式的座位，清楚地呈现

① 参见奥伯（Ober）的讨论：《雅典民主中的大众与精英：修辞学、意识形态与人民的权力》（Mass and Elite in Democratic Athens：Rhetoric，Ideology，and the Power of the People，Princeton：Princeton University Press，1989），第 299—304 页。
② 威彻利：《希腊人如何建城》，第 130 页。

了议员们投票的状况。这种状况在座位齐高的人民法庭中是不可能发生的，在那里每个人顶多只能看到最邻近的人的反应而已。

公元前510年，也就是僭主统治末期，人们可以彼此讨论的地方大概就只局限在市集。到了公元前400年左右，也就是雅典民主已经确立，而僭主的野心也已经被压制下来的时候，说话的空间就开始从市集分散到城市的其他角落。在公元前5世纪中叶，市集不再是戏剧中心。在旧市集里，露天的合唱队表演场搭起了木制看台，上演新的剧作。后来在某一年的节庆中，这个木制看台倒了，于是便在卫城的南坡上挖掘了一块地方作为永久的剧场，这个剧场呈碗状，舞者及演员是在碗底的地方表演。同时期的音乐表演也从露天的市集移到了音乐厅（Odeion），一幢用来举办音乐比赛、有屋顶的建筑物。市集并没有因此而衰败；它还是陆陆续续地兴建了许多柱廊与神庙，将整个地方都填满了建筑物。全雅典的公民大会仍然选择在市集举行陶片放逐法；法庭也满满都是人；通往市集的街道也都拓宽，俨然成为一个中央市场。但是，现在市

位于埃匹达夫罗斯（Epidauros）的剧场，公元前4世纪，斯卡拉/艺术资源，纽约州。

集已不再是声音的支配空间了，尤其是它的多样性使它不可能完全掌握住权力的声音。

　　早期的希腊剧场都设在山丘上，只要做几个可以供人就座的土台，就可以让人看到舞者、诗人，或运动员。在这种位置上，人们会对于发生在前方的事情感兴趣，而不会去留意隔壁或后面的人在干什么。起初，土台上的座位是木板凳，后来剧场开始发展出走廊，并且区隔出一个个石椅区块。这样可以让人们在不妨碍别人的情形下来去自如，观众也可以集中注意力看前面。"剧场"（theatre）这个字来自于希腊文theatron，意思是"用来观看的地方"。前来参加的代表（theoros）也是使节（ambassador），而戏剧在某种意义上来说的确也是一个使节的活动，将另一个时空的故事带到观众的眼前与耳边。

位于德尔菲的剧场，公元前4世纪，斯卡拉/艺术资源，纽约州。

　　户外剧场、合唱队表演场或跳舞的地方，都是位于扇形座位的最底部，是一块圆形的硬地面。在这块地面的后方，当时的剧场建筑发展出一道用来进行舞台造景的墙（skene），原本是块布幕，后来改成木墙，最后则是用石头。伯里克利时期剧作的演出，都是在布幕或木墙前进行的，演员则在墙后头做准备。这道用来造景的墙可以放大音量，不过真正对声音的效果有帮助的其实是斜坡式的座位。从听觉上来说，在这种斜坡式的空间中，说话声音会放大，高出在平地时的 2 到 3 倍，因为这种空间可以防止声音发散出去。斜坡式的空间当然也能让人们看清楚周边的人的脸孔，但是它并不能像电影屏幕那样把影像放大。所以，在古代剧场中，明明是位于远处的人，却有个与距离不相称的大音量。

这种不相称造成古代剧场必须将演员与观众分隔一段距离，之所以如此是考量到听觉的效果：人声在斜坡式空间的上方反而比较清楚，一旦往下移到最底层的座位，声音反而会发散掉，甚至比在平地时还微弱。除此之外，在伯里克利时期，演员的技巧也已经高度精致化与专业化了。

当剧场空间用来处理政治事务的时候，这种区隔就有很大的意义。公元前 5 世纪时，雅典用来处理政治事务的剧场位于普尼克斯山丘，从市集往西南走约 10 分钟的路程。普尼克斯山丘，是一块碗状的区域，形状就跟其他建于山丘的剧场一样。公元前 500 年左右，也就是僭主希庇亚斯（Hippias）被推翻后不久，大型的政治会议首次在这里召开。从山丘的方位来看，观众都要面对北风的吹拂，而演说者则在站立时可以面对着南方的太阳，他的脸孔因此没有任何的阴影。就我们所知，伯里克利时期的普尼克斯，演说者的后方并没有布景墙：他的声音从后方的巨大空间传到听众耳里，这一空间成了公民群众与山丘、天空所构成的全景之间的惟一媒介。

市集的建筑物在建造的时候并没有计划，除了"在 10 英亩的空间中，特意在城中心留了一块开放空地以外，似乎看不见有什么思想或观念在主导"。① 相反地，扇形剧场却是一个严谨的设计，将群众组织在

---

① 芬利：《古希腊人：他们的生活与思想导论》，第 134 页。

垂直排序的座位中，并且放大在底部的单一人声，让演说者完全显露在大家面前，使他的每一个动作都能为人所见。这是个显露个人的建筑。除此之外，这个严谨设计也影响了观众自身的体验。正如史学家布雷默所指出的那样，在希腊文化中，"坐"有着与"站"和"走"一样丰富的价值，不过是另一方面的价值。在伯里克利的时代，诸神的雕刻多半采用坐姿，不过这是在诸神饮宴的时候。坐其实也代表顺服。当一个年轻女孩刚嫁进丈夫家的时候，为了表示顺从，必须按照规矩先在他家的炉边坐着。另外，瓶画所描绘的城市奴隶在工作的时候，就算不是坐着，至少也得蹲下来。① 剧场将"坐"运用在悲剧上：坐着的观众完全能同情主角的遭遇，因为观众与演员的身体在"崇高的法律之下，地位完全是卑微而顺服的"。根据古典学家泽特林（Froma Zeitlin）的观察，剧场中的希腊悲剧，在人类无法实现力量与正直的理想时，显示了"陷入极度悲惨（pathos）中的人类身体……悲剧就是坚持要……展示这个身体"。② 从这个意义来看，悲惨是与正直相对的。

在市集的露天生活中出现的多半是正在行走与站立的身体，另一方面，在普尼克斯的政治场合出现的却多半是坐着的观众。他们必须要以被动而软弱的姿势来对整个雅典（包括他们自己）进行统治，以这种姿势，来聆听下面不加掩饰的言语。

言语的热

每年在普尼克斯山上召集 40 次公民大会（Ekklesia），我们可以在

---

① 布雷默："古希腊文化中的走、站与坐"，第 25—26 页。
② 泽特林"扮演另一个"（"Playing the Other"），《与狄俄尼索斯无关？》（*Nothing to Do with Dionysos*？Princeton：Princeton University Press，1990），温克勒（John J. Winkler）与泽特林合编，第 72 页。

这个会上看到一些很明显的结果。进入建筑物的入口设有管制；在进去之前，每个公民都可以得到一笔出席费，用来鼓励公民出席，以防止有闲阶级的垄断。大会从一大早就开始，并且持续半天左右，这是为了让那些比较穷的公民能利用剩下的半天去工作。普尼克斯大会先从祈祷开始，然后将议事厅的小议会所拟定的议程提出来讨论。大会中有各项演说，可以举手投票，也可以秘密投票。

让我们想象一下自己置身于公元前 406 年某一天的普尼克斯山公民大会上，这时正值伯罗奔尼撒战争即将结束的倒数第二年，城内的政治骚乱已渐形沸腾。[①] 阿吉诺塞（Arginoussai）海战期间，有些雅典水手被他们的指挥官所遗弃，因而溺死。在普尼克斯，当值的司仪依照传统，问道："谁想说话？"在上一次集会中，雅典市民特拉门尼（Theramenes）提议应处罚那些指挥官。色诺芬（Xenophon）告诉我们，那些指挥官成功地为自己作了辩护，说海上有猛烈的暴风雨，"以这种说法说服了公民大会。许多公民都站起来，愿意保释他们"。但时间过后，事情又有了转变。今天，凯勒伊诺斯（Kallixenos），特拉门尼的盟友，又再度提起处罚的事。

他援用在重大事件决策时投票人一致的程序，也就是"所有的雅典人现在要以部族（tribes）为单位来投票，每个部族可以分到两个投票瓮"，大家将石头投入瓮中，一个代表原谅，另一个则代表惩罚。城内的每个部族都在辩论之后投票，为自己的决定负责。

军方的支持者为了转移焦点，便说这个程序已经违法，处理这个问题应该是法庭的职权。反对者则说："如果人民不能做自己想做的事，那么广大的群众将会大感不满。"军方的党羽被群众的暴力所震慑，只好屈服让步，"不过苏格拉底仍然坚决反对……他说他不能做违法的事"。

---

① 以下叙述取材自色诺芬《希腊史》（*Hellenika*，Warminster，UK：Aris & Phillips，1989），第 1 卷，第 7 页，第 7—35 页；第 1—2 卷第 3 页，第 10 页，克伦茨（Peter Krentz）译，第 59—67 页。

现在指挥官们的辩护开始了。尤里普托勒摩斯（Euryptolemos）这位公民领袖重申上一会期获得成功的观点，并且提出动议要求更改议会要求集体审判的建议，改采用个别审判。起初，公民们以举手投票通过了这个提案，而颇具声望的梅内克勒斯（Menekles）却在投票后提出反对，并且影响了群众的想法，让他们改变原先的决定。于是，指挥官们仍然必须接受集体审判。随着演说的进行，辩论也越来越热烈。公民最后投票要惩罚这些人，上一会期民众的热情还向着他们，弹指间改变了，这些雅典的官员们最后被处死。不过，故事还没完。色诺芬说："不久之后，雅典人感到懊悔，并且投票决定将那些欺骗人民的人予以起诉。"

为什么整个事情会急转直下，最后竟在相互指控下以处决收场？这个事件本身发生在雅典之外的远方。色诺芬告诉我们，指挥官们并没有足够的申辩时间，而这本是法律该保障他们的，虽然如此，他们还是热切地为自己辩护。他们夸大了暴风雨的力量，让人们产生想象，并且对于海军的困难产生同情，于是人心动摇了。然而，在公民大会第二阶段的辩护却犯了策略上的错误。他们居然挑战人民的决定权。迷惑人民的符咒被破解了，于是民众开始反对他们。然后，梅内克勒斯及其他演说者再把整件事翻转过来，让群众觉得这些人其实是懦夫，问题并不是出在天灾。指挥官们被杀。在作了如此不可挽回的决定之后，人民又想作些补救，于是又把矛头转向当初劝说他们的人。他们的声音是欺骗的声音。

对于色诺芬以及其他评价民主制度的古代观察者来说，真正让市民大会摇摆不定的，其实是修辞的力量。修辞的力量就是"说服"（peitho），也就是以言语而非以武力来使他人顺从。如果说服看起来似乎比较可行，那么传说中修辞所造成的摧毁力就不得不让人有所警醒。正如赫西俄德所说的女神潘多拉（Pandora）的例子那样，潘多拉那种令人难以抗拒的说服力，"让谎言、猜忌与阴险……彻底摧毁了男人及他们的一切"。①

言语似乎能提高身体的温度，希腊人有这样的说法，如"激情的热"或"燃烧的言语"。修辞学就是一种能产生言语之热的技术。赫西俄德所害怕的修辞的"谎言与阴险"，显示了艺术有影响人体的力量。这种身体艺术运用了"比喻"（tropes），可以让群众变得激动。希腊人在政治修辞上所用的比喻，多半来自于荷马史诗，而演说家如果要左右群众的想法，也应该彻底娴熟荷马史诗。希腊人——最有名的是柏拉图，但其他一般的市民也这么认为——害怕这种引诱会有不良的影响，特别是演说家常常会伪装出激情的热来引发其他人的激情。

演说者就跟演员一样，制造的是错觉，只不过错觉在戏剧里的价值跟在政治上是不一样的。在索福克里斯的《俄狄浦斯王》开始的时候，某个观众可能会跟他身旁的人说，今晚"俄狄浦斯会把自己弄瞎，因为他杀了自己的父亲，又与自己的母亲同床"。身旁的人知道这件事以后，并不会马上起身离去。这个简单的情节只是一个信息的传达，而不是一种实在的体验。在戏剧里，观众屈服于已经被颠覆与扭曲的言语经验。通过这一连串的步骤，意义开始累积：逐渐的，我们开始获得理解——理解到一些超出情节之外的信息——俄狄浦斯将必须付出惨痛的代价，无法回头，他无法摆脱命运的纠缠。

在针对指挥官而起的辩论中，演说者势必用言语来创造出一种错觉，因为事情是怎么发生的，除了被告以外，其他的目击者都死了。在一段修辞性的陈述之后，另起一段，段与段之间并不能产生意义的累积。这种累积的缺乏，可以从公民大会对于如何审判指挥官，始终摇摆

---

① 赫西俄德：《工作与时日》，第 43 页；转引自古典学教师联合会《雅典的世界》，第 95 页。

不定中看出。指挥官们被处死之后，人们又试图回到原先状态，开始责怪那些让他们摇摆不定的人。这当中并没有任何陈述上的累积，也没有逻辑性。相反地，每个演说者都让听众重新回想起溺水水手的样子，听众则因为每个演说者的说法不同，而不断在心中重新构图，画出一幅幅不同的被遗弃者的图像。越高明的演说者，越能够让辩论远离对手所营造的范围。通过重构，演说者可以让听众以自己所营造的方式来感觉。单独的声音以政治的修辞来控制听众。相对的，戏剧的演出则能累积意义，因为剧中的主角虽然彼此冲突，却也彼此互相依存。

雅典人了解而且害怕这种拥有修辞技巧的单一裸声力量，"法庭也像公民大会一样，凭借着精妙的修辞来运作，雅典人都知道这将会逐渐腐蚀整个国家机器"。① 正如奥伯所指出的那样，公民们知道自己可能会被修辞以及具有修辞技巧的政客所操纵，而且那些老练的演说家（通常是受过高等教育的人，他们通晓专业作家所写过的每一篇讲稿）迟早都能学会如何利用听众的恐惧来操纵他们。譬如说，他会假装自己只不过是一个完全不懂得如何在公开场合发言的单纯小人物，故意说话结巴而且没有重点。

刻在帕台农神庙饰条上的裸体勇士，传达了理想的宁静与沉着。演说家的裸声却没有导出这样的结果：强有力的演说家经常将混乱灌输给被他打动的听众，他的话语让他们的温度升高终至混乱。在指挥官审判中最引人注目的事件，也许就是在这些公民投票处死 7 名将领时他们心中所立即产生的愤怒吧。死刑是在一个秘密的地点执行的，犯杀人重罪的一般都是如此处理。事情发展到这个地步，人民已经无事可做，无戏可看了。他们之所以开始愤怒，有两个原因：一个是他们发现已经没有

---

① 奥伯：《雅典民主中的大众与精英：修辞学、意识形态与人民的权力》，第 175—176 页。

言词辩论可听了；另一个则是把人处死以后，任何的辩论都变得毫无意义。于是，在关键的时刻过去之后，人们开始要推翻他们原先的决定，理由是有人骗了他们，仿佛这整个诉讼他们才是受害者。这就是雅典民主最常见的模式：投票，然后反悔，在优柔寡断与混乱之中，话语被落实为行动，于是一切都不可收拾。

伯里克利相信雅典人言语与行为是一致的，但普尼克斯的政治过程却完全相反。身体中的高热，为裸露感到骄傲：这种主流的身体意象并没有走向身体政治的集体自我控制。雅典人的灾难来自于"傲慢"，来自于对于身体的渴望已经超过了社会控制的范围。修昔底德概括地认为"让战争变得不可避免的，乃是雅典力量的增长，以及斯巴达对此所产生的恐惧"，雅典扩张已经远超过它的人口、经济或权利所能支持的地步。[1] 修昔底德也相当精明地发现，修辞的力量是如何构成了这种傲慢。公元前 427 年，当整个古代世界因为话语的力量而骚动之时，伯里克利的梦想也终告幻灭。修昔底德写到战局渐趋不利时说："随着时局的变迁，话语的意义也有所改变……所谓的中庸之道，其实只是为了用来掩饰**缺乏男子气概**；能从各方面来理解一个问题，指的就是毫无实际解决问题的能力。"修辞的势力越来越大，"只要有人发表暴力的言论，就会有人相信，而一旦有人反对，这个人就会被当成嫌疑犯"。[2] 言语的热让斗士们无法理性地行动。

通过对石头的塑造可以让人们来控制体热吗？理性的力量能不能在城市中建立呢？在场所的设计上，要让川流不息的话语能够自由，然而，雅典人在这个问题上只成功了一半。

---

① 修昔底德：《伯罗奔尼撒战争史》，第 49 页。
② 同上书，第 242 页。

要求行动要理性，首先就要做到对自己的行动负责。在小型议事厅里，坐定了的投票人可以一个个地加以辨认，因此他们都可以对自己的决定负起全责。普尼克斯的组织者也想用相同的理念来建造一座大型的政治剧场。剧场简洁的设计，斜坡式的扇形座位加上整齐的土台及过道，使观众可以看到其他人对演说者的反应以及他们如何投票的。这刚好与市集在视觉上的纷乱形成对比，在市集里，人们连看清楚旁边的人的机会都没有。

除此之外，人们在普尼克斯也有指定的座位。至于座位是如何排定的则已经无从查考了。有些历史学家提出具有说服力的论点，认为人们在普尼克斯是按照他们所属的部族来排定座位。雅典原本有 10 个部族，后来变成 12 或 13 个。因此，普尼克斯的座位也按照部族数目而分割成几个楔形区域。[①] 每个部族各占一区。[②] 选票就是普尼克斯山上的石头，各部族或各区（demes，地方政府单位）各自投票，每个团体都把石头丢到石瓮里，之后则以各部族为单位开票计票。

在民主制度下，责任感与自我控制是集体的行动——是属于人民的。当克利斯梯尼（Kleisthenes）于公元前 508 年引进民主改革时，他宣布人民拥有"平等说话权"（isegoria），意思是说"在市集中人人平等"。[③] 市集之中人人平等形成了言论自由，雅典人称之为"说真话"

---

① 温克勒："埃佛比斯之歌"（"The Ephebes' Song"），《与狄俄尼索斯无关?》，第 40—41 页。

② 想要深入研究的读者，可参见斯坦顿（G. R. Stanton）和比克内尔（P. J. Bicknell）"雅典公民大会中的部族投票"（"Voting in Tribal Groups in the Athenian Assembly"），《希腊、罗马与拜占庭研究》，第 28 期（1987），第 51—92 页；以及汉森（Mogens Hansen）"雅典公民大会及普尼克斯上的大会遗址"（"The Athenian Ekklesia and the Assembly Place on the Pnyx"），《希腊、罗马与拜占庭研究》，第 23 期（1982），第 241—249 页。

③ 洛罗：《雅典的创造》（*The Invention of Athens*），第 175 页。也可参见威尔（Edouard Will）："历史公报"（"Bulletin historique"），《历史评论》（*Revue Historique*），第 238 期（1967）：第 396—397 页。

（parrhesia）。不过，光是这个自由本身还不能达到民主，而且它还有造成修辞肆虐的危险。克利斯梯尼的另一个改革就是为了对抗这个危险而设，他要求所有公民要集体地为公民大会所制定的决议负责。不管言语是如何地左右着各个团体的意见，一旦投票结束了，所有团体中的公民都必须一起接受决议——即使这个决议是不利于某个特定部族。之所以要如此，是因为大家都参与了开会的过程。实际上，在投票之后，我们常会发现城中的某个部族受到了不利的处分。某个团体可能无法担任公职或无法得到金钱资助，或者甚至受到法庭的责罚。克利斯梯尼的改革，目的是为了让所有公民结为一体，而不是一盘散沙，并使其在民主的言语论辩中仍保有责任感。

不过，普尼克斯简洁的设计强化了聆听话语的功能，造成所有参加者都处于一个弱势的地位。公民们之所以必须要接受决议，其实是因为他们根本无法自由移动，他们的座位固定，成了名副其实的被话语囚禁的犯人。统治阶级所构造的身体图像，它产生的权力并没有让公民成为一体：性的法规表现了平等、和谐以及整合，但在政治上并不是如此。公民的身体所摆出的政治姿势，不过是赤身裸体屈从于声音的力量罢了，就好像我们认为的那样，当一个人裸体的时候就是最没有防卫的时候。泽特林认为，从这种政治的对立当中，产生了坐的"悲惨"：以被动的身体来感受激情的热。

我在这里所说的故事，并不在于说明雅典民主的理想是如何沦丧了。我宁可说，它是一个人们在民主制度（以一种特殊的方式赞颂着人类的身体）之下感受着矛盾与压力的故事。石头上所呈现的主流裸体图像早已破碎，裸声也成了城市空间中一个分裂的力量。

这段雅典的历史也许可以从心智与身体分离的角度来看。在现代，我们经常认为心智与身体的分离，乃是由于心智的建构力逐步排挤了身体的感觉的缘故。然而，在文明开始之初，情况却完全相反。身体统治了言语，让人们无法像伯里克利在葬礼演说中所讲的那样，使言语与行为合一。在民主的言语辩论下所表现出来的体热，让人们失去了理性控制。在剧场中，政治言语的热，缺乏叙事的逻辑。雅典人没有能力以石头创造出补救的措施；人们在普尼克斯要为自己的行动负责，但却无法控制自己的行动。

身体与心智分裂的过程在历史上有了翻转，不过从文明之初就有的分裂却延续至今；它显现在我们的历史之中，"人类"仍代表着充满异议与不和谐。随着基督教的来临，冲突也将变得必然与不可避免，人类将成为自己与自己争战的动物，而起因全在于他自伊甸园流放出来。在古代世界，希腊人以另一种方式来面对真理，也就是他们对城市仪式的体验。

第 2 章　黑暗的披风
雅典的仪式守护

　　帕台农神庙是对女性神祇的礼赞，她是统治城市的女人。不过，伯里克利在他的葬礼演说的结论中却是这么说的："也许我该对当中的丧夫之人，说些与女性职责有关的事。我必须简短地说出我该说的忠告。"这个忠告就是沉默是金。他认为，"……一个女人的最高荣耀就是尽可能地不被男人提及，不论他们是在称赞你，还是批评你"。①回到城市以后，女人们就应该再度成为影子。奴隶以及从外国来此居住的人也没有资格在城里说话，因为他们的身体也是冷的。

　　虽然伯里克利的葬礼演说是对生者说话，他——就像其他希腊人一样——却想象着死者的灵魂也在听他说话。死人已经没有体热了，但他们的灵魂却围绕在生者周围，仍然拥有强大的力量，足以影响一个命运的好坏。冷与黑暗是盟友，地府则是灵魂的家。然而，缺乏热与光亮并不代表无助。那些因为被诅咒而拥有冷身体的人，必须要进行一些仪式，这些仪式让他们蒙上了一块黑暗的披风。这些古老仪式显示出我们文明中一个历久不衰的方面：不让受压迫者被动地受苦，仿佛疼痛是一种不可磨灭的本质似的。这种拒绝受苦的想法，本身有其限制。

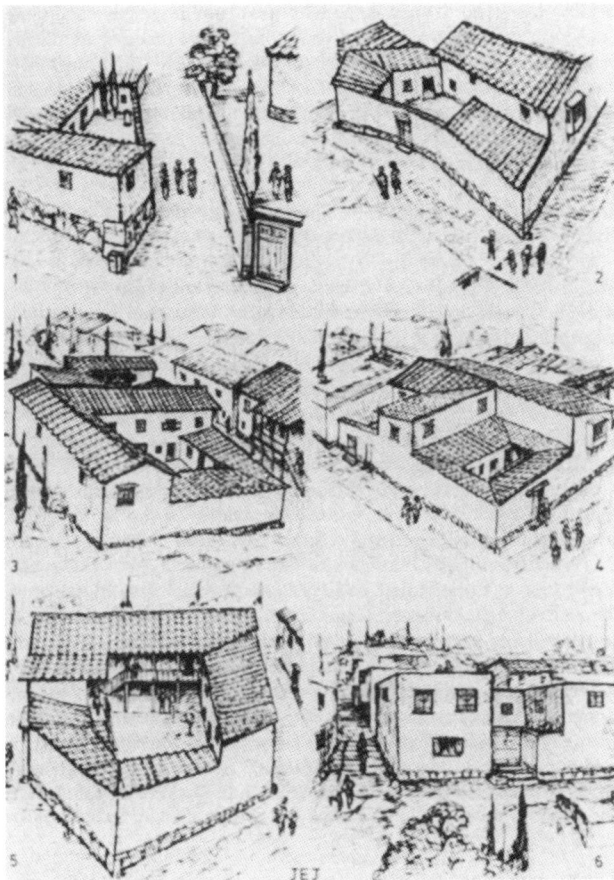

雅典的住房，公元前 5 世纪末到前 4 世纪。

1. 冷身体的力量

在葬礼演说中，伯里克利以不寻常的即席演说方式，提到了城市仪

---

① 修昔底德：《伯罗奔尼撒战争史》，第 151 页。

式。他说："当我们的工作结束以后，我们就可以享受所有的娱乐来让精神恢复。每年我们都有固定的竞赛及祭典。"[1] 正如一位现代史学家所说，这是"一个非常实用的共同体宗教"；他的雅典同胞会把节庆年历当成是公民生活的核心，而不只是"工作之余的休闲"。[2]

仪式看起来似乎只是静态的力量，通过一次又一次反复不断的姿势与言语来保存记忆。在古代世界，仪式可以不断地自我调整，设法用旧的形式继续满足新的需求。原本早期农业社会用来礼赞女性的仪式，经过调整之后，可以用来洗去城中女性的身体污名。这种从农业神话到城市仪式的转变，并不违背对过去的记忆，女人也不会因此就以仪式来反叛男人。雅典所有仪式中最盛大的就是泛雅典娜节（Panathenaia）。虽然这个庆典男女一起参加，但是从女性的观点来看，其中带有强烈将过去融入现在的痕迹。其中一个证据就是"妇女节"（Thesmophoria），这个祭典的目的是要彰显冰冷的女性身体；另一个证明则是阿都尼亚节（Adonia），它可用来恢复伯里克利在葬礼演说中所否认的、而女性在演说与欲望上所拥有的力量。

妇女节

妇女节原本是祈求土地肥沃的仪式。它可以追溯到荷马时代之前，这是个由女性在秋末主持的祭典，正值播种的时节。得墨忒耳（Demeter），大地女神，被奉为神圣的守护神。这个节日源于得墨忒耳埋葬并哀悼她死去的女儿珀尔塞福涅（Persephone）。妇女节这个名字源于一个重要的动作，就是在土地上种植东西（thesmoi 在希腊文里，从

---

[1] 修昔底德：《伯罗奔尼撒战争史》，第 146 页。
[2] 罗伯茨：《古典时代雅典导论》（City of Sokrates：An Introduction to Classical Athens），第 128 页。

广义来说，也有"制定法律"的意思）。妇女们为妇女节的仪式准备了猪仔——在希腊神话中，猪是带有神圣价值的动物。在每年春天末了之时，她们把猪杀了丢到挖好的洞（megara）里，任由这些死尸腐烂。在春天为尊奉得墨忒耳而举办的节庆（伞节〔Scirophoria〕），主要是作为一种土地肥沃的象征。得墨忒耳位于厄勒夫西斯（Elevsis）的神殿在雅典城外。雅典在秋天所举办的妇女节，让这个原本只是单纯祝愿土地肥沃的节日，变成了城市自己独特的仪式。

在妇女节连续 3 天的头一天，妇女们来到存放潮湿小猪尸骸的洞里，将种子与尸体混合在一起。这一天也代表着"行走"（kathodos）与"起身"（anodos），妇女们走出洞穴，进入特殊的木屋中，她们在里面坐着并且睡在地上。第 2 天，妇女们禁食以纪念珀尔塞福涅的死；她们以发誓与诅咒来表达哀戚。到了第 3 天，她们各自带回属于自己的小猪尸块，这时，这些尸块早已变成了发出恶臭且充满谷物的黏块，将这些黏块放入土中，就变成了神圣的肥料。[①]

对伯里克利时期的人来说，妇女节似乎将得墨忒耳的故事表现成一种死亡与重生的故事，得墨忒耳是一个将她的女儿尸体弃置于荒野的女神，刚好对照着妇女们杀死并埋葬小猪的仪式。不过，雅典所进行的仪式与原先的农业神话已有所出入，妇女节除了强调肥沃与荒芜的对立外，还求助于禁欲与肥沃的对立。在妇女节前 3 天，妇女们就不能与她们的丈夫共枕，妇女节期间也必须禁欲。仪式于是从对女儿（她的身体滋养了大地）的哀悼，转变成一出自制的戏剧。

在一段令人难忘的话里，古典学家韦尔南（Jean-Pierre Vernant）提

---

① 西蒙（Erika Simon）：《阿提卡的节庆：一个考古学上的评释》（*Festivals of Attica：An Archaeological Commentary*，Madison：University of Wisconsin Press，1983），第 18—22 页。

到了雅典所进行的仪式：

> 播种的时节正标示着婚姻吉利的时刻来临；已婚的妇女、家中的母亲，以公民的身份由她们所生子女陪伴着共同庆祝这个官方的庆典。她们必须在这个时刻与自己的丈夫分离；沉默、斋戒并且禁欲；她们的位置固定，蹲伏在地下；她们爬入地洞来收集混合着种子的肥料，这可算是一种护身符；洞里弥漫着一股恶心的气味，她们并不放置有香气的植物，反放了柳枝，因为柳枝具有一种抑制性欲（Aphrodite）的特性。[①]

柳木的气味能降低欲望，这对于仪式的进行有着重要的效果。仪式中，妇女蹲在地下，充满了臭味与黑暗。她们的身体变得静止而冷，几乎成了无生命之物。在这种冷却的、被动的状况下，仪式将她们转化：她们的身体被庄严化，重演着得墨忒耳哀伤的故事。

得墨忒耳神话将妇女与土地联系在一起，至于妇女节则将雅典的妇女彼此连结在一起。这种新纽带出现在妇女节的正式组织中；仪式的祭祀官是由妇女自己选举产生的。波梅罗伊（Sarah Pomeroy）如此写道："男人只有在某种情况下才介入，假使他们是有钱人的话，那么他们可以负担一点节庆的费用，算是为他们的妻子付一点税捐吧。"[②] 除此之外，韦尔南认为妇女们是以"公民的身份"来举行这项祭典，只是她们必须跳出男人的世界才能如此。到了第 3 天的末尾，她们走出木屋，丈夫们正在屋外等待，她们出来时带着充满生机的腐肉与谷物。在地下坑洞里，黑暗的披风覆盖着她们，冷而且接近死亡，但这些是为了要转变

---

① 韦尔南为德蒂恩内（Detienne）著，劳埃德（Janet Lloyd）译《阿多尼斯的花园》（*The Gardens of Adonis*, Atlantic Highlands, NJ: The Humanities Press, 1977）所作的"导论"，第 xvii-xviii 页。
② 波默罗伊：《女神、娼妓、妻子与奴隶：古典时代的女人》（*Goddesses, Whore, Wives, and Slaves: Women in Classical Antiquity*, New York: Schocken Books, 1975），第 78 页。

她们的身体地位。妇女节以黑暗来导向光明，因而肯定了妇女的庄严。

可以确定的是，从乡村蜕变为城市的过程中，在仪式里留下了不少属于过去的印记。城市节庆的时序仍然与农业生活、岁时节令以及耕作有关。不过，得墨忒耳神话转变成城市的仪式，对于妇女来说有特殊的意义，主要是因为它是在雅典某个特定的地点举行。遗迹证据显示，这个仪式第一次举行时，小猪是储藏在自然的洞穴中。城市考古学家汤普森（Homer Thompson）已经找到了这个新石器时代的遗址在城市中的位置。挖掘的洞穴以及建筑的木屋都在普尼克斯山丘上，位于男人们召开公民大会地点的后面。通过仪式的进行，妇女们因此也为自己在雅典建立了一个公民空间，并且靠近男人们行使权力的地方。

有一个专有名词可以用来表示在妇女节中所发生的改变，那就是"换喻"（metonymy），而这个希腊文所代表的是修辞学上所运用的一种方法。换喻用某个字来替换另一个字，水手可以被称为鲨鱼或海鸥，这完全要看说话者或写作者想表达什么效果。每一种替换方式都各有一套解释：把水手叫成鲨鱼，我们很快就会理解这是为了要表现他行动的邪恶；把水手叫成海鸥，我们会说他就像海鸥一样，勇于高飞以超脱于海洋的骚动不安。[①] 换喻所做的事就好像在原始意义之上覆盖一件披风一样，通过联想来转变原来的意义。在诗人所能运用的各种方法中，换喻是最能改变语言的一种，它可以一次又一次地将文字带离它的原始意义。

在为期3天的妇女节的过程中，妇女们——闻着猪的臭味和柳木的味道，蹲在地下——借由换喻的力量来体验仪式的转变。第2天的

---

① 参见雅各布森（Roman Jakobson）："两种语言类型与两种失语障碍类型"（"Two Types of Language and Two Types of Aphasic Disturbances"）；《语言原理》（*Fundamentals of Language*，The Hague：Mouton, 1956），雅各布森与哈勒（Morris Halle）合编。布罗克斯（Peter Brooks）：《情节的阅读》（*Reading for the Plot*，New York：Knopf, 1984），第1章。

"冷"与"被动"转而意味着自律与坚毅，而不像她们在外面时所显示出的孱弱与低等。这些变化在第 3 天妇女走出来时达到最高潮。她们并没有变成男人。天光照耀着被黑暗遮盖许久已受仪式转变的身体——神秘而不为男人所知——使得身体或多或少变得庄严许多。

仪式的换喻，与诗人的语言不同，以空间来造成这样的变化。这些空间在身体走进了仪式的奇幻领域之后，就改变了身体的状况。这样的改变发生于妇女节之中，仪式的洞穴既冷又黑，伯里克利所劝告的、尽量不为人所提及的冷身体，有了全新的公民德性。木屋中心柳木燃烧的香气，让妇女们可以降低欲望来进行转变。木屋在城市空间中所处的位置，特别选择靠近男人以公民身份来进行统治的地方，以此来彰显其尊严。

阿都尼亚节

阿都尼亚节庆是与死亡联结在一起的农作仪式。它在城市中所进行的转变表现在家庭空间上。希腊妇女被局限于家中，因为她们被认定在生理上是有瑕疵的。希腊历史学家希罗多德（Herodotus）将自身希腊文明的合理性与埃及文明的怪异作了对比，发现"埃及的风俗习惯似乎会将人类平常的生活习行作个颠倒。例如，妇女上市场去进行交易，男人则待在家里纺织"。① 在色诺芬的《经济论》（Oikonomikos）中，一个丈夫如此嘱咐他的妻子："你要做的事就是待在家里。"②

---

① 希罗多德：《历史》 （History），第 2 卷，第 35 页；引自利萨拉格（François Lissarrague），"女人的身影"（"Figures of Women"），《西方女人史》（A History of Women in the West），第 1 册，《从古代女神到基督教圣人》（From Ancient Goddesses to Christian Saints），潘特尔（Pauline Schmitt Pantel）编，第 194 页。
② 色诺芬：《经济论》，第 7 页、第 35 页；引自古典学教师联合会，《雅典的世界》，第 168 页。

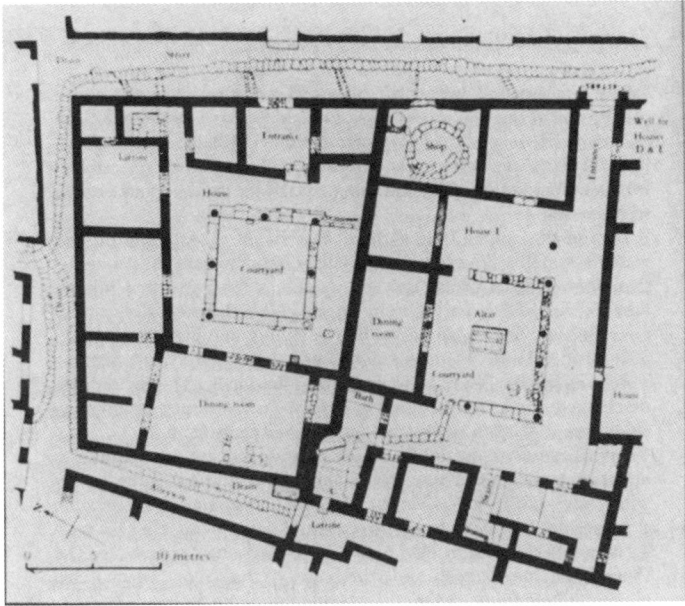

雅典住宅分布图，来自代诺斯（Delos），公元前 5 世纪。

古希腊的住家有高墙以及少许的窗户；如果经济许可的话，会在屋内设个中庭，房间都会向着中庭。在屋内，格局设计得有点像穆斯林家庭一样，宛如深宫内院一般。已婚的妇女绝对不可以在起居室（andron）也就是招待宴饮宾客的地方露面。在起居室所举行的宴会中，只有女奴隶、娼妓或异邦人才可以出现。妻子与女儿居住在称作"女子居所"（gunaikeion）的房间里。如果这个家足够有钱的话，这些房间很可能位于二楼，尽可能地远离外人进入到中庭的通道。

阿都尼亚节改变了女性退居家庭的规则。这个仪式借由嗅觉的体验来促成这项转变。希腊人发现植物和香料的香味可以增强感觉，也就是说，形成让性欲自由发泄或抑制性欲的气氛。现代生物学称这种生物气味叫"外激素"（pheromones），取自希腊文中的"pherein"（携带），以及"hormon"（使其兴奋）。① 在妇女节时，一股抗外激素的气味，即柳木的味道，弥漫了整个屋子，这股味道可以抑制欲望。相反，阿都尼亚节则使用芳香香料来刺激欲望。人类学家德蒂恩内认为，"妇女节与阿都尼亚节相比，就好像四旬斋（Lent）与忏悔星期二（Shrove Tuesday）一样"。阿都尼亚节赞颂女性的性欲；甜蜜的香气、烂醉以及淫秽，这个芳香的节日解放了女性，让她们可以在住家从未使用过的不寻常处所即屋顶来宣泄自己的欲望。

阿都尼亚节来自于与阿多尼斯（Adonis）有关的神话故事。在希腊人对于男子气概的诸般想象中，他代表了一种极端。另一个极端是海克力斯（Herakles），是勇士的典范。荷马在《奥德赛》（Odyssey）中说道："海克力斯因他永不停止吃喝的大食量而闻名于世。"他对性的饥渴也跟他的食量一样。在《吕西斯忒拉忒》（Lysistrata）中，一个好色的丈夫突然大叫："我的命根子就像被请来吃晚餐的海克力斯一样。"海克力斯出名之处还在于他有 72 个儿子和 1 个女儿。② 相反，优雅的阿多尼斯则食量不大也不贪婪。与海克力斯不同的是，他在能生育子女之前，也就是在青春期的末尾，被野猪顶撞而死。与海克力斯更不同的是，阿多尼斯给予女性愉悦，而不是像海克力斯那样，只是以女性身体为发泄欲望的对象。阿多尼斯是享乐（hedone）的代表人物，"hedone"是希腊文，指感官上的愉悦，而阿芙罗狄蒂则把他作为女性的情人来哀悼。

在阿都尼亚节的祭典中，雅典的女性也援用这个神话，哀怜这位知

---

① 勒盖莱（Annick Le Geurer）：《香味》（Scent，New York：Random House，1992），米勒（Richard Miller）译，第 8 页。
② 阿里斯托芬：《吕西斯忒拉忒》（Lysistrata），第 928 页。洛罗："海克力斯：超男性与女性特质"（"Herakles：The Super-Male and the Feminine"），霍尔珀林、温克勒、泽特林合编，《在性欲之前：古希腊世界中性爱经验的建立》（Before Sexuality：The Construction of Erotic Experience in the Ancient Greek World，Princeton：Princeton University Press，1990），第 31 页。

道如何带给女性快乐的青年。每年 7 月纪念他的节日开始前 1 个礼拜，妇女们在瓶子里撒下莴苣种子，放在屋顶上。这些种子很快就发芽了，妇女们小心翼翼地浇水施肥，直到幼嫩的绿芽出现。到这时，她们便停止浇水。当小芽逐渐死去之时，便是节庆开始之日。这时这些放在屋顶的瓶子就叫做"阿多尼斯花园"，枯萎的植物便反映了他的死亡。

年轻女性在举行阿都尼亚节时以哑剧来表示对阿多尼斯的哀悼。

有人可能会预期这个仪式会紧密地重现神话故事的内容：的确，每年的这个时间似乎更加强了这个垂死花园的象征性意义，因为 7 月是个日光灼热的月份。雅典的妇女构思了一个徒具其名的葬礼，她们并不悲伤，而是彼此通宵地跳舞、喝酒与唱歌。她们将没药球与香料丢进香炉里（阿多尼斯是没药树女精灵之子）以激起性欲。这个节日以猥亵的谈笑及隐含的性意味著称：数世纪之后，有一个虚构的罗马文本，是由一个高级妓女写给她的朋友的，"我们会在特萨拉（Thessala）的情人家里安排一个晚宴来庆祝〔阿都尼亚节〕……记着带小花园还有小人像过来。还要记着带着你经常含着的阿多尼斯（很明显是指人工阳具）。我们会跟我们的情人们喝个烂醉"。①

妇女们在她们的小"阿多尼斯花园"中所种的植物，正可证明这个节日对性的颂扬。诗人萨福（Sappho）描写阿芙罗狄蒂在阿多尼斯死后，将他的尸体放在莴苣田里。如果这个景象让我们觉得奇怪，那么对希腊人来说却是相当合理，他们认为莴苣具有抑制性欲的潜力。"它的汁液对于那些做春梦的人特别有用，同时也可以降低男人做爱的欲望"，迪奥斯科里季斯（Dioscorides）如此写道。② 莴苣在古代文献中是性无能的象征，一般来说是表示完全"缺乏生机"。③ 莴苣其实也被认为是生长在幽灵之间的植物，是死去的母亲们吃的东西。在阿都尼亚节期间，当莴苣开始枯萎变黄并在瓶中焦干的土地中蜷曲之时，妇女们便开始庆祝。也就是说，当植物死去、汁液干涸之时，妇女们便开始赞颂生机蓬勃的性欲。

阿都尼亚节似乎是在庆祝女性生命中未被满足的欲望。性欲的被剥夺并不全然来自于男人对于那些未来将成为公民的男孩的耽溺。这种耽溺从现代模式来看算是一种同性恋，仿佛是一种专属的情欲一样。正如法学家坎特雷拉（Eva Cantarella）所说，"妻子们的真正敌手乃是……其他'身份尊贵'的女人，她们才是能引诱丈夫脱离妻子的人"。④ 阿都

---

① 阿尔西弗龙（Alciphron）：《信件集》（*Letters*），第 4 卷，第 14 页；引自德蒂恩内《阿多尼斯的花园》，第 65 页。
② 迪奥斯科里季斯：《医疗物质》（*Materia Medica*）第 2 卷，第 136 页，1—3；引自德蒂恩内《阿多尼斯的花园》，第 68 页。
③ 同上书。
④ 坎特雷拉：《古代世界的双性恋》（*Bisexuality in the Ancient World*，New Haven：Yale University Press，1992），欧奎雷昂楠（Corma O'Cuilleanain）译，第 90 页。

尼亚节时所使用的植物与香料协助女人来面对更基本的问题：她们的欲望跟她们必须屈服男人的意志，两者密不可分。阿都尼亚节的芳香只是尝试着要提供一个屈服之外的呼吸空间罢了。

阿都尼亚节跟妇女节一样，将农业的仪式转变成都市的经验。这段古代神话将愉悦的死亡与土地的肥沃结合在一起，正如垂死的阿多尼斯将血遍洒在土地上一样；这代表着土地借由人类的受难而获得滋养。在都市的仪式中，土地的干涸与植物的枯黄反而能让身体的感官苏醒。因此，旧仪式在此反而有助于妇女们转变住家的空间形式。

阿都尼亚节与男性整年在屋内起居室举办的宴饮完全不同。在一个小康之家，这个经常以矩形为格局的房间通常三面墙边都有卧榻，剩下的一端也有；可以容纳 14 位客人在这儿躺着，吃吃喝喝，或者是跟男性或女性娼妓调情。宴饮提供了场所让男人放浪形骸，让他们享受"刺激的"乐趣，完全悖逆了城邦整体最基本的对于"端正风俗"的要求。① 罗西（L. E. Rossi）就表示，宴饮本身就是个"让人出洋相"的地方，尤其是男人在这里喝酒、调情、聊天及自吹自擂的时候，不过这个地方却也保留了一些从宴饮之外带进来的身体举止上的习惯。② 与在体操场上一样，宴饮中的男人也彼此进行竞赛。男人预先准备了诗歌、笑话以及自我吹嘘的词句，以此在席间炫耀他们的技巧。竞争与友谊之间的平衡有时会破裂，此时宴饮就沦为猛烈的争吵。

至于上面的屋顶，在阿都尼亚节期间这个地方固然也同样地猥亵，但至少女人不会彼此竞争；这里也没有预先准备的笑话。阿都尼亚节也不像男人的宴饮那样地重视隐私与排外。女人们从这一处邻家走到另一

---

① 默里："宴饮史"（"Sympotic History"），《飨宴：讨论宴饮的宴饮座谈会》（Sympotica：A Symposium on the Symposion），第 7 页。

② 罗西："古代与古典希腊的宴饮……"（"Il simposio greco arcaico e classico..."），引自佩利泽尔（Ezio Pellizer），"宴饮的娱乐"（"Sympotic Entertainment"），麦克劳克林（Catherine McLaughlin）译，载于《飨宴：讨论宴饮的宴饮座谈会》，第 183 页。

处邻家，听到黑暗中上方有人在叫她，于是她顺着梯子爬上屋顶与陌生人见面。在古代城市里，屋顶通常是空空的。除此之外，这个节日是在夜里的住宅区举办的，街上一点亮光也没有。支配性的空间——市集、体操场、卫城，以及普尼克斯——乃是用来在白天暴露的空间。阿都尼亚节期间，屋顶上点着蜡烛，很难看清楚身边坐的人的长相，更不用说在下面街上的行人了。于是，黑暗的披风便笼罩在家庭空间的转变之上。黑暗中满是笑声，屋顶成了无名而友善的区域。

在黑暗披风之下，女性在这个空间中恢复了说话的力量，诉说着她们的欲望。正如妇女节转变为冷的意象，阿都尼亚节则转变为热的意象。暴露于日光的热度之下莴苣会死亡；相反，黑暗则可以让女性解放。

直到最近，学者们都认为阿都尼亚节是女同性恋者的仪式，因而毫不思索地认定当女人们聚在一起时，就是为了自我的愉悦，因此一定会彼此挑逗产生性刺激。萨福著名的与阿都尼亚节有关的爱情诗，经常被引用：

当我才看见你，就已无话可说；我的舌头发出劈声，仿佛身体内有一把火把它给燃烧了一般；我的眼睛已看不见，耳边嗡嗡作响，汗流不止，全身禁不住地一直颤抖；我比青草更有活力，似乎能永远不死似的。①

这景况看起来似乎是有点复杂：不管她们的性偏好如何混杂，但这个仪式并不具有萨福抒情诗中所具备的活动强度，因为这只是个让陌生人在

---

① 萨福：《希腊抒情诗》（*Greek Lyrics*，Cambridge：Harvard University Press，1982），第 1 卷，坎贝尔（David A. Campbell）译，洛布古典丛书，第 79—80 页。

黑暗中求得暂时愉悦的场所，而不是为了求得深入而持续的情爱束缚。

城市并没有正式承认阿都尼亚节。它并没有像其他节日一样，出现在官方的年历当中，因而城市也就没有对它作出安排、督导与资助。阿都尼亚节是个非正式的活动，但在情感上却完全是自发的。而且，毫不令人意外，阿都尼亚节让男人很不舒服。当时的作家如阿里斯托芬在《吕西斯忒拉忒》中就嘲弄了这些杂音、充满哀悼的聚会以及烂醉如泥，还对妇女的不守缄默表示出轻蔑的态度。不过，对于阿都尼亚节最具终结性的指控乃是来自于柏拉图的《斐德罗篇》（*Phaedrus*）。柏拉图借由苏格拉底的口说：

> 现在回答我这个问题吧。一个做事合乎常理的农夫拿到了种子，他很珍惜这些种子，并且打算用它生产作物，于是他想清楚了之后把种子种在阿多尼斯的花园里，选的时间是仲夏，而且期望 8 天后就能收成，这可能吗？这种做法难道不像是以一种游戏的心态在做事吗，如果他的确是这么做的话？如果他是认真的话，他会遵守真正农业生产的原则，把种子种在适合生长的土地里，并且在等待 8 个月后，自然会得到满意的果实。①

柏拉图看到阿都尼亚节中所显示的、暂时的愉悦带来的只是贫瘠，它背离了传统农业生产的过程。光是只有欲望，是没有生产力的。

如果要反驳柏拉图的话，可以这样说明，阿都尼亚节是为了要让女性重新烧起欲望的语言而不得不采取的特别方式。正如妇女节的仪式所利用的是以诗人的手法结合空间的运用，而不是以文字来表现，阿都尼亚节则

---

① 柏拉图：《斐德罗》（*Phaedrus*），第 276 页 b；汉弥尔顿（Walter Hamilton）译，《斐德罗与信件集第七、第八卷》（*Phaedrus and Letters VII and VIII*，London：Penguin，1973），第 98 页。

是援引了隐喻的力量。隐喻将数个彼此无关的事物结合成一个单一的图像，就像这样的一种表达，"如玫瑰色手指般的黎明"（rosy-fingered dawn）。在这种隐喻中，整体的意义要大于各部分的意义。隐喻的功能与换喻不同，在换喻中，我们可以用不同的字眼来取代"水手"——鲨鱼、海鸥、海豚、信天翁——不过一旦"玫瑰色的手指"和"黎明"被放在一起时，它们就拥有一种大于各部分（黎明、手指）总和的整体特征。除此之外，强烈的隐喻是不可言传的。如果你说"如玫瑰色手指般的黎明"指的是管状的、粉红色的云彩出现在曙光初现的天边时，你就失去了意象本身所产生的召唤性；诗人创造的意象是无法解释的。

在阿都尼亚节的仪式中，空间让隐喻得以运作。一般来说，多产与养育小孩是让一个女人性欲得以存在的理由。一个人在 7 月的夜里爬上屋顶跟陌生人谈私密的欲望的确有点奇怪，而将各种彼此无关的元素结合在一起就是隐喻的空间力量。在仪式中，"隐喻的力量"指的是一个可以让人们联结彼此不相似的元素的空间。她们做的时候，是使用身体而不是言语来解释。在阿都尼亚节里，跳舞与狂饮取代了抱怨或对于雅典女人状况的分析。这可以说明为什么阿里斯托芬与柏拉图在评论阿都尼亚节时总是产生障碍，他们没有办法理解发生了什么事；屋顶上的仪式是无法以分析论理的方式来理解的。

古典学者温克勒有一段令人难忘的话，他说阿都尼亚节是"被压迫者的笑声"。[①] 但这个仪式并没有指向反抗男人。它没有鼓动女人去占领市集、普尼克斯或其他男人的堡垒，哪怕是一夜也好。屋顶并不是发动叛乱的起点。相反，它只是个暂时让女人的身体能跳出城市统治命令

---

① 参见温克勒"被压迫者的笑声：得墨忒耳与阿多尼斯的花园"（"The Laughter of the Oppressed：Demeter and the Gardens of Adonis"），《欲望的抑制：古希腊性与性别的人类学》（*The Constraints of Desire：The Anthropology of Sex and Gender in Ancient Greece*，New York：Routledge, Chapman & Hall, 1990）。

掌握的空间罢了。丈夫们以及城邦的卫士可以轻易地镇压阿都尼亚节，但是城市的力量却从没有这么做过，这也许是因为这个节日的隐喻力量太奇怪了，让人找不到直接责难的地方。如果说妇女节将城市中的冷身体予以合法化的话，那么阿都尼亚节就是在短暂的数晚中将压制在她们身体上的重量移开。

理性与神话

　　这两个古代节庆说明了一个单纯的社会事实：仪式可以治疗。仪式是被压迫者（包括男人跟女人）用来应对他们在城市中所遭受到的轻视的一种方式，而仪式一般来说可以让生者或垂死者比较能承受痛苦。仪式构成了一种社会形式，人类在当中试图将单纯的拒绝转变成一种主动的角色，而非被动的受害者。

　　不过，西方文明与这些仪式力量的关系是有点暧昧不清的。理性与科学似乎承诺要战胜人类的种种磨难，它们要的是胜利，而不是像仪式一样只是主动地参与其中。塑造我们文化的理性，也对仪式的基础表示怀疑，包括它在空间中的换喻与隐喻，它在身体上的行为，都无法用逻辑来说明或解释。

　　西方理性与仪式间的暧昧关系在古代世界形成了一种形式。希腊人将此区分为理性（logos）与神话（mythos）。宗教史家布尔克特（Walter Burkert）简要地对这个对比作了一番说明：

　　神话，作为理性的对立面。理性（logos）来自于"legein"（结合），乃是将单一的各项证据（或者说是已证明的事实）聚集起来：赋予理性（logon didonai），也就是向挑剔而怀疑的听众们说明。"mythos"是在不用负责的状况下说一个故事：这不是我的故事（ouk emos ho mythos），是我在别处听来的。①

理性的语言联结事物。"赋予理性"设了一个舞台让人们建立联系：有听众可以判断你的论证，而听众是具有怀疑态度的。理性可以变得不纯粹。就在前面所述关于指挥官的辩论中，演说者以个别的事实、人物或事件来描绘出一幅幅景象，以引起大家的同情与认同。这些景象相继展现，话语的意象也就联结起来，尽管它们绝对经不起纯演绎分析的推敲。

所有的理性形式，演说者与他的话语是彼此等同的；话语属于演说者，而演说者也要为话语负责。希腊的政治思想便是围绕着这个理性方面而形成民主的观念。首先是由克利斯梯尼提出，表达与辩论的自由只有在人们可以对自己所说的话负责时才成立。若非如此，则他的论证毫无意义，他的话也就毫不重要了。普尼克斯的空间形式也让理性得以运作；你可以清楚地看到听到谁为某个言论鼓掌或嘲笑，并且也可以知道人们是怎么投票的。

至于神话，演说者并不需要对自己讲的话负责。相反的，神话的语言基础来自于这样一段希腊陈述："这不是我的故事，是我在别处听来的。"大部分的神话，当然其中也包括希腊神话，都与奇幻的人物或诸神有关，所以大家会很合理地推断这些故事是神的事迹，而不是那些说故事的男男女女本身的遭遇。因此，当听众听到某人在说一段神话时，

---

① 布尔克特（Walter Burkert）：《希腊神话与仪式的结构与历史》（*Structure and History in Greek Mythology and Ritual*，Berkeley：University of California Press，1970），第 3 页。"这不是我的故事"，出于欧里庇得斯，残篇第 484 页。这个区别后来柏拉图也加以引申，《飨宴》（*Symposium*，Indianapolis：Hackett Publishing，1989），第 177 页 a，尼赫马斯（Alexander Nehamas）与伍德瑞夫（Paul Woodruff）译，第 7 页；及《高吉亚斯》（*Gorgias*，London：Penguin，1960），第 523 页 a，第 527 页 a，汉弥尔顿译，第 142—143 页，第 148—149 页。

并不会把在政治集会中所拥有的怀疑态度拿过来加诸在他身上，因为说话者并不用负责。人类学家福塔斯（Meyer Fortas）认为，神话是一种对"社会纽带的认可"。[①] 另外，亚里士多德下过一个著名的定义，认为戏剧是"有意搁置怀疑"。神话是早期戏剧的发源地，是这段陈述的最佳批注。神话是对于话语本身的完全信任。

　　理性与神话的区别具有深刻的教益。每个人都要求要说话算话，这造成了彼此的不信任与怀疑。对于这种不信任的状况，我们应该加以转移与控制。这个残忍的事实让我们理解克利斯梯尼为什么坚信，人们应该可以自由地说话，但必须要对自己所说的话负责。民主是一种处理彼此不信任的政治学。至于说话者不需要负责的话语则创造了信任的纽带；只有在神话的支配下，在说话者以外的语言支配之下（譬如在普尼克斯的木屋中对得墨忒耳所唱的顺服之歌，以及在雅典的屋顶之上对阿多尼斯的敬拜），信任才得以形成。黑暗的披风罩在这两个地方，加强了这些话语当中与人无关的以及值得信任的特点，因为个别的说话者不容易识别出来——话语仿佛是从黑暗中吐露出来的。仪式的处所创造了彼此确认的神奇地带。神话的力量也让正在庆祝节日的身体拥有了全新的价值。在仪式中，话语是借由身体的动作来传达：跳舞、蹲伏或一起喝酒变成了彼此信任的符号，一种紧密联结的行动。仪式将古代城市中人与人之间所藏匿的怀疑盖住，完全不同于裸体展示所隐含的既赞美又疑心的混杂情绪。

　　雅典文化因此形成了平行的对比：热的身体对照着穿衣的身体；裸体的男人对照着穿衣的女人；光亮的、"户外的"空间对照着洞中以及夜晚屋顶上的黑暗空间；"赋予理性"的挑战性暴露对照着神话披风的治疗

---

① 福塔斯："仪式与官职"（"Ritual and Office"），载于格吕克曼（Max Gluckman）编，《社会关系之仪式论文集》（*Essays on the Ritual of Social Relations*，Manchester：Manchester University Press, 1962），第 86 页。

功能；在话语的力量中失去自制能力的权力身体对照着在仪式中团结在一起的被压迫身体（即便这个纽带是无法明确说明、合理化或解释）。

不过，修昔底德应该不容许我们以这种方式来赞扬雅典，至少从他所知的雅典来说是如此。理性有理由质疑仪式，因为仪式在与人群相联结方面有致命的弱点。修昔底德显示了当城市的大灾难来临时，仪式没有办法让雅典人充分理解这一场灾难是怎么来的。如果没有这一层理解，他们所组成的生命共同体便会解体。

2. 受苦的身体

修昔底德《伯罗奔尼撒战争史》的一个篇章以伯里克利的葬礼演说告结束；下一篇章所要叙述的就是在当年冬天以及来年公元前 430 年春天降临于雅典的一场瘟疫。在瘟疫的冲击之下，人们的行为完全悖逆于葬礼演说中所表达的明显的自信：民主制度崩溃了，病死的尸体瓦解了城市仪式的纽带，而伯里克利本人也死于这一场瘟疫中。

古雅典的医生对于霍乱的大规模传染毫无办法，修昔底德以带有困惑的恐惧心理描述了身体的症状：

> 他们的眼睛变得火红；嘴里面有从喉咙和舌头渗出的血水，呼吸也变得不自然、不协调……令人无法抑制的作呕感以及强烈的痉挛……虽然有很多尸体还没有掩埋，但那些食肉的鸟兽却从不接近，一旦它们尝过这些肉的味道，也不会活多久。①

瘟疫首先攻击的社会组织——这同时也是致命的一击——就是敬拜

---

① 修昔底德：《伯罗奔尼撒战争史》，第152—153页。

死者的仪式。希腊人至此已开始对死者不敬:"他们首先抵达别人堆起的柴堆旁,把尸体放上去,然后点燃;或者是看到其他的柴堆已经烧起来了,于是他们干脆把尸体放在已经燃烧的尸体之上,然后就转身离开。"有些人仍然体面地接近患者,不过他们很快地也被感染,"……灾难可说是势不可挡,人们根本不知道接下来将会如何,于是对于任何宗教规则都不屑一顾……"①

　　一旦仪式瘫痪了,瘟疫接下来要打击的就是政治。"没有人认为自己会活到被审判或被惩罚的那一天。"雅典人失去了自我规训与自我统治的能力。相反的,他们让自己沉溺在短暂而非法的愉悦之中:"人们现在开始公然地自我放纵,而这种行为在过去只敢在黑暗中进行……他们决心要把钱很快地花光,并且还要花在娱乐上面……短暂的愉悦。"②疾病让政治秩序变得毫无意义,因为瘟疫并不会区别公民与非公民、雅典人与奴隶、男人与女人。在这个雅典人无法掌握自己生命的时刻,他们的敌人便抓住了良机,在公元前430年春天穿越乡间直抵雅典城下。

　　就在葬礼演说发表后没几个月,伯里克利梦想中自我统治的城市便化为废墟,而身为梦想工程师,他也饱受威胁。在战前,伯里克利建议将皮拉埃乌斯墙加倍,让城市通往港口的交通得以确保,而这项提议也确实完成了。两道墙之间大约有150码的空间,因此里面足以容纳战时来自乡间前来寻求保护的人。如今,公元前430年斯巴达大军在阿基达摩斯(Archidamus)率领下进攻阿提卡平原之时,就有大批群众从乡间拥入了伯里克利所建造的墙内,尤其是进入了连通皮拉埃乌斯到雅典的通道之墙。这个走廊对难民来说,无异于一个瘟疫所设下的陷阱。雅典人将矛头指向伯里克利。普卢塔克(Plutarch)后来说道:"该为这一切

---

① 修昔底德:《伯罗奔尼撒战争史》,第155页。
② 同上书,第155页。

负全责的人，就是伯里克利：由于战争，他强迫乡村的人们挤进墙内，他并没有给他们工作，而只是把他们当成水牛一样关在兽栏里，任其彼此传染……"①

然而，雅典人并不是懦夫，他们并不怕痛苦也不怕死；他们在陆上与海上的表现都很英勇。当修昔底德写到最后一场陆战时，即公元前411年的西诺塞马（Cynossema）之战，雅典士兵虽然疲倦而虚弱仍然勇敢作战，仍然存有一线希望："他们相信，如果他们能善尽自己的职责，仍有可能赢得最后的胜利。"②

仪式应该是要将城市结合在一起的。仪式"来自于别处"，而那个地方通常就是死者的处所。妇女节与阿都尼亚节与城市其他的仪式相似，都从死者、葬礼及哀悼之中来撷取神话的主题，让生者与死者联结在一起。洛劳克斯发现，在葬礼演说中，伯里克利想说服听众相信，死去的士兵"重于泰山"，因为他们是守法而死，是为了整个城市而死。伯里克利说："我们当中每一个活着的人，都会竭尽全力为雅典而奉献。"③ 同样，妇女节与阿都尼亚节保护女人，因为得墨忒耳的女儿与阿多尼斯也都"死得其所"，他们会为城市妇女服务。索福克里斯的《俄狄浦斯王》提到了瘟疫的故事，同样，结局是国王弄瞎自己的双眼来化解瘟疫，拯救他的城市。这是个自我牺牲的故事，对于当时的观众来说具有公民责任的意义，不是弗洛伊德（Freud）所谓的被压抑的欲望与罪恶所能涵盖的。

瘟疫并没有给雅典公民机会。修昔底德告诉我们，这场瘟疫让雅典

---

① 普卢塔克："伯里克利"，《雅典的兴起与衰亡：九个希腊人传》（*The Rise and Fall of Athens: Nine Greek Lives*，London：Penguin，1960），斯科特-基尔佛特（Ian Scott-Kilvert）译，第 201 页。
② 修昔底德：《伯罗奔尼撒战争史》，第 604 页。
③ 参见洛罗《雅典的创造》，第 98—118 页。引文来自于注⑫，典出修昔底德《伯罗奔尼撒战争史》，第 148 页。

人与非雅典人不约而同地去"询问古老神谕",但是神谕给出了一个令人困惑的答案,而真正的解答可能会让雅典人很不舒服。因为神谕告诉斯巴达人:"如果他们尽其所能地战斗,那么胜利就会是他们的,而神也会站在他们那边。"① 可以确定的是,雅典人就像所有其他的古代人一样,强烈地感受到人类行动不过是广大宇宙秩序中的一小部分,有其局限和无知之处。在面对灾难的时候,这些仪式所说明的只是人类的绝望,而非公民的得救与团结。

仪式自身所具有的力量"来自于别处",意思是说它不是人类可以用来调查未知之物的工具。这是因为仪式不像工具或器械一样便于操作来探索各种不同的可能性与结果,就好像做科学实验一样。仪式也不是个艺术作品,能有意识地将材料运用到极致。在人们举行仪式的时候,任何仪式活动的本质,是既存在于当下,又外在于当下。"来自于别处"的仪式魔力,主要在于仪式总是超出了既有的架构之外。就像许多城市的仪式一样,妇女节与阿都尼亚节发展得相当缓慢,要经过几个世纪的时间,旧的意义才能逐渐地融入新的意义当中。每年,妇女在举行这些仪式时,总想重现过去的精神,却无意间把现在的想法带入仪式当中,造成了微妙的变化。

在瘟疫期间,雅典人承受着其他高度仪式文化也曾遭遇过的命运,他们不断地从过去的巫术中寻找出路,而不试着对于当下的危机作出合理的解释。如果后来的普卢塔克的说法正确的话,雅典人这时认为瘟疫具有神秘的意义:伯里克利在城市建筑上所作的伟大努力,不过是一种俄狄浦斯式的傲慢。尽管如此,这个解释也不能告诉他们该怎么做。修昔底德强调了这种不精确性,将仪式用来笼罩人类主动性的黑暗披风描述成一件混淆的披风。

---

① 修昔底德:《伯罗奔尼撒战争史》,第 156 页。

不过，雅典文化的特别之处还是在于他们相信人类可以创造与了解自身的处境。希腊文中的"poiein"，意思是"制作"（making）。"poiesis"就来自于这个字根，意思是创造性的行动。伯里克利时期的雅典文化与斯巴达不同，它持续地推崇创造性行动的理想，城市本身就该是一件艺术品。理性论证是这种创造性行动的一部分，包括了科学辩论与政府辩论。有些古代作家称民主政治为"auto-poiesis"，也就是不断变动的政治上的自我创造。

有些现代诠释者认为，从修昔底德将葬礼演说与雅典的瘟疫两者紧密联系来看，这个希腊史家显然并不相信领导人的华丽辞藻。不过，这样的观点太简单。修昔底德并没有袒护敌国斯巴达，他只是试图要了解造成城邦文化复杂而不稳定的因素何在。表现在帕台农神庙饰条上的政治自我创造，代表着对城市的一种危险，除此之外，另外一种危险还来自于仪式本身的力量，这股力量没有办法借由实验、探讨与辩论来加以矫正而产生作用。

这些力量汇聚到人体，也就是城市最伟大的艺术品上。韦尔南认为："上古希腊的身体观并不是以解剖学的角度将各个器官予以恰当置放的形态学，也不是像肖像画那样将每个人的特征具体描绘。而是以徽章（coat of arms）的方式出现。"①在上古希腊所有的城市中，只有雅典以徽章的方式来展示裸体，把裸体当成是一种文明的创造。在体操场中，将男性的身体锻炼成一件艺术品；让男性身体彼此爱抚的样子变成城市的象征；训练并显露演说者的声音，将原本用于戏剧演出的场所转变成能满足不断进行政治自我创造的地方。雅典的复杂仪式吸取了隐喻与换喻的诗意力量，在身体与城市空间中达到极致。

---

① 韦尔南："黯淡的身体，令人目眩的身体"（"Dim Body, Dazzling Body"），费赫尔（Michel Feher）、纳达夫（Ramona Nadaff）及塔齐（Nadia Tazi）编，《人类身体历史的断简残篇》（*Fragments for a History of Human Body*），第 1 部分，第 28 页。

"我们的城市是希腊的学校，"伯里克利如此夸口。① 伯里克利时期雅典的遗产有一部分是属于负面的教训，这一点我们可以从市民身体所遭受的痛苦看得出来。从雅典的身体艺术，发展出心智活动与身体自由之间的对立，这一点将一直困扰着西方文明，而仪式于社会面临危机时在凝聚及治疗方面的局限，也是让人记取的教训。

---

① 修昔底德:《伯罗奔尼撒战争史》，第 147 页。

第3章　萦绕的图像
哈德良时期罗马的空间与时间

公元 118 年，皇帝哈德良开始在罗马城战神广场（Campus Martius）的旧万神殿地址上，重建起一座新建筑物。原来的罗马万神殿是在公元前 25 年由阿格里帕（Agrippa）所设计，用来供奉全罗马的神祇。哈德良的万神殿重新将所有的神祇集中到这一座华丽的全新建筑里，由一个巨大的半圆顶放在圆柱形基座上而完成。它在当时最引人注目的一点，就是日光可以穿透圆顶而照射到万神殿内部，即使现在仍然如此。在夏天阳光普照的日子里，日光照进建筑内部，随着太阳光的移动，日光从圆顶边缘往下顺着圆柱体而照射到地板，然后又顺着圆柱体往上攀爬。在阴天，日光变成了灰色的雾气，为万神殿的外缘染上了颜色。到了夜晚，建筑物的圆顶消失了，人们可以透过圆顶开口看到黑暗中若隐若现的圆形区域，繁星点点。

在哈德良时期，万神殿中的光线照耀在内部，充满了政治意涵。万神殿的地板被设计成巨大的石砌西洋棋盘的形式；罗马人也用相同的类型来设计帝国内的新城市。环形墙中嵌有壁龛，里面供奉着神像；众神的聚集被认为是以一种相互和谐的方式来支持罗马对世界的支配。罗马人也的确将这些神像当成活生生的偶像来崇拜。以现代史学家布朗的话来说，万神殿所颂扬的是"帝国的观念以及支撑帝国的诸神"。①

在哈德良建了万神殿的 500 年后，它变成了基督教的教堂，即殉教

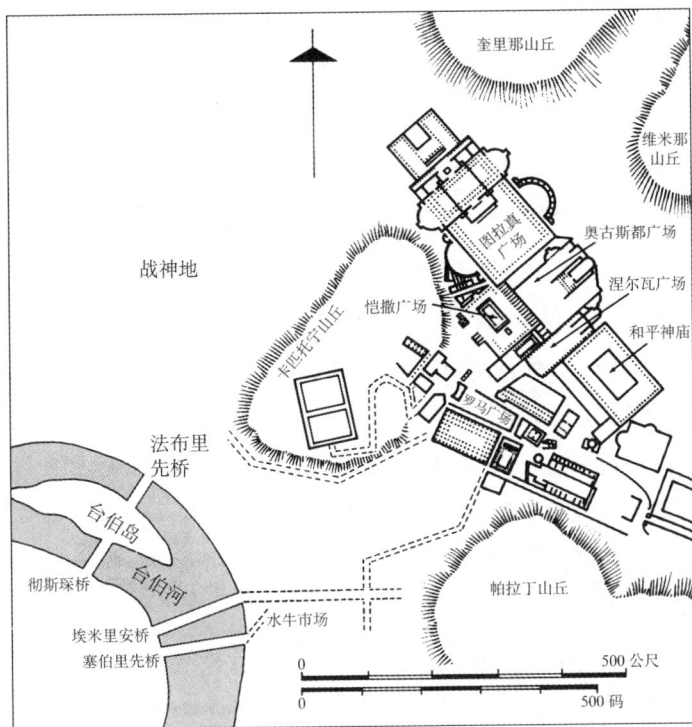

罗马地图，约公元 120 年。

者圣母堂（Sancta Maria ad Martyres），由教宗卜尼法斯四世（Boniface
IV）于公元 609 年将其神圣化。它是罗马第一座被用来作基督教崇拜的
异教寺庙，而且也因此得以残存下来。至于其他的古罗马纪念碑都在中
古时期被粉碎成碎石以供建筑之用，只有教堂才能幸免于难。殉教者圣
母堂借由纪念为信仰而罹难的基督徒而获得新生。原本它是一座供奉那
些支持帝国的诸神的庙宇，现在，殉教者圣母堂却只为惟一的神而服
务，一个属于弱者与被压迫者的神。这座建筑物因此变成了西方文明从
多神教转为一神教的重要标志。

---

① 布朗：《罗马建筑》（*Roman Architecture*，New York：George Braziller, 1972），第 35 页。

万神殿建筑在它那个时期的功用就好像戏剧一样。罗马帝国让视觉秩序与帝国权力紧密地结合在一起：皇帝借由纪念碑以及公共建筑让他的权力为人所"见"。权力需要石头。不过，当时有一位史学家也说，万神殿出现之时，正值"长久以来留存的仪式与规则仍未放弃，但全新而完全不同的时期却将要开始的时候"。① 在哈德良时期，各种信仰充斥着罗马帝国，新信仰如密特拉教（Mithraism）与基督教都强调"彼世而非此世"。② 可以确定的是，罗马人并不相信他们可以直接看到统治他们的异教神祇，而是认为当这些神明下到凡间走在人群之间时，总是将自己伪装起来，让人们认不出来。不过，人们却相信这些昔日神祇会让每个地方都充满着它曾经出现的迹象。罗马统治者就以这些遗迹来动员并且合理化他们本身的统治，以神之名在整个西方世界到处兴建帝国纪念碑。万神殿便是代表罗马这个地方的一个努力结果，它要让人们看到、相信并遵循。

在哈德良时期的罗马，可见与不可见之间的不安关系来自于人体中一种更深刻而广泛的不适。雅典人虽然知道人生有许多黑暗面及弱点，但他们仍然赞颂着肌肉与骨骼的纯粹力量。在哈德良建造万神殿的时候，一个强壮的罗马人并不是处于光明之地。角斗士（gladiator）宣誓时是以这样的一句话作结："多活几天或多活几年，又有什么不同？我们生活在一个没有一丝怜悯的世界。"罗马作家塞内加（Seneca）公开说，这——角斗士所签的"最令人作呕的契约"（turpissimum auctoramentum）——也表现了士兵之间与市民之间最值得称赞的纽带关系。③ 拉丁文"gravitas"，意

---

① 麦克唐纳（William L. MacDonald）：《万神殿》（*The Pantheon*，Cambridge，MA：Harvard University Press，1976），第 88—89 页。
② 同上书，第 88 页。
③ 塞内加：《给鲁奇里乌斯的信》（*Letters to Lucilius*），第 37 集；引自巴顿（Carlin A. Barton）《古罗马人的悲哀》（*The Sorrows of the Ancient Romans*，Princeton：Princeton University Press，1993），第 15—16 页。

思是"威严",也指彻底而严酷的决心。角斗士的誓言,男人们发誓要彼此砍杀,这表现出一种充满恐怖矛盾的决心:"你必须站着而死且不可征服。"身体的力量染上了黑暗与绝望的色彩。

纯粹身体欲望的唤醒,同样让异教与基督教罗马感到惊恐。历史学家巴顿写道:"如同罗马人害怕希望无法实现,他们也因此害怕欲望以及它所造成的可怕后果。"不过,异教徒与基督徒对于身体欲望的畏惧,理由并不相同。对基督徒来说,欲望让灵魂堕落;对异教徒来说,它代表"对社会风俗的嘲弄,将阶级打破,将标准混淆……造成混乱、大火与世界的毁灭(universus interitus)"。① 如果统治者需要视觉秩序,那么他的臣民也需要。在这个黑暗力量与难以克制欲望的严酷世界里,异教在浴池中,在圆形露天剧场中,在集会广场上,试图通过自己从城市街头亲眼所见的东西来重新证明一切。他需要更强烈的东西,要信仰石头偶像、绘画图像、戏剧服装,把所有这些都完全当成真实之物。他要看,并且相信。

罗马人对于图像的执拗,产生了特定的视觉秩序。这是个几何的秩序,而这个罗马人所感受到的确认几何秩序的原则,并不表现在纸面上,而是表现在人体上。早在哈德良之前一个多世纪,建筑师维特鲁威(Vitruvius)已经证明了人体有几何关系,主要是骨骼、肌肉、耳朵、眼睛两边对称。借由研究这些对称,维特鲁威将身体结构转换成寺庙建筑。其他的罗马人也使用了类似的几何想象来规划城市,遵照着两边对称的规则以及主流的线型视觉观。从几何学家的支配中产生了规则;身体、寺庙以及城市的线条因此显示出良好规划的社会原则。

与历史场景的绘画不同,抽象的几何人像对于观看者来说不会产生

---

① 巴顿:《古罗马人的悲哀》,第 49 页。

时间感。几何的无时间性让罗马人可以充分地确认他们现在的生活。当罗马人在帝国内建立一座新城时，他们会试图去测量一个地区的大小，好让罗马的城市设计能马上复制在被征服的土地上。这种几何的复制，经常得将罗马征服地区所在的旧神龛、街道或公共建筑全数加以摧毁，完全不考虑当地的历史。

艺术史家冈布里奇（E. H. Gombrich）认为，希腊与罗马艺术的确都试图让公共艺术讲述故事，这一点完全不同于他所知的埃及艺术。[①]但是，罗马人却又特别喜欢观看强调城市连续性、持续性及其不变本质的故事图像。罗马的视觉叙述不断重复相同的故事。他们以这种方式来描述城市的灾害或威胁事件，以说明这些危机是由伟大的元老院议员、将军或皇帝出现而化解的。

罗马人观看并且相信；他会观看并且听命于不朽的政权。罗马的存续与人类身体的时间性不同，它悖逆于成长并衰老的时间原则，它的计划不会失败也不会被遗忘，更不会因年老或绝望而模糊了脸孔。如哈德良本人在诗里所说，罗马人对自己身体的体验与"罗马"这个地方的想象是相冲突的。

相对，罗马基督徒想要——身为基督徒——在他们自己的身体上肯定特定的时间经验，身体会随着人的成长而改变。基督徒希望通过宗教信仰，让身体混乱的欲望能够停止纠缠他们；肉体的重量将会因基督徒与更高的精神力量的结合而减轻。为了让这种改变能确实发生，像圣奥古斯丁（St. Augustine）这样的信仰者就强调圣约翰（St. John）对于"视觉情欲"（lust of the eyes）的惊恐，认为这种被造出来的视觉图像完

---

① 冈布里奇：《艺术与幻象：图画展现的心理学研究》（*Art and Illusion：A Study in the Psychology of Pictorial Representation*，Bollingen Series XXXV. 5，Princeton：Princeton University Press，1961），第 129 页。

全是属于尘世的东西。① 基督徒的视觉想象围绕着光的经验，即上帝之光，它弄瞎了观看者，抹去他看世界或照镜子的能力。

随着对上帝的信仰越来越虔诚，早期的基督徒于是相信他们将会越来越不受他们所处世界的羁绊。这一点来自长久以来财产一直被剥夺的犹太传统。犹太人把自己视为是这个世界上的属灵流浪者，生活在此世但并非为此世而活。然而，虔诚的基督徒最后还是停止流浪，他们来到哈德良的神庙祈祷。艺术史家布里连特（Richard Brilliant）写道，罗马空间中的市民想象又出现了，"旧的变成新的，过去的变成现在的"。② 基督徒重新将这个空间予以复活，因而不再感到身体有转变的迫切性。

因此，从泛神论到一神论的发展，揭开了一出与身体、空间和时间有关的戏剧。希腊人热爱城邦的情感在哈德良时期已经完全消失，取而代之的是渴望安全的焦虑感以及对于图像的执着，这些问题困扰着那些不知置传统神祇和自己于何地的人身上。在走上一神教的过程中，强调的是内在的变迁而不是城市的连续，重要的是个人的历史而非市民的身份。要不是那些异教徒对于石头的领域有所疑虑，基督徒也不会就这样地将自己完全交给了上帝。

1. 注视与相信

皇帝的恐惧

在万神殿的入口处有一排罗马时代的文字："M. Agrippa L. f. cos.

---

① 奥古斯丁：《忏悔录》（*Confessions*, London: Penguin, 1961），第 X. 30 页，派因-科芬（R. S. Pine-Coffin）译，第 233 页。《圣经》文字出于《约翰一书》，第 2 章第 16 节。
② 布里连特：《视觉叙事》（*Visual Narratives*, Ithaca, NY: Cornell University Press, 1984），第 122 页。

III fecit"，意思是"马库斯·阿格里帕，鲁奇乌斯之子，第 3 次担任执政官，建此建筑"。这排铭文让现代访客不解，为什么哈德良要在他的神庙上刻下旧万神殿（早于他 150 年）建筑者的名字。不过，这些铭文倒是可以解释哈德良需要一种对于"罗马"的市民想象。

哈德良是在暧昧不清的状况下当上了皇帝。前任皇帝图拉真（Trajan）是不是真按照帝国惯例收养了哈德良并立为嗣子，似乎无法确定。年轻的哈德良觉得与受欢迎的图拉真相比，自己宛如侏儒，图拉真被人民封为最好的皇帝（optimus princeps）。哈德良继任的时候，他主导谋杀了 4 位著名元老院议员，因为他认为他们是他的政敌。公元 118 年，哈德良继任之后，开始试图走出这些阴影。他为杀害事件向元老院道歉；他向人民分送黄金并且取消他们对国家的债务，借据完全被大火一烧而光。他不与人民对图拉真的记忆对抗，反而利用这些记忆。他完成了图拉真的愿望，把图拉真的遗体埋在图拉真记功柱（Trajan Column）下，而这根柱子上面以浅浮雕的形式刻画了最好的皇帝的功业。除此之外，哈德良企图将自己与第 1 任皇帝，即神圣的奥古斯都（Augustus）联系起来。哈德良钱币显示了一只浴火重生的凤凰，标志着在奥古斯都统治下，秩序的恢复与罗马的统一。在一开始的失策之后，接下来的所有行动都显示出哈德良想要强调过去会平顺地走向未来，借此来缓解变动的震感。哈德良建筑万神殿的举动也是基于同样的精神。

在许多方面，万神殿都强调连续性。哈德良在入口两侧放置了第 1 任皇帝奥古斯都以及共和时期建筑师阿格里帕的人像。哈德良跟奥古斯都一样，寻求罗马元老院的支持来实施他的计划。这只是一种表面文章，130 年来在皇帝的统治之下，旧共和国的制度早已消灭。但是，对哈德良来说，虚构一种共和国价值存在的假象有其用处。在哈德良统治期间，这种方式让他获得了最小的阻力。身为一个建筑者，他试着不去摧残他人的作品，而尽可能地在罗马的空地上兴建。

对于一个想重新迎合民心的统治者来说，他手下的艺术家也许一开始就犯了小错，因为万神殿是一座庞然大物，不得不让人引起注意。罗马人过去也曾看过圆顶，但是这座圆顶建筑的规模以及工程的完美却让人觉得特殊。有位批评家认为："有人努力地在建筑前面下工夫，想把哈德良新建筑不同于以往的部分掩盖起来。"① 万神殿的前面是一个相当平凡的前庭，并且还采用一般寺庙都会采用的外观，以此来与圆柱形本体相连接，成为万神殿的入口。另外一面，也就是万神殿的东侧，有另一座箱形的建筑物与万神殿相接，即尤利乌斯栏柱（Septa Julia）。② 因此，万神殿并不是以圆形的面貌示人，反倒像是东西两侧被钳住的建筑物。除此之外，万神殿在罗马所在的地点也与希腊的帕台农神庙大不相同。后者是全然清晰地展现在大家面前，而前者周围则布满了建筑物，人们走过一条街道会不经意发现它。

罗马万神殿区模型，约公元 300 年。

---

① 博特赖特（Mary Taliaferro Boatwright），《哈德良与罗马城》（*Hadrian and the City of Rome*，Princeton：Princeton University Press，1987），第 46 页。
② 尤利乌斯栏柱是一幢长 1 000 英尺，宽 500 英尺的建筑物，周围绕以一圈环状柱廊。原本是由盖乌斯·尤利乌斯·恺撒（Gaius Julius Caesar）建成，以作为投票之用。——译者

老一辈的罗马人对于皇帝如何以建筑物来破坏城市仍有着惨痛的记忆。例如，他们会想到尼禄（Nero）以及作为他的皇宫的"黄金屋"（Domus Aurea）。从建筑物上来说，黄金屋中的大拱形圆顶已经预示了哈德良的圆顶。这个建于哈德良之前两个世代的大型建筑物摧毁了罗马市中心绝大部分的建筑，它那用围墙围起并有士兵把守的花园阻碍了罗马平民走进市中心。罗马人痛恨这个尼禄自恋的标志：一座 120 英尺高的尼禄塑像，环绕着花园的是 1 英里长的拱廊，黄金叶子则用了 1 吨。后来苏埃托尼乌斯（Suetonius）写道："当这座宫殿以极为奢华的方式建成后，尼禄题词，略带委屈地说：'太好了，现在我终于可以过点人的生活了！'"[①] 公元 68 年，尼禄被人追赶，因而逃出黄金屋，后来在一处肮脏的住宅里被一个年轻人杀死。

尼禄留给哈德良一个警示，统治者应避免赤裸裸地展示自己的权力。然而，史学家米勒（Fergus Millar）也说："皇帝之所以是皇帝就在于他所能做的事。"[②] 这些事情当中，最重要的莫过于建造令人印象深刻的建筑，这不仅是为了皇帝的威望，同时也是为了帝国。借由这些建筑物，皇帝可以在臣民面前树立合法性。罗马建筑师维特鲁威在向奥古斯都进言时认为："帝国的庄严是通过公共建筑永恒的庄严来表达的。"[③]

哈德良需要建造，哈德良需要小心谨慎。就像其他成功的皇帝一样，哈德良通过市民的想象让城市的纪念性建筑物显露出一种本质性的不变性格，那就是"罗马"，以此来舒解紧张。就算是臣民叛乱、元老院议员发动内战、皇帝被剥夺政治权利，建筑物的光辉也仍旧会彰显出

---

① 苏埃托尼乌斯："尼禄"，第 31 页；格雷夫斯（Robert Graves）译，修订并编辑：《十二恺撒》（*The Twelve Caesars*，London：Penguin，1979），第 229 页。

② 米勒：《罗马世界的皇帝》（*The Emperor in the Roman World*，Ithaca：Cornell University Press，1992），第 6 页。

③ 维特鲁威：《建筑十书》（*The Ten Books of Architecture*，New York：Dover，1960），摩根（Morris Hicky Morgan）译，第 1 页。我稍微改动了摩根小姐的译文。

城市诞生时的本质。这种关于本质性格的想象来自于罗马独特的诞生神话。李维（Livy）宣称："诸神与人类选择了这个地点来建城，并不是没有理由……能使人健康的丘陵，能航行的河川……接近海洋而足以利用，但却又能避免敌方舰队的攻击。"① 事实上，李维说得并没有错，台伯河（Tiber River）流经罗马，"有一个稳定的三角洲可以发展成港口"。现代都市学家科斯托夫（Spiro Kostof）这样认为："这一事实，加上可以溯流而上……确保了罗马的海外扩张。"②

原本只是一种信仰，但是随着罗马在世界各地的扩张，一切似乎都成了一种必然。奥维德（Ovid）写道："其他民族都被分配在世界上某个特定地区。对于罗马人来说，罗马就是世界（Romanae spatium est urbis et orbis idem）。"③ 在史学家马佐拉尼（Lidia Mazzolani）的解释里，维吉尔（Virgil）《埃涅阿斯记》（Aeneid）目的是在显示"罗马城有绝对的权力，因为这是上天数百年来就安排好的"。④ 这些豪语与500年前伯里克利说的"雅典是希腊的学校"，意义有所不同。雅典无意将它所征服的所有民族变成雅典人，但罗马却是如此。

罗马像磁铁一样吸引着它所支配的人们，想要接近财富与权力核心的移民拥入，致使罗马城开始膨胀。哈德良对于帝国境内以及罗马城内的各教派和各民族采取宽容的态度，但唯独对犹太人无情迫害。也正是在哈德良统治期间，被征服的疆域才真正地成为"罗马"的一部分，

① 李维：《历史》（Histories），第5卷，第54页、第4页；引自《罗马城》（Urbs Roma，London：Phaidon Press，1967），杜德勒（Donald Dudley）编，第5页。
② 科斯托夫：《建筑史：环境与仪式》（A History of Architecture：Settings and Rituals，Oxford：Oxford University Press，1985），第191页。
③ 奥维德：《岁时记》（Fasti，Cambridge，MA：Harvard University Press，1976），第2卷，第683—684页；弗雷泽（James George Frazer）译，洛伯古典丛书，第107页。
④ 引自马佐拉尼《罗马思想中的城市观念》（The Idea of the City in Roman Thought，London：Hollis and Carter，1970），奥康奈尔（S. O'Connell）译，第175页。

"每一省与每一个民族都在这个政体之下有着骄傲的身份"。[1] 哈德良即位期间，罗马已经拥有大约一百万的人口，该地区内人口密度已经相当于现代的孟买（Bombay）。众多人口流入让街道走向变形，不是建筑物越界侵占街道，就是干脆在街上盖起房子。人口压力既是垂直的，也是水平的，使得比较贫穷的罗马人不得不住到楼房（insulae）里去。这是公寓大楼的首次出现，它的结构不规则，并随着时间推移而逐层加高，有时候还可以高达 100 英尺。

与伯里克利的雅典相同，哈德良的罗马是一个绝大部分人都是穷人的城市。与伯里克利的雅典不同的是，奴隶在哈德良的罗马比较容易获得自由，一方面可能是主人的恩惠，另一方面也可能是自己把自己赎回，渠道非常多样。贫民区可以提供帝国兵源，当边境有争端时，也就是他们可以找到工作糊口的时候。居民并不安定，夜间的罗马完全是个暴力世界。帝国主义的管理政策造就了一座不稳定的城市。

历史学家格兰特估计："全帝国的商业与工业总产值从未超过全国财政收入的 100%。"[2] 帝国的制造业只是地方性规模，谷物与粮食贸易也是一样，燃料很少，财富主要通过征服获得。大部分人都依附在一些强有势力的人之下当食客，形成一个错综复杂的人际网络，并通过这个人际网络可以分配掠夺所得。但是，在帝国不稳定的时候，这个人际网络也随之支离破碎。高级家仆收低级家仆为食客，店铺主收高级家仆的随从为食客，低级地方官收店铺主的随从为食客，等等。罗马人趋炎附势以求得每日的温饱，并借由个人阿谀奉承而获得一些恩惠、赏钱，或做一点小生意。

从这些状况来看，所谓本质性而延续的罗马理想只不过是罗马人的

---

① 格兰特（Michael Grant）：《罗马史》（*History of Rome*，New York：Scribners，1978），第 302 页。
② 同上书，第 266 页。

一种必要想象罢了。它主张在每日不安全的、悲惨的以及卑微的生活之下，仍有着稳定不变的价值。然而，单是主张罗马是"永恒的"还不够。现在，广大的城市居民看起来并不像当初台伯河畔的小村落，而罗马的政治史也完全没有保存与延续的味道。因此，为了要让"永恒之城"的想象可信，皇帝必须以某种方式来行使他的权力，让人民把城市生活当成某种戏剧上的体验。

哈德良谋杀阿波罗多罗斯

　　一个皇帝可以从军事失败、饥荒，甚至自己的愚蠢中全身而退。但是，作为舞台设计者，在安排"罗马"这个人类愚蠢与光荣并存的舞台时，必须要有钢铁般的意志与智慧。下面这则故事也许不是真的，但却为大多数人所深信。那是关于哈德良杀害一名为他工作的建筑师的故事，显现出身为皇帝要承受着一步都不能做错的压力。

　　在哈德良统治中期，哈德良想在罗马广场（Forum Romanum）动工，但那里早已布满了见证过去众多皇帝光荣的纪念物。为了与王朝的神圣之地抗衡，哈德良建造了维纳斯与罗马神庙（Temple of Venus and Roma），就位于罗马广场的东面，在原来尼禄不幸的"黄金屋"的部分土地上兴建，相当接近罗马广场。哈德良要让这座神庙供市民用于为罗马祈福。"哈德良全新的维纳斯与罗马神庙……提高了罗马与罗马人民的力量与地位，使其凌驾于个别的家族之上。"① 在统治之初，哈德良就承诺，国家"属于人民，不属于我（populi rem esse, non propriam）"。维纳斯与罗马神庙正是他信守诺言的表现。②

---

① 博特赖特：《哈德良与罗马城》，第 132 页。
② 奥古斯都、哈德良之历史记录（Scriptores Historiae Augustae, Hadriani），第 8 页、第 3 页；引自博特赖特，《哈德良与罗马城》，第 133 页。

皇帝也许把神庙计划交给了专业建筑师阿波罗多罗斯（Apollodorus）。阿波罗多罗斯是罗马帝国时代最伟大的建筑师之一，此前曾为图拉真服务，与哈德良已相识 20 年。现代史学家麦克唐纳将这位建筑师描述成"一个极为重要的人，他是一个作家，也是一个世界主义的公民"。① 当哈德良将新建计划交给他时，阿波罗多罗斯就对建造技术以及建筑与人像的比例作了一番批评。根据后来的传言，哈德良的反应就是下令杀死阿波罗多罗斯。

有些人认为哈德良是在嫉妒这位建筑师，这从哈德良与图拉真的关系看得出来。卡西乌斯（Dio Cassius）就是这么想的，他在 100 年后于《罗马史》（Roman History）中写下这段故事。不过，卡西乌斯也写下了一般人民所相信的看法，内容与之前并不相同。卡西乌斯的记载是，哈德良获知阿波罗多罗斯的批评后，"既生气又难过，因为他犯了一个不可挽救的错误……于是他强压他的愤怒与难过，杀了那人"。② 流行的看法比较合理，因为有句名言，皇帝之所以是皇帝就在于他可以为所欲为。皇帝的作品就是他对于合法性的要求。阿波罗多罗斯告诉哈德良，维纳斯与罗马神庙（用来传达皇帝与罗马人民的结合）有瑕疵。一个建筑物处理得有问题的皇帝并不只是犯了建筑学上的错误而已；他等于打断了与人民最重要的纽带。皇帝为了保障这个纽带而杀了批评他的设计的人，并没有什么矛盾之处。

让人民信任统治者的建筑作品，也能让人民看到皇帝绝对权威的印记。罗马人给了我们"世界舞台"（teatrum mundi）这个词，后来莎士比亚（Shakespeare）将这个词改写为"世界不过是个舞台"。罗马人自愿

---

① 麦克唐纳：《罗马帝国的建筑》（The Architecture of the Roman Empire），第 1 册，《导论研究》（An Introductory Study，New Haven：Yale University Press，1982），第 129 页。

② 卡西乌斯：《罗马史》，第 69 卷，第 4 页、第 6 页；《迪欧的罗马史》（Dio's Roman History，Cambridge，MA：Harvard University Press，1925），第 8 卷，卡里（Earnest Cary）译，洛布古典丛书，第 433 页。

搁置怀疑，而且这是戏剧的本质，并确信权力保证了那些展示生活奇观的地方是必然的和正确的。罗马城中，皇帝批准的石头领域，构成了罗马人眼见为证的舞台。

世界舞台

　　罗马世界舞台的体验，仰赖于我们现代人看来荒诞无趣的对外表的深信不疑。在一段有名的轶闻中，普利尼（Pliny）描述了一段关于艺术家宙克西斯（Zeuxis）的故事：

　　宙克西斯画了一串精巧的葡萄，吸引了鸟儿飞下来啄食。帕贺塞斯（Parrhasius）则设计了一个栩栩如生的幕帘，因鸟儿的误判而得意的宙西斯要求他现在掀开幕帘，看看他到底画了什么。[①]

　　现代的读者也许会认为这个故事不过是艺术家幻想力的发挥。一个罗马人则会认为它显示出艺术与现实的关系。帕贺塞斯在画上面的附加物，比宙克西斯的画作更真实。对于表象的精确与否如此看重，是罗马制度的一项特色。关于这一点，我们要搁置哈德良的神庙暂且不谈，而把重点放在角斗士所在的圆形竞技场。
　　罗马圆形竞技场是由两个希腊半圆剧场拼凑起来的，所以剧场空间是全封闭的。在这个巨大的圆形或椭圆空间里，罗马人数世纪以来观看角斗士彼此格斗至死，欣赏着狮子、熊与大象彼此撕咬或将人咬成碎片的过程，观看犯人、异端教徒以及逃兵受折磨、被钉上十字架，或活活

---

① 普利尼：《自然史》（*Natural History*），第 xxxv 页，第 64—66 页；引自并翻译自布赖森（Norman Bryson），《视觉与绘画》（*Vision and Painting*，New Haven：Yale University Press，1983），第 1 页。

竞技场中野兽吃人，镶嵌艺术碎片，来自于北非普提斯（Leptis Magna）附近的别墅。

被烧死。巴顿估计一个受过训练的角斗士每次出场被杀死概率为 1∶10，至于奴隶、罪犯及基督教徒则几乎没有机会再次出场。皇帝安排"仿真"战争，让一群角斗士在圆形竞技场内鏖战，这时的存活几率就会降低。图拉真曾经在 4 个月间，让 1 万人在此格斗至死。[1]

这个残酷的表演已经不只是个虐待的娱乐。正如历史学家霍普金斯（Keith Hopkins）所表明的，这场表演让人民习惯于帝国征战时所造成的大量屠杀。[2]除此之外，罗马人也希望众神能出现在竞技场中，于是真人必须被强迫扮演神的角色。作家马提雅尔（Martial）描述了一个召唤诸神的状况：在竞技场中，"俄耳甫斯（Orpheus）出现在一个土气但却华丽的布景中。他独自一人站着，穿着兽皮裹腰布，带着竖琴……他突然间被一头从地下室冲破地板门的熊袭击而死……"[3] 负责人员等在背景后面，拿着烧红的铁块和鞭子来确保这个被罚的可怜虫确实地演好

---

① 巴顿：《古罗马人的悲哀》，第 13 页。

② 参见霍普金斯"谋杀的竞技"（"Murderous Games"），《周而复始的死亡》（*Death and Renewal*，New York：Cambridge University Press，1983），第 1—30 页。

③ 引自韦尔奇（Katherine Welch）"高尔文之后的罗马竞技场"（"The Roman Amphitheater After Golvin"，未刊稿，New York University，Institute of Fine Arts），第 23 页。感谢韦尔奇博士提供这个及其他相关竞技场的资料。

他的角色。另外，基督徒德尔图良（Tertullian）则证言："我们曾经看到阿提斯（Atys，希腊神话中的人物）被阉割……还有一个人为了扮演海克力斯的角色而被活活烧死。"① 竞技场中的角斗士与殉教者传达了外表的实在性，就好像宙克西斯这个画家一样。马提雅尔说："不管歌颂何种名声，竞技场都可以使它成真。"韦尔奇则发现，罗马人通过神话实际再现，来"改进"神话。②

　　在角斗士的表演中——宛如正式的戏剧——现实心态的胃口取得了特定的形式，就好像在默剧里沉默的图像占了优势一样。罗马默剧之所以受欢迎，就在于它持续涉及真实的生活。例如，在苏埃托尼乌斯的"尼禄传"中，这位史学家描述了一出由达图斯（Datus）所作的默剧，在剧中，演员

　　以饮酒与游泳的动作来表现这首歌"再见，父亲！再见，母亲！"的第一句——克劳狄（Claudius）被毒杀，阿格丽品娜（Agrippina）快要溺死——及最后一句，"地狱引导着你的双脚"……（被指导着）双手作出波浪的动作，指向尼禄要杀的元老院议员那里。③

　　这出默剧显示了尼禄的双亲会发生什么事，并且也显示了尼禄的政敌可能有什么下场。看了这出戏之后，也许尼禄就决定这时已是该杀元老院议员的时候。皇帝尼禄本身也参加默剧的表演，他相信所有的权力

---

① 德尔图良：《自辩词》（*Apology*），第 15 号；《自辩作品集》（*Apologetical Works*）以及幸运的费利克斯（Minucius Felix），《奥克塔维厄斯》（*Octavius*），阿贝斯曼（Rudolph Arbesmann）、达利（Emily Joseph Daly）及奎因（Edwin A. Quain）译，教父丛书，第 10 册（Washington, D. C.：Catholic University of America Press, 1950），第 48 页。
② 韦尔奇："高尔文之后的罗马竞技场"，第 23 页。
③ 苏埃托尼乌斯（Suetonius）："尼禄"（Nero），第 39 页；《十二恺撒》（*The Twelve Caesars*），第 243 页。

不过就是在演戏或演默剧。苏埃托尼乌斯甚至宣称，在尼禄惨死之时，他突然想到了过去在表演默剧时所学到的各种不同的姿势，最后才伏在剑上，"一边流泪（一边低语）：'死期到了，伟大的艺术家！'"① 默剧对于在世的政治领导人有着如此强大的影响，因此早期的皇帝图密善（Domitian）禁止了默剧的演出。然而，图拉真"在公元100年左右允许默剧回到了舞台，而他的继任者哈德良则特别喜欢戏剧与艺术家，很快就将与宫廷有关的默剧与表演变为国有"。②

默剧借由身体动作而进入了实际政治的行为世界。举手、指向、转身，构成了精确的身势语。这里有个例子，罗马雄辩家昆体良（Quintillian）教其他人如何表达"admiratio"（意思是既惊讶又赞美）："右手轻轻地往上翻，手指收进掌心，一根接着一根，先从小拇指开始；然后再打开手，然后照原动作的相反方式再翻过来"，表达后悔的动作比较简单，把紧握的拳头压在自己的胸前。③ 雄辩家就像那位饰演被阉割的阿提斯的殉教者一样，必须历经默剧的过程。没有这一个过程，他的话语就没有力量。

这些政治姿势在哈德良时期变得更简单和精确，如同我们在罗马钱币上所看到的一样。在广大的帝国里，钱币扮演着重要的角色，它的外表可以提供确实的信息。默剧的技巧可以让钱币更有说服力。历史学家布里兰特发现，图拉真时期的铸币者在钱币上面印铸帝国图样时，将皇家的图像"从展示其专横的性格中抽象出来"，哈德良的铸币者"简化……并省略

---

① 苏埃托尼乌斯："尼禄"（Nero），第39页；《十二恺撒》（*The Twelve Caesars*），第243页。
② 比彻姆（Richard C. Beacham）：《罗马剧场及其观众》（*The Roman Theater and Its Audience*，Cambridge，MA：Harvard University Press，1992），第152页。
③ 昆体良：《预言的教法》（*Institutio Oratoria*），第100页；引自并译自格雷夫（Fritz Graf）"姿势与习惯：罗马演员与预言家的姿势"（"Gestures and Conventions：The Gestures of Roman Actors and Orators"），《姿势文化史》（*A Cultural History of Gesture*），第41页。

了"皇帝的姿势。钱币上有皇家法令，"正中央则有清晰而写实的皇帝像"。[①] 钱币的默剧演出，所代表的并不是伯里克利所赞颂的民主体制下言语与行为的统一，而是帝国体制下，图像与行动的统一。

这些是"世界舞台"的元素：一个带有权威印记的场景，一个跨越幻觉与现实界线的演员，以沉默的默剧式身势语来表演。这样的剧场具有直接意义。任何使用哈德良钱币的人都会看到钱币两面的姿势，并马上理解钱币的意义。竞技场中的罗马人可以不假思索就知道场上用某种方式打扮的可怜虫就是俄耳甫斯，而他即将活活地被熊吃掉。在政治上，像"admiratio"这样的姿势可以如哈德良钱币一样被简化。但是，姿势本身不是问题所在，重点是它必须呈现出不变的本质。

世界舞台不同于希腊妇女节的仪式，后者通过空间中的姿势来转变一则故事，借由对于旧意义进行换喻来产生新的意义。世界舞台则要做到完全指向现实，要重现已知的意义。罗马人在竞技场中用 100 头熊杀了 100 个俄耳甫斯，以此来满足体验新奇的口味。他们的做法是不断地复制图像，而不是想出全新不同的死亡方式。这种喜欢重复的品味方式，不断在观看者的心中加深印象。

世界舞台让圣奥古斯丁感受到恐惧，它的视觉力量甚至可以压倒对上帝的信仰。圣奥古斯丁曾讲述一个故事来显示邪恶的力量：有一位基督徒朋友特地跑到大竞技场（Colosseum）去试探自己对信仰的虔诚程度。这个基督徒一开始就别过他的头不去看场中央所发生的一切，并且祈求内在的力量；慢慢地就像有钳子夹着他的头似的迫使他观看；他屈服了，血腥的场面深深吸引了他；他开始叫喊、兴奋，就像周围的群众

---

① 布里连特：《罗马艺术中的姿势与地位》（*Gesture and Rank in Roman Art*，New Haven: Connecticut Academy of Arts and Sciences, 1963），第 129—130 页。

一样。在异教世界视觉牢笼的禁锢下，基督徒的意志就会衰弱，屈服于图像之下。

有些现代评论家认为罗马人缺乏视觉的想象力，因为他们总是从写实的角度观看世界。[①] 除了缺乏想象力之外，罗马人可能还有图像泛滥的问题。角斗士誓词所传达的黑暗预言，困扰着罗马人。生活在一个因权力而衍生出无秩序的社会里，在一个因过度发展而令人窒息的城市里，哈德良时期的罗马人所身处的是一个用眼睛"来对那些不信任者予以怀疑"的世界。

2. 观看与遵守

我们通常不会觉得演员与几何学家的工作性质是相同的。不过，身体的姿势却是建立在系统想象之上，罗马人认为这个对称与视觉平衡系统是他们从人体上发现的。此后，作为帝国征服者与城市建造者，罗马人又使用身体几何学来构成一套秩序，加诸世界。于是，罗马人将观看并相信的渴望，与观看并遵守的命令融合在一起。

身体的几何学

万神殿提供了一些线索，让我们知道他们是如何做到的。万神殿的原则是对称。万神殿的内部由 3 个部分构成：圆形的地板，圆柱形的墙，圆顶。水平的直径几乎完全与垂直的高相等。从外面到里面，万神殿可以分成 3 个区域：前面的寺庙，中间的走道，内部。从中间的走道

---

① 参见奥盖（Robert Auguet）《残酷与文明：罗马的竞技》（*Cruelty and Civilization：The Roman Games*，London：Allen & Unwin, 1972）。

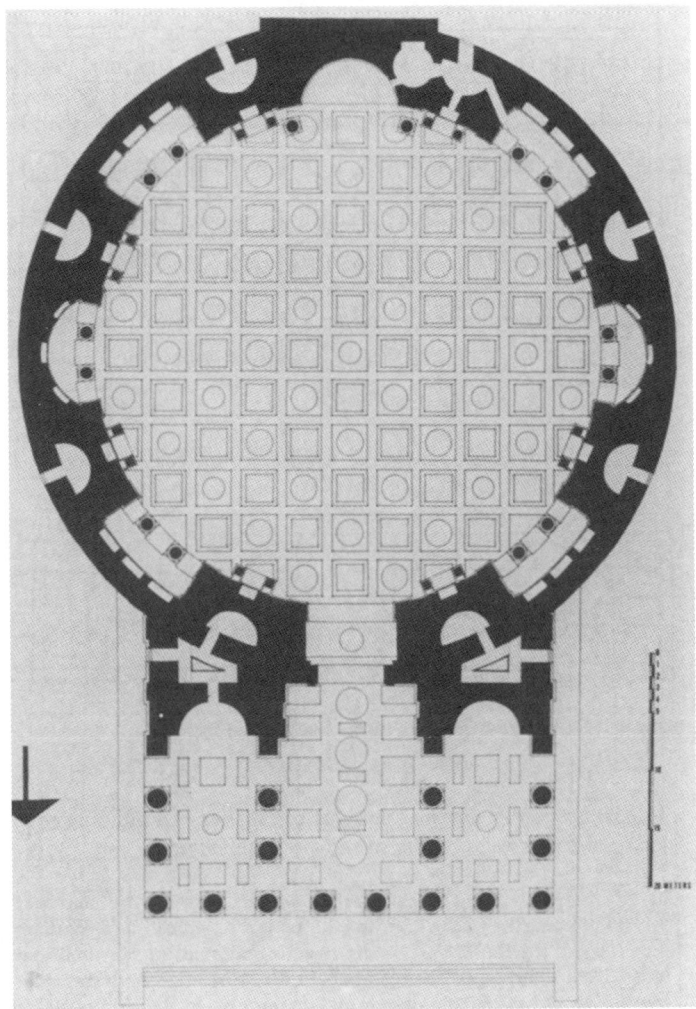

罗马万神殿，现代图样。

可以看到镶嵌在地板上的直线，告诉人们要往前走；地板直线引导着眼睛往前看，直到看到墙上有个大壁龛，正好与入口相对，壁龛里面放的是这个建筑物里最重要的祭祀雕像。虽然几何学是抽象的，但有些建筑作家认为中央地板线是建筑物的"脊椎骨"，而大壁龛则是建筑物的

"头"；其他作家从地板看向天花板，把整幢建筑想象成罗马人的上半身，圆柱体底部则像一个将军的肩膀，雕像则像战士胸甲上的雕刻，而圆顶则像战士的头。这种比附看起来有点奇怪，但这是有根据的，因为圆顶上的开口（oculus）原本在字义上就等同于建筑物的眼睛。

几何学之所以能启发这种有机性的比附，有其原因。像万神殿这样的庞然大物，建筑物似乎代表一种人体的神秘延伸。特别是万神殿中对称的曲线与方形让人想起文艺复兴时代著名的达·芬奇（Leonardo da Vinci）和塞尔里奥（Serlio）的画。这些画展示了男人的裸体，伸展的手臂与腿。其中一幅画，达·芬奇顺着往外伸展的肢体画了一个圆（约公元1490年），圆心就是男人的肚脐；至于正方形则刚好与男人四肢的指尖相切。

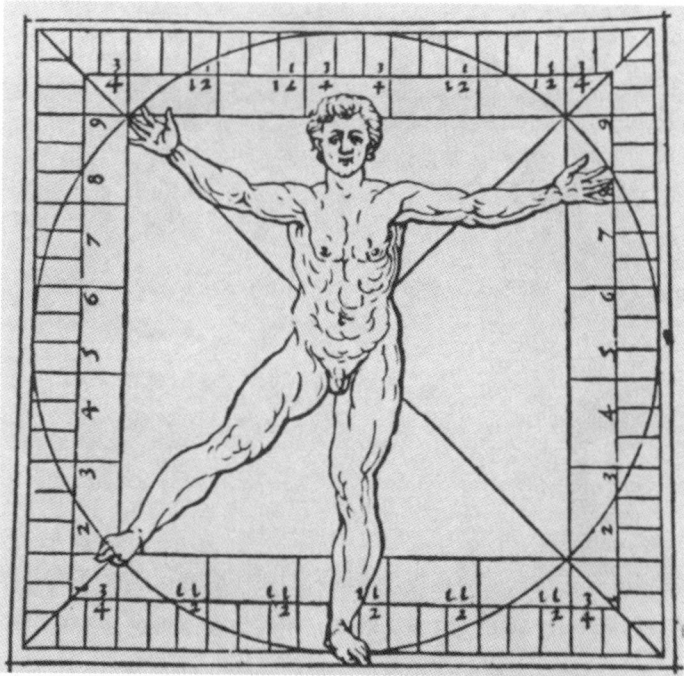

塞尔里奥的人体图。

维特鲁威在他《建筑十书》的第三书"论对称：神庙与人体"（On Symmetry：In Temples and in the Human Body）当中，直接将人体的比例与神庙建筑的比例连结在一起。他说："自然设计了人体，让人体各部分与人体整体的架构呈现出适当的比例。"[1] 因此，建筑师应该通过圆形与方形的关系来学习：

> 如果……人体的各部分与整个人体有着对称的关系……我们就该想到，在为长生不死的众神建筑神庙时，建筑的各部分也应该与建筑整体在比例以及对称上呈现出和谐。[2]

神庙应该像身体一样，拥有相等且相对的部分。这在方形的建筑物中很明显。不过，罗马人特别喜欢拱门与圆顶。建造万神殿的天才在圆形空间中建立了两边对称的法则。例如，两个壁龛，分别放在主壁龛的两边，与入口相对，就是两边对称。维特鲁威进一步认为，建筑师必须从人体各部分的比例中推导出建筑物的规模与比例。维特鲁威想象身体的手臂经由肚脐与腿连接，生命来源的脐带也是一样。肢体可以伸展出去让手臂与腿构成线条：两条肢体线在肚脐交会，然而指尖就可以画出方形的边。这就是维特鲁威的身体，达·芬奇与塞尔里奥的画就是如此，正方形画在圆形里面。这个维特鲁威原则塑造了万神殿的内部。

我们可以看到，这就是罗马主流的身体图像，由维特鲁威从许多来源及长久以来所建立的习惯中予以明文化。遵循这个理想秩序，建筑师就能以人体的比例来建筑。除此之外，这个人体的几何学也透露出某种城市该有的相貌。

---

① 维特鲁威：《建筑十书》，第 73 页。
② 同上书，第 75 页。

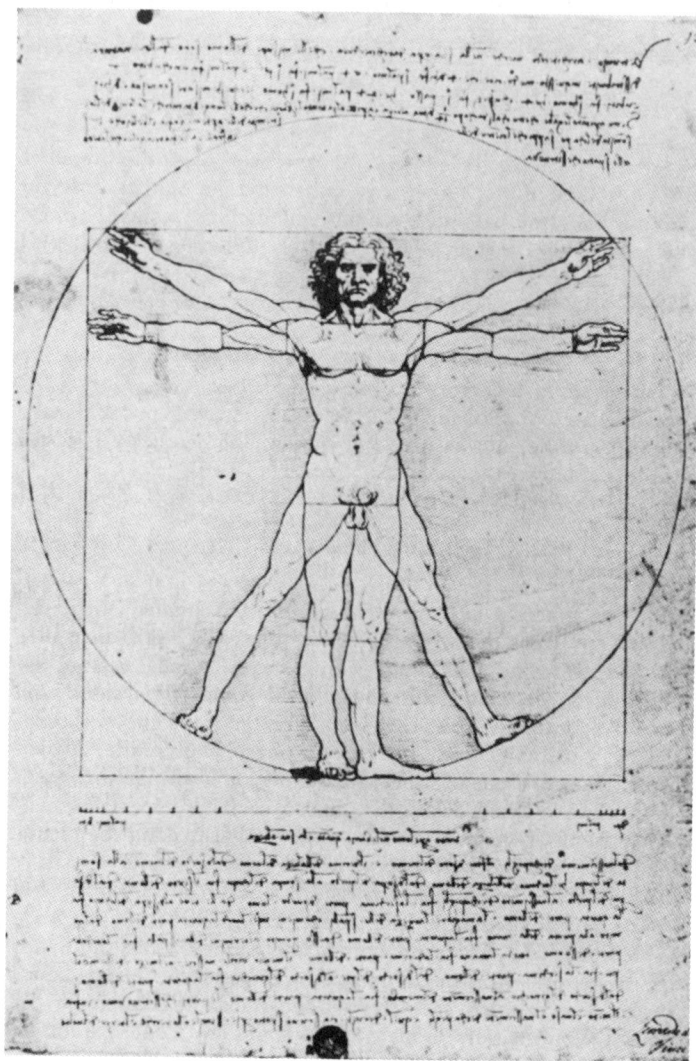

达·芬奇："图中的人体，对于比例的说明"。1485—1490 年。

罗马城市的创造

　　文艺复兴艺术家如丢勒（Albrecht Dürer），研究维特鲁威的作品，对以方形和圆形搭配下可以绘制出无数小方格图样感到震撼，也就是说，身体的各部分可以在整个几何体系中精确定位画出。万神殿的地板就显示出这种格子状的划分：它仿佛是一个西洋棋盘，由大理石、斑岩与花岗岩等方形石块以建筑物的南北为轴心铺成。石头的圈圈则以镶嵌的方式交错地嵌入方形石块中。维特鲁威时期的帝国设计师在计划整座城镇时也用了这种系统，以棋盘式的街道来围住一块又一块的方格状土地。

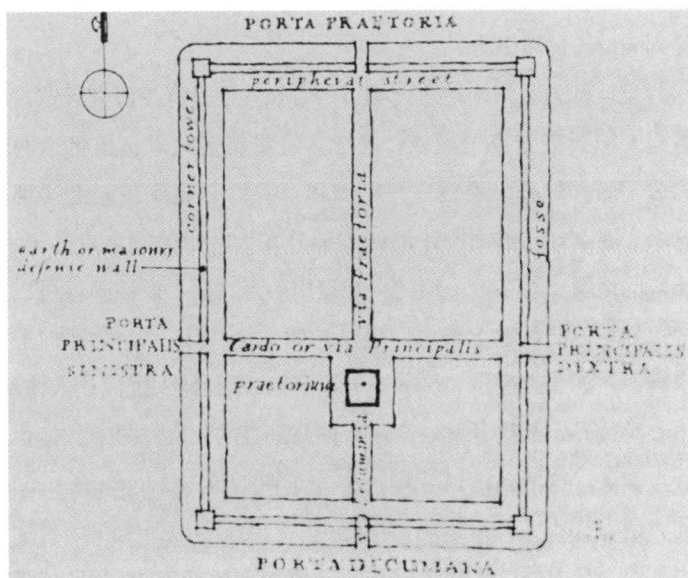

罗马要塞设计图，僧侣圣加伦（St. Gall）所绘。霍恩（Walter Horn）和博恩（Ernest Born）著，《圣加伦的设计图》（*The Plan of St. Gall*, University of California Press, 1988）。

一般来说，这种城市设计被称为罗马"方格设计"（grid plan），但这并不是罗马人的发明。苏美尔（Sumer）已知最古老的城市就是依照这种方式建成，甚至在罗马帝国之前数千年的埃及与中国城市也已是如此。在希腊，希波丹姆斯（Hippodamus）设计了棋盘状的城市，而伊特拉斯坎人（Etruscans）则在意大利本土建造了同类型的城镇。方格在这里的意义，在于每个文化都有不同的使用方式，因而产生不同的元素图像。

一旦要建设一座城市，或者说在征服一座城市之后加以重建，罗马人都会先决定某一个点为中心（umbilicus），类似于身体的肚脐。从这个城市的肚脐开始，设计师开始测量城市的空间。万神殿的地板也有这样的中心点。如同西洋棋的游戏一样，中心方格具有很大的战略价值，万神殿亦然：万神殿地板的中心方格刚好位于圆顶之眼（可以穿过圆顶让人看到天空）的正下方。

这些设计师为了精确地定出城市中心点，于是开始研究天空。太阳轨迹看起来把天空分成了两块；晚上，星星轨迹又以直角将这两块对剖，构成了四大部分。要建立一个城镇，人们必须要在地上找到一个点，这个点要刚好在前面所述的四大部分在天空中的交会点的正下方，仿佛天空的地图反射在地上似的。知道中心点之后，设计师就可以界定城镇的边界；他们在地上犁出一道土沟叫"pomerium"，意即神圣的疆界。李维说，如果越过了"pomerium"，就表示延伸太过而让人体变形。有了中心及边界，开垦者就划定两条彼此垂直的大街，两条主街道必须在中心点交叉。这两条街道分别被称为东西大道（decumanus maximus）与南北大道（cardo maximus）。沿着这些街道线划出四大块，测量员再将其中每块划分成 4 个区域。这样，这座城市已经有 16 个区域了。这些区域还会继续地分割下去，直到看起来像是万神殿的地板为止。

中心点具有深刻的宗教意义。罗马人认为，在这个点之下，城市连结着地下的神祇；在此之上，则与天上光明的神祇连结——众神控制着人类的事务。设计师在中心点的邻近地区的地下挖了一个洞，这个洞叫做"世界"（mundus），是"一个……室，或上下两个室，上下……用来供奉地壳下的冥府之神"。[1] 它完全就是个地狱的入口。在建城时，开垦者会将水果或其他的供品从家中带往"世界"，举行供奉"冥府诸神"的仪式。然后，他们会将"世界"覆盖起来，上面放一块方形石头，并且点起火焰。这时，这座城市就"诞生了"。在哈德良之前 300 年，罗马人波里比阿（Polybius）写道，罗马的军营必须"以方形组成，街道、建筑物都要像城镇一样"；征服就意味着让城镇真正地诞生。[2]

维特鲁威认为人类身体的手臂与腿是经由肚脐连接的。在他的建筑思想中，脐带比生殖器更具有象征意义。因此，城市的中心点乃是城市几何学的计算点，而肚脐又是充满着高度情感意义的诞生标记。罗马城镇的创建仪式考虑到地下不可见的神祇的可怕力量，城市设计师于是以祭品来讨好神祇。城市的诞生与恐怖联结在一起，也标志着罗马本身的创建过程。

根据传说，罗穆卢斯（Romulus）在公元前 753 年 4 月 21 日于帕拉丁（Palatine）山丘挖掘了一个"世界"，创建罗马。从此，帕拉丁就有了火的祭祀，此后从火的祭祀又发展成炉灶女神的神庙（Temple of Vesta），一幢圆形建筑；粮食储存在里面，就好像储存在大地或"世界"一样。此后，炉灶女神的神庙又搬到罗马广场，守护炉灶女神的处

---

① 里克沃特（Joseph Rykwert）:《城镇的观念》（ *The Idea of a Town* ，Cambridge，MA：MIT Press，1988），第 59 页。

② 波里比阿:《历史》（ *Histories* ，Bloomington：Indiana University Press，1962），第 6 卷，第 31 页，胡尔奇（F. Hultsch）和沙克伯勒（E. S. Shuckburgh）译，第 484 页；科斯托夫（Kostof）:《被形塑的城市：历史中的都市类型与意义》（ *The City Shaped：Urban Patterns and Meanings Through History* ，London：Thames & Hudson，1991），第 108 页。

女们负责看管圣火，使其永远不灭。但是，一年可以有一天例外。如果多于一天，罗马就会灭亡，而处于城市之下的众神就是如此的强大而致命。这种对无形力量的恐惧，在哈德良时期变得更加明显。这其实是有着长远的文化根源的，而且地点就在城市的正中心。

因此，我们看到这个看起来理性且融合了身体与城市的几何学，在实际运作中并不理性，此时也就不会感到太过惊讶。罗马人在写到他们所征服的地方时，用的原则都相当务实：城市应该位于拥有良好港口、繁荣市场以及有天险可守的地方。不过，实际上却不一定遵守这些原则。大概在尼姆（Nîmes，位于罗马时代的高卢或现在的法国）北方 10 英里，有个地点，上面有完善的堡垒，山上有矿脉露头，并且有罗马移民经营的热闹市场。但是，征服者还是选择了南方比较暴露的、经济比较差的区域，因为这里可以挖出比较深的"世界"，并且可以储存比较多的粮食，好让地下诸神不致发怒。

角斗士的誓词表现出畏惧与决心，城镇设计师也是一样。在边境城镇挖掘"世界"，等于是宣布罗马文明将在此地重生。罗马军团的训练有素以及坚定的暴力，并可以通过胜利者挖掘"世界"取悦冥神以平衡恐惧感。由于罗马人不断地以相同的几何学来建设城市，都市学家雷诺兹（Joyce Reynolds）批评他们是"只会墨守罗马的思维模式，完全无视他们的意识形态已经越来越不适合于帝国的状况"。[①] 然而，这种重复的作为却是来自于罗马文化的本质：世界舞台。

在罗马，民众观看角斗士与殉教者屠杀与被屠杀，不断重复，仿佛是不断萦绕于心头的默剧一般。在边境，集结的军队看着测量员为他们外出举行慎重的仪式，选定中心点的位置，挖掘"世界"，并且在新城

---

① 雷诺兹："城市"（"Cities"，载于布朗德〔David Braund〕编，《罗马帝国的行政组织》〔*The Administration of the Roman Empire*，Exeter：University of Exeter Press，1988〕），第 17 页。

的边缘犁出城镇的边界。不论何时何地，军队行进到哪儿，测量员就要重复一样的仪式。在高卢、在多瑙河畔、在不列颠，同样的言语、同样的动作构成了相同的空间图像。

罗马的设计师就像剧院的管理人一样，处理的都是固定不变的图像。罗马帝国计划着要用同样的笔画就完成一座城市地图的绘制，罗马的地理学在征服的军队一获得土地之时就马上印制上去。城市方格在这个时候可以帮得上忙，因为几何的图像是不受时间限制的。不过，这种计划方式是以在被征服的土地"上"没有任何东西为前提的。对于罗马征服者而言，好像他们是前进到一个空无一物的地方。但是事实上，除了风景之外，上面还点缀着居民。诗人奥维德在流亡时写道："如果要我看着那乡野，真可说是毫无趣味，全世界再也没有比这更无聊的了……如果要我看着那些人，那些不值一提的人，他们比野狼还要残酷而野蛮……凭着身上的发肤与蓬松短裤，他们就足以抵挡冷风的邪恶；他们毛茸茸的脸上还留着长发来庇护。"[1] 如果罗马人在前进时仍是罗马人，在征服时不断产生的压迫，势必造成本土与边境的差异：在世界帝国（Empire mundi）的边缘，这出不断重建罗马的默剧，一直威胁着要摧毁所有被征服者的生活方式。

被征服的民族当然不太可能符合这种无历史与无性格的野兽形貌。在高卢和不列颠，当地的民族本身就会建造城镇，而罗马对于当地城镇的加工也能兼容于当地人的生活——城镇中心被罗马化，至于住宅区与边缘的市场则仍是当地传统。在罗马所征服的希腊城邦里，就几乎不存在什么偏见，因为罗马的高等文化源自希腊。"罗马"的填鸭，很像是将"罗马本土"的记忆强加在被征服者的记忆之上，用以合法化它的

---

① 奥维德：《忧郁》（*Tristia*，Cambridge，MA：Harvard University Press，1988），第 5 卷，第 7 页，第 42—46 页，第 49—52 页；奥维德，第 6 册，惠勒（Arthur Leslie Wheeler）译并修订，古尔德（G. P. Gould）编辑再版，洛布古典丛书，第 239 页。

统治。

征服者希望都市形式可以迅速将野蛮人同化成罗马人。古代史学家塔西佗（Tacitus）提供了一个阿古利可拉（Agricola）在不列颠统治时所发生的景象：

> 他劝诫每一个人，资助社团，兴建神庙、市场和住宅。他赞美勤奋者，责难懒散者，对于漠视他的怀柔的就予以镇压。除此之外，他开始训练各酋长的子女，让他们接受（罗马）自由人的教育……结果，这个原本拒绝使用拉丁文的民族，开始渴望学习修辞学。除此之外，穿着我们的服饰已经成为一种高尚的作为，而长袍（toga）也开始流行。①

新城市的几何学对于征服者本身来说具有经济上的效果。划分城市象限的行动不断继续，一直到土地划分到小到刚好可以分配给个人为止。在军队里，士兵可以分到的份额要看他的官衔。被征服的乡村区分的方式也一样，也是按照士兵的官衔来分土地。这种数学的划分对于罗马人来说很重要，不只是因为他拥有土地，而是他的财产经由这个过程合理化了（rationalize）。所有人可以维护他的所有权来对抗有权势的人，因为他所拥有的财产权跟所有的土地一样，都源出相同的逻辑。由青铜制成的表，称为图记（formae），描述了土地的位置以及大小、形状。这些青铜物品是士兵必定随身携带的珍贵物品。里克沃特（Joseph Rykwert）写道："没有任何一种文明像共和晚期及帝国时代的罗马一样，在城镇、乡村以及军事建制中施加着持续而一致的近乎固执的压力。"②

---

① 塔西佗：《阿古利可拉传》（Agricola），第 21 页；塔西佗：《对话录：阿古利可拉传、日耳曼尼亚》（Agricola, Germania, Dialogus, Cambridge, MA: Harvard University Press, 1980），赫顿（M. Hutton）译，奥格尔维（R. M. Ogilvie）修订，洛布古典丛书，第 67 页。
② 里克沃特：《城镇的观念》，第 62 页。

"罗马"的设计运用到其他地方，精确说来，这是一种有机的几何设计。不管罗马诞生时最初的设计是什么，都因岁月而被冲淡了。那么，这种设计对哈德良时期的罗马有什么意义呢？

罗马广场

　　旧罗马广场是个很像伯里克利时期雅典市集的城镇中心，融入了政治、经济、宗教与社交等功能。在拥挤的群众中，特殊团体各有自己的地盘。罗马剧作家普劳图斯（Plautus）曾以嘲弄的语气，根据不同的喜好描述了公元前 2 世纪初的各领域分布状况：

　　……有钱的已婚的闲逛者，徘徊在公共建筑附近。如果不是重要的场合，往往也会有一堆妓女；也会有男人在下广场（Lower Forum）要求分期付款购买……外出散步的有地位而富裕的市民则在中广场招摇过市。在旧店铺旁，则是放款的人——借贷的或收款的……在伊特拉斯坎区（Vicus Tuscus），多才多艺的同性恋者则匆忙地来去。[①]

　　广场与市集不同，前者将群众限制在一个矩形的空间里，四边都布满了建筑物。特别重要的是一幢宗教建筑，即十二神祇门廊（Portico of the Twelve Gods），位于卡匹托宁山丘（Capitoline Hill）脚下，与广场毗连。相对于希腊众神彼此持续争斗，这里的诸神则和平相处。十二神祇被称为"一致而和谐之神"（Di Consentes et Complices）。早期的罗马人

---

　　① 普劳图斯：《象鼻虫》（Curculio，Cambridge，MA：Harvard University Press，1977），第 466—482 页；普劳图斯，第 2 册，尼克松（Paul Nixon）译，洛布古典丛书，第 239 页。

想象，在天上与地下的"超自然力量有一个统一的秩序"。[①] 相同的诸神形象依照恰当的秩序排列，暗示着罗马人想在世界上、在广场中建立的形式。

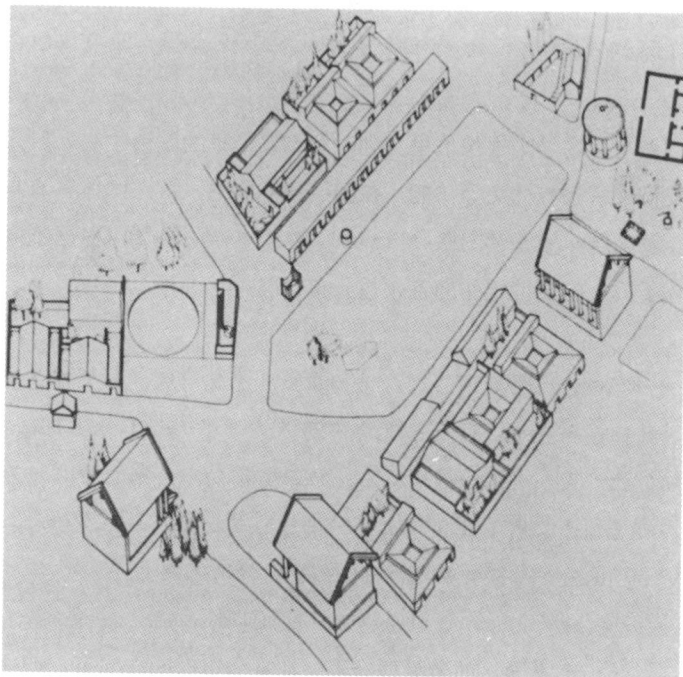

公元前 4 世纪的罗马广场。

罗马人想要让他们的建筑更加一致、和谐且呈线形，于是发展出两种形式：围柱式（peristyle）与会堂（basilica）。就我们今天对于这些建筑形式的了解而言，可以知道围柱式是一个长柱廊，围绕着中庭或者连接两幢建筑；会堂是一个矩形的建筑，人们从一端进去，往另外一端移

---

① 麦克姆伦（Ramsay MacMullen）：《罗马帝国中的异教传统》（*Paganism in the Roman Empire*，New Haven：Yale University Press，1981），第 80 页。

动。这两种形式在罗马的发展过程并不是那么清楚。罗马人想要创造一个空间，人们在里面是往前走的，而不是被转移到两旁小路去；罗马的空间有一条脊椎。这也是第一座现代博物馆运作的方式。公元前 318 年，当局决定要在广场一边的一整排商店上面，加盖第二层（阳台 "Maeniana"），罗马征服所得的战利品将按历史的顺序陈列在这个地方。沿着脊椎往前走，游客会看到罗马军队征服的历史。

"所谓议事厅，就是一个大型聚会所。"① 此形式源起于希腊，本来是用作审判所，法官坐在一端。在罗马的世界里，议事厅结构长而高，四周围绕着裙房，低矮的屋顶与议事厅的边缘相接。中央大厅的两端有亮光，窗户正好开在裙房屋顶与议事厅相接之处的上方。议事厅可以容纳成百上千的人，他们沿着脊椎，从一端进从另一端出。文献记载中，第一个在罗马广场出现的议事厅是在公元前 184 年。罗马人后来又用相同的原理建造了更大的议事厅，像是个巨大而有方向的箱子。

现代史描述了罗马人站在罗马广场时所看到的建筑情景："你看到两边各有神庙与议事厅的柱廊与门廊，而在远处的背景位置则是和平神庙（Temple of Concordia）。"② 但是，身为一个罗马人，绝不会在那里闲逛。伟大的建筑会让你在它面前保持庄重。

我们回想一下希腊帕台农神庙的外表被设计成可以在城市中以多角度来观看的建筑，观赏者的目光可以在建筑物的外观上游移。相对的，早期罗马神庙却希望人们只注意到前面。它的屋顶顺着屋檐往两旁延伸；它的仪式性装饰则全部放在前面；围绕建筑的铺石与植物则导致着人们看着前面。③ 进到神庙里面，建筑也同样指示方向：向前看，往前

---

① 克劳特海默（Richard Krautheimer）：《早期基督教与拜占庭建筑》（*Early Christian and Byzantine Architecture*，New York：Viking-Penguin，1986），第 42 页。
② 斯坦博（John E. Stambaugh）：《古罗马城》（*The Ancient Roman City*，Baltimore：The Johns Hopkins University Press，1988），第 119 页。
③ 布朗：《罗马建筑》，第 13—14 页。

走。这些颐指气使的箱子就是哈德良万神殿中，以墙上与地上的脊椎及两边对称作为视觉指示的由来。

罗马空间的几何学规训着身体行动，并且发出命令，命人观看并遵守。这个命令与另一个罗马名言"观看并相信"彼此交错，例证就发生在罗马历史的转折点上。当恺撒（Julius Caesar）在高卢作战的时候，他在罗马广场西侧，卡匹托宁山丘脚下建了一个新广场，希望借此让罗马人不要忘了他的存在。虽然表面上说是为了提供额外的空间给共和国作为法律事务之用，但实际目的却是让罗马人在恺撒不在的时候，仍然感受到他的权力。他在这里建了母亲维纳斯神庙（Temple of Venus Genetrix）。维纳斯生下了恺撒的家族，即尤里乌斯家族（Julians）。因此，恺撒的建筑事实上等于是"尤里乌斯家族自己的神庙"。[①]这座单一的纪念性建筑具有支配性的地位，它是建筑群之首；辅助性的建筑与围墙从它那里开始延伸出来，在矩形周围形成精准的两边对称的形式。为了让观看者在主神庙前面也能产生对于神的崇拜，恺撒于是试图将他的家族与神的系谱连接，让人感受到他令人敬畏的存在。

与省区城市相同，罗马中心的几何力量也抹杀了人类的多元性。当罗马广场越来越讲求规则时，城市的肉贩、杂货商、鱼贩及商人都在共和晚期将做生意的地盘让给了律师和官吏，分散到城市各区去了。之后，当皇帝们各自建好自己的广场的时候，这些政治宠物便跟着他们的主子离开罗马广场到新的地方。这些建筑物，用现代都市设计的术语来说，已经变成"单一功能"，而且到了哈德良时期，这些建筑物大部分都空无一人。考古学家贝尔（Malcolm Bell）写道："市集中许多的政治与商业活动都需要自由的空间，现在则被驱赶到边缘去……在这个规划

---

① 斯坦博：《古罗马城》，第 44 页。

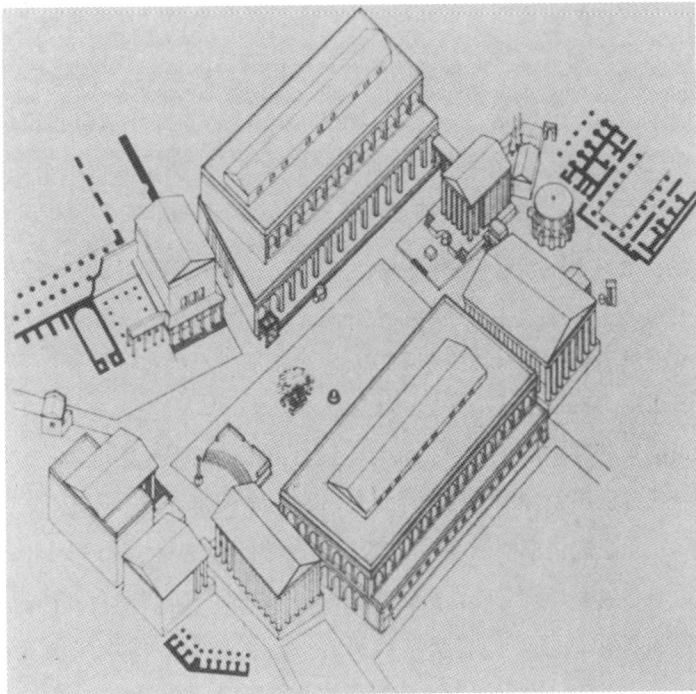

公元前 1 世纪的罗马广场。

良好的世界里……几乎已经不需要斯多亚那样的多元价值了。"①

当多样性消失，这个古罗马的中心也成为仪式的处所，罗马广场变成了权力穿起长袍，开始扮演起默剧的地方。譬如说，直到约公元前150 年，陪审团的审判以及公民的投票都在罗马广场旁边的建筑即市民大会堂（Comitium）里举行。当人们必须走到广场外才能买到斯米尔那（Smyrna）的杏树或牛睾丸的时候，投票以及政治讨论也就会往外移。

---

① 贝尔："西方希腊斯多亚的一些观察"（"Some Observations on Western Greek Stoas"，未刊稿，American Academy of Rome，1992），第 19—20 页；也可参见德蒂恩内："论古希腊：政治与社会的几何学"（"En Grèce archaïque：Géométrie Politique et Société"），载于《年鉴》（*Annales* ESC），第 20 期（1965）：第 425—442 页。

演说者在广场的演说平台（Rostra）上对着群众演说，这个曲线平台从市民大会堂延伸出来，演说者的声音可以由背后的建筑予以加强。当恺撒将旧公民大会堂移到罗马广场的新地点时（从旁边移到西北角），他要让演说者的位置变成仪式性的而不是政治性的。演说者再也不能由三面的群众所环绕，相反，他被置于最早期议事厅里法官所处的地位上。在户外，现在他的声音很难传出去，但这已经无所谓了。演说家的功用只是出场，手指比一比，捶捶胸，张开双臂：他只是让一大群人觉得他看起来像是个政治家，但事实上却是听不到他半点声音，他早已失去了以言语表达的权力了。

当罗马共和国的最高机关元老院随着皇帝的出现开始沦为仪式机关之时，视觉秩序也在罗马元老院议员所在的建筑物上打上印记。在共和国末期，元老院仍面对着罗马广场，元老院的建筑（Curia Hostilia）则可容纳 300 名罗马元老院议员，建筑内部是一阶一阶的平台。恺撒将元老院建筑移出广场，让它坐落在另外一幢大建筑，即埃米利亚会堂（Basilica Aemilia）的后面。这座新元老院建筑叫做尤利亚会堂（Curia Iulia），有侧廊可以从入口通往元老院议员的讲台。座位摆放与脊椎呈90°角相接并伸延出去；坐在哪一排取决于等级，最年长的坐前面，年轻的坐后面。投票方式也跟希腊普尼克斯不同。议员从主侧廊的一端移动到另一端，仍然维持他们线形阶序排列，主持会议的官员则看哪一端的人比较多来决定议案是否通过。众神之间拥挤的阶级关系，如今在元老院中再度出现，但却无法主宰国家的事务。

政治寄生虫帕特库鲁斯（Velleius Paterculus）描述了视觉变化的结果，其语句似乎是在赞美第一任皇帝奥古斯都：

> 广场又恢复了信用，广场驱逐了斗争，战神地驱逐了买官，元老院也驱逐了买官；国家恢复了长久丧失的正义、公平和勤勉……竞技场中

的暴乱被镇压了。不是被灌输着去做正确的事，就是被逼着去做正确的事。①

一个仪式性的空间，庄严，没有商业，也没有性交易，只是一般的社交活动。罗马广场在哈德良时期变得更加死气沉沉，昔日的市中心就像帕特库洛斯说的，"不是被灌输着去做正确的事，就是被逼着去做正确的事"。

罗马广场的历史预示着一连串伟大的皇帝广场的出现，这些广场都建于帝国时期。在帝国时代末期，这些广场组成了庞大仪式空间，罗马人沿着脊椎通过这些空间时，就会面对着巨大而令人屈服的建筑物，而这些建筑物代表着统治众多生灵的活神的威严。罗马广场受人冷落，皇族广场（Forum Iulium）的出现，皇帝广场的成长，让这些空间越来越具有威吓的特性，公民的声音也就越发地微弱了。另一方面，罗马人在边境城市所进行的视觉控制，现在则用在罗马城身上。虽然世界主义的罗马人不喜欢省区的地方色彩，但在哈德良时期，这些罗马人施加在被征服者身上的视觉秩序，现在又反过来用在罗马人自己身上。

在哈德良时期，权力几何学统治着私人空间，也统治着公共空间。

罗马住宅

罗马住宅里所居住的家庭从某一方面来看，与希腊家庭有着很大的差别，那就是在两性关系上较为平等。妻子可以拥有自己的财产，如果她们结婚时"没有手"（sine manu）的话；意思是说，如果她们不受丈

---

① 帕特库鲁斯：《罗马史的保存》（*Compendium of Roman History*，London：Heinemann，1924），第 2 卷，希普利（Frederick William Shipley）译，第 xx 页，第 cxxvi 页，第 2—5 页。

罗马的皇帝广场,约公元 120 年。

夫绝对权威（即手"manus"）的掌控的话，女儿可以与儿子一起分遗产。男人与女人一起吃饭。在罗马时代早期，男人可以躺在卧榻上，而女人必须站着。但在哈德良时期，已婚的男女可以一起躺卧——这在伯里克利时期的希腊是不可想象的。可以确定的是，家庭仍然有等级而且崇尚父权，年纪最大的男性具有统治的权威。男女之间较为复杂的关系，表明罗马家庭（domus）其实反映了家庭之外的城市。住宅内的几何学对住宅所容纳的人之间的阶级、主从、年龄以及财产予以合理化。

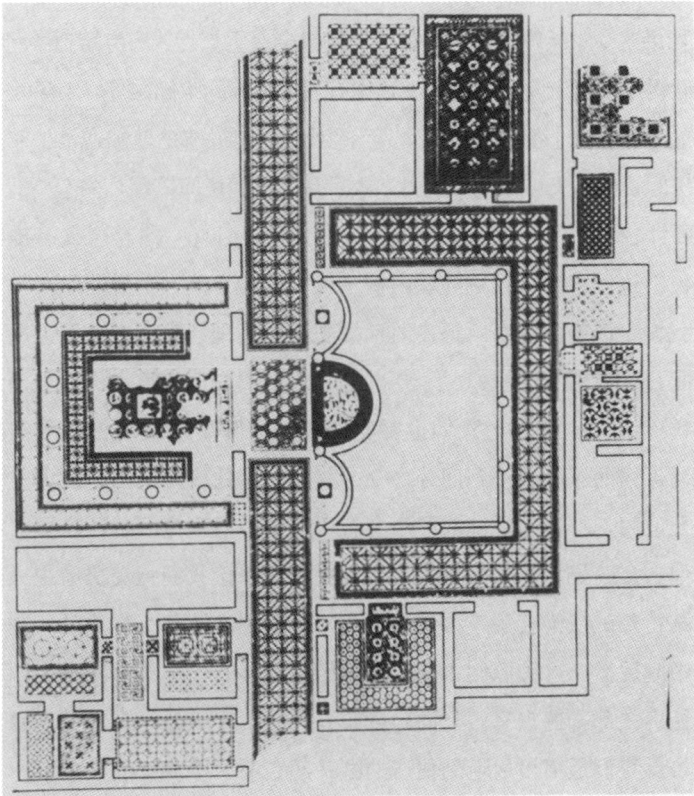

位于阿寇拉（Acholla）的海神住宅（The House of Neptune），在西边有主会客室（oecus），南边是饭厅（triclinium），卧室则连接着前厅或西南角的走廊。

罗马住宅的外表跟伯里克利时期的希腊住宅外表并没有太大的差别，都是无装饰的外墙。有些房子内部第一眼看去也相当的类似，住宅都围绕着庭院。不过，罗马的房子主要还是线形的观念占优势。经由玄关，我们进入古罗马的房子里，并且来到了露天的中庭。中庭旁边，就是供睡觉与窖藏之用的房间。越过池子或喷泉，可以看到壁龛里放着住宅的守护神。这是属于父亲的地方，他有时坐在像王座一样的高架椅子上，两侧则是由祖先肖像做成的面具。参观者面对着一个由面具、人像以及活人所构成的权威表。

如果这个家足够富裕的话，线形仍然会有主宰性：从房间到房间的移动，看得出谁居于支配的地位。这里有着"清晰的空间次序，对于房子空间的前后左右大小都有明确的规定"，因此人们很清楚地知道谁该第一个走进房间，此后又该谁跟着进去，或者是哪一间房间该用，完全要看访客的重要性。① 当然，绝大部分的罗马人不可能拥有一幢有这么多房间的住宅。不过，金字塔顶端的屋内秩序仍可作为其他人生活的标准。

我们可以想象，在哈德良时期参观这样的理想家庭（属于上层社会的家庭），也许就好像参观了 19 世纪时医生或法官的家一样，里面常有8 到 10 个仆人。不过，我们也要牢记，一个健康奴隶的价格大约只有一匹马价格的三分之一到四分之一。我们抵达住房并进去，大门（可能有好几道门，一般来说前前后后会有 3 道门）通到掩蔽着的玄关，我们跟其他访客一样，都要接受检查。玄关是用来让我们感受房屋主人的富有，维特鲁威认为玄关应该越奢华越好。玄关连接到有柱廊的庭院。房间由中庭后撤，这种原则古今皆然，但在罗马时代则更为明显。因为罗马的住房内部普遍没有门，而是以布幕隔开。高级仆人会掀开布幕，以此来告诉我们最多可以走到住房的哪一间。

———————

① 布朗：《罗马建筑》，第 14 页。

我们进到房子内部的露天庭院，站在池子旁边等待。从某方面来说，露天庭院的功能很像市集："它是一个可以举办多种活动的空间，从一个人的沉思到主人的社交活动——更别提仆人会在此工作了。对他们来说，围柱式建筑物是通道、工作场所，以及用来供水的。"① 从另一方面来说，它又很像广场：在这里，根据访客的重要性来对访客予以分类，决定主人接见的方式。被请入屋内房间的，是跟主人家族比较密切的人。至于比较不密切的，就必须待在围柱式建筑物的开放空间中。房子内的一切都传达了连续与进程感。在大房子里，主庭院引导到比较小的围柱式建筑，然后再辐散到各个房间。家庭中的特定成员要在哪里接见我们，就要看这个人在家庭里的地位如何，以及我们的重要性如何。这种等级延伸到仆人，他们在罗马房子里控制了空间，其权限要比19世纪英国房子里的仆人还大——总管有自己的办公室，仆役长或管家则有自己的餐房，等等。②

直线在饭厅里指示着社会生活。如果我们被邀请去吃晚饭，我们会看到家庭的成员依照他们的阶序排排坐，沿着墙壁坐成一直线，最尊贵的位置是主卧榻右端，是家长专属的。已婚的女人则是在卧榻上，坐在男人的旁边，然而没有人是放松的。尤维纳利斯（Juvenal）责难这些晚宴的奢华，责难家长训斥那些宾客，那些宾客坐得离家长越远，越是殷勤有加——不过，尤维纳利斯这位罗马完人，也从家庭成员躺卧的位置具体地估算出他们的地位。

---

① 提伯特（Yvon Thebert）："罗马时代非洲行省的私人生活与室内建筑"（"Private Life and Domestic Architecture in Roman Africa"），载于贝内（Paul Veyne）编，高德汉默译，《私人生活史》（*A History of Private Life*），第 1 册：《从异教罗马到拜占庭》（*From Pagan Rome to Byzantium*，Cambridge，MA：Harvard University Press，1990），第 363 页。

② 参见吉鲁阿尔（Mark Girouard）《英国乡村宅邸的生活：生活与建筑史》（*Life in the English Country House：A Social and Architectural History*，New Haven：Yale University Press，1978）。

权力直线的顶点是在家长的卧室，并不欢迎外人进入。据史学家布朗（Peter Brown）的观察，"在性交的时候，（罗马）精英的身体，不可以成为通过婚姻之床而世代延续的神圣溪流，单一而随机的漩涡"。[①]"血脉"的形象现在成了一种比喻；对于古罗马人来说，这是文学的修辞。普鲁塔克宣称，婚姻的房间应该是"秩序行为的学校"，[②] 因为一旦结婚了，核心的夫妻就要受这些血脉的控制：私生子对于家产有继承权，这不是伯里克利时期的雅典所能想象的。

身体、住宅、广场、城市、帝国：全部都基于线形的想象。建筑方面的批评，主要针对罗马人的关心而发。罗马人关切空间中要有清楚而精确的方向，空间要有明确界定的直角，就像方格一样，结构要有严格的形式；像罗马的拱形，一个半圆，或者是有严格界定容量的建筑物，像圆顶来自于将半圆旋转之后所构成的三维空间。精确定向的渴望显示出深刻的需要，想要不断地重复图像，并且将它当成事实。这种视觉语言表达了一个不安、优越而局促的人需要找到安全的地方。这些形式想要传达，一个持续的、本质的罗马是外在于历史的断裂的。虽然哈德良信心满满地说着这种话，但他心里知道这一切都是虚构的。

3. 不可能的执念

在他统治的某个时期——从主题来看，我猜想那时他已是个老人——哈德良作了下面这首短诗，"献给他的灵魂"（To his Soul），拉丁文为：

---

① 布朗：《身体与社会》，第 21 页。
② 普卢塔尔克（Plutarch）：《婚姻的原则》（*Praecepta conjugalia*），第 47、144 页及以后；引自布朗《身体与社会》，第 21 页。

Animula uagula blandula,

hospes comesque corporis,

quae nunc abibis in loca

Pallidula rigida nudula,

nec ut soles dabis iocos!

以下是拜伦（Byron）年轻时所作的翻译：

啊！轻柔的、短暂的、翻动的灵魂，

这具肉体的朋友与伙伴！

到那生你的未知领域

你是否想振翅往那遥远地飞去？

不再有熟悉的愉悦，

只有苍白、无趣及凄凉。[①]

　　无情的广场建造者哈德良，此时却见证到时间的消逝。这首诗是一种苦乐参半的抒情诗，而非全然绝望的。史学家鲍尔素克认为它的语调并不正式，因此应该是个抒发情感的说法。[②] 这首诗的读法也可以如小说家尤瑟纳尔（Marguerite Yourcenar）所认为的，以她从福楼拜（Flaubert）有关哈德良时期的信件中的句子为根据："正当诸神已不再存在，而基督又尚未来到之时，处于西塞罗（Cicero）与奥勒留（Marcus

---

① 两段文字都来自加罗德（H. W. Garrod）编，《牛津版拉丁文诗》（*The Oxford Book of Latin Verse*, Oxford: Oxford University Press, 1944），拉丁文在第 349 页，英文在第 500 页。

② 我要感谢鲍尔素克教授在这里的提示。

Aurelius）之间的人，感觉到孤独。"① 当然，哈德良的诗绝非自夸之语。

拜伦将哈德良拉丁文中的"身体"翻译成"黏土"；却将"soles"误译为在世上感到孤独。不过，也许现代诗人的确抓住了古代诗人皇帝的想法，一个将整个西方世界掌握在手上的人，所有的基础是建筑在恐惧上，不免感到孤独。对于现代的万神殿批评者如麦克唐纳来说，就算上述的翻译是误解了哈德良的诗句，但对照建筑来看，并不会不恰当。万神殿深受维特鲁威、宗教与帝国象征的影响；视觉形式几乎做到了全面控制，建筑物因此不得不令人产生广泛而神秘的孤独感。

基督徒见证时间力量的完全不同的精神，表现在亚历山大教皇（Alexander Pope）所写的诗歌中，该诗的标题和主题与哈德良的类似。② 教皇的"垂死的基督徒献给他的灵魂"（Dying Christian to his Soul）以下面一节作结：

> 世界在后退；它在消失！
> 　天堂在我眼前开启！我的耳际
> 　响起六翼天使的铃声：
> 　乘着，乘着你的羽翼！我攀升，我飞去！
> 喔！坟墓，你的胜利在哪呢？
> 喔！死神，你的毒刺又在何处？

从哈德良罗马的基督徒小密室开始，我们的祖先发现对时间的肯定，要比哈德良的异教孤独更具有一种强制性。

---

① 尤瑟纳尔：《哈德良回忆录》（*Memoirs of Hadrian*，New York：Farrar，Straus & Giroux，1954），弗里克（Grace Frick）译，第 319—320 页。
② 加罗德的《牛津版拉丁文诗》做了这种联系，至于他认为哈德良直接影响了波普的诗，论据稍嫌薄弱。这首诗在第 500—501 页。

第 4 章　身体的时间
早期罗马基督徒

　　在异教世界里，身体受苦很少被当成是一种契机。男人女人也许要面对痛苦，也许会从中学到些什么，但绝对不会有人想特意找罪受。随着基督教的诞生，身体上的痛苦开始有了全新的精神价值。对付疼痛要比面对愉悦更为重要；疼痛比较难超越，这个教训是基督通过他自己的体验所告诉我们的。基督徒的生命历程借由超越"所有"身体上的刺激而形成；当一个基督徒对身体越漠不关心，就表示他越希望能接近上帝。

　　如果基督徒的时间旅程成功地远离了身体而走向了上帝，信仰者也会从与空间的联系中完全撤出。异教命令人们观看并相信，观看并遵守，这并不足以引起信仰。空间中并没有方向能指出上帝在哪里。上帝无所不在却又不在一处；基督像在他之前的犹太先知一样，是个流浪者。跟随着先知步伐的信徒将会离开城市，至少在属性上是如此。为了将自己连根拔起，基督徒会重演从伊甸园流亡的故事，如此将让他们对于其他处于痛苦中的生灵更有体会及同情。

　　这段基督徒旅程要求追随者作出英雄的行为。这个把目标放在穷人与弱者身上的宗教要求信徒能从自我找到超人的力量。早期罗马基督徒的故事就是一群虔诚的信徒发现自己仍旧还只是个人，脚下需要土地。他们需要城市。

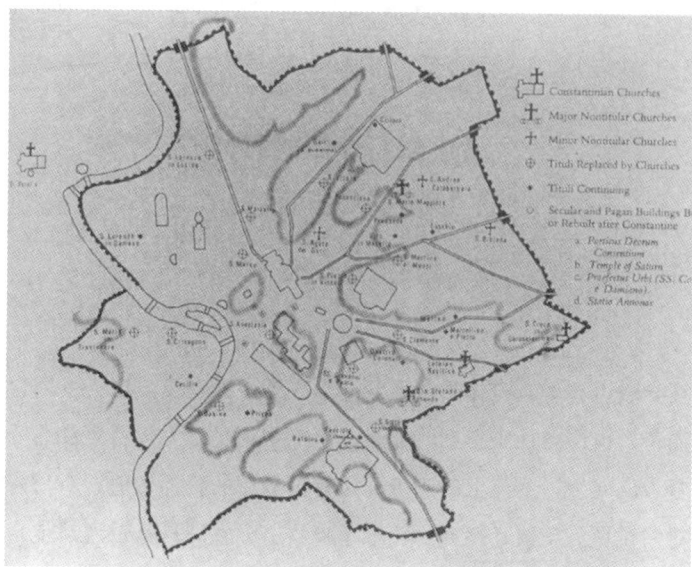

基督教时代的罗马地图，约公元 500 年。

1. 基督的不同身体

安提诺乌斯与基督

　　早期教会史中最戏剧性的一段，来自于基督徒对于哈德良最私人的建筑计划的指控，这是一座皇帝想用来纪念他的侍从安提诺乌斯（Antinous）的城市。安提诺乌斯与哈德良的私人关系我们所知甚少。他们第一次碰面的时间也许是在哈德良于公元 2 世纪 20 年代初期巡视雅典或其他希腊城市的时候；安提诺乌斯当时不过是 12 或 14 岁的男孩。几年后，罗马钱币上铸印着皇帝的狩猎队，而安提诺乌斯就在其中，他已成为皇帝的贴身侍从。到了公元 2 世纪 20 年代末，安提诺乌斯 19 或

20 岁时，突然死了，尸体在尼罗河中被发现。皇帝在尼罗河畔安提诺乌斯死的地方建造了一座城市来纪念他，叫做安提诺波利斯（Antinopolis）。哈德良又在提沃利（Tivoli）为他立了一座雕像。从这个片段的记录中，我们可以合理地推断哈德良与安提诺乌斯是恋人关系。哈德良对安提诺乌斯的爱，不只可以解释他为什么想以整座城市来纪念他，还可以说明在他死后不久，哈德良竟然以诏令宣称安提诺乌斯为神。

法国小说家以及古典学者约斯纳写了一本关于哈德良与安提诺乌斯的小说——《哈德良回忆录》（*The Memoirs of Hadrian*）——试图解开安提诺乌斯溺死之谜。这位小说家并不采取对此事件的维多利亚式解释，意即：如果不是认为这与男性之爱无关，如安提诺乌斯只是意外掉入河中溺死，就是认为男性之爱造成了他的死亡，如哈德良因为安提诺乌斯不忠而溺死他。约斯纳的故事采取另外一种解释，不仅从性上面说得通，从历史的角度来看也比较有可能。她在书中让哈德良考虑到安提诺乌斯自杀的可能性。在那个时代，东地中海普遍有一种信仰，认为人可以通过适当的仪式自杀，来拯救自己所爱的人；生命力因此可以从死者转移到生者身上。在安提诺乌斯死前，哈德良曾一度病危，而尤瑟纳尔猜测这个年轻人可能是为了要拯救皇帝而牺牲自己的生命。公元 2 世纪 30 年代，死去的安提诺乌斯的确被当成新奥西里斯（Osiris）而受到民众的祭祀，这个年轻而能治病的埃及神，以死来转移生命到他人身上。

因为安提诺乌斯仪式指涉着奥西里斯，所以有些罗马人便将安提诺乌斯与其他为人牺牲的神祇相提并论。最有名的对比来自于塞尔苏斯（Celsus），他是罗马人，于哈德良死后 1 个世代，即公元 2 世纪后半期开始写作；他比较了安提诺乌斯与基督。塞尔苏斯宣称（文章大概可溯自公元 177 年到 180 年），安提诺乌斯为了拯救哈德良而自杀，足以媲美基督的殉道，"（基督徒）所给予基督的荣耀，也该给予哈德良的宠臣"。①

这个比较在 1 个世代之后，引起了奥利金（Origen）的反击，奥利金是早期伟大的基督教思想家之一。他试图破坏孱弱而不稳定的男人之间的爱的纽带关系："我们的耶稣高贵的一生，以及无法让男人禁绝对女性的病态欲望的哈德良宠臣的一生，两者之间，能有什么共通点吗？"② 不过，除了回答塞尔苏，以及挑战安提诺乌斯与基督的比较之外，奥利金心里还有更大的目标：他想要显示，基督的身体与人体不同。

奥利金认为，耶稣与安提诺乌斯不同，他"完全不放纵"，因为基督不像异教神祇那样有欲望与身体的渴望。③ 哈德良时期的异教神祇等于是人类的放大，他们有超自然的力量与永恒的生命。他们会快乐与恐惧、嫉妒与愤怒；他们当中许多完全是以自我为中心。奥利金写道，耶稣就不一样；正因他没有性欲，他在十字架上的牺牲完全是出于对在地上的信众的同情。对于异教徒来说，也许基督有点奇怪，因为他没有肉体上的感觉。这是因为他是上帝；他的身体是不同的身体，是人类所无法理解的。

奥利金对于死去的安提诺乌斯的神奇力量嗤之以鼻，认为那"不过是埃及的巫术与符咒"，并且还嘲笑哈德良建造的安提诺波利斯，宣称"耶稣的例子完全与此不同"。于是，奥利金再次发出了重大挑战。他认为，对耶稣的信仰不能由国家来干涉。基督徒"没有义务遵守国王的命令，要他们过来或接受总督的指挥"。④ 万神殿中，壁龛中的神祇集合起来见证着帝国的命运，就同 400 年前他们在十二神祇门廊对着罗马的幸福颔首微笑一样，"一致而和谐"；政治与宗教是分不开的。现在，

---

① 奥利金：《反对塞尔苏》（*Contra Celsum*，Cambridge，UK：Cambridge University Press，1965），查德威克（Henry Chadwick）译、编辑并修订，第 152 页。
② 同上书，第 152 页。
③ 同上书，第 152 页。
④ 同上书，第 152 页。

埃勒乌西斯的安提诺乌斯（Antinous of Eleusis）。

国家不能规定信仰，而所有的纪念性建筑以及神庙不过是空壳子。

早期的基督徒并不会如此公开地挑战国家控制的祭祀形式，以作为他们个人不满的抒发。不过，新宗教画了一条界线，即便是最具世界主义及调适力的基督徒也不能逾越。史学家诺克（Arthur Darby Nock）写道，男人或女人必须依信仰规则行事，"摈弃所有皇帝的公开仪式"；这意味着基督徒"不能在皇帝的守护神，即皇族生命之灵的面前宣誓；他不能庆祝皇帝的诞辰或登基大典；他不能担任军职或官员，因为这两者都要参与祭祀的仪式"。[①] 这种政治与信仰的分离，源自早期基督教信仰中的时间概念。

这个信仰主张每个人并不是一出生就是基督徒，而是后来才"变成"基督徒——这种"自我转变"并不是借由遵守命令来完成。信仰是在个人生命历程中产生的，而改宗并不是瞬间就能完成的；一旦开始信仰，就是个不断开展的过程。这种属灵时间可以用神学语言来表达，也就是，信仰是对于变化的体验。改宗可以让人脱离支配力量所下的命令，因此造成了国家与宗教的分离。

詹姆斯（William James）在《宗教经验之种种》（*The Varieties of Religious Experience*）中写到改宗的心理经验时，就提到改宗有两种形式：第一种形式是心理上的"冷静"。詹姆斯认为，这比较像是改变政党。在改宗时，人员会总结过去所相信的一点一滴，虽然参与了新的教义，却仍对新教义持有某种超然的态度。人们仍未在这世上有一己之地；这种经验是零散的、一次性的事件。詹姆斯认为，新英格兰地区的人所改信的惟一神教派（Unitarianism），改革后的犹太教都属于这一类。

詹姆斯写道，另一种改宗经验则热切多了。它来自一种认定，人们

---

① 诺克：《改宗》（*Conversion*，Oxford：Oxford University Press，1969），第 227 页。

觉得现在的生活完全是错误的，因而要作彻底的改变。不过，在这种改宗形式里，"重点主要是放在能意识到当下的错误，而不是想象未来要走的目标"。诺克就说，这种改宗形式是"将转过头去（turn away）……当成是一种转向（turn toward）"。① 由于它并不只是改变政党而已，所以这种转头的过程要终其一生。早期基督徒的改宗是属于第二类，也就是转头。在异教世界中，身体属于城市。然而，一旦脱离了这个束缚，人们可以去哪儿?② 没有清楚的路线图，世俗权力的地图没有用。早期基督徒因此有着如何改变的隐忧，因为基督教的根源犹太教，主张一个虔诚的人应该流浪，居无定所，从一地走向另一地。③

《旧约》中的人们视自己为流浪者，而《旧约》中的耶和华本身也是个流浪的神。他的约柜是可以携带的。用神学家考克斯（Harvey Cox）的话说，"约柜被腓力士人（Philistines）抢走时，希伯来人才开始了解到耶和华并不在约柜里……他与他的人民一起流浪以及在别的地方"。④ 耶和华是时间之神而非空间之神，在不快乐的旅途中，他应许了他的子民一个神圣的意义。

早期基督徒吸取了这些《旧约》的价值。"致戴奥振的书信"（The Epistle to Diognatus）的作者在罗马帝国的全盛期说：

基督徒跟其他人群没有分别，不管是居住的地方还是说话或习惯。因为他们并不居住在他们所处的城市之外……也没有与众不同的生活方

① 两段引文，参见诺克《改宗》，第 8 页。詹姆斯部分见《宗教经验之种种》，第 209 页。
② 参见布朗《身体与社会》，第 5—32 页。
③ 接下来是由我的著作所改写，《眼睛的良知》（*The Conscience of the Eye*，New York：Norton，1992；1990），第 5—6 页。
④ 考克斯：《世俗的城市：神学视野中的世俗化与都市化》（*The Secular City: Secularization and the Urbanization in Theological Perspective*，New York：Macmillian，1966），第 49 页。

式……他们生活在自己的故乡，但如同旅客……每一个外邦都是他们的故乡，而每一个故乡都像外邦。①

即使一个人的肉体无法流浪，也必须做到不受生活所羁绊。圣奥古斯丁表达了这样一个训令：基督徒必须要在"时间中朝圣"。他在《上帝之城》（*The City of God*）中写道：

现在，记载中说该隐（Cain）建了一座城市，而亚伯（Abel）仿佛是来地上朝圣一般，无所建树。因为圣徒的真正城市是在天上，至于在地上的市民们则必须在时间中朝圣，寻找永恒的王国。②

这种在"时间中朝圣"而不屑于实体空间的做法，其权威来自于耶稣拒绝让他的门徒纪念他，以及他要毁坏耶路撒冷圣殿（Temple of Jerusalem）的承诺。要当一个热心的市民，致力于生活周遭的事务，这一点与信仰彼世的价值是相冲突的。为了人的精神福祉，必须打断与空间的情感纽带。

努力的起点在人自己的身体。奥利金对于塞尔苏、安提诺乌斯和哈德良的抨击，就是为了要显示基督教已经将异教的身体经验去除干净。奥利金除了在作品中反对塞尔苏，而且终其一生也不断进行涤净的工作。他认为，改宗首先要从心开始，要牢记基督的身体与我们的身体不同。改宗者必须学习不要混淆了自己的受苦与耶稣的受苦，也不可以想

---

① "致戴奥振的书信"，第7章第5节；佩利坎（Jaroslav Pelikan）翻译并引用，《数世纪以来的耶稣》（*Jesus Through the Centuries*，New Haven：Yale University Press, 1985），第49—50页。佩利坎强调了最后一句话，我省去了。
② 奥古斯丁（Augustine）：《上帝之城》，第15卷第1节；沃尔什（Gerald G. Walsh）等译，教父丛书第2部，第14册（Washington, D. C.：Catholic University of America Press, 1950），第415页。

象神的爱与人类的欲望是相似的。因此，哈德良的罪就在于他将安提诺乌斯神化，而安提诺乌斯的罪就在于为哈德良而死，自以为可以用肉体受难来造成神力。像塞尔苏这样的罗马异教徒，完全不理解这种想法，他认为基督徒的神秘来自于他们私底下的癫狂仪式——这完全是可理解的行为，跟诸神偶尔举办的狂野聚会并没有什么不同。

基督徒改宗的第二步则稍微激进一点，奥利金则将其推至极端。在一阵宗教癫狂之后，他用小刀将自己阉割了。异教徒经常以此谴责基督徒在神秘仪式中摧残自己的身体。即便是很少有人这么做，奥利金也还是认为，追随基督受难时，其本身受难具有重大意义，因为面对并承受痛苦要比戒除逸乐更具有决定性。我们不可以光凭自己的意思就不去面对痛苦。奥利金的自我戕害与古代异教传统有着异曲同工之妙。例如，刺瞎自己的俄狄浦斯，这个行为让异教国王产生全新的道德彻悟。还有其他的一神信仰，如琐罗亚斯德教（Zoroastrianism），该教信众有时会瞪视着太阳，直到眼瞎为止；当他们的身体起了变化，他们便认为自己可以感应到上帝的存在。

现代人也许会称道这些行为的确算得上是禁欲，但也会认为这些行为是来自于对身体的羞耻感。从基督教的角度来看，这种羞耻感又可追溯到亚当与夏娃的越轨。对于奥利金来说，身体的羞耻本身不是目的。基督徒的身体必须要超越愉悦与痛苦的限制，目的是为了要感觉"无物"（nothing），要失去感觉，要超脱欲望之外。因此，奥利金强烈反对塞尔苏的指控，后者锐利的目光注视着东方祭祀奥西里斯的仪式里所具有的酒神庆典，而基督教对身体的规训也不过是一种受虐的形式。塞尔苏认为，基督徒"走上了邪道，在黑暗中逡巡而更显得罪恶而不纯粹，比起埃及安提诺乌斯的狂欢者，可说是有过之而无不及"。[1]

---

① 奥利金：《反对塞尔苏》，第313页。

从描述这段艰苦而不自然的身体旅程中，奥利金开始肯定基督教的两个社会基础。第一个是基督教主张人人平等的教义。从上帝的眼光来看，所有人类的身体都是相似的，不论美丑与优劣。图像与视觉形式不再重要。基督教的原则因此而挑战了希腊人对裸体的赞颂，也挑战了罗马的信条，"观看并相信"与"观看并遵守"。除此之外，虽然基督教长久以来奉行古代有关体热与生理学的观念，不过早期基督教还是在原则上反对基于古代生理学所产生的男女不平等。男人与女人的身体是一样的，在信众当中，并没有"男人与女人"的分别。圣保罗（St. Paul）在《哥林多前书》中论及，在服装上应有严格的规定来区别男女的外表。不过，他也认为不管是男先知还是女先知，都是由"一位圣灵"（one Spirit）所充满，从这个意义来看是不存在性别差异的。[1] 多亏了基督那不同且具革命性的身体，使得他的跟随者得以从基于性别或财富或任何可见的标准的世俗区别中解放。在该宗教里是看不到其他价值的。

第二，基督教在伦理上也与穷人、弱者以及被压迫者站在一起——与所有易受伤害的身体结盟。对于娼妓，克里索斯托（John Chrysostom）认为，"虽然这个脱光衣服的女人是妓女，但本质是一样，不管是娼妓还是良家妇女，她们的身体并不会有什么不同"。[2] 基督教强调卑微者与穷人的平等地位，这是源自宗教本身对于基督身体的理解。基督被其他人视为是出身低下而羸弱的人，他的殉道意味着世上跟他有着类似经历的人都可恢复名誉。史学家布朗简要说明了基督柔弱的身体与被压迫者身体之间的关系，并且说："在约翰与许多其他基督徒的雄辩下，性别与贫穷这两大主题彼此吸引。两者都提到了身体的易受

---

① 参见《哥林多前书》，第 11 章第 2—16 节，第 12 章第 4—13 节。

② 克里索斯托：《马太福音释义》（*Homiliae in Matthaeum*），6．8；72；引用并讨论自布朗，《身体与社会》，第 315—317 页。

基督的受难变成了凯旋，如同《约翰福音》记载一样。十字架成了君士坦丁胜利的旗帜而荆棘的王冠则被桂冠取代。

伤害，无论男还是女都一样，也没有阶级与身份地位的分别。"[1]

道是光

"我如何能够认识上帝？……而你又如何能对我显示他呢？"异教徒塞尔苏如此问道。基督徒奥利金回答说："万有的造物主……是光。"[2] 当基督徒试着要解释这段变化的过程时，他们求助于光的体验。他们把改宗描述成一个光照（Illumination）的过程，用犹太－基督传统的惯用语——道（Logos），即话语之间的神圣连结，意指光所照射的话语。奥利金声明，光乃是基督"在成了肉身之前"及离开肉身之后的

---

① 布朗：《身体与社会》，第 316 页。
② 奥利金：《反对塞尔苏》，第 381 页。

显现。①

光、纯粹的光、神圣的光，并不显示图像。因此，圣奥古斯丁"对于天文学家想掌握天文的种种努力……以及像蜘蛛一样在网上缠绕受害者的作为，表示责难，并且认为这样的好奇心乃是'眼目的情欲'"。②天上的天堂是不可见的。

光无所不在。从神学上来说，这表示无形的上帝无所不在，虽不可见但并不代表不存在。对奥利金来说，同样对于圣马太（St. Matthew）和圣奥古斯丁也是一样，变化的过程乃是一个人的身体欲望转变的过程，如此便可察觉到充盈世界的无形力量，也就是离开肉体而走进光里的过程。

不过，就在这一点上，也就是新神学将要达成它那无形的结论之时，实体的世界入侵了。正因为光是无所不在的，所以要体验光就需要个东西，一幢建筑物，一个特殊的空间。哈德良时期的基督徒走进日后将成为基督教神龛的神庙，他们充分地体认到这一点。在万神殿里，具体的圆顶给予了光形体。当头顶上有直射的日光，圆顶开口的"眼"将光聚焦而形成具体的光柱。阴天之时，没有直射的日光，穿透圆顶之眼的日光扩散开来，布满室内。

异教徒卡西乌斯（Dio Cassius）认为："因为有圆拱形屋顶的缘故，所以（万神殿）与天空相似。"诗人雪莱（Shelley）本身是个无神论者，在 19 世纪初进入这个建筑物时，产生了如同基督徒般的反应。往上一看，对雪莱而言，"就好像望着不可测度的天顶一般，大小的观念完全

---

① 奥利金：《反对塞尔苏》，第 382 页。
② 施瓦茨（Regina Schwartz）："窥视主义与父权的再思考：以失乐园为例"（"Rethinking Voyeurism and Patriarchy: The Case of Paradise Lost"），《再现》（*Representations*），第 34 期（1991），第 87 页。

被吞噬一空"。① 不过，等到他在外面散步时就不会也无法有相同的体验了，到了外头，天空则是完全明显地形成一种无限。

这是早期基督徒所面对的两难局面。他们必须创造出一个空间，让他们能在"时间中朝圣"。改宗是件急迫的事。事实上，改宗的需要似乎差点就完全瘫痪：所有的感官刺激都必须停止，因为身体不可渴望、触摸、品尝与闻嗅，身体要对于自己的生理完全漠然。通过这种身体的弃绝，产生了一些改宗的戏剧性例证，如奥利金的阉割。然而，这种自我戕害需要罕见的身体勇气。绝大多数的人都需要一个空间，让他们可以脱离自己的身体以便在"时间中朝圣"。除此之外，这个空间还必须好好地设计，这样才能帮助那些软弱而易受伤害的人看到光。

2. 基督教的空间

实际上，早期基督教是东地中海的信仰，它的信息经由东方旅行者传播开来，旅行者带着信件一个一个城镇地宣传信仰，并且带来信徒们的消息。基督教开始生根的城市，大部分都是帝国里的小而却是贸易中心的城市。小普里尼写给图拉真的信是一个早期的预兆，表示官方已经开始注意到基督徒是一种与犹太人不同的团体。罗马人首次注意到该差异是在公元 64 年，尼禄将基督徒当成大火烧毁大半罗马的代罪羔羊。不过，在哈德良统治期间，他们在城市中的数量仍然相当稀少。

① 卡西乌斯：《罗马史》（*Roman History*），第 53 卷，第 27 页、第 2 页；《迪欧的罗马史》（*Dio's Roman History*），第 6 册，卡里译，洛布古典丛书，第 263 页；引自麦克唐纳《万神殿》，第 76 页。雪莱，1819 年 3 月 23 日给皮科克（Thomas Love Peacock）的信，琼斯（F. L. Jones）编，《雪莱信件集》（*Letters of Percy Bysshe Shelley*, Oxford: Oxford University Press, 1964），第 87—88 页；引自麦克唐纳，《万神殿》，第 92 页。

在早期，城市的基督徒有点像 20 世纪初共产主义支持者。两者都组织起一小群的信奉者，在住宅里开会，以口耳相传或大声朗读文献的方式来散播信息。而且，缺乏一致的领导结构，派系分裂与冲突在早期基督教以及共产主义者中相当普遍。但是，最早的共产主义者不认为住宅是个重要的行动场所。他们认为，应该把重点放在城市的公共场所、工厂、报纸及政治机构。对于最早的基督徒来说，住宅是他们"在时间中朝圣"开始的地方。

基督徒的住宅

住宅开始供作基督信众之用是始于耶稣去世的那一个世纪到公元 2 世纪中叶，此后基督徒开始走出住宅到其他的建筑物里去。在哈德良统治时期，基督教完全限制在住宅之内，国家禁止公开的宗教仪式，信徒也尽量待在家里避免骚扰。由于有这些限制，教会史学家长久以来一直认为早期基督徒就算不穷，但也没有力量的。我们现在知道得更清楚了：城市基督徒的改宗者来自于各个经济阶层。看起来中上阶层好像很少，其实这是因为这些基督徒必须规避，不能公开。他们必须在公开场合妥协，除非他们想殉道。总而言之，一切秘密进行。

在住宅的庇护下，他们的信仰之旅开始于饭厅。小群的基督信徒一起吃饭，在吃饭过程中，大家一起交谈、祷告，并且阅读来自于帝国其他地方基督徒的信件。虽然这个改宗的经验完全是个人的，但其社交场所仍然构成情感的相互支撑。如圣保罗所解释的，围着一张桌子聚会，令人想起最后的晚餐（the Last Supper）。[①] 除此之外，现代教会史学家观察到，"在个人住宅里用餐，对教会团体乃是基本的"，因为"用餐是

---

① 《哥林多前书》，第 11 章第 20 节及第 12—14 节。

罗马万神殿内部。

社交关系的象征。通过用餐所展现的好客，乃是界定仪式共同体的核心行为"。① 基督徒作为一个整体，圣保罗称之为"会众"（Ekklesia），以希腊文的惯用语来表示身体政治。基督徒称这种聚会用餐为"agape"，可以翻译为"团契"，团契在《圣经》上称为"koionia"。不过，团契也带有挚爱的意味——这就是为什么异教徒在听到这类宴饮时，就会联想到他们在进行癫狂仪式。

基督徒的宴饮试图要打破异教徒的社交模式，佩特罗尼乌斯（Petronius）曾在他的小说《森林之神》（*Satyricon*）中以近似于漫画的夸张手法描述了后者的情形。佩特罗尼乌斯写了有关特里玛尔乔（Trimalchio）所举办的宴饮，特里玛尔乔是曾经当过奴隶的有钱人，请客的时候用满坑满谷的食物将宾客淹没了，并让他们沉溺在最昂贵的酒里。在上过好几道菜之后，客人已经有点恍惚了，不过特里玛尔乔精神还是很好，继续地讲话。晚餐于是变成了残酷的竞技场，宾客们整晚放屁，打嗝又呕吐。特里玛尔乔的宴会不同于希腊那样的公共状态，它反映出主人对客人的一种支配。里面没有彼此竞争，只有主动的主人与被动而奉承的客人。不过，特里玛尔乔的客人也绝非无辜的受害者。他们的喉咙总是留出空间，准备吃另一口奶油焗牡蛎，宾客们毫无节制地伸出自己的酒杯，随时要喝下另一杯。如果晚餐中的每一件事都是为了提醒别人特里玛尔乔多么富有，如果特里玛尔乔的奢华是为了完全控制客人们的身体，那么即便如此，这些客人也还是会再来，他们愿意提供自己的身体让主人喂得饱饱的，吃得越多，他们也就被支配得越多。

团契想要打破这种主从的压迫关系。宴会由大家一起来分享，"并

---

① 怀特（L. Michael White）：《在罗马世界建筑上帝的住所：在异教徒、犹太人及基督徒之间的建筑调适》（*Building God's House in the Roman World：Architectural Adaptation Among Pagans，Jews，and Christian*，Baltimore：Johns Hopkins University Press，1990），第 107、109 页。

不分犹太人、希腊人，自主的、为奴的，或男或女"。^① 相对于人们总是被邀请了之后才能参加异教徒的宴饮，团契是陌生人只要带了基督徒的消息就可以光明正大地走到餐桌旁。圣保罗曾经派了信差带着那封有名的书信，给了在桌旁聚会的罗马人，立下了成为后世教会基础的原则。这封信可以追溯到公元 60 年，那时圣彼得（St. Peter）正在罗马传教。非比（Phoebe）是圣保罗的使者，带着信走进罗马基督徒的家里，每次对着信徒念完了保罗的说法后，信徒们便轮流讨论着，其他的屋子也是一样。在这些讨论中，与特里玛尔乔的宴会不同，没有一个人可以掌控全场，即便是主人也一样。

在早期的住宅聚会中，基督教的习惯改变了座次。罗马习惯上坐直线，最重要的人坐在最前头，人们再依序坐下。基督徒的聚会破坏了这个规矩，房间里的人是根据信仰的虔诚程度来排座。对基督教有兴趣但还未成为正式基督徒的人，以及已成为基督徒但尚未接受洗礼的人，必须站在门边或是饭厅的周围，只有真正的基督徒才能围着桌子坐在一起。这种习惯虽然还没有具体证据的佐证，但至少可以确定用餐的时间是这个聚会的关键时刻。到了大约公元 200 年的时候，正式的仪式已取代了这种非正式的共同用餐时间。

"情欲和圣灵相争，圣灵和情欲相争，这两个是彼此相敌。"圣奥古斯丁在《忏悔录》（Confessions）中提到他参加聚会时，食物的味道以及血液中的酒精，让他产生的感觉。^② "我不断地要求我的身体顺从我，但是吃喝的愉悦消除了这种要求所带来的种种痛苦。"^③ 奥古斯丁在《路加福音》（Luke）第 21 章第 34 节找到了安慰："你们要谨慎，恐怕

---

① 《加拉太书》（Galatians），第 3 章第 28 节。
② 奥古斯丁：《忏悔录》（The Confessions），第 229 页。《圣经》引文来自《加拉太书》，第 5 章第 17 节。
③ 同上书，第 235 页。

因贪食、醉酒，以及今生的思虑烦扰你们的心。"因此，团契可以试探他，引领他理解何谓"基督的不同身体"。

团契与试探，两者的顶点是圣餐礼（Eucharist），喝酒与吃面包，它们象征着基督的血与肉。在圣保罗的《哥林多前书》中，对于圣餐礼的仪式作了永久性定义："祝谢了，就擘开，说：'这是我的身体，为你们舍的。你们应当如此行，为的是纪念我。'饭后，也照样拿起杯来，说：'这杯是用我的血所立的新约。你们每逢喝的时候，要如此行，为的是纪念我。'"① 圣餐礼的食人意味，使早期的基督教与许多其他有吃掉神祇身体仪式的宗教颇为类似。不过，基督徒"吃掉"神的血肉，并不表示他们获得了神的力量。相反，阿兹特克（Aztec）的僧侣则是借由喝下活人献祭的血来获得力量。至于试探，主要是看能否抵受得住由面包与酒所提供的身体能量所造成的波涛。如奥利金在传道时所言，当感官尝到"无物"之时，灵魂就获胜了。教会史学家米克斯（Wayne Meeks）写道，以这种方式，圣餐礼给予了《圣经》中"脱去旧人并穿上新人——基督"这句格言一种仪式上的意义。②

洗礼是基督徒在住宅里另外一种"脱去旧人并穿上新人——基督"的方法。这种仪式跟用餐一样，也是源自异教徒的社交习惯。洗礼的重要性在于它对最重要的罗马市民经验——共浴的经验——提出了挑战。

在哈德良时期，罗马到处都有公私立的澡堂。澡堂是大型的圆顶建筑，设有浴池与运动室。罗马人多半在这个地方碰面，澡堂不同于希腊

---

① 《哥林多前书》，第 11 章第 24—25 节。

② 米克斯援引并翻译这段文字，《早期基督徒的道德世界》（*The Moral World of the First Christians*，Philadelphia：Westminster Press，1986），第 113 页。《圣经》引文来自于《歌罗西书》（*Colossians*）第 3 章第 9—11 节，以及《以弗所书》（*Ephesians*）第 4 章第 22—24 节。

的体操场，它可以容纳男女老少。一直到哈德良时期之前，男女是可以同时进澡堂的。此后则明令禁止，一定要女人先洗。洗澡时间多半是在下午或傍晚，在一天的访视与劳动结束之后。非常有钱的人有自己的私人浴池，他们如果到公共浴池往往是为了要交际或赢取好感。哈德良本人就经常在公共浴池与他的臣民共浴，因此而赢得了好名声。穷人则一直逗留在公共澡堂里，用来避开自己家里的脏乱，直到澡堂关闭为止。

异教徒洗澡有一套固定的程序：洗澡的人，在付过小额费用后，在一个大家共享的房间脱衣，这个地方叫更衣室（apodyterium），首先到一个注满热水的大池子，叫热水池（caldarium）；在这里他可以用骨制刷子刷一下浑身流汗的毛孔，然后他到了温水池（tepidarium），最后则跳进了冷水池（frigidarium）。跟现代的公共游泳池一样，人们懒洋洋地靠在池边聊天、调情以及炫耀。

塞涅卡嘲弄澡堂，认为那是个嘈杂且关注自身的地方，譬如说，“拔毛的人一直用他那高而尖锐的声音跟人说话，以引起较多的注意力，他绝对不会闭嘴，除非他正在帮顾客拔腋窝的毛，这时候只有顾客在叫喊，他就不需要叫了”，或者是“卖香肠的和卖点心小贩的叫卖声，以及饮食店的摊贩在兜售他的货物”。① 男女童妓的中介者穿梭于澡堂之中，澡堂一般来说是为了恢复人们在外头的疲劳，正如一句罗马谚语说的，“澡堂、美酒和女人搞坏了我们的身体——但它们却是生命的全部”。②

虽然如此，人们还是认为洗澡可以让身体变得尊贵。罗马人描述蛮

---

① 塞内加：《道德书简》（*Moral Epistle*），第 56 卷，第 1—2 页；引自刘易斯（Naphtali Lewis）与莱因霍尔德（Meyer Reinhold）编，《罗马文明》（*Roman Civilization*），第 2 册：《帝国》（*The Empire*，New York：Columbia University Press，1990），第 3 版，第 142 页。

② 卡尔科皮诺（Jerome Carcopino）：《古罗马的日常生活》（*Daily Life in Ancient Rome*，New Haven：Yale University Press，1968），洛里默（E. O. Lorimer）译，第 263 页。拉丁文版本可以在《拉丁文铭刻大全》（*Corpus Inscriptionum Latinarum*）找到，第 6 册，第 15258 页。

族或外邦人时有一种偏见，认为他们不洗澡。干净是公民的共同经验，而公共浴池乃是统治者所建立的最受欢迎的建筑。澡堂以共同裸体的方式将城市多样性融于一池。

罗马的卡瑞卡拉（Caracalla）浴场。内部的现代复原图。

基督徒到澡堂的次数，不下于其他罗马人。但是，他们对水所具有的宗教热情，有着个人和宗教方面的（非市民的）重要性。水中的洗礼标示着个人觉得自己已能充分地与身体欲望斗争，并已准备好终身信仰基督。这个仪式在早期基督徒的住宅中举行，觉得自己已可以接受洗礼的人要脱光衣服，然后在某个房间或空间（但不能在用餐的地方）跳进水盆里。等到受洗的人从水里出来，主持洗礼的人要拿一套新衣服给他穿上，表示他已是全新的人。"浴池（变成了）一个介于'洁净'团体与'肮脏'世界之间的一道永恒门槛"。①

这个水仪式有助于基督徒完全脱离犹太教的传统。在古代与现代的犹太教中，女人在浸礼池（mikveh pool）里象征性地洁净自己，特别是要洗去经血。希伯来学者纽斯纳（Jacob Neusner）提到，浸礼池并没有洗去罪恶的意思，它是个洁净的仪式，但并没有自我转变的功能。② 离开水池后的女人，并没有变成不同的人，而是她们的身体已为参加仪式做好了准备。相反，洗礼是一个永久性门槛，一旦信仰者能跨过去，就能感受到一生都要信守的使命。已经洁净的、转变的基督徒身体反映了基督死亡与复活的故事：保罗在《罗马书》（Romans）中写道，我们是"受洗归入他的死"。③

在早期教会中，洗礼主要是针对成人而非婴儿；洗礼对于婴儿之所以没有意义，乃是因为洗礼牵涉到要做一个决定，是人一生中最严肃的决定。基于同样的理由，早期基督徒也反对犹太教的割礼。《新约》中有个地方的确说洗礼是"基督的割礼"，但是基督教的"割礼"并不是要改变阴茎。④ 圣保罗撰文反对割礼，试图要抹去身体上任何一种"暗示"（predicate），抹去那些生来便自动归属信仰的人身上的所有印记。反对割礼的看法源自早期基督教的信仰，认为人不是生来就是基督徒；而是后来才成为基督徒。

洗礼很锐利地打破了"观看并相信"这道统治异教罗马的命令。受洗的基督徒带着不可见的秘密。男性犹太人很容易被认出来并遭到处

---

① 米克斯：《最早的都市基督徒》（*The First Urban Christians*, New Haven: Yale University Press, 1983)，第 153 页。
② 纽斯纳：《密施纳的洁净法史》（*A History of the Mishnaic Law of Purities*），上古末期犹太教研究，第 6 页、第 22 页；《密施纳的不洁体系》（*The Mishnaic System of Uncleanness*, Leiden: Brill, 1977)，第 83—87 页。
③《罗马书》，第 6 章第 3 节。
④《歌罗西书》，第 2 章第 11—12 节。

决，只要脱光他们的衣服看看他们的生殖器即可。然而，"基督的割礼"却不会在身上留下任何记号。说得明白一点，当你看着基督徒的时候，根本无法看出基督教是什么；他或她的外表毫无意义。在住宅里的信仰仪式开始让基督徒在他们进行仪式的城市里扎根生长。

最初的教会

哈德良时期的罗马到底有多少基督徒，很难估算，最多也应该有几千名的信众。几个世代之后，基督徒开始在罗马竞技场或城市的其他场所遭到处决，公元 250 到 260 年是屠杀的高峰期。不过，教派势力仍在发展。克劳特海默（Krautheimer）估计，在公元 250 年，罗马的基督徒约有 3 万到 5 万人。[1] 到了公元 4 世纪初，皇帝君士坦丁改信基督教，此时这个新宗教的追随者竟然占了全帝国人口的三分之一。

君士坦丁于公元 313 年发布"米兰敕令"（Edict of Milan），这成为基督教发展的转折点，因为它让基督教成为帝国的官方宗教。罗马主教狄奥尼修斯（Roman Bishop Dionysius，259—268）建立了教会的统治形式，由主教来主持城市中的基督徒事务。基督教开始生根后，也通过赠予或遗赠而取得了都市地产，地产由自愿性组织来控制，并且也购进土地来作为墓地以及兴建供团体使用的公共建筑。

君士坦丁于公元 312 年进入罗马，成为第一位基督教皇帝，而他在公元 313 年开始兴建的拉特兰大教堂显示了这个事件的影响。拉特兰大教堂是皇帝的财产。大教堂与洗礼堂"由于皇帝随心所欲而从地面上建

---

[1] 克劳特海默：《早期基督教与拜占庭建筑》（*Early Christian and Byzantine Architecture*），第 24—25 页。

起，分布在大楼与花园之间。这些大都属于皇帝所有，分布在城市边缘地区"。① 石头建筑配上木制的屋顶，中央大厅两边有小侧廊；一端是半圆室。在半圆室的前面，主教或其他主事的神职人员站在高高的讲台上，面对着一排排的教区民众。古代法院的形式又被重建了。洗礼堂依附在建筑的后面或是侧面。银色的隔板保护着基督的雕像，而墙上满是描述基督教故事的绘画。拉特兰大教堂的墙上贴着宝石、大理石与斑岩；圣母马利亚以及她那被钉在十字架上的儿子，两人的眼窝里则镶以真正的宝石。

基督教作为一种公众的力量，它的发展开始转变了基督的形象："基督不再只是……卑微人的神、奇迹制造者和救世主。如君士坦丁就把自己当作上帝在地上的代理人，所以上帝也逐渐被视为是天上的皇帝。"② 现代学者马修斯（Thomas Mathews）认为，基督并不单纯只是变成了新版本的皇帝，他仍然是一个陌生而能创造奇迹的魔术师。不过，现在新神祇被公开祭祀的地方，却让基督教被卷入了老式祭祀形式中。③ 罗马会堂的线形与轴线秩序，它的世俗的与昂贵的装饰，现在都成了基督的帝国版本。

祭祀采取了可以与帝国建筑相配的形式。在教会统治者与信众之间开启了一道鸿沟。主教穿上长袍并带领着显赫的罗马行政官员，他由下级的教会执事簇拥着，沿着中央走道，在教区信徒的注视下，走进拉特兰大教堂，终点是位于半圆室前面的圣座。他坐在圣座上，面对着信徒，一边是男人，一边是女人。信仰的等级现在也反映在仪式的次序上，未受洗的基督徒念着公祷文来进行弥撒，然后由真正基督徒来诵读

---

① 克劳特海默：《罗马：城市的轮廓，公元 312—1308 年》（*Rome：Profile of a City，312—1308*，Princeton：Princeton University Press，1983），第 24 页。
② 克劳特海默：《早期基督教与拜占庭建筑》，第 40 页。
③ 参见怀特《在罗马世界建筑上帝的住所》，第 102—123 页。

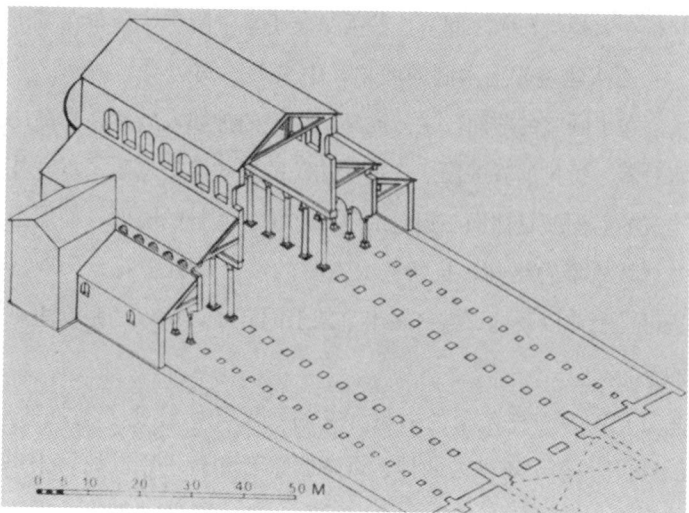

罗马的拉特兰大教堂。现代复原图。

《圣经》以进行弥撒。已受洗的人一边进行第二段弥撒，一边从中央走道携带着礼物走上来，将礼物放在坐于圣座上的主教脚下。然后是品尝圣饼与酒，即肉与血，念圣餐祷文。此后，主教从圣座上下来，在信徒中间穿过，而信徒则沉默地注视着他。教会以这些方式重新进入到这个世界。

有些学者认为，拉特兰大教堂的各种空间是经过一段长时间才形成的。以这个观点来说（容我援引位于杜拉-欧罗普斯〔Dura-Europas〕的犹太人聚会所的研究成果，而非位于罗马的），哈德良时期的信徒已经开始了空间分化的过程：以分离的、私密的房间来进行洗礼仪式，把墙打掉以扩大饭厅的空间，也让信徒们可以面对着祭坛。由于人数众多，所以必须还要进行一些处理，如将圣餐礼与念公祷文的仪式分开。① 在拉特兰洗礼堂中，这些改变就其发生的程度来看，都转变成用来纪念基

---

① 参见怀特《在罗马世界建筑上帝的住所》，第102—123页。

督教皇帝了。这是一个带有"罗马"印记的空间，其目的是为了让信仰基督教的罗马人观看并遵守。

拉特兰大教堂中对眼睛的操纵，并不全然照抄哈德良时期的宗教神庙。至少有一点，基督教的教堂总是集合了一群信徒在里面。万神殿也许是异教神庙中最不寻常的，因为它可以让群众进到里面。其他的异教空间，如母亲维纳斯神庙，群众注视着，并且被排除在门外，只能站在建筑物前面。拉特兰大教堂中的权力展示都是在里面；它的外表是晦暗的、未装饰的、隐约可以见到砖头与混凝土。

如果说隐藏在拉特兰大教堂内的华丽和引起性欲的偶像，损害了早期基督教想超越感官世界的要求，那么基督徒在另外一种空间中保存着与早期信仰的纽带关系，使更多的人有了宗教体验。这就是"殉道教堂"（martyrium）。光便在这样一个特别的空间中被塑造出来了。

因为耶稣被钉死在十字架上，因而基督教神学非常重视死亡。在君士坦丁时代，基督徒想要葬在基督教殉道者的墓地附近。经由仔细但有时带点不确定的考古研究，他们找出殉道者的墓穴，并且掘出一个竖坑（又叫瀑布），将作为供品的酒以及芬芳的橄榄油往瀑布下面倒——跟罗马异教徒在"世界"供奉冥神的行为没什么两样。殉道教堂起初是用来举行基督徒葬礼仪式的地方，它接近殉道者的瀑布。原本它是个大而呈矩形、结构简单的房屋，紧挨在教堂之旁。圣彼得在罗马时开始建造殉道教堂，后来他自己也葬在那里。然而，经过一段时间之后，殉道教堂成了一个圆柱状或八角状的空间，中央有着受尊崇的圣徒或值得尊敬的个人的坟墓。从象征的角度来看，基督的坟墓就是祭坛，他的五殇（five wounds）由祭坛石上的五个十字架来表示。

圣康斯坦齐亚大教堂就是这种殉道教堂，大约在公元 350 年为了君士坦丁的女儿康斯坦齐亚（Costanza）的坟墓而建造，虽然经过多次改建，但依然保持原样。形式是两重圆柱体，内部的小圆柱体由 12 根双重柱子托起。它的内部与拉特兰洗礼堂一样奢华，充满了宝石与雕像，但强调的重点是在葬礼而非展示凯旋。在其他装饰比较少的殉道教堂里，洗礼盆会放在圆顶下的地板上，光线照着神龛，人绕着神龛而行，光影相对地映照在上面。殉道教堂无论装饰得如何繁复，都还是属于沉思冥想的地方，用来让人思考基督徒生命中为信仰而受苦的问题。

圣康斯坦齐亚预示了万神殿将改变为殉道教堂，即殉道者圣母堂。神龛安置在万神殿地板的中心点的地下"世界"，周围的圆墙也让哀悼者将目光集中到中心上，而此后目光又会从人类受苦的平面往上朝向光。哈德良纪念建筑的真正名字因此得到了新的意义。一直到公元 4 世纪为止，罗马人仍然认为他们的城市是帝国诸神的汇集之地。基督徒"与这种神话相结合：正如罗马聚集了所有民族的神祇来作为自己的护身符那样，罗马基督徒也相信彼得与保罗从东方旅行而来，并让他们的神圣身体埋在罗马"。[①] 万神殿的基督教名字，殉道者圣母堂，继承了万神殿的传统，它的意思是说，这是一个因圣母莅临而使所有殉道者都聚集在一起的地方。

殉道教堂的光，象征着基督徒的旅程。在康斯坦齐亚里，挑高的圆柱体有十二扇窗户，光线射入了中心，只有侧廊仍保持着阴暗。阴影部分是用来界定出一块让人往内观看并沉思冥想的空间。从阴影部分往光亮的地方看去，代表了改宗的过程，因为这座教堂的光不能照亮脸孔，也无法让人轻易地看到窗外的景物。殉道者圣母堂在日光最强的那一天，上演着光与影的戏剧，光线像探照灯一样地照射入建筑物中，既不停留在一个地方，也没有目的地。此时，人们只能观看并且相信，像个

---

① 布朗：《希波的奥古斯丁》（*Augustine of Hippo*，Berkeley：University of California Press，1967），第 289 页。

基督徒一样。

大教堂与殉道教堂逐渐代表了基督教的两面：国王的基督，以及拯救殉道者与弱者的救世主基督。不过，殉道教堂与大教堂也代表了基督教很艰难地适应基督徒所生活的地方，如城市，尤其是罗马。罗马开始基督教化的时候，该帝国城市也开始衰弱了。异教徒认为其中有因果关系。当蛮族阿拉里克（Alaric）于公元410年劫掠罗马时，异教徒指责基督徒完全漠视世俗的事务，造成罗马的衰落。通过《上帝之城》这本书，奥古斯丁企图要反击基督教弱化了帝国这样的指控。奥古斯丁认为，基督徒也是罗马人，也遵守着与自己信仰无冲突的城市法律；罗马的基督徒保卫城市对抗阿拉里克，而城内并没有背叛者。奥古斯丁对人之城与神之城这两者所作的对比，如果用布朗的话来说，是一个"对于人类基本动机的普世解释……无论什么时代，'在时间中朝圣'与'对空间效忠'都存在着基本的紧张"，但这并不表示基督徒就会反对自己的城市。[①]

奥古斯丁的辩护仍然合乎最初基督教的教义，因为上帝之城并不是个空间。奥古斯丁对这两种城市加以区别，并说了下面一段话：

全世界有许多伟大的国家，它们在宗教上、道德上、语言上、武器上，以及服装上有很多差异，但这世界至多却只有两种社会，根据我们的《圣经》所说，我们可以名正言顺地说是两种城市。[②]

拉特兰洗礼堂表明这种区别将不复存在。当宗教变得越来越强大并制度化时，它当初的简朴已不能与现在的统治形式顺利结合了。权力需

---

① 布朗：《希波的奥古斯丁》，第321页。
② 奥古斯丁：《上帝之城》，第14卷，第1页；沃尔什，第2册，第347页。

要空间。但是，殉道教堂对于基督教信仰来说，代表着其他的东西，那就是救赎的空间。因为只有在一些空间里，而这些空间还必须经过细心打造，才能让改宗的意义被"看见"。基督徒此刻摈弃了肉体，重新发现了石头的价值。

3. 尼采的鹰与羔羊

早期基督教想超越肉体与石头，现代作家有许多人曾对此做过一番思索，但没有一个人能像年轻的尼采（Friedrich Nietzsche）那样会产生如此强烈的憎恶。他认为，这一切不过是一种骗局，一个权力的诈术。尼采在他于 1887 年出版的《论道德的系谱》（*On the Genealogy of Morals*）中有一段话，也许最能表达他对于基督教欺诈的看法。它是一则与羔羊及以羔羊为食的"猛禽"的寓言。① 尼采小心地选择他的动物：羔羊当然是基督徒的象征，而掠食性猛禽在尼采的文章里指的是罗马的动物，帝国之鸟。他认为，罗马人翱翔于世界各地，猎捕并支配他们所看到的一切猎物。

在寓言里，他开始解释为什么这些猛禽要强于羔羊。它们的力量大过它们的爪与喙；猛禽之所以强壮，是因为它们并没有意识到自己的力量。它们并没有"决心"要杀羔羊，而只是在饿的时候跟着羔羊。同样的，有着好胃口的人，并不会选择吃喝或做爱的对象，他们只管做。尼采跟叔本华（Schopenhauer）一样，想象一具强壮的身体，对自己盲目，心智没有自我意识的负担。从哲学上来看，这意味着对一个欲望强烈的人来说，"着手实行，产生结果，然后情势改变。这段过程的背后并没

---

① 参见尼采《论道德的系谱》（*On the Genealogy of Morals*，New York：Vintage Books，1967），第 1 卷，第 13 页，考夫曼（Walter Kaufmann）与霍林代尔（R. J. Hollingdale）译，第 44—46 页。

有所谓的'存在'（being）"。① 这样的人并不会判断自身行为的对错，也不会考虑他人来限制自己，更不会反省因为自己的欲望，而使羔羊（动物或人类）受害。

弱者惟一的防卫就是"让掠食性猛禽为身为掠食性猛禽而负责"。② 人的羔羊——弱者——在强壮的身体外面编织了一层社会关系以及道德判断的网，用怀疑与深思熟虑将它绑住。尼采之所以瞧不起弱者，并不是因为他们弱，而是因为他们对于自己所做的一切说谎。这些羔羊不敢承认，"我很害怕"，反而说"我有灵魂"。基督徒的灵魂对话，都是关于自由地吃与做爱有多可怕，而人能对于身体欲望进行怀疑及深思熟虑有多好。因此，尼采的结论是，灵魂"也许是到目前为止世界上最坚定的信仰，因为它让大多数的有限生命，包括所有的弱者与被压迫者，能自我欺骗，将孱弱解释成自由……"③ 如果弱者想继承世界所有的一切，那么基督徒就一定得说这样的谎。

在这则基督教的羔羊与异教的掠食性猛禽的寓言中，尼采并不想做到公平或历史精确。这则寓言并不能解释角斗士意识中的决心与悲观，也不能说明基督徒阉割自己时所产生的勇气。更没有提及基督教所创造出来的心物二元。就我们所见，这个分裂的根源可以追溯到裸体的希腊人，而希腊人又是尼采所赞美的自由人。这则寓言的错误还在别的地方，在于尼采对于权力的错误理解。尼采没有认识到血腥的力量并不足以构成支配。如果仅有血腥的力量就足够的话，有权力的人就没有必要将他们的力量合理化，因为合理化乃是强者"自己"说出来用来自我合理的语言，而非"他人"对强者说的。除此之外，尼采的寓言也没有提到弱者的作为，弱者的行为并不像羔羊；弱者会为了抵抗强者而试图掌

---

① 参见尼采《论道德的系谱》，第 1 卷，第 13 页，考夫曼与霍林代尔译，第 45 页。
② 同上。
③ 同上书，第 46 页。

控自己的身体。

异教城市空间（希腊与罗马）中的身体历史，与这则以"异教"为名而写成的寓言彼此冲突。被理想化了的伯里克利的身体，在声音的力量下，变得脆弱不堪。伯里克利时期的雅典女性则将性抑制与性欲戏剧化，来抵抗支配的秩序。维特鲁威的身体所蕴含的视觉秩序，在哈德良时期的罗马实现了，并将罗马人禁锢在表象里。为了抵抗这种视觉秩序，基督徒将自己连根拔起，在时间中朝圣，这是一种弃绝肉体之后所产生的力量。在古代世界里，羔羊乃是鹰的分身，而非它的受害者。

基督教并不是要摧毁"自然的"人，而是要改变人在矛盾时寻找安慰的方式。人类学家杜蒙（Louis Dumont）在写宗教起源时，发现宗教如果不是想在此世使人获得圆满实现，就是想在彼世获得圆满实现。[①]哈德良万神殿承诺的是第一种；殉道者圣母堂承诺的是第二种。当一神教开始统治西方文明时，它打破了异教、多神教过去所想象的身体，但并没有完全打破多神教的空间，至少仍维持着罗马的版本。同样，羔羊不能完全脱离对鹰的需要，灵魂也无法切断与俗世空间的关系。

---

① 参见杜蒙《等级人：论种姓制度》（*Homo Hierarchicus*：*Essai sur le système des castes*，Paris：Gallimard，1967）。

第二部分

心脏的运动

第5章 社 团

尚·德·谢耶的巴黎

1. 城市的空气使人自由

从公元 500 年到 1000 年，大约有 500 年的时间，罗马的大城市衰微了。欧洲大部分地区倒退到原始的农业经济。一般人民生活在挨饿边缘，并且屈从于好战的迁徙部族的猛烈攻击，他们赖以维生的土地根本无法防守。只有散布在乡间、孤立而拥有高墙保护的修道院或教堂，才能对处于危险，且平安抵达的难民提供庇护。欧洲原本恐惧而贫瘠的土地，到了公元 10 世纪末开始欣欣向荣。大部分人所居住的乡村变得比较安全，这是因为城堡的建立以及封建主义的兴起，让地方领主对属下的臣民提供了军事保护，并以此换来臣民的永久性劳役。中古城市也开始发展了，虽然它们只占欧洲人口的一小部分。不过，在城墙的背后，这些城镇通过贸易而存集了食物、布匹以及必需的奢侈品。

中古时期的巴黎，1250 年有两个里程碑，代表了欧洲的重生。在这一年，尚·德·谢耶（Jehan de Chelles）的圣母院工程已经进入到最后阶段。美丽的圣母院坐落在塞纳河（Seine River）环绕的小岛东端，位于市中心，宛如一块高耸入云的优雅雕石，圣母院乃是西方文明中基督教权力的新中心。不过，巴黎人却没有像几世纪前罗马人那

木桥

塞纳河

夏尔特勒的
圣德尼教堂

圣兰德里码头

圣母院码头

胖子圣约翰教堂

圣母院

帕的圣母尼
斯修道院

教堂前
广场

主教宫殿

主宫医院

主教码头

小桥

塞纳河

| | 0 | 100 米 |
| | 0 | 100 码 |

教堂神职人员
住区

修道院墙所围
区域

环巴黎圣母院教区地图，约公元 1300 年。

样热闹地庆祝拉特兰大教堂的启用，他们对于圣母院的落成没有什么
特别的表示。虽然法兰西国王和巴黎主教（代表国家与教会）都相当
重视这件事，但巴黎市民却把圣母院落成当成是建筑贸易的胜利。因
此，他们宴请了担任手工的雕刻师、吹玻璃师、纺织工，以及木匠，
另外还有资助工程的银行家。第三者，也就是经济，首次出现在文明
的舞台上。

今日的巴黎圣母院，从花园的一端望去。

1250 年，中古时期最伟大的插画《圣经》出现在巴黎，由国王（后来被称为圣路易〔St. Louis〕）赞助完成。它的字体色彩鲜艳而且精致，这部《圣经》就跟拉特兰大教堂一样，是一部感官性的作品。此时，第三者也出现在赞美的行列中。来自于全欧洲的大学生蜂拥进入巴黎，原因有很大一部分是由于贸易的发展。历史学家杜比（Georges Duby）写道："由于大学的活动已从（乡村的）修道院转移到了主教座堂，所以艺术创造的主要中心也就移往了市中心。"[1] 圣路易《圣经》的编辑与制作之所以能专业化，完全仰赖大型而繁荣的大学出现。圣路易《圣经》是艺术作品的极致，是一连串事件连锁激活之后所产生的结果。这个连锁的起点，却是位于塞纳河畔的鱼市场和谷物市场。

---

[1] 杜比:《主教座堂的时代：艺术与社会，980—1420》（*The Age of the Cathedrals*：*Art and Society*，*980—1420*，Chicago：University of Chicago Press，1981；Paris，1976），勒维厄（Eleanor Levieux）和汤普森（Barbara Thompson）译，第 112 页。

圣路易《圣经》，约公元 1250 年完成。收藏于皮尔庞特·摩根图书馆（Pierpont Morgan Library），1987 年。

　　文明的经济基础在上古世界很少受到承认，贸易与手工业似乎都被当成是沉闷而野蛮的活动。中古城市让这个野兽变成了人类。社会学家韦伯（Max Weber）认为，"中古的市民走上了一条成为经济人的道路"，另一方面，"古代的市民则是政治人"。① 除了物资的充足外，经济的力量也承诺要给予那些居住在城市里的人两项自由。今天的观光客可以在当初曾经加入中古贸易网络（即汉撒同盟〔Hanseatic League〕）的城市大门上看到一句名言："城市的空气使人自由（Stadt Luft macht frei）。"在巴黎，就跟在汉撒同盟的城市一样，经济承诺要让人们脱离封建劳动契约所具体代表的世袭制。除此之外，城市也承诺人民新的个人财产权。13 世纪中叶时，巴黎的约翰（John of Paris）主张，个人"对财产拥有所有权，最高权威对此进行干涉亦应受罚——因为这是由（个人）自己努力所得来的"。②

中古的经济、国家和宗教的"三方联姻"（Mariage à trois）并不愉快，尚·德·谢耶的圣母院落成以及圣路易《圣经》的出版，也不足以化解这三大力量之间的紧张关系。圣路易的权力有很大一部分是来自于强加在家臣（小领主）身上的封建义务。教会则认为个人若是拥有自己的想法或财产，就是异端。除此之外，那些拥有经济力量的人，特别是城市商人和银行家，总是遭到另外两位伙伴的当面侮辱。

1250 年也开启了史学家萨瑟恩（R. W. Southern）所谓的"科学人文主义"（scientific humanism）时代。一百多年来，中古思想家一直试图有系统地运用人类的知识，来解决人类社会的问题。圣托马斯·阿奎那（St. Thomas Aquinas）说，让世界像逻辑体系般地结合起来是有可能的。"身体政治"的想象，传达了这种结合（结合了生物学与政治学）。然而，经济学却无法轻易地同化到当时的科学人文主义当中。

我们回忆一下，索尔兹伯里的约翰在《国家的原则》（*Policraticus*）

---

① 韦伯：《城市》（*The City*, New York: Macmillan, 1958; Tübingen, 1921），马丁格（Don Martingale）和诺伊维尔特（Gertrud Neuwirth）译，第212—213页。

② 乌尔曼（Walter Ullmann）：《中古时期的个人与社会》（*The Individual and Society in the Middle Ages*, Baltimore: Johns Hopkins University Press, 1966），第132页。

中，以身体政治的角度想象商人是社会的胃。它在人的身体以及身体政治中都是贪婪的器官。他写道："如果（这些拥有私人财富的人）脑子里想的全都是过度的贪婪，而如果他们又对此极度的偏执，那么（他们）就会产生无数无法治疗的疾病，而这样的邪恶之物将会造成整个身体的毁灭。"[①] 过度的贪婪，带来的就是当面侮辱。商人一旦获得了权利，就等于挑战了身体政治中国王和主教是头部的概念。以史学家乌尔曼的话来说，索尔兹伯里的约翰认为"个人在社会里的地位……是基于他的职务或功能来决定"，而不是基于个人的能力；索尔兹伯里的约翰的看法是，一个人形式上的地位越高，"能力以及重要性也就越大，因而他的权利也就越多"。[②]

在索尔兹伯里的约翰动笔写书之前，贪婪的商人一直不存在于人们的记忆中。但是，《国家的原则》里一直存在着一个难解的问题：这位在所有中古作家中最坚持商人是社会的胃的人，竟无法描述社会的胃是什么。当然，商人在市集和市场做生意，月复一月地到特定市场去，你不会看到相同的面孔在买卖，货物也不尽相同。走到塞纳河边的码头，年复一年，你会看到商人与货物来来去去。身体政治的胃似乎不断地在改变它的饮食。索尔兹伯里的约翰并不是计量专家，他不断地思考，但却找不到方式来解释为什么经济自由会影响看似永远不变的日常生活。

回顾中古时期的城市，韦伯认为"中古城市社团享受了政治上的自主"，因为市场、贸易给予了城市经济力量来管理自己的事务。[③] 相反，索尔兹伯里的约翰认为操持于富人之手的"共和国"（commonwealth）并不是个安全的统治形式。索尔兹伯里的约翰的想法，在法国城市史学

---

① 索尔兹伯里的约翰（John of Salisbury）:《国家的原则》，引自勒戈夫（Le Goff）"头或心? 中古时期身体隐喻的政治使用"，载于《人类身体历史的断简残篇》，第3部分，第17页。
② 乌尔曼:《中古时期的个人与社会》，第17页。
③ 韦伯:《城市》，第181—183页。

家皮雷纳（Henri Pirenne）看来相当合理。皮雷纳晚韦伯一个世代，他花费了一番工夫来解释城市"间"的贸易使个别的城市重新恢复生机，认为中古城市是彼此依存的，而不是各自独立的，中古的贸易商必须活动得很有弹性。皮雷纳写道：

在贸易的影响下，旧罗马城市获得了新生，人口也再度增加，商业组织也围绕着军事要塞以及沿着海路、河岸、河流汇流处、原有交通要道开始了商业活动。这些地方构成了市场，按照其重要性，吸引着周边的乡村前来交易。[①]

汉萨同盟组成了这样的贸易链，在北欧流通货物。汉萨同盟开始于1161年，以海路为主——货物来自于日内瓦和意大利的威尼斯，沿着商路运到了伦敦和低地国（Low Countries），最后抵达北日耳曼的港口。然后，从港口运送到内地。巴黎在12世纪时也有自己的贸易链，货物沿着塞纳河展开，北至佛兰德斯（Flanders），南至马赛（Marseilles）。现代史学家对于这种剧变，感觉不如中古神学家那样强烈。皮雷纳认为，中古城市居民过度地依附他们所居住的城市，但这与他们的经济利益相冲突，后者促使他们流动并放眼更广大的世界。获利来自于可能性与或然性，人们要尽可能地从中得到好处，但也有可能血本无归。风险与机会让经济学脱离严谨的、逻辑的科学人文主义范围。

基督教的神学是普遍性的，但是它却培养出紧密的地方依附性。信仰者与巴黎的纽带关系，发展到最后，反而转变成早期罗马基督徒与罗

[①] 皮雷纳（Henri Pirenne）：《中古城市》（*Medieval Cities*，Princeton：Princeton University Press，1946；Paris，1925），哈尔西（Frank Halsey）译，第102页。

马所建立的和平关系。当中古城镇和城市在基督教的保护下得到重生时，教堂与主教座堂的石头也变成了基督徒对自己所生活的地方表达终生不渝情感的慰藉物。即便是在一个小镇里，一座高耸而巨大的教堂的建立，也代表着对这个地方的承诺，因而可以看出基督徒是很重视社团的。对社团的需要可以通过对基督身体的全新理解而有更具体的认识。在中古盛期（High Middle Ages），"基督的不同身体"逐渐转变成普通人也能了解的受难身体，而且普通人可以将自己的身体与基督的身体视为同一。人类受难与神的受难两者的结合，具体表现在中古时期"模仿基督"（Imitation of Christ）的运动上。这种运动改变了基督徒同情邻人的经验，原本这种经验是基于将他人的痛苦想象成自己的痛苦之上的。中古时期的医生发现一种关于同情的医学解释，他们观察身体在外科手术时，若有一部分被切除或移走，则身体的其他器官会有所反应，他们称这种反应为"晕厥"（syncope）。这种对身体的全新理解与当时的整体科学研究相符合，因为像晕厥这样的现象似乎具体显示出人类这个有机体是一个彼此连结、相互响应的器官体系。然而，模仿基督不单只是个思想运动。

当普通人也可以了解基督的受难身体时，民众的宗教热情便开始大量涌现出来。杜比也许过于强调了这一点，他认为，在尚·德·谢耶的时代之前，"欧洲仅呈现出基督教的外表，只有相当稀少的极少数精英才**真正**体验过基督教。此后……它才成为人民的宗教"。[①] 不过，这个以模仿基督为其形式的伟大宗教复兴，改变了教会中男人与女人的关系，改变了忏悔经验以及慈善行为。这些变化也转变了修道院、医院、救济院、教区礼拜堂与主教座堂。这些变化也对城市基督徒有着特殊的意义。

---

① 杜比：《主教座堂的时代：艺术与社会，980—1420》，第 221 页。

在一般的惯用语里，"社团"（community）代表着在一个地方上，人们关心他们所熟识的人或近邻。当宗教社团首次在黑暗时代最黑暗的时刻形成时，就已经以这样的方式运作了，但是热切的宗教冲动与城市发展相结合却也给了中古巴黎"社团"一个略为不同的意义。城市里的救济院、医院和修道院敞开大门，比在乡村里更大方地接纳旅行者、无家可归的人，以及弃婴、无名病人和疯子。宗教社团并没有掌控整座城市，却担任起道德监督的角色。救济院、教区礼拜堂、医院，以及主教园区立下了标准，并以这个标准来监督城市其他地方的行为是否失当，尤其是具有威胁性的经济竞争。这种竞争影响了街头市场以及塞纳河沿岸的卸货码头。

因此，巴黎虽然挤满了一大群外地人，街上经常没事也会发生暴力冲突，它的经济也常蒙骗来自各地的民众并骗取货物，但它仍然算得上是一个道德的区域。对于那些受新宗教价值观控制的人来说，圣殿是社团的聚会地点——一个用同情来吸引住外地人的地方。在尚·德·谢耶的巴黎中，基督教社团的意义也让地方教区生活重新恢复生机，教区礼拜堂以及谢耶工作的所在地（大主教区的社团集聚在圣母院）都成了巴黎的圣殿。

中古的经济和宗教发展将空间感推向两个相反的方向，这种不和谐一直延续到今日。城市经济让人们有个人行动的自由，这在其他地方是不存在的，城市宗教则创造了人们彼此关心的空间。"城市的空气使人自由"反对"模仿基督"。这个经济与宗教间的紧张关系制造了第一个标志着现代城市中二元对立的符号：一方面试图以个人自由之名，切断社团纽带；另一方面又想要找到一个人们彼此关心的地方。

在《神学大全》（*Summa Theologica*）中，阿奎那试图以基督的形象来调停这个争端，因为基督乃是包涵万有的存在。不过，对当时的人来说，这样的联合是不成立的——其实跟我们现在试图要结合经济个人主义与社团纽带也没什么不同。

本章要检验在中古巴黎的基督教社团形成过程背后，有着什么样的信念，以及这些社团是如何运作的。下一章则要分析巴黎的经济空间，它挑战着基督教的空间感。这场冲突产生的一个结果，出现在威尼斯（文艺复兴时期最大的国际贸易城市）历史上的一段黑暗插曲中。基督教文化试图调和个人金钱与社团道德的关系，于是压抑那些与基督形象不相符合的人。威尼斯文化以压抑来当作缓和内在冲突的工具，因此它将犹太人囚禁在犹太人区（ghettos）里。

2. 同情的身体

圣母院前门的设计，让今天的观光客看到超过真人大小的人像雕刻。虽然这些雕像跟主教座堂建筑的硕大无朋相比显得渺小，但它们的尺寸仍显示了一种信仰的力量。从 11 世纪开始，教堂建筑者就试图要以真人的大小来雕刻人像，如果用某位现代艺术史家的话来说，这是为了要显示"人类价值与遍及世界的价值之间的关系"。[①] 雕像直接提醒观光者要将自己看成是教会的一部分，这种内含的行为始于之前阿西西的圣方济（St. Francis of Assisi）的传道，他以简单的语言直接向一般民众布道。在尚·德·谢耶开始要完成圣母院的那一年，这种肉体与石头的合一，有越来越强的趋势，到最后人们开始将自己身体上的苦难与耶稣的苦难相关联起来。

基督"为了拯救我们，甘愿被烤炙，慢慢地被烘焙而死"，巴特勒米（Jean Barthélemy）在《爱的畏惧之书》（*Le Livre de Crainte Amoureuse*）

[①] 格林奈尔（Robert Grinnell）："中古时期对于空间的理论态度"（"The Theoretical Attitude Towards Space in the Middle Ages"），《镜子》（*Speculum*），第 21 期第 2 卷（1946 年 4 月），第 148 页。

中以安慰的语气如此写着。① 如此俗世的、家常的形象，让钉死于十字架可以从日常生活的角度来充分地理解。人们所理解的并不是王者基督，而是"受难者基督。钉死于十字架不断地被描述，也就越来越写实"。② 这个与受难基督的身体进行认同的运动就叫做"模仿基督"，因为基督的悲伤可以通过人类身体的受难而加以模仿。这并不是偶然的说法。模仿的形象直接与奥利金的信仰冲突，后者认为基督的身体不同于我们的身体。阿西西的圣方济告诉他的教区民众，如果他们能想想他们每天的日常经验，他们自己对这个世界的感觉，他们就可以了解上帝是什么。从神学上来说，圣方济恢复了基督教的本质：上帝就在这个世界上，上帝是肉体也是光。

借由关心其他人的痛苦，我们可以模仿出对于十字架上的耶稣所产生的宗教感情：圣方济再次肯定了对穷人的感同身受，并且将早期基督教的特质完全抛弃。从社会学来看，他引爆了一个炸弹。他教导我们，在我们的身体内有一把伦理的尺，可以用来判断社会上的规则、权利和特权：这些东西如果越能造成痛苦，就表示我们的身体就越能感觉到它的不正义。如果模仿基督让宗教恢复了肉体，它也因此让肉体成为社会等级的裁判。除此之外，这种宗教观也让人们彼此关心的纽带关系与商业活动中彼此毫不关心的社会结构相对立。

中古时期进行的折磨及其他带有弃绝意义的肉体酷行，源自在竞技场中屠杀基督徒的罗马人。但是，这波同情的新风气至少引进了尊敬被折磨者之痛苦的基本观念。在巴黎，为恶魔所苦的人采取公开折磨的方式不是始于 1250 年，而是此前就已经有了。受折磨者要寻求教会的

---

① 巴泰勒米：《爱的畏惧之书》；引自赫伊津哈（Johann Huizinga），《中世纪的衰弱》（*The Waning of the Middle Ages*，New York：St. Martin's Press, 1954；Leiden, 1924），霍普曼（F. Hopman）译，第 199 页。
② 勒戈夫：《中古文明，400—1500》（*Medieval Civilization*，400—1500，Cambridge，MA：Basil Blackwell, 1988），伯罗斯（Julia Burrows）译，第 158 页。

西门一景，圣母院，巴黎，建于 1250 年。马尔堡照片档案馆/艺术资源，纽约州。

保证，确保他们所造成的痛苦是针对内在的恶魔，而非他们所寄宿的肉体。

在本质上，模仿基督肯定了大众的生活，而反对精英的特权。但是，它却受到了中古科学某种程度上的支持，因为它符合受教育的人所理解的身体知识。

盖伦的医学

医学史家布洛（Vern Bullough）认为："上古世界的医学与科学假定，在几乎未经过挑战下成了中古时期的思想。"① 上古的体热、精子、经血，以及身体构造的观念的确被当成既有的智能权威而进入了中古世界——虽然不是很聪明，不过这些信条也依照 1000 年后的基督教社会需要而作了些调整。

上古医学传到中古时期的主要途径是罗马医生盖伦（Galen）的《医学》（*Ars medica*），这本书在 1200 年之前出现在萨莱诺（Salerno），然后于格雷蒙那（Cremona）重译，1280 年时在巴黎和欧洲其他学术中心教授。盖伦生于哈德良时期，大约是在公元 130 年，死于 200 年左右。他本身的医学知识来自于亚里士多德与希波克拉底，他的医学作品吸引了基督徒的注意，因为他虽然不是信徒，却对基督徒很友善，而他在中古极盛期所受到的评价是绝不向病人收费。

盖伦原本是以希腊文写作。中古时期的人们所读的《医学》版本是从阿拉伯文翻译成拉丁文的。由于早期伊斯兰世界保存了许多上古文本，所以伊斯兰医学也丰富了欧洲的知识。伟大的伊斯兰医生阿里·伊

---

① 布洛："中古医学与科学的女性观"（"Medieval Medical and Scientific Views of Women"），《旅行者》（*Viator*），第 4 期（1973），第 486 页。

本·里德万（Ali ibn Ridwan）在《医学》上增添了不少评释，欧洲各个不同的翻译者也是如此。因此，《医学》与其说成于一人之手，不如说是既有观念的一个结集。

在这个文本中，盖伦将医学定义为"关于什么是健康、病态，以及介于两者之间的知识"，一种仰赖于理解体热与体液如何在身体主要器官（脑、心、肝，以及睾丸〔我们回想一下，女性的生殖器被古代人视为是颠倒的睾丸〕）互动的知识。① 盖伦认为，体热会以一定比例逐渐上升；而体液（humors）分为四种，血、粘液（phlegm），黄胆汁（yellow bile）和黑胆汁。体热与体液结合会在身体造成 4 种不同的心境。盖伦依照希波克拉底的看法，称这 4 种心境为 4 种"体质"（temperaments）：多血质（sanguine），粘液质（phlegmatic），胆汁质（choleric），忧郁质（melancholic）。与现代心理学家不同的是，盖伦认为人的体质要看在特定时刻里，一个人的身体是热还是冷、干还是多汁，以及哪一种体液处于充沛与高温状态，是否是在冷身体中流动，等等。

依照盖伦的观点，伦理行为如威胁或同情来自于身体体热或体液所造成的体质。这里有一个例子，是盖伦用来描述某个心脏既温又干的人的胆汁体质：

> 脉搏激烈、强、急促，而且频率高，而呼吸深、急促，而且频率高……这种人的胸毛往往是最长的，他们随时准备行动、有勇气、快速、狂放、野蛮、卤莽，而且目中无人。他们有暴君的性格，因为他们是快体质的，很难安抚他们。②

---

① 盖伦：《医学》，导言；援引并翻译于特姆金（Owsei Temkin），《盖伦主义：医学哲学的兴起与衰微》（*Galenism*：*Rise and Decline of a Medical Philosophy*，Ithaca，NY：Cornell University Press，1973），第 102 页。
② 盖伦：《医学》，第 11 页；引自谭金《盖伦主义：医学哲学的兴起与衰微》，第 103 页。

我们的话，到这里就完了，并不会将所有胸毛长的人都联想成具有暴君性格，但这种总体化的过程乃是盖伦主义的核心，并且吸引了在科学人文主义支配下的中古读者。它将身体与灵魂紧密地绑在一起。

盖伦学说的伊斯兰保存者与评释者阿里·伊本·里德万，将这4种体质联系成4种社会类型：上面提到的胆汁体质是士兵的特质，多血体质标志着政治家，粘液体质是典型的科学家，忧郁体质则大都出现在具有宗教情感的男女身上。① 商人在这个类型学上缺席了，而且也不存在于《医学》的西方评释中——这是个重大的遗漏。经济成功所必要的威胁行为既不属于士兵英雄式的剥削掠夺，也不属于政治家的统治冲动。为他人难过的人处于忧郁的心境；同情可以让黑胆汁在心脏里特别热。这就是身体在模仿基督时的生理学。

对盖伦来说，健康出现在体质良好的身体上，也就是说，体热与体液在4个器官里都维持均衡。因此，宗教同情是不是一种不健康的状态，甚至于是身体的一种病呢？我们也许会这么认为，但盖伦的中古读者用另一种方法来解决这个问题。他们将人体放在外科医生的刀下，观察同情的忧郁是如何运作的。

亨利·德·蒙德维尔发现晕厥

14世纪，巴黎一位外科医生亨利·德·蒙德维尔（Henri de Mondeville）认为，自己已经通过外科实验在人体中发现了同情的运作方式，那就是，身体在面对危机时分配体热及体液的方式。德·蒙德维

---

① 感谢马莱克（Charles Malek）博士翻译这些资料。

尔于 1314 年开始出版他的医学看法。[①] 这些意见带有盖伦的色彩，不过，德·蒙德维尔也用了特定的方式来组织身体的构造。[②] 德·蒙德维尔将身体分成两个区域，即头与心的高贵区域与胃的制造区域，每个区域都有自己专属的生理"火炉"。当这两个区域的体热不同时，体液的流动就会不平衡，因此造成疾病。

德·蒙德维尔注意到，在手术的过程中以及手术后，身体的某个器官会弥补另一个器官的弱点。手术的结果是，"其他的器官会怜悯（受伤成员的）痛苦，为了支持它，会送出自己所有的灵与温暖"。另一位医生巴泰尔米·朗格莱（Barthelmey l'Anglais）也解释了这种同情机制，加热的血会流向受伤的器官："（身体的成员）之间具有伟大的爱，彼此怜惜，也就是说，受害少的会怜悯受害多的。因此，当一个成员受伤了，其他（成员的）血就会马上去支持它"。[③] 德·蒙德维尔称这种同情反应为"晕厥"（在现代医学中，"晕厥"有另外一种意义）。

德·蒙德维尔更试着深入描述人们在看到外科手术时（在没有麻醉的情况下进行，所用的手术刀跟现代的面包刀一样钝）的"晕厥"，为的是要显示对于痛苦的反应除了可以发生在体内，也可以发生在身体之间。他写道：

---

① 以下的说明援引普榭（Marie-Christine Pouchelle）的作品《中古时期的身体与外科》（*The Body and Surgery in the Middle Ages*，New Brunswick, NJ：Rutgers University Press，1990；Paris，1983），莫里斯（Rosemary Morris）译。

② 也可参见杜比关于德·蒙德维尔的描述，"个人的浮现；孤独：11 世纪到 13 世纪"（The Emergence of the Individual；Solitude：Eleventh to Thirteenth Century），收入《私人生活史》（*A History of Private Life*，第 2 册：《中古世界的显露》（*Revelations of the Medieval World*，Cambridge，MA：Harvard University Press，1988），阿里耶斯（Philippe Ariès）和杜比编，高德汉默译，第 522 页。

③ 亨利·德·蒙德维尔（尼该塞的）《外科》（*Chirurgie*〔of E. Nicaise〕），第 243 页；以及巴泰尔米·朗格莱，《伟大的所有者》（*Grand Propriétaire*），第 xxvj 页之后。两者皆引自普榭《中古时期的身体与外科》，第 115 页。

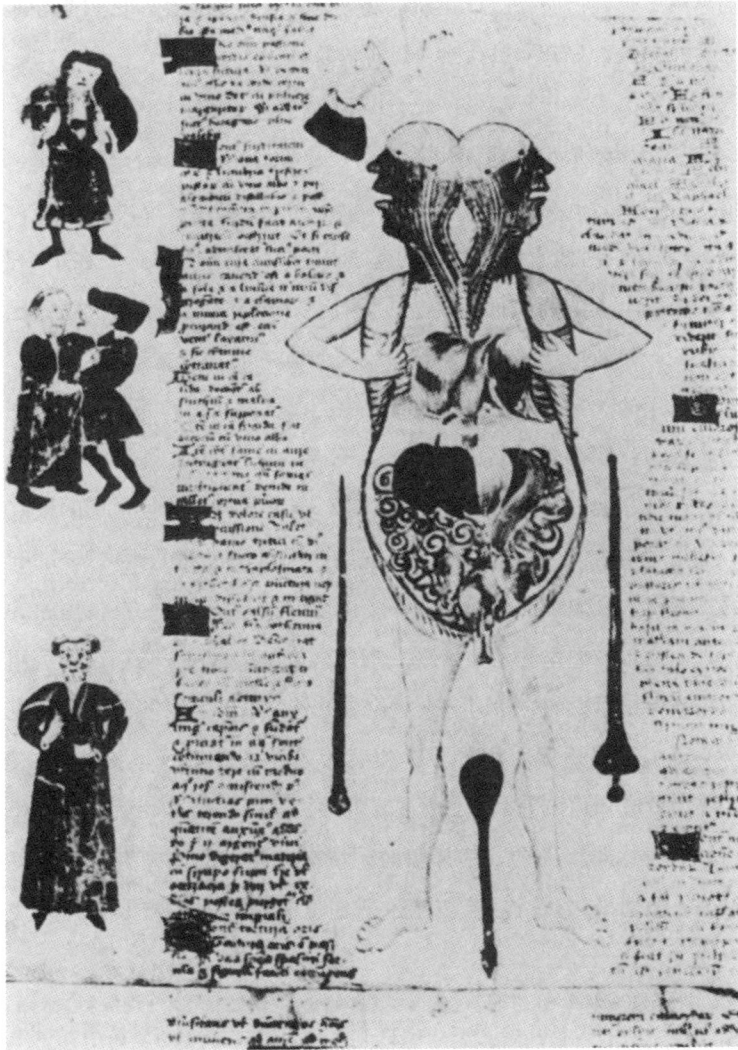

两个身体。插图来自于《外科医学技艺》（*Art de la médecine et de la chirurgie*），1412 年版。

健康的人在看到恐怖的外科手术时所产生的晕厥，是这样发生的：他们感到害怕，因而让心脏发痛；众灵于是召开参事会，它们集合起来并且彼此刺激，好让心脏的生命力得以维持。①

德·蒙德维尔小心地使用并强调"参事会"（chapter）这个字，用来描述人们集合起来观看手术。参事会是个宗教体，也可以指称行会（guild）成员。对他来说，社团的起源因此可以这样解释。在手术时，人们因另一个人的痛苦而痛苦，因而产生了身体反应。13世纪《巴黎男主人》（Ménagier de Paris）的作者也类似地主张一个人会对于"跟你同属成员（用的法文跟前面提到的身体中的成员相同）的邻人产生相同的友情，因为我们都是上帝的成员，上帝是身体"。② 外科将基督受难以及被钉在十字架上的有形事实显露出来，通过痛苦来传达道德的教诲。

如果"中古的虔信总是以身体的结合来巩固灵魂的倾向"，那么晕厥的发现使人联想到社会关系，一个忧郁的社会景象。③ 在《国家的原则》里，索尔兹伯里的约翰认为，"最高统治者（potestas）在无法用慈悲的手来保护臣民的生命时……就用有德性的残酷，来攻击邪恶，直到良善的安全得以确保"。④ 如果人们背叛了他们在等级里该处的位置，那么统治者应知道该怎么做：驱逐或者杀掉不受约束者，就好像外科手术切掉生病的器官一样。基督教的同情在《国家的原则》中并没有地位。德·蒙德维尔认为，若按索尔兹伯里的约翰的忠告，未免太残忍

① 德·蒙德维尔（尼该塞的）：《外科》，第243页；以及巴泰尔米·朗格莱《伟大的所有者》，第 xxvj 页之后。两者皆引自普榭《中古时期的身体与外科》，第115页。
② 《巴黎的男主人》，第1卷；引自普榭《中古时期的身体与外科》，第116页。
③ 杜比：《主教座堂的时代：艺术与社会，980—1420》，第233页。
④ 索尔兹伯里的约翰：《国家的原则》，第4卷，第8页，"论正义的政府与基本原则"（Demoderatiore justitiae et elementiae principis）；引自普榭《中古时期的身体与外科》，第203页。

了。在外科手术中，各器官援助身体生病的部位，协助它康复。所以，在社会上，危机有着正面的意义。在社会危机期间，人们可以生动地响应彼此。

索尔兹伯里的约翰与亨利·德·蒙德维尔，其间相差一个世纪，而这也构成他们观点上的差异。索尔兹伯里的约翰所生活的欧洲刚开始进入稳定时期，他的祖父母仍能亲眼看见小村落轻易地被烧杀掳掠或者是内部陷入无政府状态。有墙的城市似乎可以提供有形的安全保证。在墙内，医学知识反映了身体的等级图像，也显示了社会秩序的原则。德·蒙德维尔则生活在一个比较稳定的时代，而且对墙的想象上也不一样。在晕厥中，各器官试图将它们自己的体液与体热跨区传送，越过身体的组织墙。在社会危机中，人与人之间的墙被打破了，引导着他们表现出超乎寻常的慷慨。

亨利·德·蒙德维尔跟索尔兹伯里的约翰一样，认为身体结构跟城市结构有相通之处。不过，德·蒙德维尔的身体图像所导出的城市不太一样，是一座体热与压力不断在改变的城市。[1] 譬如说，那些被自己家乡驱赶出来的外地游民拥进巴黎，德·蒙德维尔的同事把这个现象比拟作刀伤。在身体政治中，器官会因压力而退缩，这些医生却想象了一个比较人道的做法。自然的冲动会将慈悲延伸到游民上面来。他们认为，在危机中有帮助别人的冲动，这在医学上是有根据的。如果用现代的术语来说，那就是利他主义有生物学作为基础。

在索尔兹伯里的约翰与亨利·德·蒙德维尔之间，存在着身体政治想象的鸿沟。一个是问：你属于哪里？另一个问：你要如何响应别人？

---

[1] 德·蒙德维尔的城市图像，其内部是彼此互通的，这一点跟意大利的城市形式观念一样。参见修艾（Françoise Choay），"与意大利文艺复兴最早的建筑理论家书上的身体相同的城市与建筑区域"（"La ville et le domaine bâti comme corps dans les textes des architectes-théoriciens de la première Renaissance italienne"），《新精神分析评论》（Nouvelle Revue de Psychanalyse），第 9 期（1974）。

索尔兹伯里的约翰的"身体政治"，显示了社会的等级。插图手稿，13 世纪。

一个是把城市想象成有等级的身体生活空间；另一个则把城市想象成一个身体彼此连结的空间。

医学与模仿基督的结盟，挑战了城市基督徒在日常生活中所设下的社会藩篱，尤其是上古医学所构想的伟大人类疆界，在进入中古世界之后，开始挑战性别的界线。

中古的妇女，即使是强者，如巴黎的海洛伊丝（Heloise of Paris）——也就是强大的帕拉克利特（Paraclete）女修道院院长——似乎也没有理由反对，相对于男人，女人在生物学上的确是弱势。按照索尔兹伯里的约翰的看法，身体政治的心脏是由男人组成的，他们是国家的管理者。不过，史学家拜纳姆（Caroline Bynum）表示，那些因模仿基督而受到启发的人，开始将心脏、血液以及胸部的区域想象成身体的雌雄同体区（androgynous zone），并且将这块区域与童贞女马利亚相连结。[1] 耶稣也跨越性别的界线，许多中古教士及思想家把他想成母亲的形象。[2] 圣安瑟伦（St. Anselm）问："啊，耶稣，万能的主，你不也是个母亲？你不就是个母亲，好像母鸡把小鸡聚集在翅膀底下？是的，我主，你是个母亲。"[3]

基督性别不清，就像对马利亚身体力量的赞颂以及马利亚仪式发展一样，都将强调重点放在"养育"上，也就是说，同情是经由母亲的形

---

[1] 参见拜纳姆《作为母亲的耶稣：中古极盛期的灵性研究》（*Jesus as Mother：Studies in the Spirituality of the High Middle Ages*，Berkeley：University of California Press，1982），第 110—125 页。

[2] 参见拜纳姆"中古末期的女性身体与宗教仪式"（"The Female Body and Religious Practice in the Later Middle Ages"），载于《人类身体历史的断简残篇》，第 1 部分，第 176—188 页。

[3] 安瑟伦"致圣保罗祷文十"，《全集》（*Opera omnia*）；引自拜纳姆《作为母亲的耶稣：中古极盛期的灵性研究》，第 114 页。安瑟伦的《圣经》引文出自"马太福音"，第 23 章第 37 节。

象而传达出来的。明谷的伯纳德（Bernard of Clairvaux）特别强化了对耶稣的同情及对母性的想象："对伯纳德来说，母亲的形象……不只是生产、怀孕或将胎儿庇护在子宫中而已，而是养育，特别是哺乳。"[①]这种尊严，与女性的身体互相辉映，因而能协助女性在12世纪的宗教事务上取得较大的发言权。关于这一点，可以从许多女修道院（如帕拉克利特）的繁荣看出。它们的领导者都受过完整的教育，而灵修也相当严谨。

不过，养育的冲动却不完全与身体的忧郁体质相符。史学家克里班斯基（Raymond Klibansky）发现，忧郁是4种体质中最内在的一种。在忧郁的支配下，人会做的就是测度自己内心深处灵魂的秘密，而不是思索存在于世界上的问题。他不会像科学家也就是粘液体质的人那样思考。[②]忧虑使人思索邪恶的问题，而邪恶使人痛苦，忧郁也使人沉思上帝恩宠的秘密。传统上，忧郁的空间是封闭的，是个密闭高墙围着的花园。

现代医学经常将忧郁以及临床上的沮丧混淆在一起。中古时期的忧郁者，行动并不迟缓，应对上也不迟钝，也不像临床的沮丧者那样呆滞。忧郁者能比较主动地表现同情与养育的地方，是在中古时期死亡的共鸣上。在圣母院前面，巴黎人看到受难的戏剧以强烈写实的手法来表现耶稣的死，饰演耶稣的演员不断鞭打自己直到流血为止。这种激烈的有形场景可以让人紧密地与耶稣受难结合在一起，此时的耶稣已与一般

---

① 拜纳姆：《作为母亲的耶稣：中古极盛期的灵性研究》，第115页。
② 引自拉斯坎姆（David Luscombe）"《政治学》来临前的城市与政治：一些说明"（"City and Politics Before the Coming of the Politics: Some Illustrations"），收入阿卜拉菲亚（David Abulafia）、富兰克林（Michael Franklin）及罗宾（Miri Rubin）编，《教会与城市1000—1500：克里斯托弗·布鲁克纪念论文集》（Church and City 1000—1500: Essays in Honour of Christopher Brooke, Cambridge, UK: Cambride University Press, 1992），第47页。

人无异。在圣母院内，崭新而热闹的复活节庆典企图摈弃"所有的隔阂……所有的区别。每个人每个地方都必须能听到传道的声音，能看到基督的身体被举起"。① 观看另一个人在受苦，这种开放而生动的经验，呼应着一般人在死亡前一刻的景象。我们已经看到，在伯里克利的雅典，"古代人害怕接近死者，并且跟死者保持距离"。② 史学家阿里耶斯如此写道，在中古时期，临终的房间变成了"公开的典礼空间……父母、朋友与邻居都在场"。③ 临终的场景，是一群人在聊天、吃吃喝喝与祈祷；他们是临终的伙伴。

至于临终的人该怎么响应这些人呢？阿里耶斯发现，临终意味着"以仪式的方式启程……但是不要戏剧化，不要显示太多情感"。④ 在研究视觉行动的沮丧姿势时，巴拉什（Moshe Barasch）发现到，"中古时期末期的艺术家试图表现童贞女马利亚悲伤的方式，他们把她描绘成以各种方式将死去的基督放在膝上，但却不以狂乱的动作来传达悲伤"。⑤ 在姿势上有所节制，身体便表现出一种庄严的忧郁。恰当的死亡方式，就是跟每个人说一些话，或是用手或眼睛来向每个人示意，这样就够了。生命与艺术一样，死亡的时刻是沉思的时刻，而非沮丧。

为了要协助基督教在城市里（在活生生的人群里）因同情与内省所产生的二元性，就需要更多这样的身体行为要求。养育空间的理想

---

① 参见克里班斯基 "4 种体质体系中的忧郁"（"Melancholy in the System of the Four Temperaments"），载于克里班斯基、潘诺夫斯基（Erwin Panofsky）和萨克瑟（Fritz Saxl）编，《农神与忧郁》（*Saturn and Melancholia*，New York：Basic Books，1964），第 97—123 页。
② 杜比：《主教座堂的时代：艺术与社会，980—1420》，第 228 页。
③ 阿里耶斯：《西方对死亡的态度：从中古时期到现在》（*Western Attitudes Toward Death：From the Middle Ages to the Present*，Baltimore：John Hopkins University Press，1974），拉努姆译，第 15 页。
④ 同上书，第 12 页。
⑤ 同上书，第 12—13 页。

首先出现在阿伯拉尔（Pierre Abelard）的著作中，他是 12 世纪巴黎的哲学家。他认为："城市对于已婚的人来说，就像个'女修道院'……各城市因为慈善而团结在一起。每个城市都是兄弟会。"① 城市需要新的概念，也需要使用女修道院、修道院以及神圣花园——传统的忧郁空间。

3．基督教社团

在这一点上，我们也许可以看一下中古时期的巴黎是如何分割成教会与国家两部分。国家与宗教其实紧密地交织在一起，几乎不可能做清楚的区分。西姆森（Otto von Simson）写道，当国王在主教座堂加冕的时候，"加冕仪式将他转变为神圣的主耶稣（Christus Domini），也就是说，不只是得到与主教平起平坐的地位而已，而是化身为耶稣的形象"。② 中古时期的国王身为主耶稣，与生前被奉为神的罗马皇帝，两者有异曲同工之妙。另一位史学家则说，巴黎主教的地位可以与"伯爵、公爵及国王"相提并论，"服侍他的官员也跟服侍王公的官员地位相当。他也有自己的管家、侍酒员、保安人员、库房管理员、马夫、粮仓管理员、礼拜堂教士……"③ 11 世纪已经可以看到主教开始脱离与国王间的封建纽带关系；主教宣誓效忠，但并未宣誓臣服——这个区别在当时的特权时代来说，已经是很巨大的差异。

---

① 巴拉什（Moshe Barasch）：《中古时期与早期文艺复兴艺术中的绝望姿势》（*Gestures of Despair in Medieval and Early Renaissance Art*，New York：New York University Press. 1976），第 58 页。
② 西姆森：《哥特式主教座堂》（*The Gothic Cathedral*，Princeton：Princeton University Press, 1988），3 版，波林根丛书（Bollingen Series），第 48 册，第 138 页。
③ 吕榭（Achille Lushaire）：《菲利浦·奥古斯都时期的法国社会》（*Social France at the Time of Philip Augustus*，London：John Murray, 1912），克雷比尔（Edward Krehbiel）译，第 145 页。

宫殿、主教座堂和修道院

有几世纪的时间，巴黎都是个王室之城，但在尚·德·谢耶时代，王室领域的概念有点改变。在 12 世纪城市人口增长之前，国王以及代表国王的使者最常待的地方是国内的道路上，或者是某个诸侯的城堡里。借由"巡行"，国王可以在他的土地上打上个人统治的印记；而这种有形的莅临也才能让国王界定他的王国。当城市再度繁荣，法国国王旅行的次数也开始变少。他在西堤岛（Ile de la Cité）上的宫殿也开始布满国王的象征物，王权变成了以石头制成的建构物以及一块地理意义上的财产，就像罗马皇帝一样。

菲利普二世（Philip II），又称菲利浦·奥古斯都（Philip Augustus，1165—1223），他的宫殿位于西堤岛上靠近东端的位置，紧挨着环圣母院的宗教建筑群。他宫廷中的高级贵族则为自己在岛的南端建筑宫殿，至于巴黎的左岸（Left Bank of Paris）则为修道院所有。此后的查理五世（Charles V）则将国王的住所搬离这个饱受拘束之地。他建筑了卢浮宫（Louvre）的第一座宫殿，刚好位于菲利浦·奥古斯都城墙的保护之外。这座卢浮宫的首座建筑是一个大方形塔，它的中心是城堡主塔（donjon，一个庞大而开放的典礼大厅），军械与囚犯则都安排在地下，宫廷大臣的办公室则在四面的房间里。查理五世的卢浮宫是第一个将军事保护当成象征而非实际防守之用的建筑之一。卢浮宫城堡主塔的 4 个角楼是国王权力的一种宣示，对象是巴黎居民。至于实际的保护则是新城墙，而非宫殿所在地。

菲利浦·奥古斯都时期，贵族在城内的地产，跟农村没什么两样。他们的花园都用来种葡萄、其他水果，还有蔬菜。现在，这些花园开始装饰起来，而不是单纯的农业用地了。菲利浦·奥古斯都所住的宫殿，等于杂居于孤儿、大学生以及教士之中，至于新的卢浮宫宫殿（在今日的里沃利街〔rue de Rivoli〕附近）也很快就挤满了宫廷大贵族的宫殿，每座都有自己的典礼大厅、角楼以及花园。从这些都市的角楼，贵族可以往外眺望，并不是为了看敌人是否来袭，而是看他的邻居邀请了谁来晚餐。宫廷因此成了城市中的社团，但它不是阿伯拉尔所赞同的社团。大贵族的建筑越来越靠近卢浮宫，同时彼此间也越来越靠近，构成了一个大蜂窝状结构。

巴黎也是个主教之城，城市里所聚集的宗教财富、权力与文化可以平衡宫殿中的权力。巴黎主教的城市财产足以跟国王相比，他拥有整个圣路易岛（Ile St. -Louis）、圣母院周围土地，以及城市其他区域。当苏利的莫里斯（Maurice de Sully）在 1160 年开始建造圣母院时，"院"所包括的不只是大教堂本身，还加上僧侣住的宗教建筑群、一所医院、仓库，以及大花园。船只在圣母院所拥有的码头停靠，供应参事会和圣母院所需的一切物资，船只经常是从圣日耳曼（Saint-Germain）或其他修道院开来的，因为这些地方有自己的菜圃和仓库。1200 年时，城市左岸的农业要比右岸发达，圣日耳曼周围有大片的葡萄园。

1250 年，尚·德·谢耶开始进行圣母院最后阶段的工程，而此时这座城市当中的宗教城内部仍有利益冲突。史学家特姆科（Allan Temko）以令人敬佩的节制语气说："主教社团的划分并不是很合理，不管是在圣母院之内或之外，教会的土地仍旧处于一种封建分割的状态。"[1] 主教负责管理礼拜圣堂以及教堂内的侧廊，至于圣堂参事会（chapter of canons），名义上是主教的下属，负责管理其余的区域。"参事会的管辖权朝圣母院的南边伸展，越过主教大门，一直到主教宫殿的

---

[1] 特姆科：《巴黎圣母院》（*Notre-Dame of Paris*，New York：Viking Press，1955），第 249 页。

入口"，至于"主教则往北边伸展，沿着某些通道，一直到教堂内部的权威所支配的零散区域"。① 圣母院的空间管理，可以表现出特定团体在教会中的地位。除此之外，城市生活的诱惑也开始临近参事会的40幢房屋，他们都聚集在圣母院四周。国王、教皇与主教也无法解决参事会成员吵闹、嫖妓的问题。同样，这也不是阿伯拉尔所想要的。

修道院的意义有狭义的，由特定的教会神职人员来管理——修道院长及女修道院长——有广义的，包括一些建筑物，构成所谓的"教会所在地"（church home）。修道院包括了修士或修女的居住区、医院、救济院，以及花园和教堂。瑞士的圣高尔修道院（the abbey-monastery of St. Gall）是最早且最知名的修道院之一，他们的设立计划到现在还详细地留存着。在加洛林时期，几乎不存在大型的庄园式城堡，所以只好由修道院在战乱及饥荒时，为大众和自己的教团提供庇护。不过，这些宗教收留并不符合阿伯拉认为的一个城市该有的社团形象，因为它并不是一种大方而慷慨的慈善行为。守门人很严格地筛选进去的人。救济院只帮助教区内的穷人，也就是那些被登录上官方穷人名单（matricula）的人。

在巴黎，多明我会（Dominicans）与方济会（Franciscans）于13世纪初定居在城市左岸的城墙附近。城墙后面的区域是左岸人口最少的地方，所以这些教团可以避免接触城市问题。圣母马利亚修会（Servites）接触的机会比较多，因为他们的教会所在地是在右岸，接近中央市场。托钵僧会（mendicant orders）是所有宗教教团中最都市化的一个，他们虽然比较晚才出现，但却主动地帮助街头的病人，并且驱除异端。本笃会（Benedictines）控制了普雷的圣日耳曼修道院

---

① 特姆科：《巴黎圣母院》，第250页。

（Abbey of Saint-Germain-des-Prés），是一个大型的根据地，而且有葡萄园。新的教团，如圣殿骑士团（Knights of the Temple）曾参与十字军东征，派遣朝圣军队来回穿梭于欧洲，非常需要地方的援助。当贸易在巴黎日渐繁盛，来往各地的旅行者想在教会所在地寻找庇护与食物，先是在圣母院及普雷的圣日耳曼修道院，然后是圣母马利亚修会，此后则是到托钵僧会。

最重要的宗教空间就是教区。城市学家萨尔曼（Howard Saalman）说："如果说主教座堂是资产阶级（城市居民）的骄傲，那么他们的诞生、生活以及死亡——他们的一切——都无法脱离（教区）。"[1] 所有的法律文献都仰赖教区记录；市场也环绕着教区礼拜堂而设立。人民有需要时，教区总能第一个伸出援手。不过，巴黎人口增多，教区就无法满足地方的需要，于是大型的宗教机构委员会开始接手原先由教区礼拜堂委员所管理的慈善业务。为贫民而设的医院与救济院扩大了，城市里许多新医院都是由更高的教会权威——"在主教的授意下"——所开设的，医院"设在主教或参事会成员的住所附近，这些机构的遗迹至今还可以在老主教座堂边看到。例如，现在的巴黎宗教医院……"[2] 1328 年，巴黎大约有 60 家医院，集中在西堤岛的中心以及右岸；最大的一家邻近圣母院，即主宫医院（hospital of the Hôtel-Dieu）。中央的教会权威也增加了分发救济物资的单位，使其能广泛地发放到整个城市。

活动规模增加，不再局限于地方，而是扩展到全城，教会并没有因此而有官僚化的冷酷，这完全多亏了宗教复兴。为了知道这是怎么发生的，让我们来看看尚·德·谢耶时代巴黎的忏悔者、救济者与园丁的工作。

---

[1] 萨尔曼：《中古城市》（*Medieval Cities*，New York：George Braziller，1968），第 38 页。
[2] 莫拉特（Michel Mollat）：《中古时期的穷人》（*The Poor in the Middle Ages*，New Haven：Yale University Press，1986），戈德哈默译，第 41 页。

忏悔者、救济者和园丁

在中古早期，忏悔相对来说是比较不痛苦的事。忏悔者说明他或她的行为始末，聆听忏悔者则给予一些惩罚或要求他改变行为。到了 12 世纪，忏悔变得比较私密性了，两个人之间的交换负有情感上的责任，这是受到宗教复兴浪潮的影响。忏悔的空间跟过去没有什么不同，密闭的箱子用一个帘子隔着，让教士与教区民众看不见彼此。在忏悔的空间中，现在"修士开始用新的方式来进行忏悔与惩罚"。过去的忏悔只是根据一个抽象的罪名表就下命令，现在不同了。教士"倾向于与忏悔者协商，通过一问一答，来确定错误的相对严重性以及相应的处罚"。[1]借由交换问题与秘密，忏悔让教士与教区民众建立起比较私人性的关系。

从教士这边来看，他不能再说一些如责任、义务的形式语言，他必须要努力地听教区民众说话，弄明白他所听到的东西。忏悔变成了一段叙事，是一个不同于说者跟听者原先所理解的故事。当故事开始合理的时候，一般人都预期教士应该对于教区民众的罪表示同情。就中古时期对忧郁的定义来说，忏悔的行动是个令人忧郁的时候。聆听忏悔者与忏悔者之间必须敞开，但同时又需要内省，因为忏悔者想要让他或她的罪听起来合理。由于教区民众要的不只是按照抽象的格式来说明他或她的罪，而是想在教士的协助下来阐释自己的状况，因此这种忧郁的交换可以给予教区民众力量。在信仰中，他或她看起来是有能力主动参与的。

天主教的仪式大都是模仿了基督，不管是位于乡间的女修道院或是

---

① 利特尔（Lester K. Little）：《中古欧洲的宗教贫困与获利经济》（*Religious Poverty and the Profit Economy in Medieval Europe*，London：Paul Elek，1978），第 199 页。

城市里的主教座堂，都是如此。北欧有所谓城市中古时期的说法，这可能是误导，因为当时的人口纯粹待在城市的非常少。就法国来说，巴黎的人口只占全国的 1%。虽然如此，忏悔在城市却有了新的发展。忏悔的条件是严格匿名的，但在小村落里，教士还是可以轻易地听出忏悔者的声音，知道忏悔者所提到的状况是什么，因而可以凭着已知情况作出判断并提建议。在城市里，忏悔的虚构性已经成为社会事实。在城市忏悔中，要比在小镇或小教区更仰赖话语的真实性。聆听忏悔者必须要仔细地听，他不能再用某种程式来处理一个陌生人的故事。在尚·德·谢耶的巴黎中，这种状况的确发生在圣母院以及普雷的圣日耳曼修道院的忏悔室里，因为这两个教堂吸引了别的教区的民众前来。对于帮助那些没人帮助的穷人与病人的托钵僧会来说，严肃地聆听陌生人更为重要，因为这些"教区民众"是没有教区的。宗教的复兴使得教士们去聆听，城市要求他们在面对不认识的人时有义务这么做。

救济者的故事与聆听忏悔者很类似。虽然基督教强调对穷人的认同，但中古早期的慈善事业，基础却不是建立在同情上面。在从事慈善工作的时候，救济者遵从的是一个更高的权力，他不管愿不愿意都有义务做慈善工作。12 世纪的巴黎学者修姆伯特·德·罗曼斯（Humbert de Romans）在对经营贫民慈善医院的信众讲道时，引用了这个传统的慈善观念：慈善是一个"服侍造物主"的行动，在行动中，基督徒不可以让自己的情感付之敷衍了事的工作中。[①] 对那些将财产捐给修道院来拯救穷人和病人的人士来说，并不需要同情来启发他的动机。这些赠与为慈善者带来美名。除此之外，慈善者还想要得到僧侣的祝福，因为"最能确保永远得到救赎的

---

① 修姆伯特·德·罗曼斯：《讲道》（*Sermons*），xl. 第 475—476 页；引自贾勒特（Bede Jarrett）《中古时期的社会理论，1200—1500》（*Social Theories of Middle Ages 1200—1500*，New York：Frederick Ungar, 1966），第 222 页。

方式，就是让僧侣代为生者求情，为死者（埋葬）并祝福他"。①

宗教复兴改变了城市慈善事业的精神与内容。方济会与多明我会要求入世，而非精神上的孤立。借由帮助他人，基督徒便能涤净自己的灵魂，而模仿基督强化了这种态度。有位史学家认为，在中古时期的巴黎，在因为同情受难者而采取的慈善行为中，还"包括了对于城市社会本身，以及对于有影响力的成员所作的特殊活动，而进行的伦理辩护"。② 可以确定的是，城市集中精力帮助需要帮助的人，但有一个更特别的变化可以说明这个现象。位于右岸靠近中央市场的圣母马利亚修会，在13世纪中叶开始大量雇用俗人来担任救济者。事实显示，俗人越来越介入原本专属于教士（是重要的贪渎来源）的救济事业当中，这意味着城市市民开始在教会的权力结构中扮演起重要的角色。

中古城市的救济者，运作的方式跟现代的福利官僚不一样，后者在处理人类需要上，把人类需要当成一个该填满的表格。当慈善机构遍及城市时，以圣母马利亚修会为例，救济者经常按照教士的指示或是人们的传言到街上去。就像托钵的修士一样，俗人救济者聚拢麻风患者，找出临终者被丢弃的地方，或者将病人抬进医院里去。在街上工作需要主动的态度，为不是自己教区的人做事，而且也不像过去那种被动的地方性慈善工作，在教会的门边控制人的进出。俗人救济者的出现，以及街头上的托钵修士，鼓励了一般人到教会去。在教会中他们可以感受到超越责任感以外的事。

这个慈善的纽带稍微改变了一点圣母院邻近环境的外观。尚·德·谢耶在圣母院南边所盖的修道院墙，将附近的大教堂花园都围起来了——有人估计这道墙才3英尺多高。由于修道院墙很矮，又没有设

---

① 利特尔：《中古欧洲的宗教贫困与获利经济》，第67页。
② 同上书，第173页。

基督教在城市的慈善事业,《善行》(*Good Deeds*),微卷,约公元 1500 年。

防，任何人都可以轻易进入。教会这样的设计，造成民众拥入。于是，花园里尽是弃婴、无家可归的人、麻风病患，以及临终的人。他们白天等待，希望僧侣过来；晚上就以稻草为床，睡在地上。修道院的花园也是用来鼓励人们思考他们灵魂的状态。圣母院的修道院花园在空间中表现了忧郁、露天、充满了受难者，而且又具沉思性。

1250 年，有一种长期的传统开始建立，那就是如何建立起一座能引起忧郁沉思冲动的花园。遗憾的是，中古时期圣母院花园的具体种植资料已经遗失了。不过，我们至少知道尚·德·谢耶的园丁执行任务时所该遵守的规定是什么。

一座城市花园。皮尔·德·克雷松 (Pierre de Crescens)，《农作获利书》(*Le Livre des prouffitz champestres*)，15 世纪。

9 世纪末期，城镇的法国城堡开始建立起自己的装饰花园。在巴黎，位于西堤岛南端修道院外的大型装饰花园遗址（有的依附在私人住宅旁，有的自己独立划出一块区域），可以上溯到 10 世纪。原本城市花园是用来生产草药、水果和蔬菜以供城市之需，但到了 13 世纪 50 年代，在巴黎盖房子显然要比耕作更容易获利，而且从外地购买粮食运入巴黎也比较便宜。因此，1160 年开始的圣母院工作花园，于 1250 年时开始缩减。

巴黎人把圣母院花园当成广场，用来舒解城市住宅与街道的人口压力。不管是在房子里还是在街上，人们都挤在一起。城市住宅的房间功能跟街道一样，人们可以在任何时候来来去去，"挤在一起，生活在杂乱当中，甚至生活在暴民当中。在封建时代的住宅区里，个人没有单独的空间"。[①] 中古时期的巴黎人没有隐私的概念，不可能有专供个人使用的房间。圣母院的花园也挤满了人，花园的植物虽然不能让人有单独的空间，但至少能使人冷静与平静。

中古时期认为花园设计上有 3 个要素，可以创造出鼓励省思内在的功能：凉亭、迷宫以及花园池塘。凉亭只是个用来遮蔽日光的地方。上古时期的园丁用木头屋顶或只是在板凳上加个格子框架就成了凉亭。中古时期的园丁则开始在格子框架上种植物（最常见的是玫瑰与金银花），创造出由花草所构成的封闭空间，人们可以坐在这里，避免他人的侵扰。

中古时期的园丁为了要创造出休息的地方，于是采用了迷宫形式——另一种上古形式。希腊人用低矮的灌木丛来制造迷宫。他们用薰衣草、桃金娘与山道宁构成了一个圆，这个圆有一个界定清楚的圆心，还有许多（让人困惑）向外通到圆周的路。如果散步者找不到正确的路

---

① 杜比："个人的浮现"（"The Emergence of the Individual"），第 509 页。

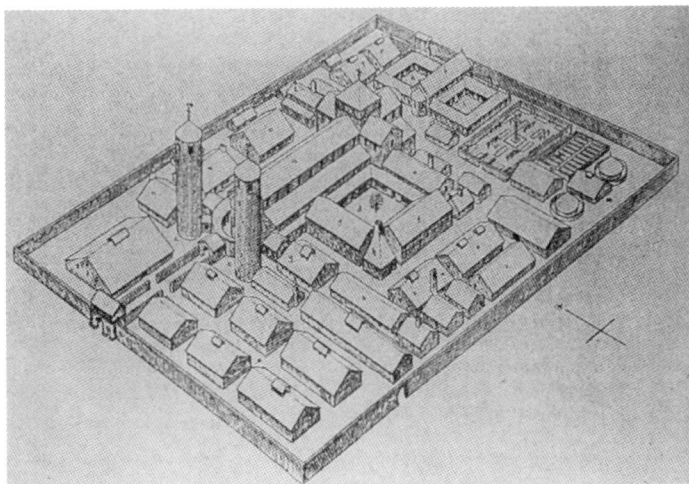

圣加尔修道院鸟瞰图，根据公元816年和817年的师傅设计图。现代复原图，格鲁伯（Karl Gruber）《号角与诞生》（*Horn and Born*, University of California Press）取自圣加尔设计图。版权所有。

出来的话，他或她可以轻易地越过树丛。至于中古时期的迷宫，"路旁的篱笆比人还高，因此如果有人转错了弯，他也无法看透树丛，让自己找到正确的位置"。[①] 用来做迷宫的植物大多数是黄杨，或者是黄杨混杂着紫杉，如著名的中古黄杨迷宫就位于巴黎的托尼尔王宫（Hôtel des Tournelles）花园。遗址的证据显示，尚·德·谢耶曾在圣母院的修道院花园种植了形如犹太人大卫星（原因至今不详）的高大迷宫。在中古时期初期，迷宫象征着灵魂努力地想在灵魂自己的中心找到上帝。在城市中，迷宫则有着比较世俗的目的。一旦某人能够破解迷宫，他或她就可以撤退到迷宫的中心，而不用担心会被别人轻易地找到。

花园池塘是人们可以照的镜子，是可以反射的表面。巴黎每条街道

---

① 哥赛因（Marie Luise Gothein）：《花园艺术史》（*A History of Garden Art*, New York: Hacker, 1966; Heidelberg, 1913），第1册，阿彻-欣德（M. Archer-Hind）译，第188页。

巴黎的托尼尔王宫（Hôrel de Cluny），建于 1485 年到 1498 年之间。它充
分表现出将军事建筑当成城市装饰的味道。

都有井，建筑者将井墙拉到好几英尺高，以免街上尿水、粪便和垃圾流
入污染水源。在尚·德·谢耶时代，装饰喷泉美化了街井，但数量并不
多。相对于街上，修道院花园是比较干净的，因而井墙比较矮。除此之
外，修道院池塘的设计者曾对于是否设置喷泉思考再三，因为水流会破
坏池塘的表面。修道院池塘是液体的镜子，人站在旁边，可以沉思。

花园里所种的植物也是用来创造平静感的。教堂司事修剪教堂内的
玫瑰，用以指示接近神龛时，人们必须沉默；在发生瘟疫时，在童贞女
马利亚像下面供奉紫丁香，它们的香气有镇静的作用。在巴黎街上，人
们带着一小簇药草，他们经常把它贴紧鼻子以驱散有害的味道，而这些
药草在修道院里同时有内省及医疗的功效。圣诞节时，一般认为闻干没
药的味道可以唤起记忆，让人想起耶稣诞生。在四旬斋期间，教堂司事
点燃佛手柑所制成的香。一般认为这种香气可以化解未来一年的怒气。

猜想一下，当一个人坐在圣母院外的玫瑰凉亭里，这时突然看见一
个全身脓疮的麻风病患者，会做何感想。他并不会很惊讶，因为现在这

　　花园作为一个地上的乐园，这个世界以及世界的所有危险都被排除在外。佚名艺术家，《修道院花园》（ *The Cloister Garden*，1519）。版权所有，大都会美术馆（The Metropolitan Museum of Art），哈里斯·布里斯班·迪克基金会（Harris Brisbane Dick Fund），1925 年。

块传统的忧郁空间已经向全城开放了：如果亨利·德·蒙德维尔的希望实现了，那么这种干扰所造成的将是利他主义的响应。我们比较确定的是，对于创造这个空间的劳动，园丁会有什么看法。园丁的劳动让他获得了尊严，然而贸易上的劳动，却没有这等命运。

基督教的劳动

寻找圣域（sanctuary）的梦，从古到今，未曾间断。在《短诗集》（*Eclogues*）中，罗马诗人维吉尔写道：

对于他们这些远离武力争斗的人来说，永远正义的地神，在自愿的土地上注入了安逸的生计……在它们自己的意志下，树木与田野生产着，而他只需捡拾。他的宁静是无虞的，而他的生活永远不匮乏。[①]

早期基督教的禁欲主义，特别是在东方，借由隐居来寻找精神上的圣域。此后，西欧对于圣域的观念则完全相反，主张人们应聚居于修道院里。圣本笃（St. Benedict）使圣域有了一个共同体式的、与地方紧密相连的形式。他也要求僧侣在共居时，应该要"劳动及祷告"（laborare et orare）。花园的劳动就是这种劳动。[②]

基督教的劳动，与提供一个逃避罪恶世界的避难所，两者息息相关。在 9 世纪末及 10 世纪，修道院才刚开始在法国发展，提供圣域的地方主要是在宗教建筑中的两个位置：一个是在教堂旁边的小礼拜堂；

---

① 我对于《维吉尔全集》（*Virgil's Works*，New York：Modern Library，1934）中短诗第十的翻译，作了修改。《维吉尔全集》，麦凯尔（J. W. Mackail）译，德拉姆（Charles Durham）"导论"，第 291 页。
② 萨尔曼：《中古城市》，第 119 页，注 16。

另一个则是依附在教会建筑旁的修道院。礼拜堂圣域供奉的是圣徒；而修道院圣域在象征上与实际上供奉的则是自然，这一点尤其表现在修道院墙内的花园上。基督徒在花园内冥想，可以想象到伊甸园，由此可以再联想到人类的自我毁灭，导致亚当和夏娃被赶出伊甸园。对于原本就居住在乡间的僧侣来说，接近花园是一个修复的行为，一个基督徒试图弥补亚当与夏娃的流放的行为。克莱尔沃的尼古拉斯（Nicolas of Clairvaux）"将所有的创造分成了 5 个区域：尘世、炼狱、地狱、天堂，以及修道院花园（paradisus claustralis）"。[①] 5 个中的最后一个，修道院花园，是一个重新在地上取得的乐园。在这个地方劳动，等于重新获得了一个人的尊严。

在这种意义下，修道院的花园便与《可兰经》所描述的伊斯兰教"乐园花园"（paradise gardens）有所不同，后者出现在像科尔多瓦（Cordoba）这样的城市里。伊斯兰教的花园试图要舒解劳动的疲累；相反，马姆斯伯里的威廉（William of Malmesbury）看到托尔尼修道院（Thorney Abbey）的花园时说道，这里"没有一寸土没有被翻过……在这个地方，耕耘胜过了自然；后者被遗忘，而前者则将昌盛"。[②]

基督教的修院改革者认为，在花园中劳动不只可以让劳动者回到原初的花园，也可以产生属灵上的操练。越是勤勉地劳动，道德的价值也就越高。这一点，西多会（Cistercians）特别强调，西多会要求修士们能够从劳动中摆脱许多教团都因此沉沦的怠惰与腐败。因此，修士在花园中劳动必须是沉默的劳动——这种在花园中保持沉默的规矩，是方济会与西多会所规定的，同样也得到许多本笃会修士赞成。"劳动与祷告"，说明了中古早期的基督徒如何认为劳动可以让身体尊贵。

---

① 科米托（Terry Comito）：《文艺复兴时期的花园观念》（*The Idea of the Garden in the Renaissance*，New Brunswick，NJ：Rutgers University Press，1978），第 41 页。
② 同上书，第 43 页。

在中古极盛期，人类的痛苦与上帝的痛苦所构成的连结，提高了劳动的尊贵性。当人的身体开始劳动，肉体与灵魂的关系就宛如置身于新的光之中。需要弄清楚的是，如拜纳姆所说，通过劳动所达成的个人觉醒，"并不是我们所谓的'个人'"；修士劳动纯粹是为了他的社团。[①]

圣加尔与克雷佛的修士们在被监督的空间中劳动。至于城市，则让劳动的尊贵在较不受控制的世界中显现出来，尊贵与不尊贵在都市空间中彼此混合。圣母院的石头紧挨着塞纳河码头上的石头。主教座堂的尖塔告诉那些需要帮助的人，到城市来求助吧，这些直向天堂的尖塔，为码头、街上及都市小屋里的人提供了圣域。1250 年的庆典，建造圣母院的工人们，目睹了"劳动与祷告"越过了花园进入城市里来：现在已不只是园丁，还加入了砖匠、吹玻璃师，以及木匠。

如果资助圣域的商人也参加了 1250 年的庆典，那么他们的荣耀是不确定的，他们的尊贵也较受质疑。贸易并不是中古意义下的忧郁劳动，也不具备内省的努力。贸易让贸易商困惑，也让修道院中的克雷佛的伯纳德以及研究中的索尔兹伯里的约翰感到困惑。"城市的空间使人自由"，这句谚语看起来是让贸易商从基督徒的情感束缚中解脱。如果中古时期的巴黎中的城市基督徒花园能恢复人类在堕落前的恩宠状态，如果这个新花园能够庇护那些已遍尝亚当和夏娃所未尝之苦的劳动者，那么那些在圣域之外劳动的人就只能在都市的蛮荒中流浪了。

---

① 拜纳姆：《作为母亲的耶稣：中古极盛期的灵性研究》，第 87 页。

第6章　每人都是自己的魔鬼
修姆伯特·德·罗曼斯的巴黎

　　雅典城邦的成员是公民（citizen）。一个中古城镇的成员以法文称自己是 bourgeois（市民），若以德文则称自己是个 Burgher（市民）。这两个字所指称的，要比中产阶级更为广泛。在圣母院工作的雕刻师是市民，只是中古巴黎的市民没有像希腊公民那样的投票权。史学家隆巴德（Maurice Lombard）描述市民时，强调它的世界主义倾向，这完全是城市中商业与贸易发达的缘故。隆巴德写道："'中古市民'是一个站在十字路口的人，不同的城镇中心在这个十字路口重叠，他是一个对外开放的人，接受其城市给他的影响，也接受其他城市给他的影响。"[①] 这种世界主义的外观影响了一个人对自己所属城市的感觉。中古巴黎的非慈善劳动（non-charitable labor）发生在城市空间（space）中，而非发生在场所（places）中：空间可以买卖，借由买卖可以修改空间，空间可以成为一个领域，让人们在里面工作（而不是为了空间而工作）。市民利用的是城市空间。[①]

　　空间与场所的区别在城市形式中是很基本的。不只是要看个人对于所生活地方的情感依附，还牵涉到对时间的体验。在中古巴黎，对空间可以有弹性地运用是与法人（corporation）的出现息息相关，法人是一个在时间进程中有权利改变自己活动的机构。能赶上去抓住机会并且能从无法预先知道的事件中获利，这表示时间已经具有经济意义。经济学中古巴黎地图，约 1300 年。

促成下列两者结合：对空间作功能性利用，对时间作投机性运用。相对之下，基督教的时间建立在耶稣自己的生命故事上，是一个要以心灵来认识的故事。宗教不仅让人对场所产生情感上的依附感，也让人产生了叙事性的时间感，一种对于固定而确定之事的叙述。

早期的基督徒背对着世界，他们虽然感觉到世界充满了变化，但却不知往哪里去。改宗并没有提供路线图来显示早期基督徒的终点站。现在，基督徒在世界上有了一个场所还有一条可以遵循的道路，可是经济上的努力似乎又将基督徒推离了这两者。人们对于自己身体的感觉也卷入了经济与宗教的冲突中。基督教的时间与场所，仰赖于身体的同情力量。经济的时间与空间，则仰赖身体的威胁力量。场所与空间、机会与固定、同情与威胁的对立，发生在城市中每一个既想信仰又想赚钱的市民身上。

1. 经济空间

城、镇、公社

中古巴黎跟当时其他城市一样，它的地理范围包括了三种地产。第一种土地由永久性的墙所设防，墙内的土地则为确定的权力所拥有。如在巴黎，石墙保护着西堤岛，而这座岛又受塞纳河这个天然壕沟保护着，岛上大部分属于国王与教会所有。这样的土地，法国人称为 cité（城）。

第二种土地没有墙，但仍是由庞大而确定的权力所拥有。这种土地法国人称为 Bourg（镇）。巴黎最早的镇是在左岸，即圣日耳曼镇。它像

---

① 隆巴德，引自勒戈夫"导论"，《法国城市史》（*Histoire de la France urbaine*），第 2 册：《中古城市》 （*La Ville Médiévale*, Paris: Le Seuil, 1980)，谢德维尔（André Chedeville)、勒戈夫和罗西欧（Jacques Rossiaud）编。"导论"由我所译。

中古时期巴黎，在城外耕种，林堡兄弟（The Limbourg Brothers），"贝里公爵的富有时光"（Les Très Riches Heures du duc de Berry），历书，6月部分，约 1416 年。

是一个人口稠密的村落，所有土地由 4 个教会所拥有，而这些教会构成了圣日耳曼教区。现在的圣苏比教堂（Church of Saint-Sulpice）就坐落在其中最大的教会土地上。镇不一定只由单一的权力控制。越过圣母院到右岸，1250 年左右沿着河边开始发展出新的区块，既有市场，又有港口。一位小贵族控制港口，另一位则控制市场。

第三种人口稠密的土地，既没有永久性的城墙保护，也不受制于确定的权力。法国人称之为 commune（公社）。公社散布在巴黎周围，经常是小领地领有，是没有大领主的村落。

中古时期巴黎的复兴，将广大的土地围入它的城墙之内，因而改变了公社与镇的地位。城墙扩展分两个阶段。国王菲利浦·奥古斯都在13世纪初期将巴黎的南北岸围起来，用来保护这块在上一世纪就逐渐发展起来的地区；查理五世在14世纪50年代再次扩大巴黎城墙，完全集中在右岸。这些变化合并了原本小而孤立的城、镇和公社，构成了一座城市。国王同意并保证了城墙内镇与公社的经济特权。

巴黎人以城市内石头的数量来衡量城市的改良程度。勒戈夫就指出，"从11世纪开始，建筑业开始繁荣，这对于中古时期的经济有绝对影响，建筑的内容经常是把木造建筑换成石造建筑——不管是教堂、桥梁或房屋"，想投资于石头的欲望，同时表现在私人投资与公共建设上面。[1] 伴随着石头的使用也促进了其他手工业的发展。尚·德·谢耶在建筑圣母院的最后阶段，极大地扩展了城市里玻璃、珍贵首饰和织锦的贸易。

不过，旧镇、城和公社的合并并没有让巴黎的地图变得更清晰。

街　道

我们可以预料一座像中古巴黎这样的大贸易城市，会有完善的道路将货物运往城市各处。在塞纳河岸的确是如此，从1000年到1200年，这些河岸铺了一排石墙，使货物运送更有效率。但是，在内陆，城市的发展并没有因此而创造出有利于运输的道路系统。勒戈夫提到，"道路状况很差，二轮马车或四轮马车的数量有限，而且昂贵。能加以利用的交通工具几乎没有"；甚至于独轮手推车也要等到中世纪末期才出现。[2]

---

[1] 勒戈夫：《中古文明，400—1500》，第207页。
[2] 同上书，第215页。

罗马城那美丽的工程大道深深地刻画在地表上，但那却是过去才有的建筑奇迹。

中古街道的混乱形式以及糟糕的路况，是在城市发展过程中形成的。公社的道路很少延伸到外面以及与其他公社道路相连通。因为公社的边界原本就是一些民众聚居的点，而这些点后来往内汇集成为公社。镇与镇之间的道路也互不相通。街道的混乱面貌也源自土地所有者对于土地的运用方式。

城与镇的大部分土地都已经出租，或者将建筑权出卖给了个人。各个建筑者都有权利来建造他们所认为与国王或者教会所拥有的土地相称的建筑物。除此之外，一幢建筑物的各个部分，在不同楼层或同一楼层，也会分由不同的人拥有及开发。城市学家埃尔（Jacques Heers）说："城市内的建筑地及其周边地区，有一种相当真切的殖民现象。"[①] 地主很少会从城市计划的角度企图影响建筑者。从纯经济的层面来看，除了少数例外，国王或主教是不会强夺建筑物或者是强迫进行买卖的。在巴黎，国王或主教如果行使"土地征收权"（eminent domain），多半是用来建造宫殿或教堂。

中古时期，只有那些建立于罗马时代的城市才会有街道计划和全盘的设计，除了某些城市如特里尔（Trier）与米兰（Milan）以外，一般的城市随着发展，将罗马的方格设计切割得满目疮痍，城市里各个地区彼此不相连接。不管是国王、主教还是市民，都不具有城市的整体概念。有位史学家认为："公领域的狭隘不通与片断化，从城市的地形学来看，反映了国家软弱、资源不足以及雄心有限。"[②] 建筑者把能拆的

---

① 埃尔：《中世纪的城市》（*La Ville au Moyen Age*，Paris：Fayard，1990），第 189 页。

② 孔塔米纳（Philippe Contamine）："从农家的炉边到教宗的宫殿：14 到 15 世纪"（"Peasant Hearth to Papal Palace：The Fourteenth and Fifteenth Centuries"），载于杜比（Duby）与阿里耶斯（Ariès）编《私人生活史》（*A History of Private Life*），第 2 册：《中古世界的显露》（*Revelations of the Medieval World*），第 439 页。

都拆掉，而邻居彼此以法律诉讼来对抗对方的工程，并且还经常找来帮派分子拆掉对方已完工的建筑物。从这种威胁中，产生了巴黎的城市结构，"扭曲的迷宫、迷你的街道、死巷子和庭院。广场很小，而且视野也不开阔，建筑物都紧挨着街道，交通总是阻塞"。①

中古开罗与中古巴黎，虽然从现代的眼光来看都是一样的混杂，但还是形成了明显的对比。《可兰经》对于门的设置以及门与窗的空间关系，都有详细的规定。在中古开罗，凡土地为穆斯林所拥有者，都要遵守这个规定，而这个规定由城市的慈善团体来执行。除此之外，这些建筑物都必须在形式上彼此相连，彼此关照。例如，房子不可挡了邻居的门。宗教的命令构成了建筑的整体性，而这种整体性并没有造成街道形式的一元化。中古巴黎并不存在着这样的神圣命令——也不存在着国王或贵族的命令——要求居民建筑住房时应考虑到左邻右舍。人们往往任意地打洞开窗，随便地增建楼层。建筑者堵塞通路也是稀松平常的事情。

中古巴黎的街道，几乎只能说是建筑物与建筑物之间所残留出来的一块空地。在伟大的文艺复兴宫殿于玛莱区（Marais）出现之前，右岸沼泽地的街道非常狭窄，仅容一人通过，这是因为每个屋主都越界建筑所致。修道院以及国王的区域，道路状况比较良好，这是因为所有者同时也是建筑者的缘故。不过，即使是在圣母院附近的主教区域，不同的教团也会任意地侵入道路用地，以测试他们特权的极限。

街道带有一种威胁性的印记，它是一块人们在主张权利与权力之后所剩下来的空间。街道不是以一般劳动建设而成的花园，更不是修道院的"场所"。如果街道缺乏"场所"的性质，那至少它还拥有某种视觉

① 孔塔米纳（Philippe Contamine）："从农家的炉边到教宗的宫殿：14 到 15 世纪"，载于杜比（Duby）与阿里耶斯（Ariès）编《私人生活史》，第 2 册：《中古世界的显露》，第 439 页。

巴黎残留的中古街道。

特征，让它可以作为一个经济空间而产生功能。这些特征可以从街道旁边的房屋外墙看得出来。

在古希腊与古罗马城市中，非仪式性的以及较穷困的区域里，与街道相连的房屋外墙是坚固的屏障。中古的都市经济却让街墙可以穿透。

城市手工业者的工作坊。布尔迪雄（Jean Bourdichon），15 世纪晚期插图。

在巴黎右岸的皮革工匠区里，每家店铺都设计出一种特殊的窗户建筑，利用窗户来陈列商品以吸引街上走过的人群：窗户有一块木制的窗板，可以往外打开，放平当成柜台。第一个具有这种窗户设计的建筑物可以追溯到 12 世纪初期。商人除了用这种方式来陈列商品，也可以让人们察觉到店里面有东西而吸引他们往店里面看。走在街上的买主看着街墙，墙的表面现在变成了主动的经济区域。

中古的庭院也以相同的方式与街上的经济活动相连结。庭院一方面作为展示间，另一方面也是工作室，它的入口慢慢地增加，人们经过的时候可以看到里面在做什么。最晚到了 16 世纪，即使是玛莱区的大宫殿，一楼的庭院也是用来当作店铺使用。各种店铺密密麻麻，挤得像蜂窝一样。它们制造并贩卖物品给大众，并为楼上贵族家庭提供食物。

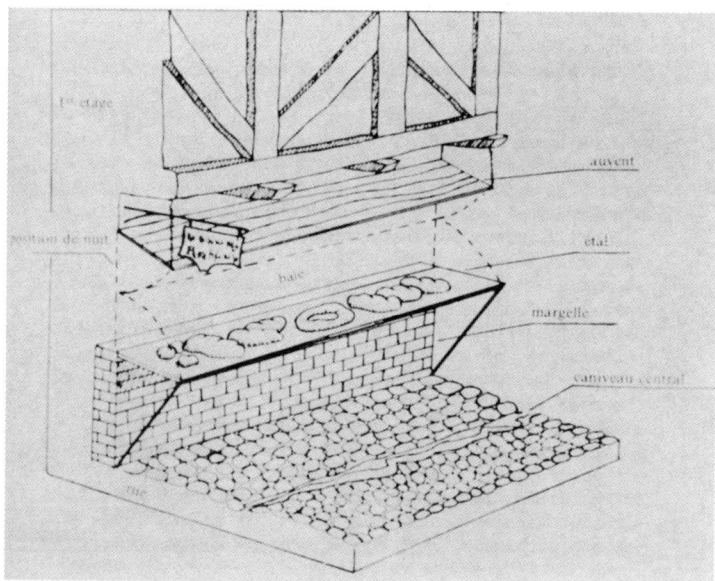

图解巴黎中古街墙店铺。

这种充满气孔的经济街道空间，它的发展激励了街道时间的改变。上古城市仰赖的是日光，而中古巴黎的贸易延长了街道的时间。人们是在开始他们一天劳动之前或结束他们一天劳动之后，才上街的。因此，傍晚或清晨就变成了消费的时刻。如面包店是早上开店，而肉店则是在晚上开店，卖肉的总是在白天买肉进行加工，把肉烤熟，晚上再把肉卖出去。只要有人在街上走动，窗板就会放下来，而庭院也不会上锁关闭。

这些街道旁的建筑物都是在以威胁手法来伸张权力的过程中产生的，而这些街道旁的气孔式表面也促进了经济竞争。除此之外，街道本身也充满了暴力。现代街头犯罪的经验，让我们无须想象也能了解中古街头的邪恶是怎么一回事。不过，我们也不能单纯地用逻辑推论，就认为中古的街头暴力完全是经济发展的结果。

街头暴力的目标多半针对的是人而非财物。在 1405 到 1406 年间（巴黎第一个可靠的犯罪数据），巴黎刑事法院的案件中有 54% 是"激愤犯罪"，只有 6% 是抢劫。1411 到 1420 年间，有 76% 是激愤的暴力伤害案件，7% 是偷窃。① 可以说明这些现象的是，当时的商人几乎都雇用了警卫，当时的富豪也有小型的私人军队来保护自己的豪宅。从 1160 年开始，巴黎就有了市立的警察队，但是他们的人数相当少，而且他们的责任绝大部分是保护在城市里走动的官员。

从中古极盛期到晚期的犯罪统计，对我们来说是太粗略了，没有办法从中判断出哪一种人是主要的被攻击者，是在家中或街上，是熟人还是陌生人。从当时富人阶层普遍雇有警卫和军人来看，我们可以大概地推论出，大部分的暴力行为是穷人所为，而他们的受害者也是穷人。不

---

① 勒盖（Jean-Pierre Leguay）：《中世纪的街道》（*La rue au Moyen Age*，Rennes，France：Editions Ouest-France，1984），第 156—157 页。

过，我们可以很肯定地说，这些暴力的主要原因都是来自于饮酒。

在法国的农村地区都兰（Touraine），有 35％的谋杀与重大伤害与饮酒有关。在巴黎，比例还会更高，因为喝酒的地点不仅仅限于家中，在家里喝酒可能倒头就睡，而且还包括了街边的公共地窖或酒店。① 一群人在深夜喝醉酒以后，往往在街上因为细小事故就大打出手。

之所以需要喝酒，是出于不得已，是需要体热。在北方城市里，建筑物里头如果缺乏有效的热源，酒便可拿来温暖人的身体。壁炉安置在墙壁上，有一个小烟道直通到墙外烟囱，这个景象要等到 15 世纪才出现。在此之前，开放式的火盆或火炉就放在地板上，用以提供整个建筑物热量。火盆或火炉所造成的烟，也让人无法靠得太近。除此之外，热气很快就消散掉了，当时一般的城市建筑物的窗户几乎都没有安装玻璃。酒也可以当成麻醉剂来减轻疼痛。酒在当时就像现代的海洛因或可卡因一样，在中世纪创造了一种药物文化，在公共地窖与酒店这样的场合尤其如此。

街头暴力也可能造成政治上的动乱，在巴黎或其他中古城市都是如此。"城市暴动都是在街上产生、催化并加重的"，② 这些暴动背后的原因都不是个人的，例如分配谷物的官员贪污。在巴黎，国王或主教所派来的警察往往可以在很短的时间内镇压暴动，从数小时到几天不等。人们在街上所感受到的肢体暴力往往不可预测——可能一个喝醉酒、步履蹒跚的家伙无缘无故就会刺你一刀，或朝你肚子打一拳。我们可能要想象一下，当时的街道具有不同而且不连续的威胁形式：一个是目的明确的经济竞争，另一个则是盲目冲动的非经济暴力。

语言暴力在经济活动中扮演着重要角色，但它很少演变成暴力行

---

① 勒盖：《中世纪的街道》，第 155 页。
② 同上书，第 198 页。本人所译。

为。人们可能跑到债务人家里去讨债，毫不留情面地直接羞辱对方。有些历史学家相信，所谓的语言暴力，就在于允许竞争者在不用拳头的状况下，尽情地威胁对方。如果真是那样的话，那么统治城市的政治与教会权威就不会去惩罚那些威胁者，不管是卖方在买方不买的状况下威胁要揍他或杀了他，还是买方在街上不断骚扰卖方。

财产犯罪并不严重，显示城市空间中仍拥有有效而独特的秩序。这一点在当时的开罗可能看不到，因为开罗的贸易是受到宗教法规的限制。除了反对高利贷或偷窃外，《旧约》或《新约》对于经济行为就没有太多的说明了。这也许就是索尔兹伯里的约翰始终无法理解经济行为的原因。经济竞争并不是《医学》意义上的胆汁，跟打仗的士兵所产生的暴力胆汁不同。它也跟统治者的血腥命令毫无相似之处，更别提学者的缜密思考了。竞争当然也不是忧郁，更不是养育。这个经济活动的模式在市集和市场上会比较明显，而相对于街道、市集或市场更能显示出市民的控制力。

市集与市场

我们今天所说的日本模式，也就是政府与市场的混合经济模式，也反映在中古城市中。中古巴黎对塞纳河的使用，可以让我们看出这两种经济模式是如何混合的。①

想象有人用船载着货物，沿着河流从别处航行过来。当这艘船抵达巴黎时，它要在大桥（Grand Pont）缴交通行税，并且要在当地法人（称为水商 "marchands de l'eau"）处登记。如果装载的货物是酒，也就

---

① 参见埃格伯特（Virginia Wylie Egbert）《论中古巴黎的桥梁：一个 14 世纪的生活记录》（*On the Bridges of Medieval Paris：A Record of Fourteenth-Century Life*，Princeton：Princeton University Press，1974）。

是巴黎最主要的进口品之一，那么只有巴黎人才可以在码头上卸货，至于不能卸货而必须把酒放在船上的船只也只能停靠 3 天。这个规定确保了交通的畅通，但也让商人——水手承受贩卖的巨大压力。码头因此是一幅忙乱的活动景象，分秒必争。

1200 年时只有两座主要桥梁横跨塞纳河，大桥跟小桥（Petit Pont）。沿桥有房屋与店铺，每一座桥都有特定的贸易项目。例如，小桥上的药房将送到桥下码头的香料拿来制药。城市当局规定了药的纯度与浓度。即便是在河上捕鱼，也要"遵守国王的法令，圣母院以及普雷的圣日耳曼修道院的教规。他们在与渔民签订 3 年契约时，要求渔民对着《圣经》发誓，不抓在一定尺寸以内的鲤鱼、梭子鱼或鳗鱼"。[1]

商人在桥上或在码头上买到货物后，就把货物运到市集去，市集是用来买卖的地方，量要比街上大得多。货物卖不完就送回到码头去，再运往别的城市去贩卖，或者是再往下分配到街上的零售商去贩卖。中古巴黎最重要的市集是伦第市集（Lendit Fair），一年一次在巴黎附近的市集场地开市，这个市集始于黑暗年代最黑暗的时刻即 7 世纪。在欧洲城市崩溃的时期，像伦第这样的市集所作的交易都是小额和当地买卖，而且都是以物易物，不用货币。有时候会出现中间商，但并不多见。市集后来变成了城市与城市之间的联系组织，将各个市场连通起来。

到了中古极盛期，货物的全景变得广大而热闹。大市集不再是在露天或帐篷下进行买卖了。相反，如经济史家洛佩兹（Robert Lopez）指出的那样，它们是在"国家所建造的用来进行分类与特定买卖的大厅里，或者是在有屋顶的广场及拱廊小巷里进行"。[2]摊位上挂着旗子与吊饰；长桌在侧廊中摆开，人们可以在上头吃喝与交易。圣徒雕像与图画

---

① 埃格伯特：《论中古巴黎的桥梁：一个 14 世纪的生活记录》，第 26 页。
② 洛佩兹：《中世纪的商业革命，930—1350》（*The Commercial Revolution of the Middle Ages，930—1350*，Englewood Cliffs, NJ: Prentice -Hall, 1971），第 88 页。

的陈列更让市集增色不少，因为开市的时候往往刚好碰上了宗教假日或节庆，而这意味着会有许多放假的消费者前来购买。因为市集与宗教仪式密不可分，所以为了要延长交易热潮，许多店家特别在圣徒像上加工装饰。虽然宗教节庆应该是神圣的买卖才对，但很多教士仍然大力反对宗教与市集的联结，因为圣徒应该是供奉，而不是拿来与香水、香料和酒交换的。

这些中古市集的夺目光彩，也许会误导了现代人的眼睛，因为它们的色彩掩盖了背后致命的讽刺。当城市经济因为市集的发展而开始复苏的时候，市集本身却开始萎缩。举例来说，12世纪时，伦第市集为巴黎的铁匠和纺织工提供了一个销售产品的机会。巴黎人发现他们的顾客越来越多，甚至有从远方来的。所以，商人很自然地想到，为了不流失这些顾客，他们必须延长做生意的时间，而不是每一季才买卖一次。因此，"如果绝对交易量……随着商业革命的进展而不断上升，则'市集'在总贸易量里所占的份额将会不断减少"。① 经济发展弱化了单一的、管制的贸易地点。铁匠与纺织工开始在街上他们所工作的地方，与先前他们每一季才在市集交易一次的顾客做买卖。

教士修姆伯特·德·罗曼斯在13世纪中叶时写道："虽然市场与市集这两个词，我们在使用时经常不加以区别，但两者间确有分别。"他特别是指那些在城市街道上每个礼拜买卖一次的市场，市场从气孔空间中流到了庭院，有时还甚至于流到了散布于全城各处的小墓地里。12世纪，这些街市在周市的基础上，开始取代市集的年市买卖。它们开始陈列皮革与铁器，并且在露天时只靠一片布幕就开始提供融资服务，只不过黄金并不会摆在街上。

这些市场空间大大地削弱了国家对贸易的管制权力。商人在某个市

---

① 洛佩兹：《中世纪的商业革命，930—1350》，第89页。

场受到法规的限制，就会马上转移到另一个市场去，以躲避管制。除此之外，市场也打破了宗教对于市集所设下的限制。即便是圣日也照常买卖，连高利贷也开始兴盛起来。对于当时以及后来的作家来说，正因为市场毫无限制，所以它似乎比市集或街上的非市场交易更具威胁性。修姆伯特·德·罗曼斯认为，"市场在道德上比市集更恶劣"，并将这两者予以比对：

> 它们都在宗教节日那天开市，让人们都因此忘记了神圣的职责。……有时候，它们开始的地点还选在墓地或其他神圣场所。你经常会听到人们在那里发誓："上帝作证，我绝不会为此付这么多钱"……"以上帝之名，这东西绝不值这么多钱"。有时候，连领主也会在市场上被骗，这是一种背信与不忠实的行为……争端因此而生……饮酒时有所闻。①

为了要解释为什么市场在道德上要比市集堕落，修姆伯特·德·罗曼斯说了一个故事，它是关于一个人：

> 进入修道院，发现里面有许多魔鬼，但在市场却只看到一个，独自地在高柱上。他觉得很奇怪。不过，有人跟他说，这是因为修道院是用来帮助灵魂拥抱上帝，因此需要那么多的魔鬼来引诱教士，让他们走入歧途，然而在市场里，由于每个人都是自己的魔鬼，因此只要派一个魔鬼去就成了。②

---

① 修姆伯特·德·罗曼斯：《讲道》，第 xcii 页，《论商人》（*In Merchatis*），第 562 页；引自贾勒特《中古时期的社会理论》，第 164 页。
② 同上。

市场中的"每个人都是自己的魔鬼",这句话令人好奇。我们可以了解经济学会让一个人变成别人的魔鬼,但为什么会变成自己的魔鬼?这时候宗教解释就进来了:威胁竞争的魔鬼让一个人无法知道什么是对自己最好的,事实上,那个所谓最好的东西就是同情心。不过,另一种更流行的说法是:完全无拘束的经济竞争将造成自我毁灭。经济动物想借着建立像市集这样多余的东西,以为能从中获得更多,其实终将失去一切。这只是时间的问题而已。

2. 经济时间

行会与法人

中古行会(guild)的出现是为了要防止经济的自我毁灭。一个手工业行会整合了一个产业的所有工人,使其成为单一团体。在这单一团体里,师傅(master workers)对于责任、晋升和利润予以统一规定,并与熟练工人(journeymen)和学徒(apprentices)签约,用以管理工人的整个事务。每个行会也是个社团,为工人们提供健康照顾,同时在工人死后,还会继续照顾他们的妻子及儿女。洛佩兹将都市行会描述成"一个自主的工作坊联盟,工作坊的所有人(师傅)决定一切,并且规定从下层(熟练工人、雇工,以及学徒)晋升的必要条件。内部冲突总是因为手工业的共同利益而减到最小"。[①] 法国人称手工业行会为 corps de métiers;"手工业名录"(Livre des Métiers)编于 1268 年,里面"列出了巴黎约 100 个有组织的手工业者,其中又分为 7 类:食品,装饰和美术

---

① 洛佩兹:《中世纪的商业革命,930—1350》,第 127 页。

品，金属制品，纺织品，毛皮业，建筑业"。① 虽然行会在原则上是个独立体，但实际上国王的大臣却可以通过特许状（charter）来决定它的运作。特许状的内容及其修改，往往由大臣与行会的师傅们共同商议而制成。

许多巴黎手工业特许状对于相同商品的竞争者有详细的行为规定。特许状也严令禁止一些动作，如肉贩不可彼此侮辱，或者是卖衣小贩不可同时在街上对着顾客叫卖。除此之外，早期行会的特许状还企图要将产品标准化，努力对手工业进行集体控制。特许状详列了特定产品所使用的原料量、产品重量，以及最重要的价格。举例来说，1300年左右，巴黎行会规定了面包的"标准尺寸"。这是为了要让做面包时所用谷物的重量与种类完全一致，以此来统一定价，不采用市场价格。

行会高度察觉到竞争若无限制，将招致摧毁经济的后果。因此，除了控制价格以外，行会还控制每家店铺所能生产的量。如此，竞争就会变成提高工人的素质，以制造出更好的产品。"行会还禁止天黑以后的超时工作，有时候也限制师傅雇用的员工数。"② 行会努力限制竞争，表现在市集上，同样也是控制售价以及产量。然而，控制竞争并没有让行会更强大。

原因在于，不同行会有竞争上的利益。经济史学家霍杰特（Gerald Hodgett）写道，在食品工艺比较强的城镇里，"食品价格比较不容易压低。相反，在那些商人行会希望食品价格降低的城镇却比较容易"；当食品价格低时，商人有最大的利益，因为这就表示工资比较低，以及要卖的东西比较便宜。③ 虽然行会越来越严守规范，但实际上这种做法却

---

① 鲍德温（Summerfield Baldwin）：《中世纪的商业》（*Business in the Middle Ages*，New York：Cooper Square Press, 1968），第 58 页。
② 洛佩兹：《中世纪的商业革命，930—1350》，第 127 页。
③ 霍杰特：《中古欧洲社会经济史》（*A Social and Economic History of Medieval Europe*，London：Methuen, 1972），第 58 页。

无法适应一段时间内经济增长所带来的变化。

那些从事长途货物运输的行会，经常与外地人打交道。行会里，有一些人就开始跟那些非本地人私下里来往。当有一部分人开始破坏行规时，行会里的人也就开始打破规矩。12 世纪时，产品标准化也开始崩解，这是因为店家在面对市场停滞不前时，不得不在货物上动点手脚，以让顾客能区别他的东西与别人的不同。例如巴黎的肉贩，同样都是卖肉，可是每一家切肉都各有花样。在有些商业交易上，还是有可能避免市场的毁灭压力。奢侈品如珠宝之类就属于非竞争交易，但买卖双方在商定价格时还是免不了要有一番争吵。在中古都市行会中，尽管原则上工人终身都要恪守既定的规则。不过，一般而言，这些规定已经越来越像是一种仪式的象征，而不具有强制性。

当行会对成员的控制力减弱时，它们试图将自己定位为一个值得尊崇的机构，并且持续地履行一些仪式，或陈列一些货品来缅怀过去的安逸岁月。在 13 世纪 50 年代中期的市集中，铁匠会穿上展示用的古代盔甲，非常笨重，而且跟当时所卖的盔甲完全不同。此后，行会的成员只成了一种炫耀身份的象征，他们在行会晚宴中穿着华丽的衣裳出席，彼此（这些人现在都在竞争中寻找存活的机会）展示着行会的链子与印章。

行会是法人，当行会开始弱化时，其他更能适应变迁的法人便代之而繁盛起来。中古时期的法人与大学无异。"大学"（university）这个词在中古时期的意义并不是狭义地仅指教育；"它表示的是法人组织或具有独立法律地位的团体"。[①] 一所大学要成为法人，就要取得特许状。

---

① 莱夫（Gordon Leff）：《13、14 世纪的巴黎及牛津大学：一个制度与思想的历史》（*Paris and Oxford Universities in the Thirteenth and Fourteenth Century*：*An Institutional and Intellectual History*，New York：John Wiley & Sons，1968），第 16—17 页。

特许状的内容规定了一个特定团体借以活动的权利与特权。它不是现代意义下的宪法，甚至也谈不上如英国大宪章（Magna Carta）那样的全社会特许状。法制史家认为，中古时期所说的是"特权的特许（charters of liberties），而非自由的特许（charters of liberty）"。[①] 一个团体所具有的集体权利是被写下来的，更重要的是，这个权利还可以改写。因此，大学与中古农村封建体制有所不同，后者的契约即使写好了，也不影响它恒久的效力，例如行会所拥有的特权就是终身权利。关于大学能做什么或者能在哪儿做什么，都是可以视情况轻易地经由再协商而改变的。它们是被设定在时间中的经济工具。

封建主义"给予了人们某种保障，因而相对产生了一些福利"。[②] 大学也许看起来不稳定，但重写特许状内容与重新赋予的权利却让大学可以存续更久远。史学家坎特罗威茨（Ernst Kantorowicz）引用了中古时期的学说，"国王永远不死"（rex qui nunquam moritur），来解释在一个国家里，纵然国王死了，但国王这个职位并不因为他的死亡而消逝："国王双体说"（King's two bodies）假定有一个永续的国王，那就是国王职位（kingship），它在每个国王的血肉之躯之间传递着。[③] 特许的权利从某方面来说，跟中古时期的"国王双体说"是一样的。大学持续从事业务，不会因为它的发起人死去，或业务内容改变，以及从事业务的地点更动而受到影响。

因此，中古时期实际从事教育的法人，其构成成员是教师而非建筑物。当教师开始在租来的房间或教堂对学生讲课时，就表示一所大学成

---

① 贾勒特：《中古时期的社会理论》，第 95 页。
② 勒戈夫：《要钱还是要命：中世纪的经济与宗教》（*Your Money or Your Life：Economy and Religion in the Middle Ages*，New York：Zone，1988），拉努姆（Patricia Ranum）译，第 67 页。
③ 坎特罗威茨：《国王双体说：中古政治神学研究》（*The King's Two Bodies：A Study in Medieval Political Theology*，Princeton：Princeton University Press，1981），第 316 页。

立了，而大学起初没有自己的财产。学者们放弃博洛尼亚（Bologna），于 1222 年在帕多瓦（Padua）另建大学，而另一批学者则离开牛津，于 1209 年创立了剑桥大学。"没有财产反而让他们的行动自由"。① 法人的自主让它能脱离场所与过去的束缚。

特许的权力结合了教育与商业的世界一同运作，因为要修改特许内容需要能玩弄语言的人。这些语言技巧则是在教育的法人中发展出来的。12 世纪初期，阿伯拉尔（Peter Abelard）在巴黎大学教授神学。他的教法是开启与学生的辩论，而这个智性竞争（disputatio）的过程，与旧式的教法（lectio）形成对比。后者主要由教师大声地逐句朗诵《圣经》，并且予以解释一番，学生则将这些东西抄记下来。智性竞争仍然把握起初的命题，但作了一些改变，就像音乐有主旋律有变奏曲一样，在教师与学生之间往复来回。虽然交互质问的模式对于教会的传统教阶观念来说极不受欢迎，但是这种方式仍广受大学生欢迎，原因不难理解，因为很实用：智性竞争可以让学生习得在成人世界竞争的技巧。

中古时期，国家可以决定一个特定的法人是否有权、在何时、以何种方式来重新拟定自己的特许内容。举例来说，在 13 世纪 20 年代，有 4 位巴黎贵族受到劝说，去投资面着圣路易岛的塞纳河北岸码头支撑工程。国王告诉贵族，只要他们愿意投资，他将保证贵族在城市其他地区的佃农可以免除古老的契约义务，并移居到比较现代的区域。对我们来说，这只是寻常的小事。但是，在当时，却是划时代的大事。经济的变迁已经变成了一种权利，由国家来加以保障。

可以修改特许内容的这种权力，构成了现代法人的概念。如果特许的内容可以加以修改，那借由特许来加以界定的法人，其所拥有的结构将会超越任何时点所拥有的功能。举例来说，如果巴黎大学将某一科目

---

① 莱夫：《13、14 世纪的巴黎及牛津大学：一个制度与思想的历史》，第 8 页。

从课程大纲中剔除，或者有教师离开到别的大学去，这并不表示巴黎大学将会消失。同样的道理，一个玻璃总公司（Universal Glass Corporation）也许早就已经不制造玻璃了。不受固定功能拘束的法人结构有利于在多变的市场环境、新商品以及充满偶然性的世界里生存。厂商可以随时调整，才能永续经营。

法人的起源对我们来说还有另外一层意义，即韦伯所说的"自治"（autonomy）。自治指的是有能力改变；自治也需要能改变的权利。这个说法对现代人而言可说是不言自明的，但在当时却是个极大的革命。

经济时间与基督教时间

1284 年，法国国王美男子腓力（Phillip the Fair）发现在他的国家境内，一年之中利率最高可以达到 266%，而一般情况则在 12%～33% 之间。这样的数字在当时来说是一种讽刺。纪尧姆（Guillaume d'Auxerre）于 1210 年到 1220 年间所写的《论黄金》（Summa aurea）中，提到放高利贷的人"贩卖时间"。[①] 多明我会修士波旁的埃蒂安（Etienne de Bourbon）也说："放高利贷的人只贩卖对金钱的渴望，也就是时间；他们卖的是白天与晚上。"[②] 纪尧姆在解释他的想法时，提到了在模仿基督时所唤起的同情心与社团情感。纪尧姆说："每个人都应该发挥自己的特长，如太阳应该发出亮光，而大地应该生产万物。"然而放高利贷的人却让男男女女无法发挥才能，他们剥夺了人们得以对社团有所贡献

---

① 纪尧姆：《论黄金》，第 3 卷，第 21 页；原本存于佛罗伦萨的克罗切图书馆（Biblioteca S. Croce）。引文为本人所译，转引自勒戈夫"基督徒的时间与商人的时间"（Temps de l'Eglise et temps du marchard），《年鉴》，第 15 期（1960），第 417 页。

② 波旁的埃蒂安：《凡例举舆》（Tabula Exemplorum），韦尔特（J. T. Welter）编译（1926），第 139 页。

的可能。放高利贷的人在基督教的历史上没有地位。[1] 如果我们能考虑一下中古时期还有许多人相信基督即将再临，那么上面的说法就比较容易理解了。那些还没有参加基督徒社团的人，将会在审判日被扫灭，而这一天可能会在几年或甚至是几个月内来到。[2] 不过，人们其实不用等待千禧年，也不用想到放贷者，也都能察觉到基督教的时间观与经济的时间观两者之间所存在的巨大差异。

法人可以将过去一笔抹杀。如勒戈夫所指出的那样，它是非常独断的，而且是一种城市的时间，"农夫屈服于……气候的时间，屈服于四季的循环"。然而，在市场上，"分秒之间就可以创造或夺去财富"，巴黎的码头就是如此。[3] 这种城市的经济的时间有另一方面。时间变成了一种商品，以付以固定薪资的工时来衡量。在修姆伯特·德·罗曼斯的巴黎，这种衡量用的时间单位在行会中刚开始采用：行会的契约，特别是在制造业的贸易上，是以所需工时作为薪资计算的基础，而不是采用按件计酬的方式。[4] 变迁的时间与时钟的时间是经济的两个方面。经济的时间具有断裂以及界定的力量，但却缺乏叙事性——它所开展的不是故事性的情节。

相反，神学家圣维克多的休斯（Hugues de Saint-Victor）则认为基督教的"历史是个叙事体"。[5] 他的意思是说，基督教历史上所有的重要

---

① 波旁的埃蒂安：《凡例举舆》（Tabula Exemplorum），韦尔特（J. T. Welter）编译（1926），第 139 页。

② 参见科恩（Norman Cohn）《千禧年的追求：中古时期的革命千禧年分子与神秘的无政府主义者》（The Pursuit of the Millennium：Revolutionary Millenarians and Mystical Anarchists of the Middle Ages，New York：Oxford University Press，1972），修订版。

③ 勒戈夫："基督徒的时间与商人的时间"，第 424—425 页。

④ 参见兰德斯（David Landes）《时间的革命：时钟与近代世界的形成》（Revolution in Time：Clocks and the Making of the Modern World，Cambridge，MA：Belknap Press，1983）。

⑤ 引自多明我会会士歇努（Marie-Dominique Chenu）《十七世纪的神学》（La théologie au XIIme siècle，Paris：J. Vrin，1957；1976），第 66 页。

事件都是按照基督本身的故事而依次发生的。越接近基督的人，就越觉得这些事件的意义是再清楚不过的，而除此之外的人，则会觉得这些事件毫无意义而且是偶然的。认为基督教的历史具有叙事性，其信仰的基础与冲力完全是来自于模仿基督上：他的身体所诉说的不是与人无关的故事，或者是曾经发生过的故事，而是一个历久弥新的故事；只要能够信靠他，那么时间的箭头所指方向就会变得十分清楚。

这种基督教的时间不存在个人的自主性，譬如像法人自治的那种状况。模仿基督而非自治，控制了一个人的行为举措；模仿必须完全遵守，因为基督的生命历程没有一件是偶然的。除此之外，基督教时间与时钟时间也鲜有共通之处。忏悔的长短不影响它的价值；过去对罪的计算方式，到了中古极盛期已逐渐让位给了现代哲学家贝格松（Henri Bergson）所谓的"时间中的存在"（durée），忏悔者与罪人在情感上相互连结在一起。忏悔是持续一秒或一个钟头并不重要；惟一重要的是它发生了。

经济人

现在，我们可以理解为什么修姆伯特·德·罗曼斯说市场上的人是"自己的魔鬼"。经济人（Homo economicus）生活所在是空间（space），而非场所（place）。在商业革命时期开始发达起来的法人，把时间当成是空间。法人是个有弹性的结构，它可以存续是因为它可以改变。它的弹性在于它所处理的时间的量，它将工作的量以工时的方式表现出来。它的自治以及工时计算方式都与基督教信仰的叙事性时间格格不入。一个贸易商摧毁他的竞争者的过程，就跟一个放高利贷的人、一个老板、一个赌徒把其他人的生活摧毁的方式完全一样。经济人的确对他人来说是魔鬼，但他同时也是自己的魔鬼，因为他具有自我摧毁的特质。他所用来赚取财富的工具，将会使他在审判日时受到严惩。奉献的精神在经济的时间以及空间中可以说是付之阙如。

经济史学家赫希曼（Albert Hirschmann）在讨论经济人的起源时，并没有提到早期资本主义的摧毁性力量。对赫希曼来说，经济活动是一种冷静的追求，不同于"中古骑士对于荣誉的热烈追求"。[①] 虽然赫希曼在《热情与利益：资本主义胜利之前的政治论争》（*The Passions and the Interests：Political Arguments for Capitalism before its Triumph*）中把他的目光放在稍晚一点的时代，但他也应该注意到中古作家孔什的威廉（William of Conches）的想法，后者称赞一种骑士、十字军或一些千禧年宗教信仰者所普遍缺乏的特质。这种特质就是中庸（modestia），孔什的威廉认为，中庸就是"让举止、行动以及所有的做法都能去有余而补不足的一种德行"。[②] 圣路易本人"在每件事情上、在衣着上，以及在饮食上都遵守并赞美中庸（juste milieu）"。对他来说，"理想的人就是正直的人（prudhomme），这种人不等同于勇敢的骑士，他的勇敢必须与智慧和节制相关联"。[③] 然而，经济人在本质上却是不够谨慎的。

经济个人主义在现代社会所占的比重甚大，以致我们几乎无法想象在日常行为中是否有必要持利他主义或同情心。然而，中古时期的人由于信仰的关系，却完全可以理解。忽略灵魂的状态，是一种不谨慎，甚至可以说是彻底的愚蠢。一旦被赶出了基督教社团，就意味着将处于野兽般堕落的生活中。人们之所以投入经济上的个人主义，其中并不是没有精神上的诱因。在当时，有什么东西可以将一个社团结合在一起呢？

---

① 赫希曼：《热情与利益：资本主义胜利之前的政治论争》（Princeton：Princeton University Press，1977），第10—11页。
② 孔什的威廉：《哲学道德》（*Moralis philosophia*），第171页，第1034—1035页；引自施密特（Jean-Claude Schmitt）"姿势的伦理"（The Ethics of Gesture），费赫尔、纳达夫及塔齐编，《人类身体历史的断简残篇》，第139页。
③ 勒戈夫：《要钱还是要命：中世纪的经济与宗教》，第73页。

空间与场所之间的紧张关系在调和上左右为难，首先出现在中古极盛期的巴黎，这也许可以从中古末期别处的绘画中看出。

3. 伊卡鲁斯之死

第一幅重述了一个上古的故事。1564 年，老彼得·勃鲁盖尔（Peter Brueghel the Elder）作了一幅很大的画，借由勉强可见的细节来说一个黑暗的故事。"往髑髅地的行列"（The Procession to Calvary）到处都是人，漫山遍野，与深蓝而密布厚云的天空相接。这幅画由近及远分为 3 个区域：最近的是一小群悲伤的人坐在坡顶上，中间是数百人横越原野要走上山丘，背景则是多云的天空与山丘在地平线上相接。

老彼得·勃鲁盖尔，"往髑髅地的行列"，1564 年。历史美术馆，维也纳。马尔堡照片档案馆/艺术资源，纽约州。

最近的一群人是耶稣的家人与门徒，马利亚构成了这群人的中心点。她的眼睛闭着，头低着，身体下垂。勃鲁盖尔以极为清晰而细腻的方式绘出这些人，与中间模糊移动形成强烈对比。在中间，我们所看见的是以涂抹与点状的方式画成的行列，惟一的视觉秩序是由一条红线所创造出来的，而这条红线又是由队伍中延伸出来的骑士制服所构成的。在这个队伍的中心，以及这块画布的不动点，是一个穿着灰衣的男人。他在过河时摔倒了，他放下了某件东西，而这件东西观看者也许不容易看得出来，因为它的颜色几乎与土地的亮黄色相同。那就是一个十字架。

勃鲁盖尔将基督埋没于群众之中，而群众似乎盲目地沿着红线践踏在这块灰黄的污点上。基督教戏剧的缩图，使悲剧化约为小型而零碎的视觉。勃鲁盖尔以这种方式来传达神圣与世俗的最传统性的区隔。现代为勃鲁盖尔写传记的作家说："我们越是不注意看基督……我们就越不容易看出他与一般人的区别……"[1] 在这幅上古基督教故事的图画里，人类的世界是一片荒原，枯干而寒冷。不过，勃鲁盖尔在画这幅图的时候，还是强调了传统基督教的主题，即对于受难的响应，让大家得以集合在一起。前景中强烈的蚀刻场面，让我们看到了人们是在基督的受难时才得以团结。然而即便如此，他们还是位于荒野上。

弗朗切斯卡（Piero della Francesca）的"鞭刑"（Flagellation），绘于1458 到 1466 年之间，是为了乌比诺公爵宫殿中的礼拜堂所画，它创造出一种都市型的基督教场所。在这幅小幅画中（58×81 厘米），弗朗切斯卡描绘出两个不同的复杂部分。画的一边是一个露天的房间，基督被绑在柱子上，一个拷问者鞭打着他，另外两个则在一旁站着，还有一个则是坐在背景的位置，看着鞭打的过程。画的另一半似乎是个毫不相关的景象，发生在房间门外的都市广场上。这里有 3 个人，两个老的，中

---

① 施特肖（Wolfgang Stechow）：《勃鲁盖尔》（*Breughel*，New York：Abrams，1990），第80 页。

弗朗切斯卡，"鞭刑"，1444 年。马尔凯国家艺廊（Galleria Nazionale delle Marche），杜卡勒宫（Palazzo Ducale Urbino），斯卡拉/艺术资源，纽约州。

间站着一个年轻的，他们站在一群建筑物前面。惟一与这两个部分相连的，是在地上所画的几条白线。看起来，那似乎是房间里镶嵌在地板上的瓷砖；白线一直往外延伸到屋外的街道上。

幸亏有了现代艺术史学家的相关研究成果出现，我们才得以知道在弗朗切斯卡的时代，这两个部分其实是合而为一的。不过，史学家对于这两者之间的关联有着何种意义，看法有所不同。以拉文（Marilyn Lavin）的观点来说，城中这两个老人都死了儿子，一个死于瘟疫，另一个死于结核病。这些事情"让这两个父亲一起委托弗朗切斯卡画这幅画"，介于他们之间的年轻人"就是他们所'挚爱的儿子'"。[①] 当时看画的人便可以发现屋内人受难与屋外丧子的两者的共通之处。

这两个部分也可以纯从视觉的角度来加以联结。弗朗切斯卡是一个

---

① 拉文：《皮耶罗·德拉·弗朗切斯卡：鞭刑》（*Piero della Francesca：The Flagellation*，New York：Viking Press, 1972），第 71 页。

透视画法的理论家，而建筑物内部深处的鞭刑与前面的 3 个人，可以精确地合为一个完整的视野。"鞭刑"的两个部分结合在一起，仿佛弗朗切斯卡创造了（站在正前方画成的）一个单一的建筑作品。现代画家古斯顿（Philip Guston）在提到这幅奥妙的景象时认为，"这幅画被切成了两半，不过两边却彼此互动、排斥及吸引，彼此吸收并扩大"。[①] 看画的人像弗朗切斯卡一样地站在画前，想起库斯顿讲的话，将画的两部分结合在一起，不过，这些视觉价值都与宗教故事有密切关系。弗朗切斯卡为悲伤的父亲们所画的慰藉的主题——他们的伤痛反映、移转到基督自身的痛苦中，并因此而获得救赎——构成了一个整体的城市场景。这个场景在城市的景致中表现出模仿基督。

勃鲁盖尔的"伊卡鲁斯坠落之景象"（Landscape with the Fall of Icarus），绘于"往髑髅地的行列"前 6 年，描写的是一个异教的故事，暗示着第三种可能性。这幅画再次以细腻的方式表现受难情景。勃鲁盖尔并没有绘出伊卡鲁斯振起蜡翅向太阳飞去的样子，也没有出现蜡翅融化后，他坠落地面的样子。画家只画了两只小腿在宁静的海上溅出水花的样子，死亡不过是景致中一个不起眼的地方而已。甚至于在用色上也特意地掩饰这个事件。勃鲁盖尔把男孩的腿涂成青白色，与海水的青绿色混在一起。相对地，他却大胆地以生动活泼的色彩来描绘农人犁田，牧羊人放羊，以及渔夫撒网。画家还把观看者的目光带离水中的双腿，引向航往远方荷兰海港的船只上。

当时，有句谚语说"没有人会为了一个垂死的人而停止犁田"。[②]勃鲁盖尔场景中的人们没有注意到在海上所发生的奇怪而恐怖的死亡事件。对此，诗人奥登（W. H. Auden）曾说，勃鲁盖尔再次画出了人与

---

① 古斯顿："皮耶罗·德拉·弗朗切斯卡：绘画的不可思议"（Piero della Francesca：The Impossibility of Painting），《艺术报》（Art News），第 64 期（1965），第 39 页。
② 引自施特肖《勃鲁盖尔》，第 51 页。

勃鲁盖尔，"伊卡鲁斯坠落之景象"，1558 年（?）。皇家美术馆，布鲁塞尔。吉罗东（Girandon）/艺术资源，纽约州。

人之间缺乏同情心的例证。奥登为这幅画所作的诗"美术馆"（"Musée des Beaux Arts"）有一部分这样写道：

> 譬如在勃鲁盖尔的伊卡鲁斯中：每个人竟然都如此
> 自在地漠视灾难的发生；犁田的农夫也许
> 已经听到了水面溅起的声响，被遗弃的叫喊，
> 但对他来说，这并不是什么大不了的坏事……①

事实上，这幅画是勃鲁盖尔的画作中最轻柔的一幅，它传达出和平的意念。乡间的景色如此美丽，把我们的注意力从故事中引开。我们关切色彩更甚于死亡；画中的美是压抑的。勃鲁盖尔"往髑髅地的行列"中的荒野不见了，标志着弗朗切斯卡"鞭刑"的场所与受难的结合也消

---

① 奥登："美术馆"，门德尔松（Edward Mendelson）编，《诗集》（*Collected Poems*，New York：Random House, 1976），第146—147页。

失了。场所的感觉成了画本身要表达的重点，美丽的伊甸园又回来了。

第三幅画显示了中古世界对场所的紧密连结所产生的紧张感，已经开始放松了。画家也许是无意的，不过"伊卡鲁斯坠落之景象"却是让我们感觉到时间仿佛停止的静谧中美丽与恐怖的对比。它代表了一种场所的意象，在这个场所中，所有奇怪的事情或基督的临在都被排除了。这种排除越来越成为主流，于是基督教社团便需要在这样一个世界中，设法生存下去。

第 7 章　触摸的恐惧
文艺复兴时期威尼斯的犹太区

　　莎士比亚《威尼斯商人》（*Merchant of Venice*，1596—1597）当中的情节，每次让人想起来都会觉得有些奇怪。夏洛克（Shylock）这位富有的威尼斯犹太放款人，借给了巴萨尼奥（Bassanio）3 000 枚金币，为期 3 个月，而巴萨尼奥的朋友安东尼奥（Antonio）则保证要为他还债。如果届时安东尼奥无法偿还的话，则素来深恨贵族基督徒安东尼奥及其所象征的一切的夏洛克，将要求安东尼奥割下一磅肉来作为罚金。按照戏里面所发生的，命运捉弄了安东尼奥：带着他所有财产的船只在一场暴风雨中沉没了。古怪的事情在于，戏里面的安东尼奥及基督教当局都认为应该遵守对犹太人的诺言。

　　在戏外的世界，莎士比亚的观众们却把犹太人当成半人半兽来看，因为犹太人在法律上没什么地位。就在莎士比亚完成《威尼斯商人》之前几年，英国最有声望的犹太人被拒绝给予法律保护。伊丽莎白一世（Elizabeth I）的医生洛佩兹博士（Dr. Lopez）就被指控企图要毒杀女王。即便是女王坚持认为洛佩兹博士应该交由审判，但大众却认为他的犹太血统就是罪证，便将洛佩兹博士处以私刑。莎士比亚在戏里面将种种偏见加以汇总，让犹太放款人变成了吃人者。

　　于是，大家可能会期望威尼斯总督能在这时候出现，一个掌握权柄的人造之神（deus ex machina），将吃人者送进监狱，或至少宣布：契约

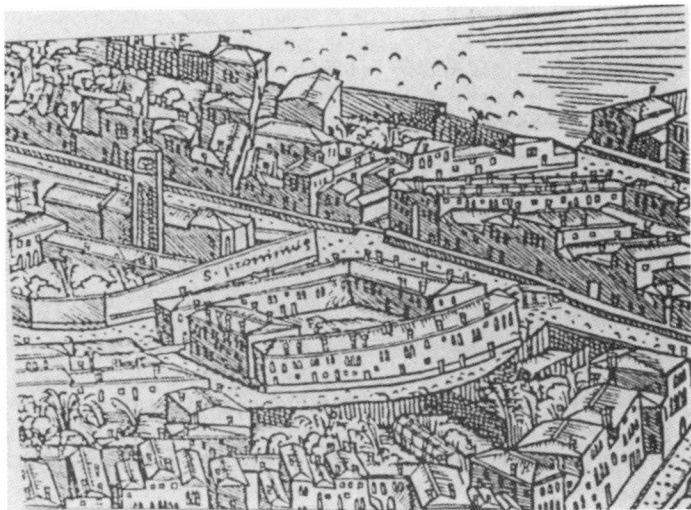

巴尔巴利（Jacopo dei Barbari）的木刻画，威尼斯的犹太区，1500 年。

不道德，因而无效。不过，当《威尼斯商人》中的一个小角色确定说总督应该会这么做的时候，安东尼奥却回答说："总督不可以否认法律的流程。"① 夏洛克之所以能控制安东尼奥，是因为有了契约的权利。一旦双方都"基于己意而签订了"，就没有别的事可以改变其中的内容。总督在与夏洛克见面时也承认这一点，因而他所能做的就只是恳求有权利的夏洛克能够听听他这个城市最高权力者一言。最后终于解开这个戈尔迪之结（Gordian knot）的女人鲍西亚（Portia）宣布："威尼斯没有任何权力能修改既定的法律。"②

《威尼斯商人》的情节似乎是在展现从中古大学及法人所发展出来的经济力量的权力。国家无法抵抗夏洛克的金钱权利的统治。这出戏所显示的不只是经济力量的延伸，也表现出一旦双方同意，如安东尼奥与

---

① 莎士比亚：《威尼斯商人》，麦钱特（W. Moelwyn Merchant）编，（London：Penguin，1967），第 3 幕第 3 场，第 26 页。

② 同上书，第 4 幕第 1 场，第 215—216 页。

夏洛克，则契约就有了拘束力。

犹太人的经济力量攻击着莎士比亚笔下烦扰的威尼斯人当中的基督教社团。安东尼奥慷慨地帮助了他的朋友巴萨尼奥。与夏洛克不同的是，安东尼奥不求任何回报，他同情巴萨尼奥的苦境。莎士比亚的威尼斯人是商业界的英国绅士。这些梦想中的威尼斯人一再地在莎士比亚其他的剧作中以不同的面目出现，如在《仲夏夜之梦》（*A Midsummer Night's Dream*），最后基督徒的同情心把所有事情都正确地处理完毕。不过，威尼斯对于莎士比亚以及其他同时代的人来说，还有着特殊的意义。

威尼斯由于贸易的关系，成为文艺复兴时期最国际化的城市，它是欧洲与东方，欧洲与非洲的门户。英国人以及欧陆各国都希望他们能有像威尼斯那样强大的海军，如此便可从国际贸易中获利。虽然在 16 世纪 90 年代时，也就是莎士比亚写《威尼斯商人》的时候，威尼斯的财富已开始萎缩，但它在欧洲的形象仍是一座黄金和奢侈品充斥的港口。莎士比亚也许从一些书中拾取了一些威尼斯的片段，如流亡的意大利人弗洛里欧（John Florio）的《话语的世界》（*A World of Words*），或者是另一个流亡者费拉博斯科（Alfonso Ferrabosco）的音乐。此后，莎士比亚的观众也许还会看到伟大的威尼斯建筑师帕拉迪奥（Palladio）对琼斯（Inigo Jones）建筑的影响。

威尼斯是一座外地人的城市，大批外国人来来去去。伊丽莎白时代的人所想象的威尼斯，是个充满富人的地方。这些人与异教徒签订契约，从而在与外人的交易中获得财富。然而，与古罗马不同的是，威尼斯并不拥有领土型的霸权。外国人在威尼斯来来去去，并不是因为是帝国或民族国家的共同成员。住在威尼斯的外国居民——日耳曼人、希腊人、达尔马提亚人（Dalmatians），以及犹太人——都不能获得市民身份，只能以永久移民的身份居住。在这座外地人的城市里，契约是打开通往财富之路的钥匙。正如安东尼奥所说：

对于外地人带来威尼斯的商品，如果我们拒绝的话，国家的正义将会受到责难，因为威尼斯的贸易与利益全仰赖于外国。①

在莎士比亚剧作所发生的地点，也就是真正的威尼斯，许多的故事情节是不可能发生的。其中，如安东尼奥请夏洛克吃晚饭。在剧中，这位犹太人婉拒了，但在事实上，根本不会有人请犹太人吃饭。一个真正的犹太放款人是住在 16 世纪威尼斯为犹太人建立的区域里，也只有在破晓时才获准能离开位于城市边缘的居住区，到接近市中心的里亚尔托（Rialto）的木吊桥附近做生意。到了傍晚，犹太人必须回到拥挤的居住区。然后，犹太区大门锁上，房屋向外的窗板都要关起来，警察在外面巡逻。中古的名言"城市的空气使人自由"，从犹太人口中讲来格外带有几分苦涩，因为可以在城市里做生意并不代表有更多的自由。犹太人在交易时也许与别人是平等的，但在居住上却被完全地隔离起来。

在真实的威尼斯，想成为基督教社团的一分子，既是种梦想也是种焦虑。多样化所造成的不纯粹一直困扰着威尼斯人：阿尔巴尼亚人、土耳其人和希腊人，还有西方基督徒如日耳曼人等，他们都被隔离在有警卫守护的建筑物或一群建筑物里。多样化困扰着威尼斯人，但也产生了诱惑的力量。

当威尼斯人把犹太人限制在特定地区时，他们认为自己是在隔离一种会传染到基督教社团的疾病，因为他们觉得犹太人特别会有一种令人腐化的身体邪恶。基督徒害怕触碰到犹太人：犹太人的身体被认为带有性病以及许多不知名的传染病。犹太人的身体是不洁的。商业上的一些小规矩可以看出这种对触摸的不安：基督徒之间当契约完成时是以亲吻

---

① 莎士比亚：《威尼斯商人》（麦钱特编，London：Penguin，1967），第 3 幕第 3 场，第 27—31 页。

或握手以示交易结束，但对于犹太人则是鞠个躬，这样就可以避免身体接触。夏洛克与安东尼奥所订的契约，支付一磅的肉，传达出这样的恐惧：犹太人会以金钱的力量来弄脏基督徒的身体。

在中古时期，模仿基督让人们更注意到身体，特别是受难的身体。对于触摸犹太人的恐惧，代表了这种身体观的一个界线。超过这个界线就有威胁——而这种威胁随着外来身体与感官的联结（即非基督徒的东方诱惑），更会加重。触摸犹太人不仅会让自己不洁，还会受到引诱。犹太区的隔离，是在经济上对犹太人有所需要以及其他方面对犹太人的责难，是在实际需求与身体恐惧之间所作的妥协。

犹太区产生于威尼斯的关键时期。在此之前几年，城市领导者在贸易上丧失了重大的利益，并且在军事上也遭遇挫败。他们将这些损失完全怪罪到城市的道德状态上，财富所造成的身体邪恶现在反过来让财富溜走。为了改革城市进行了一场道德战争，其结果就是犹太区的计划。借由隔离那些外地人，使人摸不着他们也看不到他们，城市的领导者希望和平与威严能重回到这座城市。这就是勃鲁盖尔"伊卡鲁斯坠落之景象"中平静景致的威尼斯版本。

时至今日，我们可以轻易地想象出犹太人在欧洲一直受到隔离。从1179年的拉特兰会议（Lateran Council）以来，基督教在欧洲一直想尽办法要让犹太人从基督徒中分离出去。在欧洲所有有犹太人居住的城市里，如伦敦、法兰克福和罗马，都将犹太人予以隔离。罗马的状况凸显了为执行拉特兰会议所产生的种种问题。罗马从中古时期起就有犹太人区，而中古罗马的犹太人区中的一些街道都有街门。但是，整个城市的结构杂乱无章，无法将犹太人完全封锁起来。威尼斯的城市结构使其能够完全遵照拉特兰会议的指示行事——威尼斯是座水上城市，水路是城市的街道，将建筑物区隔起来，宛若广大的岛群。在设立犹太人区时，城市当局就用河道来隔离犹太人：犹太人区就是一群建筑物岛，周边的运河就像壕沟一样。

如果说威尼斯犹太人在与基督教社团交易之余还要受这种限制是一种伤害的话，那么我们得说，他们并不完全是个被动的受害者。犹太区的形成说明了一群人被隔离起来的故事，但这也让他们在隔离的空间中形成了新的社团生活。文艺复兴时期威尼斯犹太人在隔离区中的确享有一定程度的自治。除此之外，城市当局在基督徒欢度四旬斋或其他具有高度宗教热情的日子里，会保护犹太人或土耳其人免受基督教群众的骚扰，但条件就是这些非基督徒必须待在隔离区里。

隔离让犹太人在日常生活上更加与众不同，非基督徒的生活因此对于隔离区外的统治力量来说更显得深奥。对于犹太人本身来说，隔离区使得与外界的接触具有利害关系：当他们走出隔离区时，他们的犹太特质使他们面对着风险。因为三千多年，犹太人一直身处斗室而与他们的压迫者混居在一起，他们不管走到哪里都坚持着自己的信仰。现在，这群耶和华的信仰者终于有了一个属于他们自己的地方，一个让他们保持犹太人传统的地方。

社团与压迫：威尼斯的基督徒害怕触摸到那些不同的、诱惑的身体，因此就将那些跟他们不同的人隔离起来，借此来建立起基督教社团。于是，犹太人的身份便与压迫地理学纠缠在一起。

1. 磁铁般的威尼斯

皮雷纳批评韦伯忽视了中古城市是个贸易非常繁荣的地方，长程的贸易让城市复生。皮雷纳所举的磁铁般的城市典型就是威尼斯。香料贸易让威尼斯变得富有，但同样地也为它招来了许多犹太人和外国人。

威尼斯最早控制的调味品是盐，盐是当时用来保存食物的最重要原料。在中古早期，威尼斯人在海岸晒盐，然后就地出售，这就需要控制陆地。威尼斯人后来在番红花的长程贸易上（就像布匹与黄金的贸易一样）获取了巨额利益。当地的番红花市场很小，但若放眼欧洲就是个广大的市场。这种贸易形式所需要的是控制海洋而非控制陆地。番红花、小茴香，以及杜松都生长在印度及东方，以麦克尼尔（William H. McNeill）的话来说，威尼斯在此便扮演了"欧洲枢纽"的角色，它将这些东西带到了西方。[①]

最早从公元 1000 年开始，威尼斯就已经在亚得里亚海（Adriatic Sea）建立起它的霸权，掌控着通往耶路撒冷的航线。因此，威尼斯也在欧洲十字军前往圣地的过程中，担任起交通要道的角色。在第 3 次十字军东征之后，威尼斯获得了东方贸易权，开始进口香料。胡椒，有些来自于印度，有些来自于非洲东岸，经由埃及亚历山大港转口。番红花和豆蔻来自于印度，肉桂则来自于锡兰。十字军成员从东方回来后，脑子里还全都是香料味道，于是香料的进口开始改变欧洲人饮食口味。香料贸易开始成为威尼斯经济的重要部分，于是竟然设立了番红花部，来管理贸易事务。1277 年，威尼斯竞争对手热那亚开始每年派出货船护航舰队到布鲁日（Bruges）和北欧其他港口去。威尼斯则是欧洲进口货物的第一站。不过，威尼斯也很快通过英国来进行北欧贸易了。

威尼斯通过个别商人家族与政府合伙探险进行贸易。现代史学家雷恩（Frederick Lane）发现，"合伙经办探险项目缺乏现代法人的永续性，而目标也相当有限，通常只持续一次航期或者是货物卖出后就散伙"。[②]只有几个大家族合伙才能主导这种合伙探险活动。如格里马尼

---

① 参见麦克尼尔《威尼斯——欧洲的枢纽，1081—1797》（*Venice*，*The Hinge of Europe*，*1081—1797*，Chicago：University of Chicago Press，1974）。

② 雷恩："威尼斯共和国的家族合伙与共同冒险事业"（"Family Partnerships and Joint Ventures in the Venetian Republic"），《经济史期刊》（*Journal of Economic History*），第 4 期（1944），第 178 页。

（Grimani）家族一年抽取 20% 利润，约 4 万达卡。^①威尼斯的主要制造业就是制造用于海上航行的船舶。

香料以及其他货物是以特种大桨商船（galley ship）来运送的，在靠近陆地时由 200 人来划动，帆则是在外海才使用。这种大桨船比军用桨船长而且宽，编成的船队叫穆达（muda）。城市拥有船队，并且把它租给商人如格里马尼。后者则又将大船内的剩余空间转租给更小的香料商人。船队有时候从威尼斯出发到地中海南岸装载货物，而这种大桨船的成本与结构必须进行长程航行才能获利，如经由博斯普鲁斯海峡到黑海去。在黑海东岸，船队可以装运到从陆路运送来的印度和锡兰的香料。然后，船队折返，成了众人眼中的肥羊。在 14 世纪，也就是土耳其兴起之前，返回船只的主要威胁来自海盗，而后就是土耳其人的攻击。莎士比亚的剧作所说的是真实的威胁。

威尼斯的海关。

---

① 数字来自于塔奇（Ugo Tucci）"16 世纪威尼斯商人的心理学"（"The Psychology of the Venetian Merchant in the Sixteenth Century"），载于哈尔（John Hale）编，《文艺复兴时期的威尼斯》（*Renaissance Venice*，Totowa，NJ：Rowman & Littlefield，1973），第 352 页。

如果船只能平安脱险，它会航向亚得里亚海，经过威尼斯礁湖边缘的沙洲，然后进入城市。礁湖与沙洲的水道是威尼斯用来抵挡外来入侵的最佳防卫设施，因为它们可以控制住船只入城的通道。圣马可广场（Piazza of San Marco）上的大教堂可以作为返回船只的坐标点。当船队逐渐靠近时，海关船前往接驳，海关官员登船。这些商船的体积太大，无法进入威尼斯的主要水路大运河。所以，货物要先卸在一些小船上，再沿着大运河及支流到码头上卸货。

当船只安全返港的时候，官员蜂拥而上，开始计算货物及抽税。监督是威尼斯港的活力之源，而这座城市的外在形式也让它可以用多种的方式来进行监督。礁湖狭窄的水路、海关的岬角，以及大运河庞大的河口，让政府可以用眼睛与法律来监察。政府对刚将香料运送到港口的船只进行检查与征税，而这些船只在当时要航经地中海，越过直布罗陀海峡，到葡萄牙、法国、英国，以及北方诸国去。

这个体系里的中间人，乃是贸易商、金融家，以及银行家。他们群集在里亚尔托桥上，并且沿着大运河延伸一英里直到圣马可广场。莎士比亚就是让夏洛克在这里出现并做生意的："银行家……在里亚尔托的教堂门廊之下，摆个板凳，坐在后面，前面有一大本摊开的账册。还债的人要银行家在账目上写清楚说他已经还了。"[1] 银行家的资金是一袋袋的金币或银币，很少使用书写凭证或纸钞，因为从外地来的贸易商所用的以外国文字书写的纸币，其信用颇值得怀疑。里亚尔托周边的建筑物都有着加强防护的房间，用来储存银行家的黄金或珠宝。里亚尔托也是个充满八卦与谣言的地方，这是因为当时的贸易商没有充分的信息，他们无法掌握船只在海上的状况。

---

① 雷恩：《威尼斯：海上共和国》（*Venice：A Maritime Republic*，Baltimore：John Hopkins University，1973），第 147 页。

犹太放款人葛瑞文布洛克（G. Grevembroch），"威尼斯的海关"；科雷尔博物馆（Museo Civico Correr），威尼斯。

"一言为定"，就像后来在伦敦的商业形式一样，中间人群集在里亚尔托桥上，等待这句非正式的口头允诺。口头信用是一种无法抽税也无法登记的资本——中间人想要以此来逃避国家监管。他们尽可能地避免留下书面文字，但也遵守一套与城市管制船只进出一样严格的规矩。这种做法在当时是非法的，但并非不名誉的。"一言为定"在里亚尔托桥周边通过某些方式加以实施，不管是一起喝杯咖啡，还是由周遭平日信用不错的人一起作见证。因此，虽然总督愿意帮助安东尼奥，但安东尼奥与夏洛克之间的问题在于"我已经答应他了"。

香料贸易的兴衰，是威尼斯开始创造犹太区的一个缩影。1501 年，威尼斯人得知葡萄牙人已经绕过非洲南端，开启了通往印度的航线，而这条航线可能会让威尼斯丧失将香料转运到北欧和西欧的转口港地位。以当时人普留利（Girolamo Priuli）的话来说，"除了失去自由以外，这大概是威尼斯共和国所听到的最坏的消息吧"。[①] 这条长但安全的航线来得正是时候，因为此刻威尼斯发现到土耳其人已经开始包围它的海域亚得里亚海。接下来就是 10 年灾难。

整个 15 世纪，威尼斯人一直想在北意大利建立起陆上帝国，以减少国际贸易的不确定性。传统上，威尼斯礁湖边的梅斯特镇（town of Mestre）一直是威尼斯通往陆地的主要通道。威尼斯人控制了维罗纳（Verona）、维琴察（Vicenza）以及帕多瓦。不过，在 1509 年春，他们将在几个星期内失去所有的城市。法国以及其他强权出兵反对威尼斯，并且于 1509 年 5 月 14 日在洛迪（Lodi）附近的阿尼亚德洛（Agnadello）打败了威尼斯人。3 个星期后，威尼斯人已经可以听到礁湖旁陆地上外国军队的声音。海上失利，受到异教徒威胁，又困守于岛上，这种种的

---

① 引自泰嫩蒂（Alberto Tenenti）"威尼斯世界的时空观念"（"The Sense of Space and Time in the Venetian World"），《文艺复兴时期的威尼斯》（*Renaissance Venice*），第 30 页。

打击让威尼斯城市居民感觉到，以现代史学家泰嫩蒂的话来说，"自身的力量已经无法与人相抗衡，对时间和空间的观念也开始动摇"。①

就在这个时候，犹太人开始逃入威尼斯。1509 年康布雷联盟（League of Cambrai）战争之后，大约有 500 名犹太人从帕多瓦和梅斯特逃出。这座磁石般的城市收容了他们。犹太人于 1300 年之后，由日耳曼进入北意大利，日耳曼一些严苛的做法让犹太人跑到帕多瓦和维罗纳避难，另外一小群人来到了威尼斯。从 1090 年起，阿什肯纳兹犹太人（Ashkenazic Jews）就已经住在威尼斯了。1492 年后，被西班牙赶出来的塞法迪犹太人（Sephardic Jews）也来到了威尼斯，犹太人数量大增。这些中古时期的犹太人大多数是穷人，是买卖旧货的小贩。惟一对他们开放的自由行业是医生。只有极少数的犹太人是放款人，城市中的银行业大部分都是威尼斯人或外邦基督徒在执业。在阿尼亚德洛战役后逃到威尼斯的大量犹太人，后来都靠放款赚了大钱，手边的钻石、金银不计其数。除此之外，一小群精英的犹太医生也逃进了威尼斯。这些地位较高的犹太放款人和医生，成为显眼的难民，因为他们的生活方式与威尼斯社团中的基督徒似乎没有什么不同。

2. 犹太区的墙

腐化的身体

从阿涅迪洛惨败到威尼斯第一个犹太区的出现，其间有 7 年的时间。对于越来越多的犹太人出现在威尼斯，人们感到愤怒，这种情绪再结合到威尼斯本身的道德改革，宛如它的失败完全是来自于道德上的腐

---

① 引自泰嫩蒂"威尼斯世界的时空观念"，《文艺复兴时期的威尼斯》，第 27 页。

化。攻击犹太人的言论是由修士帕多瓦的洛瓦托（Lovato of Padua）发起的。1511 年，他的煽动性言论鼓动了威尼斯人将圣保罗区域（Campo San Paolo）的犹太人住房彻底摧毁。两年之前，他甚至还主张将所有放款人的财产没收，要"让他们无法生存下去"。[1] 同时，史学家吉尔伯特（Felix Gilbert）也认为"道德腐败是威尼斯衰弱的主要原因，这样的观点，不仅一般民众相信，同时也是官方主张并承认的论点"。[2]

五光十色是威尼斯在欧洲普遍具有的形象，威尼斯人自己也这么觉得。沿着大运河所兴建的大宫殿外观都富丽堂皇，灯光将它们的色彩映照在荡漾着的水面上。建筑物外观虽然各不相同，但高度大致相同，因而构成了不间断的装饰街墙。运河上到处都是平底小船（gondolas），这些小船通常漆上了鲜艳的红、黄与蓝色，而非后来强行规定的黑色，并挂着金银线交织的挂毯与旗帜。

基督教对于身体愉悦的指责，在威尼斯的富裕时期是和缓的。发达的同性恋文化体现为混穿服装，年轻人在平底小船上，一丝不挂，只穿戴着女人首饰，流连在运河上。香料贸易也助长了这座城市的感官刺激，香料中的番红花被认为是一种人体春药，同时也可以用来调味。更重要的是，色情业在港口相当盛行。

娼妓之间流行着一种全新而可怕的疾病——梅毒，它于 1494 年出现在意大利。它几乎从出现那一天开始，就感染上许多人，不管其是男人还是女人。它没有病名、诊断法和疗法——一般认为梅毒是经由性交传染的，但移转的生理机制仍是个谜。史学家福阿（Anna Foa）指出，在 16 世纪 30 年代左右，欧洲人确定旧世界梅毒的出现，与新世界

---

[1] 引自普兰（Brian Pullan）《文艺复兴时期威尼斯的富人与穷人》（*Rich and Poor in Renaissance Venice*，Oxford：Basil Blackwell，1971），第 484 页。

[2] 吉尔伯特："坎布莱联盟危机中的威尼斯"（"Venice in the Crisis of the League of Cambrai"），载于《文艺复兴时期的威尼斯》，第 277 页。

的征服有关，并且将疾病的源头指向美洲土著，并认为哥伦布（Columbus）大航海是历史的起点。[①] 在一个世代之前，比较通行的解释是犹太人将梅毒传遍整个欧洲的，而时间就是 1494 年他们被赶出西班牙的时候。

犹太人的身体之所以会有无数的疾病，是来自于他们的宗教信仰。佛利诺（Sigismondo de'Contida Foligno）认为犹太人容易得麻风病，从而将梅毒与犹太教关联起来。这个关联大概始于 1512 年之前，内容如下：首先，"犹太人因为不吃猪肉，所以要比其他人更容易得到麻风病"；其次，"《圣经》……说得很清楚，麻风病是个征象，显示这个人有相当堕落的淫乱生活：事实上，麻风病的病征一开始就是从生殖器出现的"，因而"梅毒……是来自那些从西班牙被赶出来的犹太人"。[②] 将梅毒与麻风病相关联，这对于当时第一批犹太受害者而言影响有多大，我们就不得而知了。由于麻风病的感染是来自于触摸麻风病患者的脓疮所感染上的，因而一般都相信，感染梅毒不仅仅是与妓女上床，就是碰到犹太人的身体也会感染。

1512 年 3 月 13 日，威尼斯议会，在萨努图（Giovanni Sanuto）的命令下，投票通过一项法令，目标是"为了平息天主的震怒"，并且禁止所有"不适当而过度的花费"。这项法令借由身体上的规训来进行道德改革。1512 年的法令想要终止所有感官上的展示：不管男女，佩戴首饰

---

① 福阿："新与旧：梅毒的传播，1494—1530"（"The New and the Old：The Spread of Syphilis，1494—1530"），载于缪尔（Edward Muir）和鲁杰罗（Guido Ruggiero）编《历史视野中的性与性别》（*Sex and Gender in Historical Perspective*，Baltimore：Johns Hopkins University Press，1990），第 29—34 页。
② 佛利诺：《1475 到 1510 年当时的故事》（*La Storie dei suoi tempi dal 1475 al 1510*，Rome 1883），第 2 册，第 271—272 页；引自福阿"新与旧：梅毒的传播，1494—1530"，第 36 页。

都要受到管制；"不准使用透明的物质，女性不可使用花边。男人不可盛装，这会增加外形吸引力。衬衫应遮盖整个上半身，领口应齐平并紧贴颈部"。[①]

在威尼斯开始施行反淫荡的法律前 15 年，修道士萨沃纳罗拉（Girolamo Savonarola）就已经在佛罗伦萨推动过类似的反"奢华"战争了，这也是发生在佛罗伦萨于 1494 年战败之后的事。在佛罗伦萨，如同日后的威尼斯一样，"不光彩的失败以及国势的反转被视为是上帝不悦的征兆"。[②] 跟萨努图一样，萨沃纳罗拉也要求对性行为有更严格的规定，并且禁止使用首饰、香水及丝质衣服，以恢复城市旧观。然而，萨沃纳罗拉对于感官身体的攻击是为了要恢复早期佛罗伦萨共和国严谨的德性；威尼斯对于感官身体的放弃却不是基于相同的理由。它的财富充盈，本来就是座充满愉悦的城市。除此之外，威尼斯中许多的病患者其实都是异教徒，他们在基督教社团中没有什么地位。

威尼斯对犹太人的攻击，与对身体感官的厌恶彼此交织。梅毒是其中一个被攻击的目标，不过犹太人赚钱的方式也同样引起了注意。犹太人是以放高利贷来赚钱的，而高利贷又与身体邪恶有直接的关系。

从 12 世纪以来，威尼斯的高利贷利率大概是在 15% 到 20% 左右，整体来说，要比中古末期的巴黎低。高利贷的反面是名副其实的放款，它的利率较低而且可以变动。除此之外，名副其实放款人不会要求高于借贷人所能负荷的担保。与现代破产管理相同的是，在处理呆账时，意味着对于借贷人与放款人的未来交易关系再进行磋商。

高利贷对于中古时期的基督徒来说，是一种"时间的窃取"。另一

---

① 吉尔伯特："坎布莱联盟危机中的威尼斯"，《文艺复兴时期的威尼斯》，第 279 页。

② 芬利（Robert Finlay）："犹太人区的基础：威尼斯、犹太人，以及坎布莱同盟战争"（The Foundation of the Ghetto: Venice, the Jews, and the War of the League of Cambrai），《美国哲学会社年报》（*Proceedings of the American Philosophy Society*），第 126 期第 2 份（1982 年 4 月），第 144 页。

个对于高利贷更古老的指控是：它与性有关。在《政治学》中，亚里士多德指责高利贷是"以钱滚钱"，把钱当成动物一样来饲养。① 社会学家尼尔森（Benjamin Nelson）写道："在 13 和 14 世纪，高利贷的定义开始与妓院里的妓女相似类推成形。"② 与莎士比亚同时的人，在《伦敦的七宗大罪》（*The Seven Deadly Sins of London*）中说道："放高利贷的人靠金钱的淫秽维生，他的钱袋里满是淫行。"③ 凡是放款的犹太人都被认为是在放高利贷，因而就像妓女一样。另一个批评犹太人的基督徒则认为，放高利贷的人"用不自然的生产方式来赚钱"。④ 除此之外，犹太人这种有罪的放高利贷行为是无法经由忏悔涤净的。在威尼斯，这种经济原始形态与官方要洁净威尼斯人的身体以及恢复城邦财富的努力同时并存。

到威尼斯避难的犹太医生也引起了城里基督徒相当直接的反应。触摸在基督教文化中是一个深刻的身体经验。史学家吉尔曼（Sander Gilman）认为，"触摸的形象，从夏娃触摸亚当……到拔示巴（Bathsheba）的引诱或基督的触摸涤净了抹大拉的玛丽（Mary Magdalene），一直显示出《圣经》中性的意象"。⑤ 对圣托马斯（St. Thomas）来说，触摸的感觉是所有身体感觉中最低贱的。⑥ 即使犹太人的触摸像是身体的、性的传染，而且在大众心里犹太人与梅毒的传播有关，但在治疗这种疾病时还得请

---

① 参见亚里士多德《政治学》，麦克恩编，裴伟特译，第 1 卷，第 9 章。
② 尼尔森："放高利贷的人与商人王侯：意大利商人与教会赔偿法，1100—1500"（"The Usurer and the Merchant Prince: Italian Businessmen and the Ecclesiastical Law of Restitution, 1100—1500"），《经济史期刊》（*Journal of Economic History*），第 7 期（1947），第 108 页。
③ 德克尔（Thomas Dekker）:《伦敦的七宗大罪》（*The Seven Deadly Sins of London*, London, 1606），引自奈茨（L. C. Knights）《琼森时代的戏剧与社会》（*Drama and Society in the Age of Jonson*, London: Chatto & Windus, 1962），第 165 页。
④ 奥弗伯里（Sir Thomas Overbury）:"邪恶的放高利贷者"（"A Devilish Usurer"），《品格》（*Characters*, 1614），引自奈茨:《琼森时代的戏剧与社会》，第 165 页。
⑤ 吉尔曼:《性欲》（*Sexuality*, New York: John Wiley & Sons, 1989），第 31 页。
⑥ 勒盖莱（Le Guerer）:《香味》（*Scent*），第 153 页，第 159 页。

犹太医生。犹太医生在大众的心里是与疾病的传播密不可分的。1520年，帕拉塞尔苏斯（Paracelsus）要求将这些"治疗梅毒、涂抹梅毒、清洗梅毒，以及进行一切不虔诚的欺诈行为"的犹太医生隔离起来。犹太人再次因为他们与麻风病的触摸联系在一起，而被判定为不洁："犹太人比其他人更容易染上麻风病……因为他们不穿亚麻布，家里也没有洗澡间。这些人完全忽视清洁以及生活的整洁，以至于他们的立法者还必须立法强迫他们洗手。"① 因此，由犹太医生来治病是很危险的，他们不断地暴露在性病中，而且还要命令他们，他们才会洗手。

宗教偏见的研究，可以发现当中并不是一种理性的运作。人类学家道格拉斯（Mary Douglas）写道，想纯洁化的渴望，表达出一种社会恐惧；特别是当一个团体对自己感到厌恶时，就会"转移"去认定另一个团体是不洁的。② 这种转移发生在阿涅迪洛战争之后的威尼斯。威尼斯人认为他们受到感官方面的威胁，并且将自己的自我厌恶迁怒到犹太人身上。

这种迁怒也有阶级特征——以文艺复兴威尼斯所界定的阶级来说。威尼斯可以分为 3 个群体：贵族（nobili），富有市民（cittadini），平民（populani）。针对感官的战争把矛头指向了贵族，在 1500 年贵族约占总人口的 5%；另外则是针对一些富有市民，他们也占总人口的 5%。当时，总人口约有 12 万人。对于奢侈的憎恨往往与对贵族的憎恨密不可分：闲散的富人不道德，让上帝震怒，降灾于这座勤勉的城市。威尼斯的犹太人在那时至多只有 1 500 人到 2 000 人左右。因此，这场整顿的重心是位于顶层与最下层的少数人群。虽然犹太放高利贷者与医生在经济上与实务上都很重要，但在文化上则一直处于基督教人群的下层。整

---

① 引自吉尔曼《性欲》，第 86 页，第 87 页。

② 参见道格拉斯《纯净与危险：污染与禁忌概念的分析》（*Purity and Danger：An Analysis of Concepts of Pollution and Taboo*，London：Routledge & Kegan Paul，1978）。

一个犹太医生用来治病的装备，这件服装可以防止瘟疫的蒸汽，也可以防止他人闻到他的气息，同时更强调了他非人的特质。葛瑞文布洛克，"威尼斯人的服装"，科雷尔博物馆，威尼斯。

顿中经常可以看到的是，少数人往往在象征意义上要远超过他们的人数所代表的明显度。

象征的明显度在1515年4月6日的耶稣受难日激增。四旬斋期间，一般来说是看不到犹太人的踪影的。这次的耶稣受难日，由于威尼斯战败的冲击，哀悼之情加倍萌现，而少数族群的犹太人却还有人大不韪地出现。有一个威尼斯人似乎会这么说："昨天他们还到处走动，那真是一件可怕的事。可是，没有人会说他们什么，因为战争的缘故，我们需要犹太人。不过，他们却因此而开始胆大妄为了。"① 于是，马上就有人主张要没收犹太人的财产，作为下一场战争的费用，或者是把犹太人全都赶出城外。然而，犹太人是不能赶走的。经济上的利益无法允许这么做。一位有声望的市民说："犹太人对于城市来说，要比银行家更为重要，尤其对威尼斯来说更是如此。"② 即便是穷犹太人也很需要，如进行旧货买卖的犹太人。（1515 年，政府将 9 份这类买卖的执照发给犹太商店）所有的犹太人都缴纳高额的税。

基于实际需要，威尼斯开始寻找空间来安排不洁但却又必需的犹太身体。根据史学家普兰的说法，它调整为"对犹太社团进行隔离而非驱逐"。③ 民众的洁净可以通过隔离少数族群而获得保障。现代城市的社会大问题在此首次出现。"城市"就法律、经济和社会层面来看都太庞大了，也太复杂了，因而很难将人们融为一体。要以情感来融合"社团"，就必须将城市予以分割开来。威尼斯人这种对社团的渴望能获得实现，有赖于他们的水上地理学。

都市保险套

犹太人不是第一个被威尼斯人置于预防空间的外族人团体，希腊人、土耳其人，以及其他种族也受到隔离。也许在受隔离的外族人团体中最没有争议的是日耳曼人，因为他们也是基督徒。日耳曼与威尼斯的关系在英

---

① 萨努图：《马里努·萨努图的日记》（*I Diarii di Marino Sanuto*，Venice 1879—1903），富林（Rinaldo Fulin）等编，第 20 册，第 98 页；引自芬莱"犹太区的基础"，第 146 页。

② 引自普兰《文艺复兴时期威尼斯的富人与穷人》，第 495 页。

③ 同上书，第 486 页。

国的莎士比亚看来相当明显，他让夏洛克在《威尼斯商人》中大叫，"一颗钻石不见了，它可是我在法兰克福花了 2 000 金币才买到的"。[1]

在莎士比亚时代，对威尼斯人来说，与日耳曼人进行贸易是很重要的。日耳曼人来到威尼斯买东西，当然也卖东西。1314 年，威尼斯人决定，为了要确保日耳曼人纳税，他们要把日耳曼人集中在一幢建筑物里。在这里，日耳曼人要登记自己的身份和货物，并在其中生活和工作。这幢建筑是"日耳曼人工厂"（Fondaco dei Tedeschi）。原先的日耳曼人工厂是中古的房屋，里面住的都是日耳曼人。它为后来更为严苛的空间隔离形式提供了模式。

工厂早期的形式是用来接待有名望的外国人，除此之外，也供日耳曼人居住。原则上，夜间不许外出。事实上，晚上是日耳曼人最忙的时候，他们在夜色下走私货物，搬进搬出，逃避支付关税。因此，1479 年，政府采取措施来管理这个隔离的地方，于是它成为一幢孤立的建筑物。它规定傍晚的时候窗户都要关上，工厂的门要从外面锁上。

在内部，建筑物也变成了一个压迫空间，日耳曼人持续地受到威尼斯人的监视。史学家昂纳（Hugh Honour）说："每一件事情都安排得好好的，所有的仆役和高级官员都由国家指定。商人只允许跟当地威尼斯人做生意，而且还要通过指派的中间人，抽成也规定好了。"[2] 威尼斯现存的日耳曼工厂建于 1505 年。它是座大型建筑，并且见证了日耳曼人的财富。不过，它真正的形式却体现了老工厂在使用方面所采行的集中而孤立的原则。新的日耳曼人工厂，现在是威尼斯的邮局，是一幢方形建筑物，中间有庭院。每一层都有开放的走廊围绕着中庭，并且由威

---

① 莎士比亚：《威尼斯商人》，第 3 幕第 1 场，第 76—77 页。
② 昂纳：《威尼斯》（Venice, London: Collins, 1990），第 189 页。

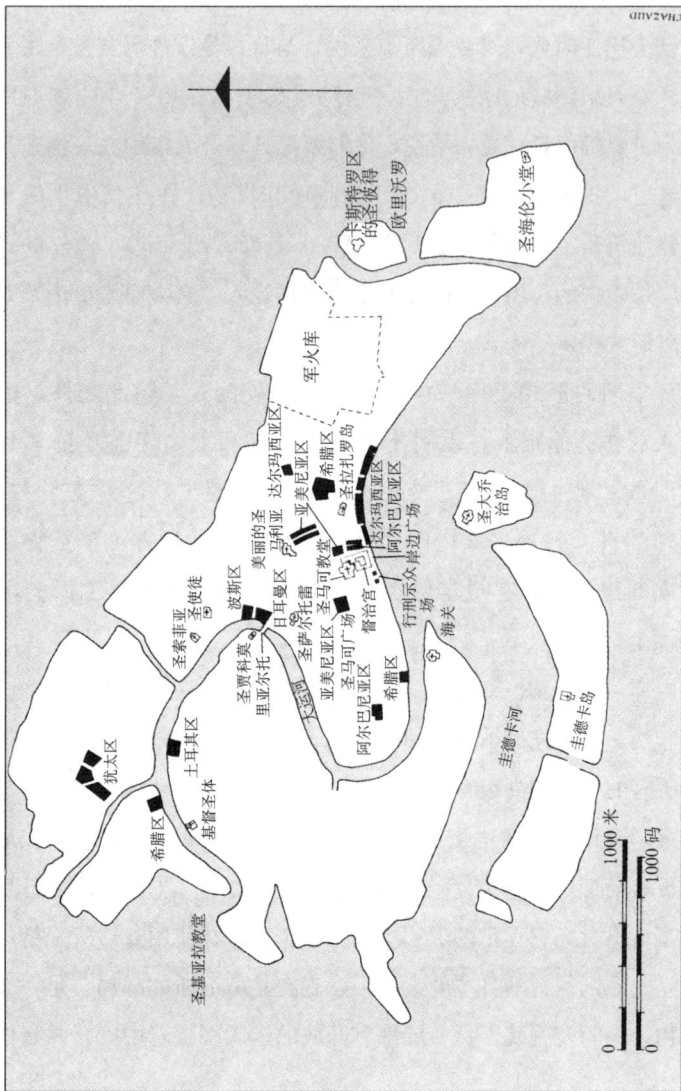

威尼斯的外族人聚落，约 1600 年。

圣斯特罗区

欧里沃罗的圣彼得

圣海伦小堂

军火库

希腊区

圣拉扎罗岛

达尔玛西亚区

美丽的圣玛尼亚区

法布瑞西亚区

圣尼克区

阿尔巴尼亚区

行刑示众岸边广场

圣乔治

圣大乔冶所

海关

圭德卡河

圭德卡岛

美丽的圣马可教堂

圣马可区

督治宫

圣赛科莫区

波斯区

圣索菲亚的圣使徒

土耳其区

日耳曼区

亚里尔托

圣美尼亚区

希腊区

阿尔巴尼亚区

大运河

犹太区

希腊区

基督圣体

圣墨亚拉教堂

0   1000 米
0   1000 码

威尼斯里亚尔托桥附近的区域；大型的方形建筑物就是文艺复兴时期的日耳曼人工厂。

尼斯警察巡视，他们会日夜不停地监视着这群北方来的"客人"。

这些日耳曼人当然都是基督徒。对他们的监督从一开始就纯粹出于经济上的考虑。然而，在康布雷同盟战争后的数十年，身为虔诚天主教徒的威尼斯人开始察觉到日耳曼地区以及其他北方诸国所发生的宗教改革浪潮。因此，城市对于日耳曼商人的控制也开始从纯商业的角度转向要从文化方面加以考虑了。在这一点上，身体的意象入侵了。当局想要阻止宗教改革"传染"，而这种异端是自我堕落的象征，是抛弃教士、走向懒惰和奢侈的罪恶之源。信仰新教的日耳曼人在天主教徒的想象中，跟犹太人是很相似的。[①] 在 1531 年之前，有些非常有钱的日耳曼人还能付钱让自己走出工厂透透气。到了 1531 年，城市命令所有的日耳曼人都必须住在一起，并且在警卫中安排间谍，探查有无宗教异端的征兆。

---

① 参见道格拉斯《纯净与危险：污染与禁忌概念的分析》，其中对威尼斯人是如何将禁欲主义"迁怒"到感官上作出了相当具有说服力而完整的说明。

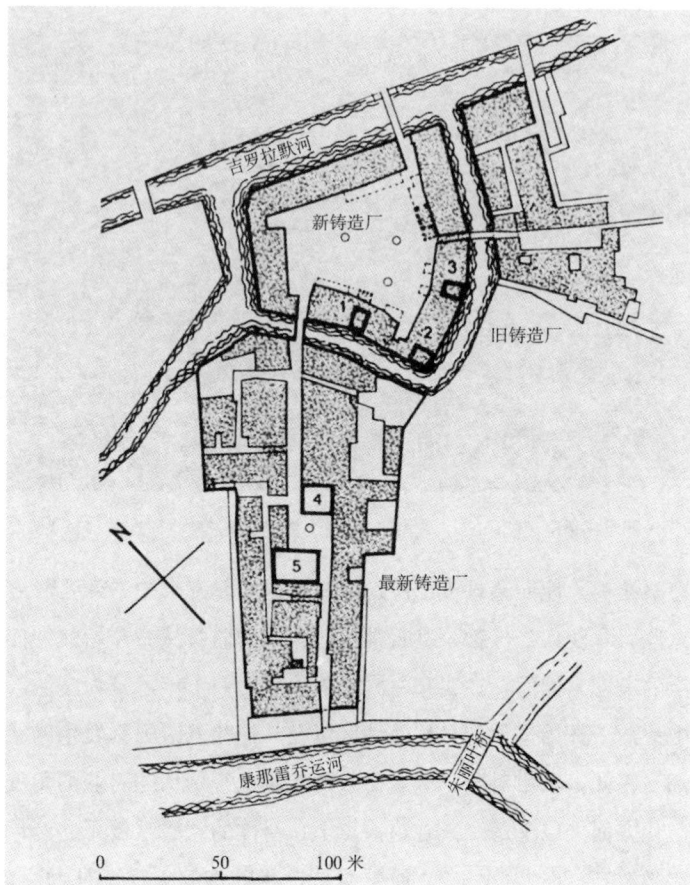

威尼斯铸造厂地图：1. 意大利神庙；2. 广东神庙；3. 日耳曼神庙；4. 利凡廷神庙；5. 西班牙神庙。

隔离、群居与孤立的结果，这些外国人开始感觉到彼此休戚相关。他们在交易上团结起来对付意大利人，毫不理会他们中间有新教徒与天主教徒的差异。压迫的空间反而形成了社团感。这就是未来犹太人所将产生的东西。

1515年，威尼斯人开始考虑要使用新铸造厂（Ghetto Nuovo）来作为隔离犹太人的地点。"Ghetto"原本在意大利文的意思是"铸造厂"（字源是 gettare，"浇灌"）。旧铸造厂（Ghetto Vecchio）与新铸造厂位于威尼斯的铸造区，离市中心很远。在 1500 年时，这些铸造厂改成了军火库。新铸造厂是一块长菱形的土地，四边环水；建筑物周边有高墙，中间有庭院。只有两座桥对外相通。只要这两座桥一封闭，新铸造厂就被封死了。

当新铸造厂开始转变的时候，城市的"街道、广场以及庭院都还没有像现在这样铺上整齐划一的矩形火山粗面岩块。许多街道及庭院的路

威尼斯新铸造厂入口。格拉齐亚诺·阿里奇（Graziano Arici）拍摄，版权所有。

面都不够坚硬……经常只有靠近特殊建筑物的广场部分才会铺设"。①
在新铸造厂开始有犹太人居住之前 1 个世纪,城市开始在运河旁建起陡
峭的河岸。这些河岸有利于水流加快,让运河不致淤积。建起的河岸使
得在运河边铺设道路成为可能,这种水陆形式称之为"fondamente"。威
尼斯的康那雷乔(Cannaregio)区以这种方式加以规划,而它也靠近新
铸造厂和旧铸造厂的所在地。这两个铸造厂,作为工业之地,人口不
多,不在更新之列。它们是城市中的经济小岛。连通内部小岛与其他土
地的通道,用的是古威尼斯城市形式,即"底层通道"(sot-toptegho)。
底层通道是在建筑物底下所做的通道,低且湿,通道的高度刚好与用来
支撑建筑物的柱子及地基等高。在"底层通道"的终点有门锁住。这里
的景象远远隔开了身着盛装、在大运河上路过卡多罗宫殿(Ca D'Oro)
的上层孩子们。

提议要使用新铸造厂的是多尔芬(Zacaria Dolfin),1515 年提出。
他的犹太人隔离计划是:

让所有的犹太人都住到像城堡一般的新铸造厂,然后做一个活动吊
桥,并用墙封住。那里应该只要一个门,如此就可以把他们封在那里,
让他们待在那里,十人议会派两艘船到那里去,并且晚上留在那里,由
他们付费,因为这是为了他们的安全。②

---

① 胡泽(Norbert Huse)和沃尔特斯(Wolfgang Wolters):《文艺复兴时期威尼斯的艺
术:建筑、雕像与绘画,1460—1590》(*The Art of Renaissance Venice*:*Architecture*,
Sculpture,*and Painting*,*1460—1590*,Chicago:University of Chicago Press,1990),杰
夫考特(Edmund Jephcott)译,第 8 页。
② 多尔芬;引自拉维德(Benjamin Ravid)"威尼斯隔离区建立的宗教、经济与社会背景及
脉络"(The Religious, Economic, and Social Background and Context of the Establishment of
the Ghetti of Venice, 1983),科齐(Gaetano Cozzi)编,《希伯来人与威尼斯》(*Gli Ebrei e
Venezia*,Milano:Edizioni di Communità,1987),第 215 页。

这个提议与日耳曼人工厂比较起来，有一个最大的不同：在犹太区里，没有"内部"的监视。外部的监视则在船上，整晚绕着铸造厂。犹太人被囚禁在里面，自生自灭。

多尔芬的提议在 1516 年开始实施。犹太人从全市各地被移入新铸造厂，尤其是圭德卡岛（Giudecca），这个地方从 1090 年起就有犹太人定居。不过，迁居于此的并不包括所有的犹太人。1492 年从西班牙被赶出来的塞法迪犹太人，他们居住的地方接近死刑犯的墓场，可以继续住下去。至于黎凡特犹太人（Levantine Jews）也一样，他们住在城市其他地方，当初是从中东经由亚得里亚海岸到威尼斯来的。除此之外，犹太区的故事中最重要的部分是，有许多威尼斯犹太人一看到新铸造厂的环境，便改变主意想离开这个城市。

大概有 700 名犹太人，其中大部分是阿什肯纳兹犹太人，于 1516 年首先住进铸造厂。起初，铸造厂中只有 20 幢房屋，这些房屋都为基督徒所有。由于犹太人在威尼斯（在别处也一样）无权拥有自己的土地或建筑物，他们只能年复一年地租下去。当房屋整修之后，租金也随之直线上升。普兰说："一样狭窄、拥挤的屋子，在铸造厂中的租金居然高于外面 3 倍。"[1] 建筑物也逐步地加添，在高度上达到 6 层或 7 层，并且尽量靠边加盖，因为担心地基木桩的支撑不住。

活动吊桥在早上打开，一些犹太人开始进城，大部分是到里亚尔托桥附近，在那里与一般的民众混杂在一起。基督徒走进犹太区来借钱或是卖食物及做生意。到了傍晚，所有的犹太人都必须要回到犹太区，基督徒也必须出去，活动吊桥升起来。除此之外，对外的窗户在每天傍晚时都要关上，阳台也移往他处，因此面对着运河的建筑物外侧遂成了纯

---

[1] 普兰：《欧洲犹太人与威尼斯的宗教裁判所，1550—1670》（*The Jews of Europe and the Inquisition of Venice，1550—1670*，Totowa，NJ：Barnes & Noble，1983），第 157—158 页。

威尼斯新铸造厂入口。格拉齐亚诺·阿里奇拍摄，版权所有。

粹的城堡外墙。

这是隔离犹太人的第一阶段。第二阶段则将犹太区扩大到旧铸造厂。这发生在 1541 年。这个时期，威尼斯的财政遇到更大困难，它的关税比其他城市高，因而丧失了贸易利益。威尼斯共和国的漫长衰退，在通往远东的另一条航线开通后，更加令人不安。威尼斯当局于 16 世纪 20 年代决定，降低关税障碍，而黎凡特犹太人，绝大部分是来自于现在的罗马尼亚和叙利亚，也可以在城里多停留一段时间。他们比较像是贩夫走卒，而不是一般的商人。他们整天在街上来回转悠，看看哪边有生意可做。萨努图曾要他的同胞明确表示对于这些犹太小贩的态度："我们的同胞一直不想让犹太人持有店铺以及在这个城市做生意，他们要做买卖，最好到别的地方去。"① 不过，现在这些犹太人并不离开，他们想留下来，并且情愿付出代价。

为了要安置他们，旧铸造厂也变成了犹太区，它的外墙封起来，阳

---

① 普兰：《欧洲犹太人与威尼斯的宗教裁判所，1550—1670》，第 158 页。

台也移往他处。与第一个不同的是,第二个犹太区有个小型开放的广场和许多小巷,一块未整理的肮脏草地,由于打地基时对木桩敷衍了事,这一区的建筑物存在下陷的问题。一个世纪之后,第三个犹太区,也就是最新铸造厂(Ghetto Nuovissimo),于 1633 年建立,地方较小但房屋状况较佳,也同样被建成如同城堡的样子。当第三个犹太区居满了人的时候,人口的密度竟是威尼斯的 3 倍。这样的生活条件,成了瘟疫的温床。犹太人开始向自己的医生求助,但是医学知识无法改善土壤以及建筑物的环境问题,以及日益增加的人口密度问题。当瘟疫袭击犹太区时,犹太区的大门反而延长了关闭的时间,从白天到黑夜。

在强迫犹太人住入犹太区之后,威尼斯当局并没有打算要对犹太人实施任何教化措施以改变他们的行为,因为他们并不想接纳犹太人,使之成为威尼斯人。就这一点来看,威尼斯的犹太区与之后不久出现的罗马犹太区,意义可说是大不相同。罗马犹太区是教皇保罗四世(Paul IV)于 1555 年设立的,完全是为了改变犹太人而设的。保罗四世提议将所有的犹太人封闭在一个地方,然后让基督教的教士有系统地、挨家挨户地传教,强迫犹太人聆听上帝的话语。不过,罗马犹太区却完全是个失败的设计,在 4 000 名居民中,只有 20 个犹太人改宗。

除此之外,罗马犹太区与威尼斯不同的地方还在于它位于市中心,是非常醒目的地方。它的墙将原本由罗马大商业家族所控制的商业区切成两半,于是这些商业家族只好转而跟犹太社区的居民交易。通过掌握这块地方划为罗马犹太区以让犹太人改宗,教皇想做的其实还在于削弱这个旧基督教商人阶级对于罗马事务的干涉。这段时期的罗马,与威尼斯相较起来,是比较闭塞的,尽管教廷位处于此地;它的外国人很少,惟一会来教廷的只有教士、各国大使,或其他的外交使节。相反的,威尼斯是一座国际城市,挤满了可疑的外国人。

道德的力量若是对自己有自信,便会去挑战并转化道德的"秽物",

罗马教廷就是如此。一个对自己没有信心的社会,如威尼斯,便总是害怕自己会失去抵抗力。当它与他者混杂在一起时,它便担心自己会顺从。传染与引诱是不可分的。阿尼亚德洛战争之后的威尼斯道德家,害怕数千人的城市在接触数百人之后会屈服。道德家所指的就是那些袋子装满了金钱的犹太人、在运河上裸体逍遥的男孩,或者是沾染上妓女气息的高利贷。威尼斯语言中对于触摸所带有的致命恐惧,就跟我们现在谈到的艾滋病如出一辙,传染跟引诱似乎也是密不可分。如此说来,犹太区所代表的就像是城市的保险套。

在谈到高利贷时,总是会将其与妓女及犹太人扯在一起。不过,对于犹太人本身来说,害怕触摸到犹太人的意义,会随着威尼斯中两种受轻视的身体而有所不同。

犹太人与高级妓女

1501 年 10 月 31 日,瓦伦蒂诺公爵(Duke of Valentino)在梵蒂冈举办了一场声名狼藉的性宴会,教皇亚历山大六世(Alexander VI)也参加了:

傍晚,瓦伦蒂诺公爵在他的使徒宫殿寓所准备了晚宴,50 名高级妓女也到了现场。在晚餐之后,这些妓女们便开始与仆役及其他在场的人跳舞,起初还穿着衣服,后来连衣服也脱个精光。后来,插着点燃蜡烛的大烛台从桌上拿了下来,放在地板上,栗子也洒了满地。妓女们开始光着身体用她们的手和膝盖在烛台间爬行,捡着栗子。教皇、公爵,还有公爵的妹妹鲁克蕾查(Donna Lucrezia)也在场观赏。最后,由交媾过最多妓女的人获得奖品,奖品是丝质的紧身上衣、鞋子、帽子,还有其他衣服。根据在场的人的描述,这场宴会的地点是在大厅(也就是瑞吉亚厅〔Sala Regia〕，用来开宗教会议的地方）。①

教皇出现在这种猥亵的场合，实在是让现代读者大吃一惊。不过，教廷也是个世俗社会，其中有许多高级官员并没有发过神圣的誓言。在这个世界上，对于妓女来说，要怎么做才能算是个"受人尊重的妓女"呢？

courtesan（高级妓女）这个字的使用始于 15 世纪末，是 courtier（廷臣）的阴性名词——依意大利文的用法，那些身为 cortigiane（高级妓女）的女人，就是专为 cortigaiani（廷臣）提供娱乐的人，即那些充斥在文艺复兴宫廷中的贵族、士兵、官员以及随从。宫廷是个政治场所，用来举办晚宴，接待大使，以及进行严肃的会议。高级妓女可以让男人们从这个官场世界暂时解放一番。

一个女孩开始当妓女的年龄大概是 14 岁。阿雷蒂诺（Aretino）写到一个年轻女孩的谈话："我在 1 个月内就学到了当妓女的本事：怎么样引起热情，吸引男人，引导男人，以及让男人为你神魂颠倒。怎么样在想笑的时候哭，或是想哭的时候笑，以及怎么样一次又一次地让人家以为你是处女。"② 要成为高级妓女时间要久一点。要建立起高层社会的人际关系网，打听一点城里及宫廷里的消息来讨好客人，最好自己能有房子和衣服来让客人们开心。

高级妓女的学习过程与日本艺伎的学习过程不同，日本艺伎的社交艺术要遵守一套严格的仪式，经由世代传承下来，就像律师要经过教育

---

① 布尔夏德（Johann Burchard）:《速记故事》（*Liber Notarum*，Cita di Castello, n. p. l.，1906）。我大致遵照马森（Georgina Masson）的翻译，只作了小幅改动，《意大利文艺复兴时期的高级妓女》（*Courtesans of the Italian Renaissance*，New York: St. Martin's Press, 1975），第 8 页。
② 阿雷蒂诺:《论理》（*Ragionamenti*），引自马森《意大利文艺复兴时期的高级妓女》，第 24 页。

威尼斯的高级妓女。葛瑞文布洛克，"威尼斯人的服装"，科雷文博物馆，威尼斯。

训练一样。至于文艺复兴时期的妓女，如果想成为高级妓女，只能靠自学。她们所遭遇的问题有点像男性的廷臣，男性廷臣需要有一本卡斯蒂寥内（Castiglione）的《廷臣论》（*Book of the Courtier*），以便让自己可以在宦海中不致翻船。有许多下流书本似乎也可以起到类似的效果，不过妓女们真正的教育来自于观察，她们会模仿上层社会的女人，看她们如何穿着、说话以及书写。

在学习的过程中，高级妓女导致了一个独特的问题：如果她真的学成了，那么她就可以伪装起来，可以去任何地方。虽然可以走在一群高贵妇人中间，但并不代表自己就变成她们。看起来及听起来要是像贵妇人的话，就比较能够得到她们男人的青睐。正是这个原因，高级妓女构成了一个特别的威胁，一个淫荡的女人看起来跟其他女人没什么两样。在 1543 年发布的文告中，威尼斯政府宣称，妓女在"街上以及教堂还有其他地方出现，穿戴首饰，盛装打扮，看起来就像个高贵淑女及女性市民，由于两者间看不出有什么分别，因此容易造成混淆，不仅是外国人如此，连威尼斯本地的居民，也无法分辨良莠……"①

在莎士比亚时代，威尼斯的妓女已经靠水手及贸易商维生了好几个世纪。文艺复兴时期，单纯的金钱往来与威尼斯的"性产业"总是携手并进，这也逐渐意味着妓女户已经成了"良好家庭出身的贵族企业主的合法获利来源"。② 因为威尼斯是个海港城市，权力与性的关系跟罗马不一样。假定这时有一个道德感强的教皇，那么他的确可以在罗马持续而有效地禁绝高级妓女进入宫廷。至于像威尼斯这样同时间有大量人口来来去去的都市，有如此众多的远离合法床笫的外邦人，港口当然会容忍妓女存在来协助经济发展，就好像犹太人放款一样。贸易招徕了持续而大量的顾客，每个年轻妓女眼前都闪烁着成为高级妓女的可能性。

面对这样的可能，城市试图以对待其他外人身体的方式来对待妓女：将她们隔离。除此之外，城市也想将妓女与犹太人联系起来，让他们都穿上黄衣服或佩戴黄色徽章。穿上这样特别的服装并不能真的凸显出这两个人群，因为城市里每一个人也都穿着制服或一套代表他们身份

---

① 阿雷蒂诺：《论理》（*Ragionamenti*），引自马森《意大利文艺复兴时期的高级妓女》，第 152 页。

② 鲁杰罗：《情欲的疆界：文艺复兴时期意大利的性犯罪与性欲》（*The Boundaries of Eros：Sex Crime and Sexuality in Renaissance Venice*，New York：Oxford University Press，1985），第 9 页。

或职业的服装。不过，只有妓女跟犹太人才穿这种特别的颜色。1397年，犹太人首次被要求佩戴黄色徽章；妓女及皮条客则是在1416年被命令要戴上黄色领巾。犹太女人走出隔离区时很少佩戴饰物或珠宝，因而一身黄色在城市里相当显眼。当局也想让妓女这么明显。1543年的法令界定了良家妇女的一些打扮，妓女不可模仿："因此，它宣布妓女不可在身上任何一个部位穿戴金、银或丝，也不可以戴项链、珍珠或镶宝石或不镶宝石的耳环或指环。"[1]

法令中禁止戴耳环的部分，它的意义从条文中不一定看得出来。休斯（Diane Owen Hughes）写道："只有某群女人会在北意大利城市的街上定期碰面，并且戴着耳环，那就是犹太人。"[2] 在犹太人还没有被隔离之前，耳环是个用来分辨犹太女人的方法，她那穿洞的耳朵就像是割去包皮一样。有些地方立法将犹太女人视为妓女，但其他城市则单纯要求她们要戴上耳环，"虽然作为……一种堕落的象征，耳环似乎不太明显，但至少可传达出在性方面不洁的观念……耳环带有诱惑性"。[3] 它们标志着身体不洁。威尼斯禁止戴耳环，选择了压抑性欲身体的方式，但却也因此无法知道街上哪些女人是不洁的。

为了将妓女局限在某处，威尼斯人一开始是想成立公立的妓院，并且为此买了两幢房子。但是，妓女认为通过皮条客在城市四处拉客以及提供能逃避国家监视的房间或自己开妓院，获利更多。这些非法的地方所从事的非法性交易可以躲避国家税收，也可以更审慎地计算每次交易的价码。公立妓院的计划最后不了了之，但限止妓女的做法还在继续。

---

① 引自马森（Masson）《意大利文艺复兴时期的高级妓女》，第152页。

② 休斯："行割礼的耳环：意大利文艺复兴城市的区隔与纯净化"（"Earrings for Circumcision: Distinction and Purification in the Italian Renaissance City"），载于特雷克斯勒（Richard Trexler）编《被区别的人群》（*Persons in Groups*, Binghamton, NY: Medieval and Renaissance Texts and Studies, 1985），第157页。

③ 同上书，第163、165页。

后来通过的法律要求妓女只能在大运河边做生意，幸好她们的生意不错，否则在这个地点维持并不容易。不过，这也意味着她们可以花钱渗透到城市其他地区去。同样的，服饰的法令也失败了。法令禁止妓女穿白色丝质衣服，因为这通常是未婚女性或修女穿，也不可以戴上已婚女性才有的戒指。不过，正如高级妓女越过了法律上的范畴，她们的身体也"越过了"。

基于这些理由，在被孤立以及被标示的情况下，高级妓女根本无利可图，因此她们想尽办法抵抗隔离。另一方面，犹太人所面对的则是更为复杂的状况。

3. 盾牌，而非利剑

分　别

多尔芬首次提出要将铸造厂变成犹太区，他那时的结语是："十人议会派两艘船到那里去，并且晚上留在那里，由他们付费，因为这是为了他们的安全。"[①]最后一句话显示了犹太人顺从于孤立时所能获得的好处。犹太人在受到隔离孤立时，所能得到的好处是，在犹太区的墙内，身体可以得到保护。每年一度的四旬斋，基督徒总会想到古老神话中，是犹太人杀了基督，于是他们会跑到犹太区来咆哮，巡警船此刻就发挥了功能。只要犹太人此时能乖乖地待在里面，那么政府当局就会毫不客气地惩戒那些暴徒。地形也给了犹太人保障。1534 年，孤立的空间保护了他们，当时犹太人在四旬斋期间遭受攻击；活动吊桥被拉上来，窗

---

① 引自拉维德"威尼斯隔离区建立的宗教、经济与社会背景及脉络"（"The Religious, Economic and Social Background and Context of the Establishment of the Ghetti of Venice"），第 215 页。

威尼斯日耳曼大学堂的内部，格拉齐亚诺·阿里奇拍摄，版权所有。

户关上，狂热的基督徒们无可奈何。

国家要求高级妓女戴上黄色领巾，并没有为她们带来什么好处，但犹太人进入犹太区，除了人身安全外，还有别的优惠。在犹太区里，城市允许犹太人可建造会堂。在犹太人历史上大部分的时间，信仰犹太教的人只能在家里聚会，有点像早期的基督徒。犹太人从未真正拥有自己的会堂，因为他们不能拥有土地。他们只能在当地统治者的许可下，将某些处所分别圣化。威尼斯犹太区让犹太人有机会在一个封闭的社团里（由基督教城邦保护）建造会堂。兄弟会组织利用会堂来对整个封闭社团中人们的日常生活进行指导。犹太区很快就成为许多不同忏悔团体（塞法迪与阿什肯纳兹犹太人）会堂的集中地。在中古时期，犹太会堂有两个地方与伊斯兰清真寺相近，而与基督教教堂不同。首先，"大部分的会堂及所有的清真寺从 8 世纪末开始……就禁拜偶像"。[1] 其次，跟清真寺一样，会堂将男性跟女性身体分开。在日耳曼大学堂（Scuola Grande Tedesca）的会堂里，女人坐在二楼周边的椭圆形走廊上，这样的安排让她们可以看到男人在地板上的活动。这个宗教空间也是个合法观看女性身体的空间。一个莎士比亚时代的英国观察者，科里亚特（Thomas Coryat）曾写到走廊上的景象：

我看到许多犹太女人，当中有一些是我从未见到过的美女。她们的服装、金项链以及镶着宝石的戒指也令人惊艳，我们英国的贵妇人根本不能跟她们相比。她们拖着长纱，宛如公主一样，后面还有帮她们拉起长纱的侍女，也毫不逊色。[2]

这种财富的展示，当然会让犹太区外的人有种种联想，呼应着基督徒认为犹太人贪婪的偏见。文艺复兴时期的威尼斯对于外国人以及妓女所代表的外来身体在感官上进行种种压制，的确是一种侮辱。不过，在犹太区这个受保护的区域里，一群被轻视的女人却可以以她们的外表

---

① 克林斯基（Carol H. Krinsky）:《欧洲的犹太会堂：建筑、历史、意义》（*Synagogues of Europe*：*Architecture*，*History*，*Meaning*，New York：The Architectural History Foundation and MIT Press，1985），第 18 页。
② 科里亚特:《科里亚特的未完成作品》（*Coryat's Crudities*，Glasgow，1905），第 1 册，第 372—373 页。

为傲。

Qadosh 在希伯来文中是个重要的字。斯托（Kenneth Stow）指出，Qadosh"字面上的意思是'分别'或'被分别'。这是它原初的、《圣经》上的意思"。这表示犹太传统上很少想让别的民族也改信犹太教。这个字最后衍生出来的意思则是神圣。"这种与上帝的联结可见于《利未记》：'你们要圣洁（Qedoshim），因为我耶和华你们的上帝是圣洁的（Qadosh）。'"① Qadosh 也包括了教会拉丁文的意义如"神圣的"（sanctus）及"被诅咒的"（sacer）。威尼斯犹太区里会堂的出现对犹太人的意义，可以理解为被诅咒的空间变成了神圣的空间。②

对威尼斯犹太人来说，这个宗教环境要比他们过去散居城市各处、在自己的小屋里信拜要复杂得多。文艺复兴时期的犹太教，包含了各种不同的社会成分；阿什肯纳兹犹太人与塞法迪犹太人来自不同的文化背景。希伯来文是他们共同的正式语言，但在日常生活上，塞法迪犹太人讲的是拉丁诺语（Ladino）。这种语言结合了西班牙语、一些阿拉伯语以及希伯来语。在犹太区里，各色各样的犹太人都被局限在相同的、密集而受拘束的空间里。这强化了他们所共有的单一特质，即他们"是犹太人"。就好像在日耳曼人工厂里一样，宗教的不同被"都是日耳曼人"所掩盖。

这种认同上的空间整合非常明显。不同族群的犹太人一起合作来维护自己的利益，并且发展出集体的代表形式，向外界表明他们是"犹太人"。在威尼斯的犹太区，跟不久之后的罗马犹太区一样，犹太人组织

---

① 斯托："圣殿与空间的建构：作为神圣空间的罗马犹太区"（"Sanctity and the Construction of Space: The Roman Ghetto as Sacred Space"），载于摩尔（Menachem Mor）编《犹太人的同化、涵化及调适：过去的传统、现在的议题与未来的展望》（*Jewish Assimilation*, *Acculturation and Accommodation*: *Past Traditions*, *Current Issues and Future Prospects*, Lanham, NE: University Press of America, 1989），第 54 页。
② 感谢里克沃特的指点。

了兄弟会。他们在会堂里开会，但处理的都是犹太区中的世俗事务。在威尼斯，城市的香料贸易也让犹太区产生了特定的文化。传统上，在中古晚期，一般犹太人进行祷告和宗教研讨都是在早上。咖啡在城市里广泛流通之后，犹太人便用来适应他们在空间隔离下的生活。他们喝咖啡来帮助熬夜，这段时间内他们处在犹太区的监牢里，可以用来祷告及研读。[1]

隔离保护了也融合了这个受压迫的社团；隔离也让这群受压迫者以全新的方式转而向内。有位史学家说："一个在犹太区外工作，并且与非犹太教徒混在一起的犹太人，不管是一天或一个星期，都会觉得他仿佛离开了他的原生环境而到了一个陌生世界。"[2] 到了 16 世纪末，拉比法院开始禁止犹太女人与基督教男人跳舞。在法院里，对自愿改宗的恐惧几乎挥之不去。不过，事实上自愿改宗的人少之又少，这一点可以从50 年前在罗马发生的事情中看出。犹太区社团的发展，跟犹太人每天想着宗教与周边环境有关。过去，中古时期关于犹太人与其他"民族"的绝对不同的想法又在犹太区复活了。原本在文艺复兴初期一度还有犹太教与基督教教义差异的探索，如今，基督徒成了外来的他者。现代学者卡茨认为："犹太教平日对基督教漠视是令人相当惊讶的，因为此刻的西方基督教正经历着重大变化，宗教改革兴起了，这其实给犹太教提供了与转变中的基督教平等相处的机会。"[3]

这是个严苛的说法，而且也不完全正确。比较公允的说法是，空间

---

[1] 参见霍罗维茨（Elliott Horowitz）"咖啡、咖啡屋，以及近代初期犹太人的夜间仪式"（"Coffee, Coffeehouses, and the Nocturnal Rituals of Early Modern Jewry"），《犹太研究协会》（*Association for Jewish Studies*），第 14 期（1988），第 17—46 页。

[2] 卡茨（Jacob Katz）：《排外与宽容：中古与近代犹太人与非犹太人关系的研究》（*Exclusiveness and Tolerance：Studies in Jewish-Gentile Relations in Medieval and Modern Times*, Oxford: Oxford University Press, 1961），第 133 页。

[3] 同上书，第 138 页。

上的孤立现在对于界定"犹太人"来说，反而成了一个问题。认同上的地理学困扰着一位文艺复兴时期最有名的犹太人摩德纳（Leon〔Judah Aryeh〕Modena）。他生于1571年，死于1648年，是一位法学家、诗人、拉比（rabbi）、音乐家和政治领袖，也是拉丁文、希腊文、法文和英文学者。更让人惊讶的是，他还是个赌徒。他的自传，书名是《犹大的一生》（*The Life of Judah*），为玩弄文字之作，因为赌博正是犹大所犯的罪。摩德纳不是威尼斯人，他于1590年来到威尼斯，当时19岁。3年后，他结婚了，并且决定要当一个拉比。这个目标花了他20年才达到。在这20年间，他的生命充满不安定感。他写了很多东西，到处旅行，但是仍觉得很不舒服。一个天生爱流浪的犹太人，只有进入了威尼斯犹太区的封闭世界、被各种热衷参与公众生活的犹太人所包围时，摩德纳才开始觉得内心安适。1609年，他终于在威尼斯接受任命，他的生命已带有浓厚的当地色彩。身为一个拉比，他一天3次进入会堂"来主持仪式，为病者与逝者祷告，并在从约柜拿出《托拉》（*Torah*）诵念之前的每个安息日早晨传道，在诵念之后讲解二到三则圣律，然后再于星期一与星期四将《托拉》放回约柜"。[①]

17世纪初，基督徒之间知识分子的一些看法也散布到了犹太人当中，不只是在意大利，在北欧也是如此。尽管有马丁·路德（Martin Luther）的反犹言论，但也有加尔文（Calvin）的开放看法，或者像英国心胸开放的学者，如赫伯特爵士（Lord Herbert of Cherbury）。反过来说，摩德纳则代表着犹太人知识阶层超越了犹太社团的范围而参与了文

---

① 阿德尔曼（Howard Adelman）："里昂·摩德纳：自传与其人其事"（"Leon Modena: The Autobiography and the Man"），载于科恩（Mark R. Cohen）编《一个17世纪拉比的自传：里昂·摩德纳的〈犹大的一生〉》（*The Autobiography of a Seventeenth-Century Rabbi: Leon Modena's Life of Judah*，Princeton: Princeton University Press, 1988），第28页。

化生活，但同时仍保持着自己的宗教信仰与仪式。①

　　由于摩德纳的才华以及努力不懈地写作，他的讲堂变得国际知名，而他也开始吸引基督徒进到犹太区来听他讲道。摩德纳的个人魅力提供了一个明证，说明了一个有声望的人的确可以打破犹太区的孤立。17世纪20年代，他的声望进一步提升，1628年达到顶点。因为他主持了犹太音乐会（L'Accademia degl'Impediti），并且在塞法迪犹太人会堂举办犹太合唱团及唱赞美诗的表演。一位为他作传的人说："威尼斯的基督教贵族也纷纷前来观看这个奇景，而当局还必须介入才能控制住群众。"② 不过，那些来参观犹太区的威尼斯基督徒，比较像是现代的欧洲游客前来观看纽约的哈莱姆一样，带有窥探的意味，看一下被禁制的文化是什么样的。至于像斯卡皮（Paulo Scarpi）那种认真听摩德纳讲道的基督徒，就不免要付出一点代价了。对斯卡皮来说，他之所以失去了主教的位置，在于他"跟犹太人站在同一边"，因而受到诅咒。

　　摩德纳成名期间，肯定犹太区的保护功能，也允许犹太人集中在墙内活动。不过，他也努力减轻加诸犹太人身上的种种限制。这并不只是他一人有这种期望。在经济领域里，罗德里加（Daniel Roderiga），一个金融巨子，就激烈反对将犹太人限制在威尼斯犹太区内。罗德里加认为，让犹太商人享有更多自由，那就可以解救威尼斯日渐缩减的财富。1589年，他企图要特许给犹太人一些权利。其中第1条就是，犹太商人及其家族可以在威尼斯任何一个地方定居；第2条则是会堂可以在威尼斯任何一个地方兴建。当局反对第1条，并且对于第2条用打官腔的方式不予付诸实施。

---

① 参见曼纽尔（Frank Manuel）：《离心的成员：基督教眼中的犹太教》（*The Broken Staff*: *Judaism Through Christian Eyes*，Cambridge，MA：Harvard University Press，1992）。
② 阿德曼："里昂·摩德纳：自传与其人其事"，第31页。

罗德里加 1589 年的经济权利特许在其他条款上获得了成功，让夏洛克所主张的权利有部分成为现实。特许中最重要的部分是允许所有住在威尼斯的非土耳其人有自由贸易的权利，并且保证他们与所有威尼斯人签订的契约都是不可侵犯的。现代史学家拉维德说："与本土威尼斯人一样，有权利经营利凡廷区域的海外贸易，乃是威尼斯商业史上前所未有的让步。"[①] 这就是夏洛克的主张，外国人也跟威尼斯人一样平等。但是，这只是经济权利，不是文化权利。

名人，如摩德纳或罗德里加的事业，会让人对于犹太区与外部世界的一般文化关系产生错觉。如现代史学家戴维斯（Natalie Davis）所指出的那样，即便是摩德纳，他的想法也"跟夏洛克在各方面南辕北辙：一个犹太人，只要他敢孤注一掷地投资，或是向杀了他儿子的犹太凶手报复，都会得到基督徒的赞扬"。摩德纳当其人生接近终点时，也发现到犹太区对他来说是越来越沉重的负担。[②]

场所的重量

1637 年，摩德纳出版了关于犹太教仪式的大部头作品之后，发现自己在基督徒眼中价值有限。1637 年，他被拖到威尼斯宗教裁判所，多亏了他与大审判官个人的私交，他与他的书籍才得以保全，但也遭受到教会痛斥而几无尊严可言。摩德纳谈论犹太教仪式的书是一种威胁，因为它被放置在开放的公共空间。在此之前，在教会的控制下，犹太人

---

① 拉维德："威尼斯犹太商人的第 1 份特许状，1589"（"The First Charter of the Jewish Merchants of Venice, 1589"），《犹太研究评论协会》（Association for Jewish Studies Review），第 1 期（1976），第 207 页。

② 戴维斯："名声与秘密：作为近代早期自传的里昂·摩德纳'犹大的一生'"（"Fame and Secrecy: Leon Modena's Life as an Early Modern Autobiography"），载于《一个 17 世纪拉比的自传》，第 68 页。

的宗教与社团文化是不能公之于众的。对他的大作所进行的抨击，接二连三地发生，而且此时他的人生也行将结束，勃鲁盖尔"伊卡鲁斯坠落之景象"的恐怖事实清楚地呈现在他的眼前。基督教社团的文化，也就是安东尼奥与巴萨尼奥在莎士比亚剧作中所展现的同情与良好情操，以及对于非基督徒的漠视，两者密不可分。

当大瘟疫于 1629 年到 1631 年间肆虐威尼斯时，这个黑暗的真理让摩德纳有所体悟。尽管这场灾难危及的对象是整座城市，而不只是犹太区，但法律依然如故：犹太人不可以到比较卫生的环境去，即便是暂时性的也不行，而那些受摩德纳照顾的人们，反而遭受到比瘟疫更强烈的侵袭。5 年后，他必须思考的不只是基督徒无视于犹太人的苦难，而是基督徒借由隔离而重重地伤害了他的人民。

17 世纪 30 年代中期，除了精英间偶尔接触外，犹太区的犹太人对于当时的基督徒来说成了谜团，大家平日都看不到犹太人了。犹太区外散布着一些关于犹太人做些什么以及他们如何生活的幻想故事，谣言满天。犹太人的身体本身从最早的时候就开始被认为是被隐藏的身体。正如我们在第 4 章所谈到的那样，早期基督徒并不接受割礼，如此才能让所有的身体都能接受改宗。到了文艺复兴时期，割礼被认为是一种犹太人讳莫如深、与性虐待仪式有关的自残行为。割礼与"阉割有关，借由去除男子特征，使其女性化，因而成为一个犹太人"。[①] 从这里开始，中古晚期的作家像托马斯（Thomas de Cantimpre），开始推论出犹太男人有月经，这是一个由皮亚琴察的弗兰科（Franco da Piacenza）在 1630 年"犹太疾病"目录中所确认的"科学事实"。犹太区的空间使人们对犹太身体的猜疑加深：在犹太区活动吊桥以及关闭的窗户后面，生命都避着阳光与水，犯罪与偶像崇拜像脓一样地流出。

---

① 吉尔曼：《性欲》，第 41 页。

围绕着隐藏所产生的幻想，在 1636 年 3 月达到高潮，当在威尼斯其他地方被偷的商品为犹太区内的犹太人收到并藏匿后。两三天内，犹太区的犹太人都是小偷的奇怪想法，居然为威尼斯民众深信不疑。从偷窃开始，犹太区墙外的人们又开始想到其他的犯罪，如犹太区内关着基督徒的小孩，以及割礼的狂欢大会，等等。摩德纳描述了警察进来搜索藏起来的丝、丝质衣物，以及黄金。"普珥节（Purim）时，整个犹太区都封闭起来，为了是要快速地逐户搜索"。要做这样的事，只要把吊桥拉起，锁上几个门就好了。[1] 摩德纳对此感到不快，他说，"当一个人犯了罪，他们'基督徒'就迁怒到整个社团"；基督徒之所以责怪所有的犹太人，是因为他们认为"犹太区中窝藏了所有的犯罪"。[2] 接下来几天，传言达到高潮，犹太人开始受到他们在欧洲所见过的最恶劣的对待。基督教暴民冲进犹太区，焚烧并偷窃会堂中的圣书和圣物，烧毁建筑物。由于他们只针对单一的对象，犹太人就像被关进兽栏里的动物一样等待宰杀。

1636 年事件之后，流浪的犹太人摩德纳，完美的世界主义者，开始后悔他所安定下来的生活。他的女婿雅各（Jacob）与他关系非常密切，因 1636 年的迫害而受到惩罚，被流放到费拉拉（Ferrara）。1643 年，年老多病的摩德纳要求当局释放雅各布。他们拒绝了，他们对于 1636 年迫害的恨意还在。摩德纳自传中写到接近人生终点时，突然迸出一段无助的忏悔之语："谁能给我足够的言语让我能好好地悲叹、哀悼与苦恼，让我能说出、写出我那无人能及的苦痛命运？我从出生那天起，就要受尽一切让我形容枯槁的事，毫不止歇地持续了 76 年。"[3]

在这段悲叹中，我们听到的不只是一个人的悲剧。借由压迫所造成

---

① 摩德纳："犹大的一生"，载于《一个 17 世纪拉比的自传》，第 144 页。
② 同上。
③ 同上书，第 162 页。

的群体认同，最终命运还是操在压迫者手里。认同地理学意味着局外人总是在景象中以非真实的人类形象出现——就像无声无息死去的伊卡鲁斯。不过，犹太人已经在这个压迫的景象中生根，他们将成为景象中的一部分。我们应该可以在不受责难的状况下这么说，就是犹太人已经在压迫空间中凝聚成一个社团，并压制着压迫者。但是，这种社团生活经证明不过是个盾牌，而非利剑。

4. 自由不可思议之轻

《威尼斯商人》与马洛（Christopher Marlowe）的剧作《马耳他的犹太人》（The Jew of Malta，1633），形成强烈对比。马洛让马耳他犹太人巴拉巴斯（Barabas）成为一个丑角，让他因为他的贪婪而受人轻视。夏洛克则是个比较复杂的角色，因为他的贪婪混杂着合理的愤怒。也许《威尼斯商人》中最伟大的演说就是夏洛克所说的人体的普世尊严。他说：

> 难道犹太人没有眼睛吗？难道犹太人没有双手、器官、身体、知觉、感情和热情吗？他不也吃着同样的食物，同样的武器可以伤害他，也染着同样的病，能用同样的药来医，冬天同样会冷，夏天同样会热，就像一个基督徒一样吗？你们要是刺我们，我们不也会流血吗？你们要是搔我们痒，我们不也会笑吗？你们要是用毒药谋害我们，我们不也会死吗？那么，要是你们欺侮了我们，我们难道不会复仇吗？要是在别的地方我们都跟你们一样，那么在这一点上也是彼此相同的。①

---

① 莎士比亚：《威尼斯商人》，第 3 幕第 1 场，第 53—62 页。

原本纡尊降贵向夏洛克借钱的基督徒却否认这样的尊严。不过，这个演说不只是可以用在所有角色上面，甚至于用在他所安排的恶棍上也成立，它是放诸四海而皆准的说法。

夏洛克对于基督徒的指控，反映在《威尼斯商人》的情节中，而且是以不可预料的方式出现。在第4幕中，莎士比亚在基督教绅士（如安东尼奥与巴萨尼奥）的荣誉与夏洛克的契约权利之间，建立起庞大的戏剧张力。基督徒恳求夏洛克，公爵也作了动人的演说，但夏洛克还是不为所动。一切看起来都不可挽回。突然在第4幕中，莎士比亚把这些问题都化解了。

波蒂亚化装成一个律师与仲裁者入场，她认为夏洛克的主张是正义的，但他必须要完全地遵守约定，只能拿一磅肉，而不流一滴血，因为契约上没有载明要拿血，而且他只能拿一磅肉，不多也不少。由于夏洛克并不是个科学的吃人者，游戏就结束了。夏洛克颓丧得像个泄了气的皮球。波蒂亚解开契约死结的方式不能说是一种道德的解决。她用律师的狡黠避开了重要的问题，很多批评家也认为结果不完整。跟魔鬼打交道的方式，看起来只有以其人之道还治其人之身才行。

这个结局让整个戏剧陷入一种暧昧不清的状况：《威尼斯商人》到底倾向于喜剧还是悲剧？基督徒的角色虽然值得赞赏，但在份量上却要比夏洛克轻些，他们适合于喜剧的架构，而《威尼斯商人》在表演时也经常以这种方式呈现。将结局说得琐碎一点可以让我们对于第5幕的喜剧情节有所理解。基督徒的胜利，波蒂亚让安东尼奥自由，而《威尼斯商人》也成为喜剧的形式。

虽然如此，还是让人觉得有点奇怪。即使在结局出现之前，我们在次要情节中也可以感觉到夏洛克的女儿杰西卡（Jessica）的转变有些突兀。当她爱上某个基督徒的时候，杰西卡逃离了她的父亲、她的家，以及她的信仰。她在离开她父亲的世界时，几乎没有什么哀伤的神情——

更别说偷了他的东西，将她父亲在法兰克福买来的珠宝拿去当成了蜜月的资费。如果稍加思索，她看起来像是个堕落的动物，但在戏里面她却被编排成很有魅力的样子。对于这位从未住过犹太区的女儿来说，"身为犹太人"就好像穿着一套衣服，一旦她爱上了某人，就会迫不及待地想脱下它。在另外一个牵扯到爱情游戏的次要情节里，同样也有不合情理的事情发生。在最后一幕，当戏里的男性恋人被女性恋人操弄在手时，后者的爱有点像是一种性的交易。到最后，与身体的疼痛或欲望都毫无关系，只是个交易。谁获得胜利了？

可以轻松地想象《威尼斯商人》是一种预告。莎士比亚在戏里面展示了一个世界：在这个世界里，基督教社团中的绅士们变得既不实际也不合逻辑。他们的自由让文化的负担减轻，不像犹太区中沉甸甸的文化。自由超越了生命的沉重与义务：到了戏的最后，我们已经进入了现代世界。

第三部分

动脉与静脉

第8章　移动中的身体

哈维的革命

1. 循环与呼吸

　　两千多年来，医学方面一直接受从伯里克利时期雅典以来所采行的体热原则。古老传统的权威使人深信，体热说可以解释男人与女人、人类与动物之间的差异。1628 年，哈维《心血运动论》的出现，开始改变了这种状况。通过他所发现的血液循环，哈维发动了对身体理解的科学革命：身体的结构、健康状况及其与灵魂的关系。一个新的主流身体形象于焉成形。

　　这种全新的身体理解刚好与近代资本主义的诞生相吻合，并且有助于促成重大的社会转变，我们称之为个人主义。现代的个人，可说是流动的人类。亚当·斯密（Adam Smith）的《国富论》（*Wealth of Nations*）在这方面恰好反映出哈维的发现可以影响到什么程度。因为亚当·斯密想象自由市场上劳动和商品的运作就像身体中血液循环一样自由，并且同样有产生活力的效果。斯密在观察当时的人快速而无序的商业行为之后，形成了这样的看法。商品和货币的循环已经证明要比固定而静止的财产更能获利。所有权是交换的序曲，至少对那些想改善自己处境的人来说是如此。不过，斯密知道，对于那些在循环经济的好处中获利的人来说，他们也必须要摈弃旧的封建义务。除此之外，这些流动的经济人还必须学习专业化与个人化的操作，这样才能生产出有特色的商品销售。摆脱束缚，专业化的经济人可以在社会中到处移动，运用财产与技术制造、提供商品给市场，不过这一切都有其代价。

自由地到处移动，降低了感官对于场所或场所中的人所引发的知觉能力。任何对环境上的情感连结，都将造成对个人的束缚。这是在《威尼斯商人》的末尾所表现出来的预兆：为了要更自由地移动，你不能有太多感觉。今日，随着想要自由移动的欲望已经战胜了感官对空间的主张，身体移动了，但现代流动的个人却也遭受到触觉上的危机：行动让身体的感觉能力降低了。这种通则已经在城市中实现了，我们可以看到交通以及快速的个人运动，城市充满了中立的空间，并且完全服从于循环的支配价值之下。

哈维的革命，改变了人们对都市环境方面的期望与计划。哈维在血液循环以及呼吸方面的发现，引导出公共卫生上的新观念。在 18 世纪，启蒙运动的设计者便运用了这些观念来设计城市。设计者想让城市变成一个人们可以在当中自由移动与呼吸的地方，在一个有流动的动脉与静脉的城市里，人们可以像健康的血球一样川流不息。医学革命似乎让这些社会工程师认为，应以健康而非以道德来作为人类幸福的标准，而健康又是由运动与循环来决定的。

从哈维发现身体中的健康循环，到新资本主义对于社会中个人运动的信仰，这个过程只是将西方文明持续不断的旧问题予以翻新罢了：如何让社会中具反应力的身体能找到感官上的舒适点，尤其是在城市里，身体就会变得不安而且孤独。循环作为一种医学价值与经济价值，形成了漠不关心的伦理观。流浪的基督教身体从伊甸园流亡，但至少上帝还允许它能感觉到周边环境以及其他的受难的人们。与哈维同时代的弥尔顿（John Milton）以这种方式来说有关人类堕落的故事，即

《失乐园》（*Paradise Lost*）。不断运动中的世俗身体，所冒的风险并不在于知不知道这个故事，而是它失去了与其他人以及与它所经过的地方的连结。

这一章要沿着哈维在身体循环上的发现直到 18 世纪的城市设计，以及循环对于启蒙运动城市里的个人与团体到底有什么意义。下一章则将焦点放在巴黎革命时期循环对场所的感觉所提出的挑战。从这场冲突中，19 世纪所产生的城市空间完全是供个人行动利用的，而不利于群众行动。倒数第二章则探讨这个演变，及其所造成的心理现象，福斯特在小说《霍华德庄园》（*Howards End*）中所表现的爱德华时代的伦敦为一明证。最后一章则专谈现代的纽约，现在已成为多元文化的城市，充满了来自全球无根的人们。"无根"（uprooted）这个字，暗示了一种不快乐的状况，但我并不想以负面的结果来结束这本书。《肉体与石头》的结尾要问，在这个多元文化的城市里，面对所有不利的历史因素，人们在种族上、性别上的差异是不是能成为彼此接触的契机而非退缩的理由。我们是否能避免威尼斯基督徒以及犹太人之间的命运？城市的多元性是否能抑制个人主义的力量？

这些问题将从肉体开始。

血液的鼓动

回想起来，哈维的发现其实很单纯：心脏经由动脉把血液输送出去，再经由静脉把血液回收进来。这个发现挑战了上古的观念，即血液在身体里流动是因为血液的热，而不同的身体有不同程度的"内在热"（calor innatus），如男性的身体就要比女性的身体热。哈维相信，循环加热了血液，而上古理论则认为是血液中的热让它循环。哈维发现这样的循环发生是机械性的：他说"借由心脏充满活力的跳动，血液才开始移动、完善、活化，以及免于受伤或腐败"。① 他把身体描绘成一个抽唧血液的大机器。

哈维在 1614 年到 1615 年间所研究的是心脏的静脉瓣膜，然后则研究动脉与静脉功能差异。他的学生在 17 世纪 20 年代从刚死的人身上取出心脏来观察，即便在没有血液可以抽唧的状况下，心脏仍然持续地收缩与舒张。其中一位学生还发现了鸟类的血液比人类的热，因为鸟类的心脏抽唧的速度比较快。在观察了循环机械学之后，这些科学家逐渐坚信相同的机械学可以适用在所有动物上。

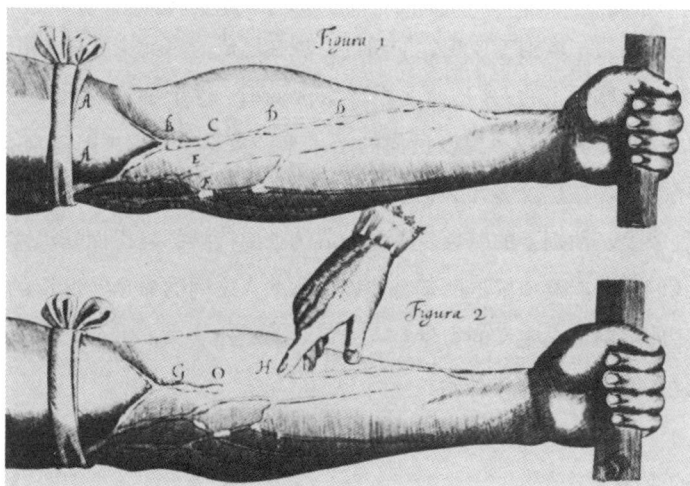

哈维对手臂血液系统的描绘，《心血运动论》，1628 年。

直到 18 世纪，基督教的医生仍在热烈讨论灵魂藏在身体何处，灵魂是否借由脑或心脏来与身体接触，脑跟心脏是不是"双重器官"，同

---

① 哈维：《心血运动论》，第 165 页；引自特尔纳（Richard Toellner），"发现血液循环的逻辑与心理方面"（"Logical and Psychological Aspects of the Discovery of the Circulation of the Blood"），格尔梅克（Mirko Grmek）、科恩和奇米诺（Guido Cimino）编《论科学发现》（*On Scientific Discovery*, Boston: Reidel, 1980），第 245 页。

时含有肉体的物质与精神的本质。在作品中，哈维仍坚持中古基督教的心脏观念，认为它是同情的器官。在他出版他的发现时，他认为心脏也是个机器。他坚定地认为科学知识来自于亲身体验与实验，而非抽象原则的论证。哈维的一些支持者，如笛卡儿（Descartes），也相信身体是一部机器，正如自然神（Deity）自己也仰赖一部天体机器来操作。上帝是机器的原则。"理性（非物质）的灵魂是否有生理功能？"对于这个问题，笛卡儿的看法是肯定的。[①] 但是，哈维的科学却认为没有。依照哈维的看法，虽然人类具有非物质的灵魂，但上帝在此世的存在却无法解释心脏如何让血液流动。

　　哈维对于血液的研究，让其他研究者也开始用类似的方法来探索其他的身体系统。英国医生威利斯（Thomas Willis），生存年代是 1621 年到 1675 年。他试图要理解身体的神经系统是否也具有机械性的循环。虽然他无法像哈维观察血液鼓动那样地来观察神经纤维中"神经能量"的移动，但威利斯可以研究脑的组织。跟哈维的学生一样，借由比较人与动物的脑，威利斯发现"两者在外观与结构上没有太大的差异，有差异的只是大小……因此，我们的结论是，人与动物都有灵魂，而灵魂就是肉体，可以直接运用器官"。[②] 17 世纪末与 18 世纪，威利斯的后继者通过活蛙实验，发现整个活体上神经纤维的神经节对于感官刺激有一致的反应，在实验刚死的人体时也得到同样的结论，即使灵魂已经离开身体去见他的造物主也一样。从神经系统的角度来看，身体不需要"灵魂"也能够感应。由于所有的神经节似乎都以相同的方式运作，因此灵

----

① 引自拜纳姆"解剖方法、自然神学与脑的功能"（"The Anatomical Method，Natural Theology，and the Functions of the Brain"），《爱塞斯》（*Isis*），第 64 期（1973 年 12 月），第 453 页。
② 威利斯：《两论动物灵魂》（*Two Discourses Concerning the Soul of Brutes*，London，1684），第 44 页；引自拜纳姆"解剖方法、自然神学与脑的功能"，第 453 页。

魂应该是到处盘旋而非停留一处。经验观察无法将灵魂安放在身体里。[①]

因此，身体中的机械运动，神经运动与血液运动都造成了对身体的世俗理解，而与上古观念中灵魂（anima）是生命能量来源的说法格格不入。

这个转变让研究者开始挑战影响中古思想家如索尔兹伯里的约翰的身体等级观念。在神经纤维运动具有电的性质还没被发现之前，对 18 世纪的医生来说，很明显地，神经系统并不单纯只是脑的延伸而已。生理学家哈勒（Albrecht von Haller）在 1757 年的《生理学实例教学》（*Demonstrations of Physiology*）中主张，神经系统借由不随意感觉（involuntary sensation）而运作，有时可绕过脑子——当然意识上还是可以控制；当一人砍断了脚趾，神经有时会把痛觉从脚传到手腕，因此这两个器官会彼此拉扯。跟血液一样，痛觉似乎也会流通全身。史学家斯塔福德（Barbara Stafford）说，医生沉溺于真实而残酷的动物实验中，发现神经组织拥有生命，只是"不同于有意识的心智以及高等灵魂"；"心脏还在跳动就被挖出来，内脏被剜除，这时的恐惧、受苦的嚎叫的动物开始拉扯扭曲，于是切开气管让它窒息"。[②]

同样的，心脏也从蒙德维尔所赋予的宝座上被拉了下来。虽然哈维认为心脏是"生命的起点"，但他也相信"血液有自己的生命"。[③] 心脏

---

① 参见卡尔森（E. T. Carlson）和辛普森（Meribeth Simpson）"18 世纪神经生理学与医疗心理学中神经系统的模式"（"Models of the Nervous System in Eighteenth-Century Neurophysiology and Medical Psychology"），《医学史公报》（*Bulletin of the History of Medicine*），第 44 期（1969），第 101—115 页。

② 斯塔福德：《身体批评：想象启蒙时期艺术与医学中所看不到的一面》（*Body Criticism: Imaging the Unseen in Enlightenment Art and Medicine*, Cambridge: MIT Press, 1991），第 409 页。

③ 哈维：《心血运动论》，第 165 页；引自特尔纳"发现血液循环的逻辑与心理方面"，第 245 页。

不过是个循环机器。因此，循环的科学强调身体各部分个别的独立性。

这门新科学相比较而言不关心身体与灵魂的难题，而将重点放在身体的健康，特别是从它的机械学来看。盖伦将健康定义为体热与体液的平衡；新的机械学则将健康界定为血液与神经能量的自由流动与运动。血液的自由流动似乎可以促进各个组织与器官的健康成长。神经学上的实验也同样认为神经能量的自由流动可以让各个组织与器官成长。这种身体中流动、健康与个别性的典范，转变了身体与社会的关系。如一位医学史学家的观察，"在一个日渐世俗化的社会里……健康越来越被视为是个人的责任，而非上帝的恩典"。[①] 18 世纪成型的城市有助于将这种内在典范转译成健康社会中的健康身体。

城市呼吸

当哈维与威利斯的子嗣开始将他们的发现应用在皮肤上时，城市与新身体科学的连结也开始了。18 世纪的普拉特纳（Ernst Platner）是首位对于体内循环与身体对环境的感觉作出清楚类比的医生。普莱特纳说，空气像血液：它必须在整个身体循环，而皮肤就像一层膜，可以让身体吸进并吐出空气。尘土对普拉特纳来说，是皮肤工作的主要敌人；史学家科尔班（Alain Corbin）说，普拉特纳主张尘土会堵塞毛孔"排泄无用的体液，造成物质的发酵与腐败；更糟的是，它会让'皮肤所产生的这些脏东西流入体内'"。[②]空气穿透皮肤的运动让"不洁"（impure）这个字有了全新而世俗的意义。不洁的意思因此是脏的皮肤而非灵魂的

① 乌特勒姆（Dorinda Outram）:《身体与法国大革命：性、阶级与政治文化》(*The Body and the French Revolution: Sex, Class and Political Culture*, New Haven: Yale University Press, 1989)，第 48 页。

② 科尔班:《恶臭与芬芳：气味与法国社会想象》(*The Foul and the Fragrant: Odor and the French Social Imagination*, New York: Berg, 1986; Paris, 1982)，第 71 页。

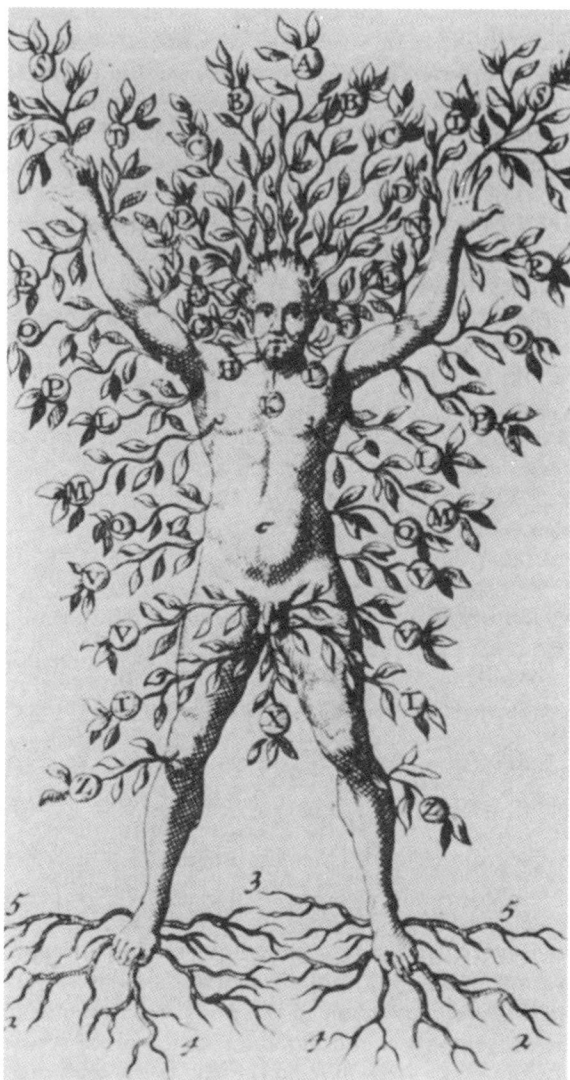

血管像小树一样从人体中生长出来。凯斯（Case），《解剖略图》（*Compendium anatomicum*），1696 年。

污点。皮肤变得不干净是因为人们的社会经验而非道德失败的结果。

乡下农夫的皮肤常有结成硬壳的尘土，看起来很自然，代表了健康。人类的尿与粪便可以滋养土地；如果是放在身体上也可以形成滋养的薄膜，特别是对婴儿。因此乡下人认为"人不可以经常洗澡……因为干粪与尿所形成的硬壳是身体的一部分，并且有保护的作用，特别是襁褓中的婴儿……"①

将身体的排泄物仔细清洗掉，成了城市居民以及与中产阶级的习惯。18世纪50年代，中产阶级开始在排泄后使用可丢式的纸张来擦拭肛门，夜壶每天都会清理。害怕清理排泄物是一种城市性的恐惧，这是由于受到新医学知识中有关皮肤不洁的影响所致。除此之外，发展这种医学知识的人也住在城市。史学家乌特勒姆写道："农民与医生不处于同一种身体符号的世界，因此完全无法沟通"；农民所认识的科学人只有理发师，有时在村子里理发师还可兼差当医生。1789年的法国，平均每1 000人只有1个理发师医生，至于有执照的医生则1万人中才有1个，而且大部分住在城市。②

这种让皮肤"呼吸"的信仰也影响了人们的穿着，这样的改变最早从18世纪30年代就开始了。妇女利用棉布或棉丝合织来减轻衣服的重量，并依照人体的线条来裁剪出比较宽松的服饰。虽然男人戴着假发，而且这种假发在18世纪还越来越繁复，不过在发线之下，他们也试着减轻并松绑衣服。能自由呼吸的身体比较健康，因为这样比较容易排出有毒的热气。

除此之外，为了让皮肤呼吸，人们必须比过去更常洗澡。罗马人每

---

① 莫雷尔："18世纪城乡对于小婴儿的医学论述"（"Ville et campagne dans le discours medical sur la petite enfance au XVIII siècle"），《年鉴》（Annales），第32期（1977）；第1013页。本人翻译。
② 乌特勒姆：《身体与法国大革命》，第59页。

天洗澡的习惯在中古时期消失了。洗澡被一些中古的医生认定是危险的，因为它会造成身体温度的不平衡。现在，人们穿得比较轻，洗澡次数也比较多，就不再需要用厚重的香水来遮掩汗味了。女人使用的香水，以及男人使用的香料苏打水，在 16、17 世纪时都混合了经常会让皮肤起红疹的油，因此想让身体散发香味的男女，都必须要付出皮肤有斑的代价。

想让呼吸与循环健康而良性地付诸实践的想法，不仅改变了身体行为，也改变了城市的外观。从 18 世纪 40 年代开始，欧洲城市开始从街上清除尘土，疏浚那些充满屎尿的沟渠，并将尘土扫入街道的下水道内。经过努力，街道的外观改变了。中古铺路是用圆形的鹅卵石，在石头缝中常粘着动物与人类的粪便。18 世纪中期，英国开始重铺伦敦的街道，使用平整的、方形的花岗石板，彼此紧密结合。巴黎则在 18 世纪 80 年代初期在奥德昂剧院（Odeon Theatre）附近采用这类石板铺路。这种街道可以比较彻底地清理；在街道下面，城市"静脉"取代了浅陋的污水池，巴黎的下水道可以将脏水与排泄物运到新的下水道运河。

这些改变可以从巴黎所推行的一连串市健康法看出。1750 年，巴黎市要市民必须清除他们屋前粪便与碎屑。同年，要求清理主要公共步道和桥梁。1764 年，有计划地清理全市溢流以及堵塞的排水沟。1780 年，禁止巴黎市民将夜壶里的东西倒在街上。在房子里，巴黎建筑师使用光滑的石灰涂抹墙壁，也是基于同样的目的。石灰可以抹平墙的表面，使其便于清理。

启蒙的计划者想将城市设计成一个健康身体的模式，能自由流动，又有干净的皮肤。从巴洛克时期开始，都市设计者就想有效率地在城市主要街道让人们快速流动。在罗马重建的时候，教皇西克斯图斯五

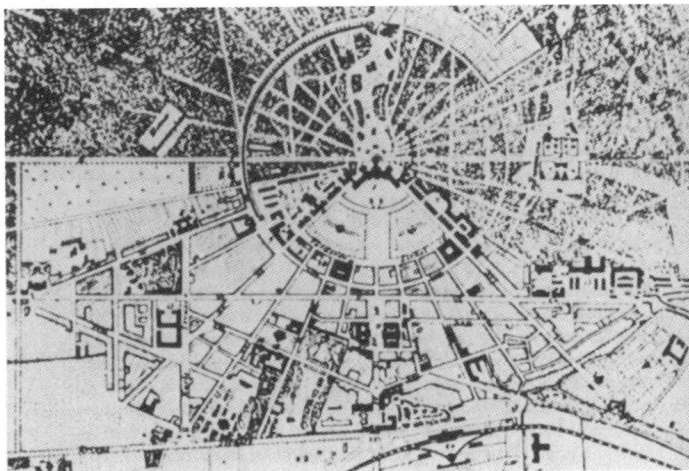

18世纪的卡尔斯鲁厄（Karlsruhe）。早期的环形城市设计。

世（Sixtus V）就将城市最主要的基督教神龛与一连串笔直的大道相连，让朝圣者能顺利通行。中古时期认为循环能带来生命活力，在巴洛克时期对行动的强调中，得到了新的意义。巴洛克时期的设计者，设计街道是为了使其成为让运动方向导向能举办仪式的场所。启蒙时期的设计者则不然，他们设计街道纯粹是为了行动本身。巴洛克时期的设计者强调向纪念性建筑物行进，而启蒙设计者则强调旅程本身。在启蒙时代的概念下，街道不管是经过住宅区或是城市的仪式中心，都是同样重要的。

因此，"动脉"与"静脉"这些词就被18世纪的设计者用在城市的街道上，说明了交通系统是以身体的血液系统为蓝本。法国城市学家如帕特（Christian Patte）就以动脉、静脉的概念来说明单行道原则。在德国与法国参照血液系统而画的城市地图上，王侯的城堡构成了设计的心脏。不过，街道往往环绕城市心脏而直接彼此连接。虽然这是一种差劲的解剖学，但设计者仍然运用了血液机械学。他们认为，如果城市中的运动在某处受到堵塞，那么整个城市就会面临危机，就像人的身体在动脉堵塞时会中风一样。有位史学家说道："哈维的发现以及他的血液循环模式，创造了一个必要条件，那就是空气、水与'废弃物'也要保持运动的状态"，人类居住地区的运动状态必须仔细规划；未经计划的发展只会让原本堵塞、封闭、不健康的城市结构变得更糟。[①]

我们可以看到，美国革命刚结束，循环原则就马上运用在华盛顿特区（Washington, D. C.）的规划上。因为这个年轻共和国背后所代表的力量与过去截然不同，华盛顿的设计者必须会选择一个几乎是热带沼泽的地方，将它转变成一国的首都，而非将权力中心放在既成的城市或者是在距离此地 100 英里远的北方开阔地建城。华盛顿的计划，以及我们今日所知的一部分已实现的计划，完全体现了启蒙时代的信仰，那就是要以一个有组织而广泛的城市设计来创造一个健康的环境。这个城市设计也显示了某种社会与政府愿景，要让人民在"健康的"城市里自由地呼吸。

华盛顿的设计者想在这块他们选来兴建首都的地方，响应罗马共和国的古老美德，一部分是使用罗马的城市设计，一部分是新城市地理上的地名采用罗马的名称。举例来说，美国的"台伯河"是一条流经沼泽地蚊蝇孳生的小支流；罗马丘陵则只能纯凭想象。计划中的 3 个主要人物——杰斐逊（Thomas Jefferson）、华盛顿（George Washington）及朗方（Pierre Charles L'enfant）想得比较实际。他们想到的新首都典范是凡尔赛（Versailles）、卡尔斯鲁厄（Karlsruhe）和波茨坦（Potsdam），而这些城市在专制君主一声令下，都建起华丽的露天广场。有位史学家说："这是个天大的讽刺，用来荣耀专制帝王的设计居然运用在我们这个以

---

① 科尔班：《恶臭与芬芳》，第 91 页。

民主、平等为号召的国家里，并作为国家的象征。"①

不过，由于美国与古罗马的对话，该计划后来并没有付诸实施。杰斐逊在 18 世纪 80 年代末期为国家首都构思了一个街道计划，是以农村土地区划为基础的。他甚至想以这个计划来区划整个大陆。他眼中的城市与整个国家的形象，来自于古罗马用来建造几何城市时的方格计划。跟古罗马的城市一样，杰斐逊所构想的华盛顿——就我们目前对其意图所了解而言——要将政府方格坐落在城市的中心。朗方则对此表示反对，他对罗马有不同的理解。

与其他怀抱理想的法国人一样，年轻工程师朗方在革命期间加入了美国阵营，并且参与了福吉谷（Valley Forge）战役。在革命胜利后，他仍留在美国。大概在 1791 年，给华盛顿总统写了一封书信，嘲弄方格计划是"无聊而乏味的……'是来自于'贫乏的想象，缺少真正的雄伟与富丽"。② 为了取代这个计划，他提出一个更民主的空间。他于 1791年绘制的"虚线地图"（后来埃利科特〔Andrew Ellicott〕在 1792 年正式重绘）显示了有好几个交通交点与中心的城市，而借由切穿方格矩形区块的复杂放射状街道系统可以抵达这些交点与中心。举例而言，朗方画了一个由两条大道（弗吉尼亚与马里兰大道）交会的点，这个点与附近的国家权力坐落处（总统办公处及国会大厦）毫无联系，并不是城市中所有的交通交点都必须与权力相交会。

除此之外，朗方还想融合社会与政治两个元素，如同早期罗马共和广场融合两者一样。朗方在 1791 年以优美的英文写给华盛顿的书信中说，国会大厦有一部分是"一般人可以前往的场所，其中有戏院、集会

---

① 雷普斯（John W. Reps）：《具纪念性的华盛顿》（*Monumental Washington*，Princeton：Princeton University Press, 1967），第 21 页。

② 引自凯特（Elizabeth S. Kite）《朗方与华盛顿》（*L'Enfant and Washington*，Baltimore：Johns Hopkins University Press, 1929），第 48 页。

华盛顿特区：朗方的计划，埃利科特绘出，1792 年。

场所、学院以及诸如此类的设施，可以吸引求知的人们，也可以让闲暇的人有多种的休闲活动".[①] 朗方的国家首都计划完全具有共和的概念：在这里，大权被多个中心所吸收，形成一座多元功能的城市。杰斐逊接受了这个计划，并且对此喝彩，让位给了这位年轻的法国人。

朗方的多中心、多用途共和国首都计划，也反映出启蒙时代对于城市循环的看法，而非巴洛克式的。华盛顿所在的沼泽地带以及令人难受的夏日气候，使得朗方不得不考虑城市必须有"肺"。为此，他援用了母国经验，尤其是位于巴黎中心的路易十五广场。路易十五广场是巴黎的肺，位于塞纳河畔，在卢浮宫前杜伊勒利花园（Tuileries Gardens）边端。

对于启蒙运动的设计者来说，肺的重要性不下于心脏，从朗方的作

---

① 朗方备忘录由卡默雷尔（H. Paul Caemmerer）重制，《埃尔·查尔斯·朗方的一生》（*The Life of Pierre Charles L'Enfant*, New York: Da Capo, 1970），第 151—154 页；这段引文来自第 153 页。

巴黎路易十五广场一景，勒普兰斯（J. -B. Leprince）绘，约 1750 年。

品中也可以看出这一点。举例来说，在 18 世纪的巴黎，再没有比广阔的路易十五广场更令人惊讶了：虽然处于市中心，但却是一座任由植物自然生长的花园。朗方那个时代的人也许不懂得光合作用，但他们能感觉到呼吸时的不同。任由路易十五广场长成一座城市丛林，当人们想洁净自己的肺时，就可以进去散步。因此，中央公园看来似乎与城市的街头生活大不相同，"即使是对那些喜欢路易十五广场建筑物的人来说，路易十五广场还是让人觉得仿佛身不在巴黎似的"。①

除此之外，这个中央肺偏离了权力关系，而这种权力关系塑造了城外皇家庭园中的露天广场，如路易十四的凡尔赛宫或腓特烈大帝（Frederick the Great）的无忧宫（Sans Souci）。凡尔赛花园建于 17 世纪中叶，严格要求树木、小径以及池子都要呈现出往天际不断延伸的直线：国王领导着自然。另外一种露天广场出现在 18 世纪初期具影响力的英

---

① 莫娜·奥祖夫（Mona Ozouf）：《节日和法国革命》（*Festivals and the French Revolution*，Cambridge, MA：Harvard University Press, 1988），阿兰·谢里登（Alan Sheridan）译，第 148 页。

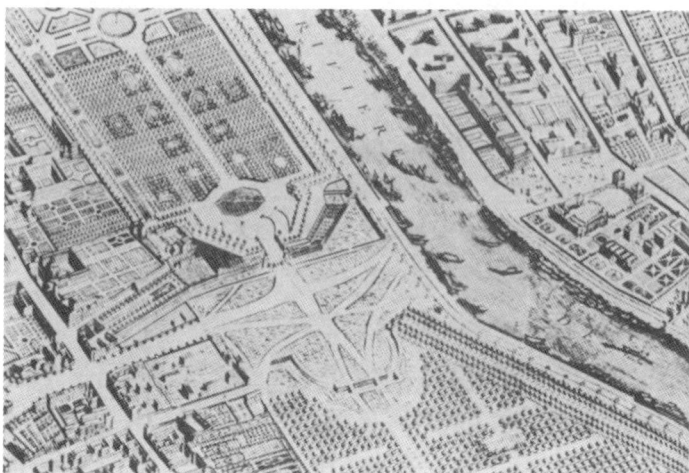

巴黎路易十五广场的地点规划，布勒泰（Bretez）计划，被称为"杜尔哥"，1734—1739 年。

国景致中，哈比森（Robert Harbison）说："毫无限制的花园，缺乏明显的起点或终点……界线已经完全模糊了。"[1] 英国花园抓住了想象，当眼睛或身体在这不规则的空间中游走时，总是充满了惊喜，这是个绿意盎然而自由生长的地方。

朗方这一代的人试图要给城市之肺一个比较确定的视觉形式。1765年的巴黎，当局思考了几个方案想让城市居民更容易进入（不管是步行还是马车）这个大公园，使其成为川流不息、令人清新的肺。这些街道与步道标志着与旧城市结构的决裂；不允许有商业区在这里出现，或者说，只准许贩卖空气与绿叶的商业区设立。经过城市之肺的运动仍然是一种社交的体验。

令人好奇的是，朗方的华盛顿城市计划中，却没有像巴黎公园那样与自然处于和谐状态。大林荫道（埃利科特根据朗方的设计所绘）保持

---

[1] 哈比森：《离心的空间》（*Eccentric Spaces*，Boston：Gordine，1988），第 5 页。

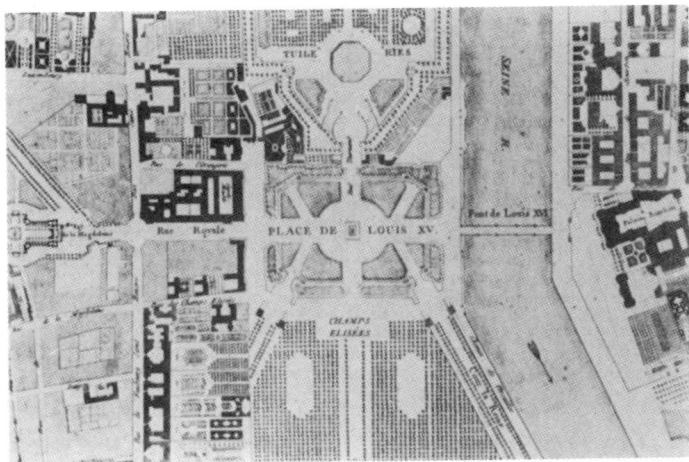

巴黎路易十五广场。整体计划显示要建一座新桥。佩里耶（Perrier）临摹，勒萨热（Le Sage）雕版。

了凡尔赛宫一些线形的元素，它的轴线位于波托马克河（Potomac River）与总统办公室之间，另一条轴线则位于波托马克河与国会大厦之间。不过，朗方强调，在这条林荫大道上，市民可以自由移动和聚会，1765 年的巴黎就是这样。林荫道并不是用来让乔治·华盛顿往远方眺望而产生君临天下之感，如同路易十四望着他的凡尔赛花园，觉得自己统领万邦。朗方对首任总统说，他希望这两条林荫道"可以提供多样的、令人愉快的场所与风景"，而且能"连接城市的每个部分"。① 开放空间让所有市民能自由地进入，将能达成这两个目的。

杰斐逊说，市民走出去到了户外，便能自由地呼吸。杰斐逊借由这个隐喻来表示他喜爱乡间；朗方则将此运用在城市里。② 这个隐喻所带

---

① 朗方："备忘录"，载于坎梅勒《一生》，第 151 页。
② 例子参见"问题四：矿产、蔬菜以及动物的生产"（"Query VI: Productions Mineral, Vegetable and Animal"），载于杰斐逊《弗吉尼亚州笔记》（*Notes on the State of Virginia*，Chapel Hill: University of North Carolina Press，1955），佩登（William Peden）编及导论，第 26—72 页。

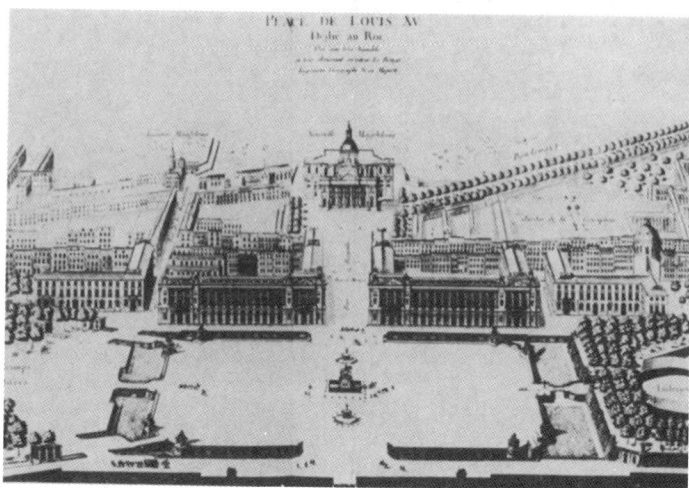

巴黎路易十五广场。勒鲁热（G. L. Le Rouge）雕版，约 1791 年。

有的医学根源，暗示着血液循环良好，让身体各个部分都能享受生命力，就连最小的组织，也与心脏或脑一样被赋予了鲜活的生命力。虽然城市之肺排除了商业，但身体循环的意象仍然呼之即出。

2. 流动的个人

斯密的别针工厂

在《巨变》（*The Great Transformation*）中，现代史学家波兰尼（Karl Polanyi）试图追溯欧洲社会的转变，认为所有这一切都发生在社会生活开始立基于市场交换之时。波兰尼当然不会反对市场在中古或文艺复兴时期欧洲的重要性，但看到 17、18 世纪时"损人才能利己"这个原则开始掌控文化、社会关系和经济，逐渐排挤基督教的信仰，即慈善的必要性以及利他主义。因此，《巨变》读起来好像表示夏洛克赢得了最后的胜利，社会生活到处充满了算计以及割下几磅肉的景象。①

　　事实上，18 世纪那些宣讲自由市场好处的作家，对于人类贪婪的主题极为焦躁。他们用来辩护的一种方式是援引新的身体科学以及它的空间环境。18 世纪自由市场的支持者直接将社会劳动、资本流动与身体血液流动和神经能量连结在一起。亚当·斯密的同僚在提到经济健康时，用的是与医生在讲身体健康时相同的字眼，使用"商品呼吸"、"资本运动"，以及"劳动能量通过市场的刺激"。正如血液流动可以滋养全身组织那样，对他们来说，经济循环也可以滋养社会所有的成员。

　　这些说法，有些当然是自我宣传式的废话，不会有人在面包或燃煤价格暴涨两倍时还会接受这样的价格，并认为这是"刺激"。不过，经济学家亚当·斯密为自由市场的普遍信仰增加了一个观点，而这正是当时的人所未能真正看清楚的。这个观点也的确让这个生物——经济语言不再只是用来遮掩贪婪。亚当·斯密试着要显示市场运动中的人们是如何成为经济方面一个特定的个别角色。他说，他们之所以能如此，乃是通过市场激励出来的分工所致。

　　亚当·斯密在《国富论》一开头就严谨及精确地说明了这一点。他以别针工厂中的 10 个工人为例：如果每个人都要执行制造别针的所有工序的话，那么每个人 1 天也许可以做 20 个别针，10 个人 1 天就可以做 200 个；如果把工序分割开来，那么 10 个人可以做 48 000 个。② 什么事情将能使他们以这种方式分工呢？商品市场会让他们这么做，"如果市场非常小，完全致力于一种行业的人，便得不到多少激励，因为他本身劳动产出的剩余部分，无法全部用来交换他人劳动产出的剩余部

---

① 参见波兰尼：《巨变：我们这个时代政治与经济的根源》（*The Great Transformation : The Political and Economic Origins of Our Time*，Boston：Beacon Hill Press，1957）。

② 亚当·斯密：《国富论》，第 4 页。

分"，亚当·斯密这样说。① 当市场大而且活跃时，工人就会受到激励来生产出剩余商品。因此，分工来自于"人有以物易物以及交换的倾向"。② 循环越多，专业化的劳动者就越多，他们也就越会变成个别的行动者。

亚当·斯密所说的别针工厂是他论证的重点。首先，亚当·斯密想要在最平凡的工作——制造别针——来发展出政治经济学最一般化的原则。在上古时期，就我们所见，一般人的劳动有如野兽一般，缺乏尊严。中古时期僧侣劳动的尊严在于属灵上的纪律以及慈善的用途。亚当·斯密将劳动的尊严扩大到所有工人身上，让他们可以交换自己的生产成果，并且可以在特定的工作上越来越有技术。技术让劳动有尊严，而自由市场则促进了技术的发展。以此，亚当·斯密的经济学响应了狄德罗（Diderot）于 18 世纪中期完成的大《百科全书》（*Encyclopedia*）。《百科全书》在精美的图版上绘制并准确描述了编制藤椅或烤鸭子所需的技巧。在狄德罗的书中，手工业者或仆役的技术如此之好，比起那些只知道花钱的主人来说，他们才是真正有价值的社会成员。

亚当·斯密的别针工厂是一个城市中的一个场所。《国富论》所描绘的城市与乡村的关系，就当时来看是不寻常的。中古时期思想家修姆伯特·德·罗曼斯以来，作者倾向于认为城镇的财富是牺牲了乡村得来的。亚当·斯密反过来认为，城市发展刺激了乡村经济，创造了农业产品的市场需求。他相信，农夫应该像别针工人一样，为了市场而在农作物生产方面进行专业化，而不是继续过自给自足的生活。③ 循环的优势将城镇与乡村绑在一起，在这个过程中彼此创造出专业化的劳动力。

---

① 亚当·斯密：《国富论》，第 15 页。
② 同上书，第 12 页。
③ 参见亚当·斯密"城镇的商业如何协助改善乡村"（"How Commerce of the Towns Contributed to the Improvement of the Country"），同上书，第 362—374 页。

这种城乡观显示出亚当·斯密思想中最启蒙以及最乐观的一面，他认为经济的个人是社会性的存在，并不是一种贪婪。就亚当·斯密的想象，分工中的每个个人都需要其他人也能善尽职守。对于现代批评者博兰尼来说，亚当·斯密不过是零和游戏（Zero-sum game）的辩护者。但是，对于当时的人来说，亚当·斯密却是既科学又人道。他在劳动与资本的循环中发现到一股能让最普通的劳工也能获得尊严的力量，而且可以调和独立与依存的问题。

针对朗方、帕特以及洛吉耶（Emmanuel Laugier）所设计的城市要如何运作的问题，这是当时所提供的解答。当 18 世纪的城市学家以循环原则来规划城市时，亚当·斯密让适合于城市的经济活动变得可理解而且可信。这也让个人自由比较能具有情感的内涵。

歌德南逃

承诺让运动中的个人获得自由，出现于 18 世纪最值得一提的作品中，该作品刚好出版于法国大革命前。这就是歌德（Goethe）的《意大利之旅》（*Italian Journey*），记录他 1786 年从田园般的日耳曼小宫廷逃到意大利臭气熏天的城市的经过。这场逃离让诗人的身体（他是这样想的）复活了。

歌德原本服务于卡尔·奥古斯特（Carl August，小公国的统治者），先后担任会计、监督和总管，有十多年了。年复一年，辛苦管理奥古斯特的财务以及监督公爵田园的灌溉工作，歌德写作越来越少。他年轻时代的杰作——他的诗作、小说《少年维特的烦恼》（*The Sorrows of Young Werther*）、剧作《格茨·冯·伯利琴根》（*Götz von Berlichingen*）——似乎已经快变成了回忆，他江郎才尽了。最后逃往南方。

歌德《意大利之旅》描述意大利城市充满了倾颓毁坏的石头，街上满是横流的屎尿，但是逃亡的诗人在遗迹中仍带着愉悦的敬畏。1786年11月10日，他在罗马写道："我直到这里，才感受到世上原来有这等事物。"① 6个星期之前，他也曾写信给朋友："我尽量地节省，并让自己保持平静的心态，让周遭的事物感受不到我的存在，而我则能充分感受到周遭的事物。"② 歌德发现，流动的外国人群让他身体中每一个感官苏醒了。在威尼斯，处于圣马可节的人群里，"最后，我可以完全享受我所渴望的孤独，因为再也没有比在群众里人推着人往前走更能让人觉得自己是只身一人"。③《意大利之旅》中最美丽的一段文字之一，写于1787年3月17日的那不勒斯，表达诗人在喧闹、散乱的人群中所产生的内在宁静：

在汹涌推挤而不断前行的人海中晃荡，是一种奇特而孤独的经验。所有人都汇入这一条江河中，但每个人却都极力地想找出自己的出路。在人群之中、在躁动不安的气氛里，我第一次感到平静与自我。街上越是嘈杂而喧闹，我就越安然自得。④

为什么在人群里作为一个个体，他会觉得比较有活力？11月10日，歌德写道："任何人只要仔细地观察这个地方，就会变得比较坚挺（solid）。他一定会发现到，坚挺这个概念从来没有像现在这么生动而清楚过。"⑤ 这个听起来有点不雅的词"变得坚挺"（德文是 solid werden），

---

① 歌德：《意大利之旅》（New York：Pantheon，1962），迈尔（Elizabeth Mayer）译，第124页。
② 歌德：从卡尔斯巴德（Karlsbad）到罗马的旅行日记，1786年9月24日；引自里德（T. J. Reed）《歌德》（*Goethe*，Oxford：Oxford University Press，1984），第35页。
③ 歌德：《意大利之旅》，第58页。
④ 同上书，第202页。
⑤ 同上书，第124页；我更动了奥登与迈尔的完美译文，让歌德的原句比较浅白一点。

很奇怪地，来自于歌德对于"街道喧闹"的反应。在人群中流动不息会让歌德有特殊的印象。① 歌德提醒在罗马的自己，要"让自己顺着事物的出现，一件一件地把握住；它们之后自然会一件一件地归类"。②

将 1776 年首次出版的亚当·斯密《国富论》与 10 年后出版的歌德《意大利之旅》进行比较，是有些奇怪。不过，这两部作品却有共鸣。在这两部作品里，运动都将经验予以明晰化、特定化与个别化。这个过程的影响已经在歌德这个时期的诗作和《意大利之旅》中显示出来。在罗马，歌德正值 38 岁，与一名年轻女子产生恋情，而他对于当地事物的热爱也与这段恋情融为一体。他在给情人的情诗《罗马挽歌》（Roman Elegies）中，描述了植物蜕变、爱情滋生宛如蔬菜生长。歌德意识到在他的旅行中，已经越来越具有特定的审美体验了。

诗人的旅程是独特的，不过这种认为运动、旅行、探索将会强化一个人的感性生命力的想法，却是属于 18 世纪普遍风行的旅行热。有些旅行形式当然会让欧洲人感受到异国奇妙温暖气候的刺激。但是，歌德的旅行不是为了寻找娱乐。他到意大利去不是为了寻找未知事物或原始事物，而是觉得自己要改头换面，要离开中心。他的旅行比较接近人正处于成形中的"漫游期"（Wanderjahre）。在这段时间，长辈总是鼓励年轻的男女在安定下来之前能去旅行、漂泊。在启蒙运动的文化中，人们总是为了寻找身体上的刺激及心灵上的澄清而离开原来的地方。这些想法来自于科学，延伸到了环境的设计，经济上的改革，甚至影响了诗意的形成。

不过，歌德《意大利之旅》也显示出启蒙心态的限制。对于他所看到的意大利群众，他很少描述，而只把重点放在自己的特立独行上。同

---

① 里德：《歌德》，第 35 页，注意到了这个奇怪的用语。
② 歌德：《意大利之旅》，第 124 页。

样地，面对城市群众，亚当·斯密将他们划分为不同的性格与范畴，而不是一个整体。在都市改革者关于公共卫生论述中，城市群众则是病菌的孳生源，要将他们一个个地分散到城市各个角落才能把他们弄干净。杰斐逊相当害怕城市中的暴民；朗方对此看法有些暧昧，他希望他的设计能避免群众"堵"在华盛顿的街道上。巴黎路易十五广场的改革则是铺设适合于个人散步或骑马的道路，避免民众搭乘邮驿车或大型马车。

无法对于城市群众进行估算，或干脆笼统地把他们当成一个整体，与人群中的人有关——他们绝大多数都是穷人。穷人所经历的城市运动，绝不是这些偏见所能说明的。这些经历来自于市场运动对穷人的意义：物价的波动，面包价格的锱铢之差，往往造成他们是存活还是挨饿。城市群众希望少一点市场运动，多一点政府管制，固定代表的就是安全。由运动所造成的不安全，在大革命前夕的欧洲首都巴黎掀起了巨大的波澜。

3. 群众移动

路易十六登基的时候，史学家卡昂（Léon Cahen）估算，巴黎应该有1万名教士，5 000名贵族，制造业者、富有商人、医生和律师构成的资产阶级大约有4万人；在城市60万多些人口中其余的部分则生活在贫穷的边缘。[①] 回想起来，上层阶级与中间阶级有5万人，相比于全城60万人来说似乎少了点；但从历史上来看，这个数量已经比路易十四时代多出了不少。路易十四掌握了财政大权，并且把政府设在巴黎城外凡尔赛宫。不过，18世纪时，巴黎开始繁荣起来，而位居凡尔赛宫

---

① 卡昂："18世纪巴黎的人口"（"La Population parisienne au milieu du 18me siècle"），《巴黎评论》（*La Revue de Paris*, 1919），第146—170页。

的国王领地却越来越贫困。18世纪中叶，法国在北美的冒险事业，以及对美国革命所作的投资失败，更让皇室财政雪上加霜。路易十四的凡尔赛宫也开始萎缩，因为教士与贵族转而到巴黎寻找新的财富，商业资产阶级也以相同的方式赚钱：卖土地、投资于企业，以及其他形式的市场活动。

巴黎不只是一个产生财富的地方，同时也是一个高消费的地方。城市里所显现出来的是圣奥诺雷区（Faubourg Saint-Honoré）新建的许多房屋。吕德（George Rudé）引用了18世纪巴黎的编年史学家梅西耶（Sebastien Mercier）所作的记录，估计在旧王朝最后10年，共兴建了1万幢房屋，巴黎也有三分之一翻新。梅西耶向我们展现了新巴黎令人惊讶的甜美生活：一批有闲阶级以饮茶、阅读以及吃着温室水果来度过整个下午；他们待在温暖的家里，穿着简便而有益身心健康的衣服；到了傍晚，他们则搭乘大马车行驶在铺设良好的道路上，轻松地到戏剧院打发时间。

要实现这种甜美生活，就需要有较以往为多的工匠、仆人、职员以及建筑工人。这些人不一定有很好的待遇，事实上的确也没有。服务业如服饰贸易，自由市场的商人希望工资能上涨让奢侈品的需求上升。不过，从1712年到1789年，实质工资却是下跌的，因为劳动力供给增加的速度比需求快，造成扩张性经济部门的工资降低。总括来说，商品与劳务自由地流通，使得巴黎在18世纪得以繁荣。但是，这种渗透全城的财富却没有让广大人民在生活当中获益。

人们在城里四处走动，所见的全是不平等的景象。人们如果只跟自己圈子里的人打交道，当然会觉得穷人好像变少了。而且，在看18世纪中叶的巴黎地图时，现代的观看者很可能会作出两个错误的判断：一个是街道交会的结点，意味着巴黎人的生活范围只局限在当地的结点；另一个则是城市里有富人区与穷人区的明确区分。在法国大革命前夕，一个散步的人通过城市，的确会经过纯属工人居住的区域，如城市东边的圣安东尼区（Faubourg Saint-Antoine）。如经过一些街道，如左岸的沼泽地街（Rue de Varenne），则大都是格调新颖的私人住宅（hôotels particuliers），但在这些住宅之间却夹杂着一些简陋的小屋，就建在花园边上。这些小屋里住的都是一些在豪宅里工作的仆役与工匠。类似摇摇晃晃的屋子也环绕在国王卢浮宫的周边，在财富的缝隙中混杂着贫穷。

"皇家宫殿画廊"（Galeries du Palais-Royal）。布瓦伊（L. L. Boilly），1809年。巴黎美术馆（Musée de la Ville de Paris），卡那瓦雷博物馆（Musée Carnavalet），巴黎，吉罗东/艺术资源，纽约州。

巴黎贫富混杂的地方中，最引人注目的可能就是卢浮宫旁边的皇家宫殿（Palais-Royal）。这座奥尔良家族（Orléans）的宅第是一幢矩形的大型建筑物，中间圈起了一座公园。开放的门廊让建筑物在地面上形成一条直线，而公园也被一条长长林荫道（树廊〔galerie de bois〕）分成两半。奥尔良公爵并没有封闭公园，使之成为自家私人花园，相反，他对土地作经济上的利用。这里成了旧王朝统治下巴黎的时代广场；皇家宫殿里面有无数座咖啡馆和妓院，以及露天赌场，还有旧衣店、当铺，以及阴暗的证券交易场所。一个才刚在赌桌上输光钱财，或是昨晚被妓女搞出性病来的年轻人，只要往林荫道外、皇家宫殿西翼上看去，二楼高窗旁正是奥尔良公爵，他正检视着下面这些让他赚大钱的肮脏世界。

穷人并没有被孤立起来，他们跟这些不可接近的富人们处在同一个空间中。我们知道，中古时期城市里的市场是依靠城与城之间的贸易。这种贸易，当地的街道就是分配货物的地方，从取得城外的货物以及运货到城外去。1776 年，当亚当·斯密出版他的经济理论著作时，城市里的市场，看起来跟过去不同，也跟亚当·斯密所描述的不同。城市现在是作为国家的一部分来进行贸易；它的港口在波尔多（Bordeaux）或勒阿弗尔（Le Havre），位于国家的地理边缘。巴黎的经济交换之所以重要，是因为它是政府权力的中心，是一个越来越依靠服务城市官僚及其文化外观的城市经济。因此，当城市居民感觉到不平等所带来的痛苦的时候，他们寻找解决的方式不是去市场，也不是让劳动或资本流动，而是找能稳定局面的政府。这些渴望在面包价格的问题上表现出来。

在巴黎，没有技术的工人一天赚 30 苏（sous）左右，有技术的则可以赚到 50 苏。收入中有一半拿来买面包，这是最基本的食物。一个 4 磅重的面包要 8 苏或 9 苏，而一个工人家庭一天要消费 2 个到 3 个面包。工人收入的五分之一则拿来买蔬菜、一丁点的肉和油，还有酒。大部分的钱都花在饮食上了，剩下的钱，直到最后一生丁（centime），用来买衣服、燃料、蜡烛，以及其他的生活必需品。鲁德说，只要面包的市场价格，"事实上经常发生，突然暴涨到 12 苏或 15 苏（甚至 20 苏）……这一群靠工资维生的人面对的就是一场灾难"。[1]

革命之前或革命期间所发生的暴乱，针对食物价格的次数远比针对

---

① 吕德：《法国大革命中的群众》（*The Crowd in the French Revolution*，Oxford：Oxford University Press，1959），第 21—22 页。

工资的为多。1775 年的面粉战争，巴黎挨饿的居民要求面粉价格应该符合他们的购买能力，而非符合市场价值。据史学家蒂利（Charles Tilly）发现，当巴黎人破门而入冲进一家谷物商店时，这些穷人"其中主要是妇女与小孩……只专心地拿面粉，其他什么都不碰，'而且'还坚持以每磅 2 苏的价钱付账，大概是市价的五分之三"。[①]

由于市场并不是人民的力量所能掌握的，所以他们的注意力就转移到了国家，特别是在面包价格这件事上。原则上，国家固定了面包价格，但实际上，市场运动根本对此规定毫不在乎。当人民受到食物价格的打击时，他们寻找单一而明显的力量——政府——并且视单一价格的升降与否来判断他们的行动是不是成功了。让我们来看看这一个重要例子，了解群众在寻找面包的实际行动中，是如何来敲打政府的大门。

1789 年 10 月的面包大暴动，开始发生在巴黎 5 日的早晨，在两个地方发生，一个是在东边的圣安东尼工人阶级区，另一个则在市中心的食物销售处。暴乱起因是妇女不满当天的面包价格。由于谷物歉收的缘故，面包价格竟提高到 16 苏。其他妇女鼓动群众起来暴动，这是一群必须仔细计算她们在吃的方面能负担多少的巴黎妇女。

在圣安东尼区，妇女们强迫圣玛格利特教堂（Church of Sainte-Marguerite）的司事持续地敲钟，"警告"的钟声让人们跑到街上。粮食暴动的消息也通过口耳相传从圣安东尼区传到了邻近各区，群众朝向位于市中心的市政厅（Hôtel de Ville）前进。群众约有 6 千人左右，带着长矛棍棒，冲进了市政厅——不过那里没有人能响应他们的请愿。有人说，只有国王和他的大臣才能受理，因为巴黎市政府早就破产了。到了下午，妇女群众又加入了男人，通过市中心，沿着佛吉哈街（rue

---

① 蒂利：《爱争论的法国人》（The Contentious French，Cambridge，MA：Harvard University Press，1986），第 222 页。

de Vaugirard）这条动脉向着凡尔赛宫走去，此时已超过 1 万人。史学家兰德斯（Joan Landes）写道，"妇女朝向凡尔赛的这场重要行进，来自于长久以来妇女参与人民抗争的传统，尤其是在生活出现危机的时候"。①他们于傍晚到达，并且先到大会堂，他们的领导人梅拉德（Maillard）"大量地引用了当时流行的小册子《我们什么时候可以拿到面包？》（Quand aurons-nous du pain?）中的话，当中就认为当局要比面包师傅更该对短缺的情形负责"。②

到了清晨，整晚在外面扎营的群众，面对着凡尔赛宫的卫士，杀了其中 2 名，把他们的头砍下来吊在长矛上游行示众。不过，宫门相当坚固，群众只能胡乱冲撞。这时，有许多人从巴黎赶到这个皇家市郊加入其中，人数急速增加。最后，6 日刚过正午，国王与王后出现在阳台上面对着群众，人民回以高声的喊叫："到巴黎去"。当天傍晚，暴乱的群众已有 6 万人，他们护送着屈服的国王，以胜利之姿回到巴黎。到了 7 日，他们向国王展示一桶桶生虫变质的面粉。然后，这些仍很亢奋的暴民们开始将这些面粉丢入塞纳河。

这场开始于 10 月 5 日的暴乱，产生了两个结果。当局企图加强城市的军力，用以遏止未来可能发生的暴动，至于面包的价格则维持在 12 苏。除此之外，政府保证供应到城市的小麦是出自于它自己的谷仓，品质比较有保障。此时，和平如空气般降临巴黎城。玛丽-安东尼特（Marie-Antoinette）在写给奥地利大使达琼多（Mercy d'Argenteau）的信上说：

> 我对人民说话，对武装的平民以及对市场的妇女，他们所有人都对

---

① 兰德斯：《法国大革命时代中的妇女与公共领域》（Women and the Public Sphere in the Age of French Revolution，Ithaca：Cornell University Press, 1988），第 109 页。
② 吕德：《法国大革命中的群众》，第 75—76 页。

我伸出手来，而我也伸出手给他们。在城里，我受到良好的对待。今天早晨，民众要求我们留下来。我告诉他们，就国王和我来说，我们是不是要留下来要由他们来决定，因为我们所要的不过就是停止所有的仇恨……①

这个时候，王后还没有被这场有利于她的暴动冲昏了头。一首流行的市场歌曲表达出妇女的想法，她们对于政府的做法相当满意：

朝向凡尔赛，像个自满的少年；
我们随身带着所有的武器；
我们还得站出来，虽然我们只是女人；
我们的勇气如此，谁还有什么话好说；
〔现在〕我们不用走这么远了，
在我们想见国王的时候；
我们对他的爱无与伦比，
因为他回到首都住了下来。②

因此，城市群众走向与亚当·斯密所预想不同的目的地。史学家林·亨特（Lynn Hunt）看到像粮食暴动这样的事件，认为这证明了国王与他的"子民"之间的父权关系，一种信赖、稳定而永恒的关系。③哈维的典范想让体内各部分的重要性均等，让这些部分透过血液运动而彼此依存。亚当·斯密的市场观，同样也将焦点放在市场运行中所有角

---

① 玛丽-安东尼特 1789 年 10 月 10 日给达琼多的信；引自沙玛（Simon Schama）《市民》（*Citizens*，New York：Knopf, 1989），第 469 页。

② 同上书，第 470 页。

③ 参见亨特《法国大革命时期的家庭罗曼史》（*The Family Romance of the French Revolution*，Berkeley：University of California Press, 1992），特别是第 1 章、第 2 章。

色的同等重要与彼此依存上，通过分工，每个人都变得更加特定。但是，面包暴动中的群众，则比较像是相互交换下形成的个人集合。从其所具有的集体经济需求来看，这个团体可以比拟成一个个人。"运动"（movement）这个字因此也就有了集合的意义，它将在革命的火光与流血中出现。

第9章　释放身体

布雷的巴黎

法国大革命的高峰期，巴黎最激进的报纸宣称，只要人们的身体没有感觉到革命，那么就没有真正的革命。报纸主张："我们必须不厌其烦地告诉大家，自由、理性、真理……并不是神……而是我们的一部分。"[①]不过，当法国大革命想让巴黎街上的身体恢复活力的时候，发生了令人意外的事情。市民变得冷漠无情。一部分是因为看多了暴力的场面，所以感觉麻痹了，另一部分则是因为城市中所创造出来的革命空间无法引起市民的兴趣。在这段动乱的时期，我们不能有太多期待，城市里移动的群众经常停下来、陷入沉默，而且散开。

这段群众消极的时期无法引起勒庞（Gustave Le Bon）的兴趣，勒庞是研究群众方面最具影响力的现代作家。勒庞肯定地认为，巴黎的街头运动让群众的革命感活跃起来。他相信上一章最后所描述的面包大暴动仍以群众行为的形式持续了 4 年。[①]勒庞认为，群众心理学与群众行为（不同于个人行为）的基础在于，集体性的身体持续处于警戒、愤怒以及主动的状态。在群众运动中，大家都会团体行动，绝不会是只身一人。数量本身就足以让人觉得庞大；每个人都屈服于"所向无敌的情绪中，因而完全顺从于本能，若是单独一个人的话，则不得不将这种情绪压抑下来"。[②]在孤立时，一个人"也许会是个有教养的人；在群众中，却会是个野蛮人——也就是一个顺从本能行事的生物"。[③]

勒庞说，如果这种转变发生在任何一群移动中的、团结紧密的团体上，那么法国大革命便标志着这么一个历史分水岭：革命将群众随机性的暴力予以合理化，使行为本身变成政治目的。勒庞说：

> 就这场革命的领导者而言，值得区分的是，法国大革命中国民公会的人都是启蒙的市民，习性上崇尚和平。但是，融合于群众之后，他们却毫不犹豫地执行任何最野蛮的方案，不管是让最明显无辜的人上断头台，还是……每十人抽杀一人。④

勒庞对群众的信念，引起了弗洛伊德的兴趣。他此后在讨论"原始群落"以及群众摆脱个人拘束的文章中曾大量援引勒庞的看法。勒庞的作品对于现代读者来说也很有说服力，因为他的说法可以解释一些品格端正而有人道的人是如何主动犯下暴力罪行的，如纳粹或法西斯的暴徒。

巴黎群众的另一面则预示了不同的现代经验。处于都市空间中的现代个人被动的以及无感受的形式，首次在革命时期的巴黎街道上以集体面貌出现。面包暴动中表现出一种对于集体群众生活的需要，而这是革命无法满足的。

1. 身体与空间的自由

史学家傅勒（François Furet）观察到革命"试图借着想象，将已经

---

① 佚名：《巴黎的革命》（*Les Révolutions de Paris*），第 17 册，第 215 号（革命历 2 年，雾月 23—30 日）。
② 勒庞：《群众》（*The Crowd*，New York：Viking, 1960；Paris, 1895），默顿（Robert K. Merton）导论，第 33 页。
③ 同上书，第 30 页。
④ 同上书，第 32 页。

革命巴黎的地图，约 1794 年。

破碎的社会重新黏合起来".[1] 革命必须要虚构"市民"的形象。但是，要想虚构出这种新人类并不是一件容易的事。"市民"看起来要像一般人，但此时的社会差异已经侵蚀得很深，反映在人们的服饰、姿势、气味，以及动作上。除此之外，"市民"也要对所有的人作出说明，让他们在看着自己形象时，除了知道那是自己外，也要知道那是重生后的自己。有位史学家认为，这种要创造出一个普世形象的想法，意味着理想的"市民"便是个男人，因为当时的偏见认定女人是不理性的；革命分子要寻觅出一个"中性的……臣民；能让个人的激情与利益……受到理性的统治。只有男人才能实现这个含有主观形式的主要条件".[2] 即便是女性主义者古热（Olympe de Gouges）也认为女人的情感生理让女人朝向充满情感的、过去的父权秩序发展，而非朝向未来新的组织运作发展。[3] 毫无疑问，革命在它的想象里完全发挥了这些偏见，正如它于1792年打击了有组织的妇女活动，这些妇女跟1789年的粮食暴动一样，想要煽动整个社会。

不过，在所有的革命象征中，海克力斯、西塞罗、埃阿斯（Ajax）和加图（Cato）的半身像被弃置一地，理想市民"玛丽安"（Marianne）形象最吸引人。玛丽安的形象到处可见——在报纸、雕版画、钱币上，在取代了国王、教皇及贵族的雕像上。她的形象赶走了大众的想象，因

---

[1] 傅勒：《思考法国大革命》（*Penser la Révolution Française*，Paris：Gallimard，1978），第48—49页。

[2] 兰德斯："市民身份的扮演：法国大革命中的民主、性别以及差异"（"The Performance of Citizenship：Democracy，Gender and Difference in the French Revolution"），未刊稿，于政治思想研究会中发表（Yale University，April 1993），第2页。

[3] 参见斯科特"一个只会提供矛盾的女人；奥林帕·德·古热的女权主张"（"A Woman Who Has Only Paradoxes to Offer'；Olympe de Gouges Claims Rights for Women"），载于梅尔泽（Sara E. Melzer）与拉比纳（Leslie W. Rabine）编《反叛的女儿：女人与法国大革命》（*Rebel Daughters：Women and the French Revolution*，New York：Oxford University Press，1992），第102—120页。

为她让人体内部的运动、流动与变化获得了全新而"集体"的意义，流动而自由的运动现在滋养了全新的生命。

玛丽安的胸部

革命将玛丽安的面容打造成年轻希腊女神的模样：有个高挺的鼻子，高额头，以及好看的下巴。她的身体通常是家庭年轻母亲的形态。有时候，玛丽安穿着能裹住胸部和大腿的飘动长袍。有时候，革命让她穿上当代服饰，但露出其胸部。革命画家克莱门特（Clement）于1792年以后面一种方式来描绘女神玛丽安：胸部坚挺丰满，乳头清晰可见。他为这个版本的玛丽安取名"共和法国，向全法国人敞开胸怀"。不管是穿上长袍还是裸露，玛丽安所传播的并不是猥亵女人暴露自己的暗示，因为在启蒙时代晚期，胸部其实是身体部位中一个既具有德性又带有性欲的地方。

裸露的胸部在哺乳时显现了女性养育的力量。在克莱门特的画中，玛丽安丰满的胸部意味着喂养所有的法国人。这种滋养革命的意象，经由画中的一个奇怪饰物而得到加强：一条饰带环绕着她的脖子，最后垂在她双乳之间，并且还吊着一个水平仪，表示所有法国人民接触胸部的机会都是一样的。克莱门特的画显示了玛丽安最基本的象征意义：要平等地照顾每一个人。

对母性形象的尊崇让人回想起圣母马利亚的崇拜仪式。有好几个评论家都认为革命与宗教的名称之间有着相似的地方。不过，如果玛丽安所依赖的是马利亚爱中所包含的民众情感与理解的话，那么哺乳对于观看者来说，就有历史的特定意义。

通过革命，哺乳变成妇女的一个复杂体验。一直到18世纪为止，除了最穷的妇女，几乎所有的母亲都会请个奶妈喂奶，而这些人对于婴儿多半疏于照顾。在旧体制时期，人们经常忽视婴儿与小孩；即使在富

巴黎武装的革命女性，佚名蚀刻画家，手工上色，约 1792 年。

贵的人家，小孩也穿着破衣服，吃着仆人所吃剩的东西。虽然不是出于有意的虐待，但这种忽视却也造成婴儿死亡率偏高；一个感情丰富的母亲可能经常处于悲戚的状态中。

一路走来虽然颠簸，但家庭最后还是开始正视自己的小孩。18 世纪70 年代，公共卫生改善，婴儿死亡率开始下降，特别是在城市。而且，

玛丽安。克莱门特蚀刻画，1792 年。小嘉年华博物馆（Musée Carnavalet），巴黎。艾迪媒体照片。

在 18 世纪 30 年代，母亲也开始借由哺乳来与婴儿建立起亲密关系，尤其是处于社会中间阶层的妇女。卢梭（Rousseau）的《爱弥儿》（*Emile*，1762）也通过故事主人公索菲（Sophie），确立了母亲的理想形象。卢梭写道，索菲流淌着奶汁的胸部，乃是她美德的明证。不过，卢梭也宣称，"我们男人依靠女人的程度要比女人依靠我们的程度低……她们依赖我们的感情，依赖我们对她们的赞美，依赖我们对她们魅力与美德的肯定"。①
母亲革命将妇女局限在家庭里，沃斯通克拉夫特（Mary Wollstonecraft）
以及卢梭的赞美者很快就注意到这一点；索菲有爱孩子的自由，却没有
当市民的自由。据批评家布鲁克斯（Peter Brooks）的观察，"美德共和
国不让妇女在公共领域有一席之地；女性的美德是待在家里，是私人
的、不出风头的"。② 玛丽安的任务并非全都是让索菲自由。

玛丽安赋予生命的德性成了政治的图像，她的身体对成人与小孩完
全开放，是一个向男人开放的母亲身体。原则上，她的身体是一种可以
将社会上各色各样的人结合在她的架构下的政治隐喻。不过，革命事实
上把她当成一种换喻的机制，并通过看她的形象，在魔镜中看到自己的
另一种面目，而不只是一种相貌。

玛丽安慷慨、流畅而多产的女性身体，首先标志出当时的美德与旧
体制的邪恶之间的不同。她的形象对照着革命敌人那种追寻愉悦、对性
贪得无厌的身体。即使在 18 世纪 80 年代，民间的色情书刊也以路易十
六的王后作为丑闻的女主角，说玛丽-安东尼特有同性癖好，并且与侍
女私通。民间的打油诗也攻击她，说她缺乏母性的情操。在革命期间，
这些攻击越发尖锐。在玛丽-安东尼特被处死前不久，整个巴黎都谣传
她跟她的侍女有染，而且王后在跟侍女做爱时还让她的 8 岁小孩整晚在
一旁观看，甚至还教小王子在看的时候自慰。18 世纪中叶，蒂索
（Tissot）医生出版了所谓医学方面的书籍，畅言自慰对身体的种种坏
处，包括丧失视力以及骨骼退化。③ 为了这种非法的愉悦，玛丽-安东
尼特——后来的指控也是如此——牺牲了儿子的健康。革命时期的雕版

---

① 卢梭：《爱弥儿》（Paris：Pleiades，1971），第 4 卷，第 247 页。
② 布鲁克斯：《身体工作：现代叙事中欲望的客体》（*Body Work：Objects of Desire in Modern Narrative*，Cambridge，MA：Harvard University Press，1993），第 59 页。
③ 参见福柯与桑尼特 "性欲与孤独"，《人文科学评论》，第 1 期第 1 份（1982），第 3—21 页。

画中，玛丽-安东尼特总是以近乎平胸的样子出现，与玛丽安充满乳汁的胸部形成对比。她们胸部的差异强化了民众的指控，寻求愉悦的王后是不成熟的青少年，一个被宠坏的少女，而玛丽安则是一个产生愉悦却又不伤害其他人的成人。

玛丽安的另外一面舒缓了革命的伤痛。革命所赋予她的外表是无言的；她的哺育是沉默的、无条件的爱。她取代了国王对臣民父权式的照顾，里面充满了命令与遵从。因此，在国内外处死无数民众的革命国家需要玛丽安，赋予国家以母亲的形象。当法国接二连三地对外作战时，国内孤儿与弃婴也急速增加。传统上，修道院会照顾这些婴儿，不过革命已经关闭了所有的修道院。玛丽安的形象象征革命国家保证它将会把照顾这些婴儿当作是国家的责任。据史学家赫夫顿（Olwen Hufton）的观察，需要哺育的小孩，都以"'国家的子女'（enfants de la patrie）来命名，作为未来担任士兵与奶妈的珍贵人力资源"。[1] 于是，革命把奶妈的地位提升为"珍贵市民"（citoyennes précieuses）。

革命并不是什么令人愉快的事情，但是玛丽安的形象有时却能流露出一种法国式的趣味。一幅佚名的引人注目的玛丽安雕版画，画中她有一对天使的翅膀，飞过先贤祠街（rue de Panthéon）上空；她一手拿着号角含在嘴里，另一手则拿着另一个号角插在肛门，她同时吹气、放屁，发出尖锐的自由之声。[2]（大家能想象乔治·华盛顿这么投入的样子吗？）有时市民们环顾四周，会幽默地问，"博爱长什么样子啊"？

玛丽安分泌乳汁的胸部的重要意义还在于，博爱是一种感觉得到的身体经验，而不是个抽象物。一本当时的小册子宣称："乳头不会随便

---

① 赫夫顿：《法国大革命期间妇女与市民身份的限制》（*Women and the Limits of Citizenship in the French Revolution*，Toronto：University of Toronto Press，1992），第 64 页。
② 沃维尔（Michel Vovelle）：《法国大革命：图像与记述》（*La Révolution Française：Images et récits*，Paris：Editions Messidor/Livre Club Diderot，1986），第 2 册，第 139 页。

地分泌乳汁，除非它感觉到渴求的婴儿嘴唇；同样地，保卫国家的军人，不能没有人民的吻；因此，革命不腐败的乳汁，给予了人民生命"。[1] 革命宣传单上的哺乳行动，变成一个相互唤起的意象——母亲与孩子之间，政府与人民之间，市民彼此之间。人民的"不腐败乳汁"的意象，让"博爱"一词沾染上家庭情感的色彩，而非朝向辉格党（Whigs）或重农学派（Physiocrats）所主张的理性利益互惠，后者顶多在革命最初几个月才看到了那么一点可以建立自由市场的机会。

在哺乳所形成的诸多意象中，最基本的一种其实是身体内在液体因饱满而外溢的意象。在这个新市民的集体意象中，乳汁取代了过去哈维的血液意象，分泌乳汁取代了呼吸——但是，自由运动与循环仍然是生命的原则。这种意象所传达的纯粹是循环的过度。正如哈维的个人需要空间来移动，玛丽安也一样。法国大革命时期最大的戏剧性事件之一也就在此：就算革命可以看到玛丽安，它也无法顺利地将她固定在一个地方。革命寻找空间好让市民能表现他们的自由，城市里的空间则让玛丽安的自由、平等与博爱得以实现；然而，空间中所表现的自由却与身体所表现的自由是相冲突的。

自由的空间

空间中革命的自由想象，在于完全净空，没有阻碍，没有限制，在一个所有东西都是"透明"的空间里，按照斯塔罗宾斯基（Jean Starobinski）的说法，没有任何东西隐藏着。[2] 1791 年，革命分子将他们

---

① 西雷尔（Edmond Sirel）："人民的嘴唇"（"Les Lèvres de la Nation"），革命宣传品（Paris，1792），第 6 页。
② 参见斯塔罗宾斯基，《让-杰克·卢梭，透明与阻碍：卢梭七论》（Jean-Jacques Rousseau, la transparence et l'Obstacle: Suivi de sept essays sur Rousseau, Paris: Gallimard, 1971）。

对自由空间的想象付诸实现，巴黎市政厅开始砍掉树木，将路易十五广场花园夷为平地，弄出一大块空旷地作为完全净空的空间。所有竞逐市中心规划的设计图，都希望这里没有任何的植物或阻碍，是一大片硬地面广场。在瓦伊（Wailly）对于巴黎中心的旧路易十五广场（重新命名为革命广场"Place de la Révolution"，当时是用来安放断头台的地方）所作的重建计划中，广场四边要兴建建筑物，让中间净空的空间更显得巨大，同时也没有任何街道或步行道通过这个地方。另一个计划，波耶特（Bernard Poyet）拆掉了横跨塞纳河的桥梁，以及广场周围所有的小房子，因为这些会阻碍广场的出入。① 至于城市的其他地方，如练兵场，革命计划者也想将上面所有阻碍运动与视野的自然障碍铲除干净。

这些完全净空的空间是为了给玛丽安慷慨奉献的身体一个安身的地方。在城市节庆的时候，她便可以成为露天的纪念物，而不是如圣母像那样地隐藏在教堂正殿内；在玛丽安雕像旁举行的仪式也要表现出相互的开放与透明，以及无须隐藏的博爱。除此之外，自由的空间是以运动的自由来实现启蒙信仰的；纯粹露天空间的出现，是街道在摆脱障碍而变得易于通行之后必然的结果，中央广场代表着没有堵塞、自由呼吸的肺。

奉献的、自由移动的身体与完全净空的空间抽象连结，虽然是一种必然，但如果我们具体地想象一下，一个妇女在一个完全净空、丝毫没有生命迹象的地方哺育婴孩，岂不是让人觉得更加疏离。革命期间，巴黎人的疏离感开始在街上形成。

除了理想主义之外，权力也可以解释自由的净空空间存在的理由，因为这样的空间可以让尽可能多的警察进入来监督群众。傅勒也认为，

---

① 关于瓦伊的计划，见沃维尔《法国大革命：图像与记述》，第 4 册，第 264 页；关于波耶特的计划，见文化、交通及建设部暨两百周年纪念《自由的建造者，1789—1999》（*Les Architectes de la Liberté, 1789—1999*，Paris: Ecole Nationale Supérieure des Beaux Arts de Paris, 1789），第 216 页，图 154。

革命的愿望其实也在寻找这样的不协调，也就是说，在完全净空的空间中寻找新的人类秩序。最能体现这种开放空间的自由权力信念的建筑师，就是布雷（Etienne-Louis Boullée）。他于 1728 年生于巴黎，住在巴黎直到 1799 年去世为止。布雷的个性中庸稳健，在旧体制时代获得荣誉（1780 年，他成为法兰西学院的一员），因此得以享有舒适的生活。在革命期间，他倾向改革但却不主张流血，是开化、启蒙人物的代表。布雷的成就是纸上的成就，他是个评论家与思想家。他的作品将身体与空间连结起来，这一点跟维特鲁威如出一辙，同时其作品也深受如万神殿等古典罗马的影响。

不过，就他对于过去的感受来说，布雷的确是符合当时潮流的人，是一个空间的革命分子。虽然如此，权力的复仇女神还是以奇怪的方式找上了他：1794 年 4 月 8 日，他几乎遭到逮捕，受到威胁，自相矛盾地指控他引起恐怖政治，检举他的布告贴满了整个巴黎。有人说他是"建筑疯子"；说他"恨艺术家"，是社会寄生虫，而且还作出"诱惑人的提议"。[1] 他的诱惑提议是一个广大的完全净空的空间，周遭由一道墙与窗户将它围得密不透风，作为自由的象征。

革命前，布雷最有名的计划是一幢要献给牛顿（Isaac Newton）的纪念建筑，那是一幢沿着圆球形房间外围建造的大建筑物。这个房间像现代的天文馆，象征着天体。布雷写道，借由想象这个圆球形房间，他想要唤起自然庄严的空旷，而他相信这正是牛顿所发现的东西。布雷天文馆运用了新奇的照明系统："这幢建筑物中的灯光，跟在晴朗的夜空中很相似，宛若繁星点缀着天穹。"为了产生这种效果，他建议在圆顶上打几个"漏斗状的开口……外面的天空经由这些开口的洞进入阴暗的

---

① 引自罗西瑙（Helen Rosenau）《布雷与愿景式建筑》（*Boullée and Visionary Architecture*，New York：Harmony Books，1976），第 8 页。

内部，圆顶上便浮现了光亮、闪烁的亮点"。① 观赏者从远低于圆顶的通道进入，然后上楼梯到达房间的顶层。看过天空之后，观赏者下楼梯，从另一边的出口出去。他写道："我们只看到一个连绵不断的表面，没有起点也没有终点，我们注视得越久，就觉得它越大。"②

哈德良的万神殿，是这位法国设计师的天文馆想要模仿的对象，对于进到里面的观看者有着强制的作用。仰望着人造天空，布雷天文馆中的观看者一时间不知自己身置何处，里面并没有任何标示来指引身体。除此之外，在布雷的牛顿墓室断面图中，人类在硕大无朋的圆球中显得微不足道。圆球内部的高度是人类身高的 36 倍，人类不过是底部的一个小点。跟外面夜空的景观一样，里面不受拘束的空间也是一种独特的经验。

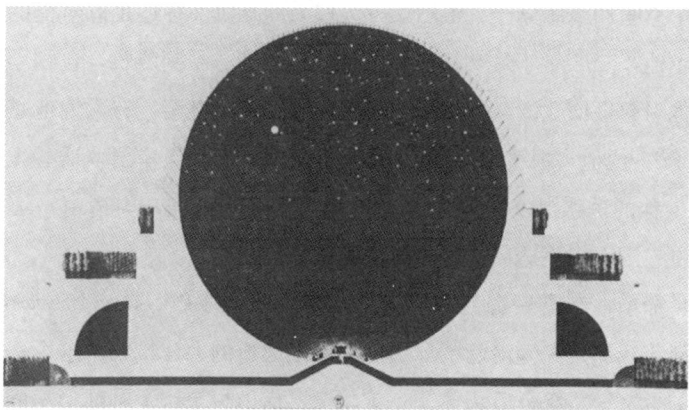

布雷，牛顿纪念馆，内部的夜晚景象，1784 年。

1793 年，布雷设计了——还是在纸上——一个也许是他曾经想过最激进的计划，一座"自然与理性神庙"（Temple to Nature and Reason）。他

---

① 布雷：《建筑，论艺术》（*Architecture, An Essay on Art*），德韦勒（Sheila de Valle）译（*Original MS Français* 9153, Bibliothèque Nationale, Paris），罗西瑙重新印行，《布雷与愿景式建筑》，第 107 页。
② 同上。

又再一次运用了圆球体，在地面上挖了一个大坑洞以安放圆球体下半部，也就是"自然"，对应着上半部，一个完全光滑的建筑圆顶，也就是"理性"。进到这座神庙，走在土地与建筑之间的柱廊上，自然与理性在此交会。人们仰望理性圆顶，看到的只是圆滑、平凡以及没有特色的圆顶。人们往下看，所看到的则是嶙峋的坑洞。从柱廊爬下去是不可能的，而且自然神龛的崇拜者也不会有去触摸的念头：布雷把这个嶙峋的坑洞画成一个跟裂缝一样崎岖、切割的中心，往下隐没于黑暗中，裂缝就好像刀的切口。不管是男人或女人，在这里都没有立足点。人类在这个恐怖的庙宇中没有地方可以来融合这两种概念。

布雷，自然与理性的神庙，约 1793 年。

在布雷自己的都市计划作品中，他主张街道应该跟他的天文馆与神庙具有相同的特质，也就是说，没有起点也没有终点。他主张："只要能将街道的范围不断向远方延伸，直到它消失于视线之外，那么光学的法则，以及视野效果自然会制造出巨大的印象。"① 完全净空的空间，

① 布雷：《建筑，论艺术》，德韦勒译，罗西瑙重新印行，《布雷与愿景式建筑》，第91 页。

是一片没有扭曲街道以及非理性建筑添加物的空间，也是一片没有人类以有形符号对过去加以破坏的空间。正如布雷所宣称的那样，"建筑师应该研究并且分析空间理论，同时寻求对其特质的理解，也就是要了解它对我们感官所具有的力量在何方，以及它与人类这个有机体的类似之处在哪里"。[①]

史学家维德勒把这一类的设计称为"阴森的建筑"（architectural uncanny），意思是说，这些设计是想让人们从不舒服的感觉中产生崇高的情感。这个词出自于黑格尔（Hegel）谈建筑的文章，黑格尔所用的德文字是"unheimlich"，也有"不属于家庭"（undomestic）的意思。[②]这就是为什么用来纪念牛顿及崇拜自然与理性的纪念馆不适合于玛丽安的原因，因为玛丽安属于家庭，她象征家庭与国家融合后所产生的安适感。为了反抗这种联结（即在玛丽安身上所彰显的母亲与博爱的联结）欲望，便产生了另外一种革命欲望，利用清新的无雕饰的石板瓦来表示将过去连根拔起，离开家庭。人际间的博爱，是用肉体与肉体的碰触来表现的。空间与时间上的自由，其表现方式，就是一块完全净空的空间。

希望自由地与其他人产生联结，这样的梦想总是跟期望活跃而不愿意受拘束的想法相冲突。法国大革命便显示了与自由原则发生冲突时所发生的特殊结果，一种出人意料的结果。革命并没有出现如勒庞所害怕的那样的噩梦，即：一群身体在空间中狂野地奔跑。相反，革命却显示了市民群众是如何在广大开放的空间中遭到镇压，革命以这块空间为舞台，上演着最重要的公众事件。自由空间镇压了革命身体。

---

① 布雷：《建筑，论艺术》，德韦勒译，罗西瑙重新印行，《布雷与愿景式建筑》，第82页。

② 维德勒：《阴森的建筑：去除家庭气味的现代建筑》（*The Architectural Uncanny: Essays in the Modern Unhomely*，Cambridge, MA: MIT Press, 1992）。维德勒教授对于布雷作品所作的敏锐分析，对我帮助很大。

2. 死亡空间

"法国大革命陷入了在建立新文明前，必先毁灭旧文明的痛苦之中。"[1] 摧毁行动中最恶名昭彰的，就是将人推上断头台。断头台杀人的残忍事业，构成了文艺评论家诺克林（Linda Nochlin）所谓的"革命肢解"（revolutionary dismemberment）的一部分，意思是说，必须要以确切方式来杀掉过去的形体，将革命的敌人予以肢解，让他们的死成为警惕。这里所产生的并不是勒庞所说的嗜血的那种快感，而对于经历了这种场面的人来说，感觉早就麻痹了。

断头台是部简单的机器。它有一片大而沉重的铡刀，可以在两根木沟条之间上下移动。行刑人借着绞盘上的绳子将铡刀拉到 3 码左右高，一放手，铡刀就随之落下，将捆绑在断头台底座上的受刑人脖子砍断。虽然在法国大革命时期断头台有"国家剃刀"（rasoir national）之称，但事实上，断头台杀人时所凭借的，除了铡刀的锐利以外，还有铡刀的重量。

吉勒汀（Joseph-Ignace Guillotin）医生，生于 1738 年，死于 1814 年，断头台并不全然是他一人的杰作。借由铡刀的重量来砍头的机器，文艺复兴时期就有了。"处女"（the Maiden）便是这种机器之一，出现于 1564 年的苏格兰。克拉纳赫（Lucas Cranach）的"圣马太殉教"（The Martyrdom of St. Matthew）画面上显示有圣徒被几乎与"国家剃刀"相同的器械砍头。但是，旧体制却几乎不使用这样的装置，因为它杀人杀得太快了。使用断头台将会失去为惩罚而举行的必要的公开行刑仪式。

---

① 肯尼迪（Emmet Kennedy）：《法国大革命文化史》（*A Culture History of the French Revolution*, New Haven, Yale University Press, 1989），第 197 页。

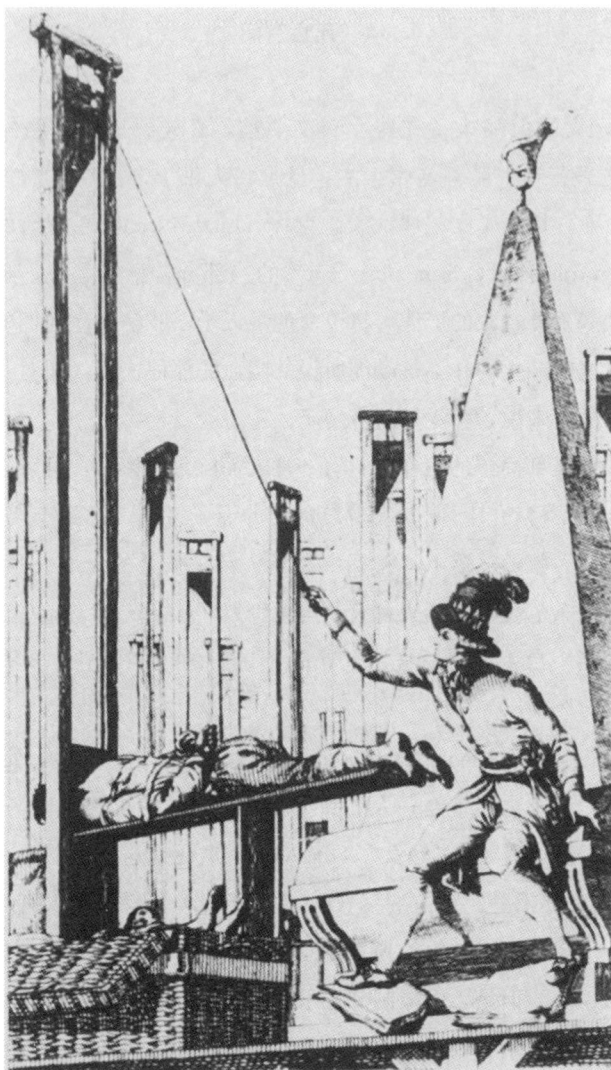

"罗伯斯庇尔（Robespierre）在行刑人砍掉所有法国人的头以后，也把他自己送上了断头台"，佚名蚀刻画，约 1793 年。

旧体制时代的城镇里，大批民众聚集起来围观这个痛苦的场面；公开行刑经常带有节庆的意味在里面。事实上，行刑日也通常是选在宗教节日。塞维尼夫人（Madame de Sévigné）描述了从凡尔赛到巴黎的一次远足，远足的目的就是为了观看三个犯人被挖掉内脏，然后再施以绞刑；这次远足可以让她暂时远离宫廷事务，到外面透透气。

基督教刑罚就跟罗马钉十字架一样，将国家权力制造痛苦的过程，表演给大众观看。杀人机器，如车裂的刑具和拷问台，将死亡时间尽可能地延后，好让民众可以看到受害者的肌肉被撕裂以及听到他们的喊叫声。与钉十字架不同的是，基督教当局将疼痛延长是为了迫使受害者在被撕裂之前，为自己所犯的罪忏悔。拷问具有宗教的目的，某种程度来说，甚至是一种慈善的行为，给予罪犯最后一个机会来忏悔，可以免于堕入地狱。

吉勒汀医生反对这些主张。他指出，大部分罪犯都在一两次的撕扯之后就陷入昏迷或错乱状态，根本不可能自主忏悔。除此之外，他还认为即便是最下流的罪犯也该有法律保障的身体权。吉勒汀医生以启蒙时期的著名监狱论著——贝卡利亚（Beccaria）的《论犯罪与刑罚》（*Of Crimes and Punishments*）为依据，主张国家执行死刑时，应当对它所要摧毁的身体表示最大的尊重，必须设想出能快速执行死刑的方式，以避免无谓的痛苦。借由这种做法，国家就可以显示出它与一般的杀人犯有所不同。

吉勒汀当时的想法完全是出于人道的考虑。除此之外，他认为他已经让死刑从基督教的不理性仪式（如对自己的罪忏悔）中解放。吉勒汀在革命初期（1789 年 12 月）提议推动启蒙式死刑，将宗教性仪式去除掉。但是，一直要等到 1792 年 3 月，国民会议（National Assembly）才授权使用他的机器。1 个月后，出现了第 1 位死于断头台上的罪犯。1792 年 8 月 21 日，断头台终于用于政治用途，保皇党人达克蒙

（Collenot d'Augrement）被斩首。

由于设置断头台的目的是为了让刑罚摆脱宗教仪式的干扰，因而断头台拥护者认为，断头台应该设置在城外的中性空间里。1792 年初的一幅雕版画显示了这个发生在某处森林空间中的中性事件，强调"机器周围要围着栅栏，让人们无法靠近"。[①] 在断头台开始启用时，当局试图让刑罚执行过程不透明。当断头台移回城内时，盖勒廷博士所害怕的死亡展示也展开了复仇。

从监狱到行刑场的这一段漫长的游街，让犯人暴露在市民目光之下。从市内监狱到主要大街，游街通常进行得相当缓慢，可以持续两个小时之久，沿途群众可能排成 10 或 12 排。这样的犯人游街，其中带有旧体制时代的传统因素。旁观者也会参与游街，就好像过去观看行刑或节庆狂欢一样。路边的民众大声呼喊，有痛骂的，也有鼓励的，而囚车中的犯人也会响应。死囚车慢慢地向前行进，犯人在民众呼喊之下，也会对着他们高声说话。沿途群众的情绪也变化不定。囚车出现时，群众开始愤怒起来，通过了之后，就慢慢地转为平和，同一群人前后情绪竟会有这么大的差异。走向断头台的这段路，特别是在革命时期，群众情绪呈现出急剧变化而具自发性，法国人称之为"狂欢"（carnavalesque）。

不过，在抵达了行刑场之后，激动的群众情绪马上平静下来。传统仪式性的刑罚在断头台下毫无置喙的余地。现在，犯人的身体进入一个毫无障碍的空间，一个完全净空的空间。

吉勒汀医生的机器起初是放在沙滩广场上，那是一个位于右岸的中等规模的广场，可以容纳 2 000 名到 3 000 名对于新刑具感到好奇的群

---

① 佚名雕版画"吉勒汀向国民会议所提出用来执行死刑的机器"（"Machine proposée à l'Assembl Nationale pour le Supplice des Criminelles par M. Guillotin"），卡那瓦雷博物馆第 10—63 号。重印收入杰罗尔德（Daniel Gerould）：《断头台的传说》（*Guillotine: Its Legend and Lore*, New York: Blast Books, 1992），第 14 页。

众观看。1792 年 8 月，政治处决开始后不久，市政府就将断头台迁移到了位于市中心而且具有政治意义的骑兵竞技广场（Place du Carrousel）；周围被卢浮宫的外围建筑物环绕起来，在重要处决的时候，可以容纳 12 000 名到 2 万名的观众。为了处决路易十六，断头台又搬到更中心的位置，即杜伊勒利花园的另外一端，昔日的路易十五广场，后来改名的革命广场——就是我们现在所熟知的协和广场。每当断头台要在旧体制的心脏上刺得更深的时候，它就往更大的都市广场移去。

这 3 个曾经放置过断头台的广场，都没有古代普尼克斯用来方便观看的阶梯式座位。3 个城市广场的断头平台都不够高，因此站在 100 英尺以外的观众就看不清楚了；沙滩广场的状况还可以，但另外两个比较大的广场就不行了。除此之外，政治处决时，还有军队将断头台团团围住；在重要的处决时，甚至要动用 5 000 名士兵来保护断头台。因此，这些大露天广场阻断了犯人与观众之间肉体与视觉的接触。

机器本身也让死亡的过程不再成为一个可视的过程。断头台的铡刀快速落下，刹那间原本捆绑着的活生生的躯体，变成了一具死尸。只看到血从受刑者的颈部喷出，但是也只持续一会儿，然后血流就变慢了，就像滴水的管子一样，通过伤口流出体外。这里有一段罗兰夫人（Madame Roland）被砍头后身体的变化：

当铡刀砍下她的头颅，两道血柱从她的身躯喷出，这是一个不寻常的景象：一般来说，掉下来的头颅是苍白的，而血液则由于恐怖而流回心脏，所以流出时相当缓慢，一滴接着一滴。[1]

---

① 多邦（Georges Dauban）：《罗兰夫人与她的时代》（*Madame Roland et son temps*，Paris，1864；1819），第 263 页。现代史学家如阿拉斯（Daniel Arasse）根据的是一个讹误甚多的版本；原作是革命的伟大文献之一。

由于执行死刑的技术改变了，在执行死刑过程中的行动者也不再扮演他们原先所扮演的角色。新闻报道"既没提到犯人的人格，也没提到行刑者；重点只放在机器上"。① 旧体制的拷问者与行刑者就像典礼的主持者一样，会秀一些新花招给观众看，或应观众要求给受刑者加上一片烙铁或者撕扯一次。现在，行刑者只需要做一个小而无意义的动作，那就是松手放开抓着的绳子，让铡刀落下。革命时期，只有少数的行刑让行刑者在观众面前有更多的表现机会。处决埃贝尔（Hébert）就是其中一个例子。观众要求铡刀放在下面一点，最好刚好放在叛国者的脖子上方，这样让叛国者感觉到铁铡刀上面滴下来的前一受刑人的血。当他害怕得大叫的时候，骑兵竞技广场上的观众挥帽高呼："共和国万岁！"这种行刑人与观众都扮演了积极角色的死刑，被认为是革命纪律的一种粗鄙表现，很少出现。

很少有受刑者在被捆绑于铡刀下方板凳上之前，还能对观众发表演说的。当局担心会发生如狄更斯（Charles Dickens）《双城记》（*A Tale of Two Cities*）中贵族死亡所掀起的戏剧性场景，以及听到无数保皇党小册子中记载的贵族临死前所说的话，观众开始反对当局。其实当局多虑了，机器以及完全净空的空间让死亡中性化了。受刑者大叫的时候，观众真正能看到的只有动作，而听到受刑者说什么的只有士兵。受刑者被牢牢地绑在断头台的板凳上，脸朝下，清楚地露出一截脖子，让铡刀落下时可以干净利落。受刑者动也不动，看不到死亡的来临，也感觉不到疼痛；吉勒汀的"人道死亡"在这个刀起刀落的时刻创造了听任摆布的身躯。行刑者只要手上力气一松就可以杀人，受刑者只是单单地躺着不动，就死了。

---

① 阿拉斯：《断头台与恐怖政治》（*The Guillotine and the Terror*，London：Allen Lane，1989），米勒（Christopher Miller）译，第 28 页。

路易十六在 1793 年 1 月 21 日被送上位于革命广场上的断头台。1662 年，博叙埃主教（Bishop Bossuet）曾在路易十六的祖父面前讲道，博叙埃说："即便你'国王'死了，你的权威也不会死……人会死，但是国王这个位置却永远存在。"① 现在，当局借着杀掉国王的机会改变这个说法，并以国王的死来建立自己的权力。虽然走到这一步有很多复杂的问题，但国王死的方式倒是简单明了。前往断头台的游街，虽然国王被关在囚车里，但没有以往出现的狂欢景象。大批士兵护卫着囚车；在此游街过程中的大部分时间，路易十六所面对的都是沉默的观众。革命人士将沉默解释为人民对于政权转移所表示的敬重；保皇派则认为观众的沉默是人民悔恨的前兆。史学家亨特认为观众同时具有这两种感觉："当革命分子切断了他们与父权权威概念的连结之后，他们面临了两种形势的对立，两者同样都令人情感澎湃：一方面，有迎接新时代的兴奋；另一方面，未来也充满了阴霾。"② 还有第 3 个要素。看着国王走上死亡之路，而没有人说出自己的想法，是为了避免承担责任；每个人都在场，但每个人都没有责任。

为了显示路易·卡佩（Louis Capet）已经不再是法国国王，在革命广场上用来处死他的工具，跟处死其他人所用的工具相同——同样的机器，同样的铡刀，铡刀甚至还留着前一个受刑者的血迹没擦。机械的操作也一样；路易·卡佩的死法将跟其他人一样。然而，那些判国王死刑的人并不因此而天真地以为用这台机器就可以说服观众。许多安排死刑的人担心国王的头颅会说话，因为也许国王真的不死。比较合理的说法

---

① 博叙埃：《演讲集》（*Oeuvres oratoires*，Lille and Paris，1892），勒堡（J. Lebourg）编，第 4 册，第 256 页；引自坎托罗维奇（Kantorowicz）：《国王双体说：中古政治神学研究》（*Two Bodies：A Study in Medieval Political Theology*），第 409 页，注 319。桑尼特译。

② 亨特：《法国大革命时期的政治、文化与阶级》（*Politics，Culture，and Class in the French Revolution*，Berkeley：University of California Press，1984），第 32 页。

处决路易十六，1793 年 1 月 21 日。当时的蚀刻画。卡那瓦雷博物馆，
巴黎，艾迪媒体照片。

是，他们担心国王会在死前在断头台上对观众说话，打动他们。因此，
他们企图尽可能地将行刑的地方予以中性化。密密麻麻的士兵虽然围着
观众，却是面向断头台，而不是面向观众；起码有 1 500 名士兵以这样
的阵势站好。士兵的功能就是隔离；士兵所构成的人墙厚达 300 码，观
众根本不可能听到路易十六说什么，甚至也无法清楚看到他的脸或身
体。"当时所有的雕版画都显示出观众难以看见行刑的状况"。[①]

　　行刑过程也不大张旗鼓（若不如此只会更引人注意），完全出于一
种中性化的考虑。行刑者没有一个出现在断头台上，或者对观众说话；
也没有人出来充当典礼的主持人。就像其他的政治犯一样，他们不允许
国王将断头台当作发表演说的讲台；国王所能说的最后几句话，也只有
站在断头台底座边上的士兵才听得到。桑松[②]做出了结束的动作，将路
易·卡佩的头颅展示给观众，然而士兵厚重的人墙只让极少数的人能看

[①] 乌特勒姆：《身体与法国大革命》，第 115 页。
[②] 桑松，大革命时期巴黎的首席刽子手。——译者

见。国王死刑执行者在行刑过程中以各种方式来确保自身安全，一部分仰赖机器，另一部分则靠场面的安排。

乌特勒姆发现，许多目击者对于革命暴力事件的记录，"都强调了群众的冷漠"；在恐怖统治时期，"像鬼一样残忍的群众面孔"显然是失真的，"群众表现出来的被动恐怕才更接近真实"。[1] 死亡不是什么大事，死亡出现在任人摆布的身躯上，一批批地死亡，死亡被轻描淡写了：这些就是处死国王以及数千人围观的环境与空间的组合。

断头台的运作，可以让国家官僚便宜行事。中性化让权力在丝毫不必承担负责的状况下运作。完全净空的空间，成了权力可以规避责任的最佳地点。亨特所说的革命群众被引发出数种混合的情绪，布雷跟他的同事所设计的完全净空的空间其实也能产生这种功效。在他们所设计的空间里，群众可以免除责任感；这种空间可以让参与者免除情感上的负担。群众成了集体看热闹的人。

不过，革命并不只是另一个权力机器而已；它还想创造新市民。革命热情所造成的进退两难的局面，就是如何以人类的价值来填满原本完全净空的空间。革命的组织者想要借着创造出新的革命仪式及节庆，来填满城市中空缺的部分。

3. 节庆的身体

革命初期，巴黎街道不断地有群众上街抗议。化装游行时，大家用偷来的衣服把自己打扮成教士或贵族的模样，骑在驴子上，嘲弄以前的统治者。街道也是那些无套裤汉、穷困干瘦不穿短裤的男人以及穿着破烂棉布上衣的女人的公共活动空间——他们是毫无矫饰的革命身体。当

---

[1] 乌特勒姆：《身体与法国大革命》，第 115 页。

革命期间的反宗教游行。贝里顾尔（Béricourt）水彩画，约 1790 年。

革命持续进展，化装游行开始威胁到革命高层；当局便想要管制街道。至于无套裤汉也不想只停留在革命时期，他们想要知道革命完成之后，他们会变成什么样子。

于是，革命政府开始制定一些国定的节庆，规定市民们该有的合宜服装、动作与行为，在人类身体上赋予抽象的观念。然而，法国市民的节庆还是掉进了为清除敌人而设的陷阱中；仪式的作用其实是要压制市民的身体使其中性化。

消除抵抗

革命的第 2 年，组织革命节庆的人开始有系统地在城市中寻找露天空间来办活动。史学家奥祖夫（Mona Ozouf）将这股动力与 1790 年横扫全巴黎的情绪联结在一起。她认为，革命想要"从宗教影响中解放"。[①] 革

———————

① 奥祖夫（Ozouf）：《法国大革命的节庆》（*Festivals of the French Revolution*），第 79 页。

命从第 2 年起就将目标定在整顿既有的宗教上，由艺术家如大卫（Jacques-Louis David）以及德昆西（Quatremére de Quincy）而非教士来主持仪式。昔日许多宗教仪式在新的外观与名称下仍持续着；例如，耶稣受难的宗教戏剧被改成街头剧，人民的代表取代了复活的耶稣，新兴的精英群体则取代了众使徒。

在革命巅峰期的 1792 年春天，出现了两个重大的群众节庆，从中我们可以了解当时的人是如何运用巴黎的地理。夏多维尔节（Festival of Châteauvieux）于 1792 年 4 月 15 日举行；用来响应夏多维尔节的西蒙诺节（Festival of Simon-neau），则于 1792 年 6 月 3 日举行。巴黎的夏多维尔节"是为了要纪念……瑞士人夏多维尔（Swiss of Cheauvieux），他于 1790 年 8 月发动叛乱并且逃出了奴隶船"。奥祖夫写道：它"纵然不是用来称许叛乱者，但至少可以恢复叛乱者的名誉"。至于西蒙诺节"则是为了纪念埃唐普（Etampes）的市长，他为了维护粮食法而被暴民杀害。此时反而是对于暴乱中的受害者加以赞许"。[①] 夏多维尔节出自艺术家大卫之手，而西蒙诺节则由建筑设计师兼作家德昆西负责。自由的空间对他们两位来说，都起着弱化的作用。

大卫的庆典开始于上午 10 点，地点是圣安东尼区，也就是 1790 年粮食暴动发生的地方。选定的路线，从巴黎东边的工人区往西穿过巴黎，到达庆典的举办地，即练兵场（Champ de Mars）。与宗教节庆相同，大卫标定了几个"暂停地点"，或象征性的停留点：第一个主要暂停地点是巴士底，群众在这里供奉自由女神像；第二个暂停地点是巴黎市政厅，政治领导人物如丹东（Danton）及罗伯斯庇尔等人也加入了庆典游行人群中；第三个暂停地点是市中心的革命广场。在这里，舞台设计者蒙住了支配广场的路易十五雕像的双眼，并且给它

---

① 奥祖夫：《法国大革命的节庆》，第 66 页。

戴上了红色的自由帽（Phrygian cap）；这象征了皇室的正义应该是无私的，以及国王穿上了代表法国市民身份的新服饰。为数 2 万到 3 万之众的队伍终于在薄暮之中抵达练兵场，离他们出发之时已有 12 个小时。

为了鼓励大家参与，大卫想出了一个可以激励人心的象征："值得注意的是，庆典中的保安人员取代警察来维持秩序，而他们手上拿的不是棍棒，而是充满诗意的小麦捆。"① 谷物的象征翻转了粮食暴动的象征：谷物在这里是一种仪式性的存在，是丰收的象征而非匮乏。不具威胁性、充满生命的小麦捆，可以让沿途的群众觉得他们彼此之间没有规训的障碍。《巴黎革命报》（Révolutions de Paris）报道说："当游行的行列露出空隙的时候……旁观的人马上就补了进去：每个人都想参加这场庆典……"②

群众平和地移动着，但他们并不知道自己在做什么；这些移动的人群几乎看不到大卫所设计的服装或花车。在街道上所产生的这种混乱，大卫已经预见到了，并且试图在练兵场的庆典举行地点作些调整。在 16 英亩的开阔地面上，他将群众排列成大型的半圆形队伍，6 000 人到 7 000 人为一队，而在两个大半圆形队伍的中间就空出了一大块空间。一个只有几个简单动作的仪式，表示这一天已经圆满落幕。一位政治人物在祖国祭坛（Altar of the Fatherland）燃起了火焰，将奴隶船上不义的囚禁所带来的不洁加以清除。群众唱着自由的颂歌，这是音乐家戈赛克（Gossec）与抒情诗人谢尼埃（M. -J. Chenier）为庆典所写的。最后，根据当时的《爱国者年报》（Les Annales Patriotiques）

---

① 多德（David Lloyd Dowd）：《共和国盛典的推手：杰克-路易·大卫与法国大革命》（Pageant-Master of the Republic: Jacques-Louis David and the French Revolution，Lincoln: University of Nebraska Press, 1948），第 61 页。

② 《巴黎革命报》，引自奥祖夫《法国大革命的节庆》，第 67 页。

报道，人们围着祭坛跳舞来庆祝"爱国的幸福、完全的平等，以及市民的博爱"。①

不过，场景的实际运作跟原先的想法有差距。在练兵场的露天空间中，为庆典所作的革命歌曲的歌词与旋律传得不够远。大卫想让一大群人围着祭坛跳舞，但只有那些离祭坛比较近的人听到跳舞的命令后开始动作。参加者提到他们尝试让自己表现得像个市民时所产生的困惑。"我不能很清楚地说明在练兵场上跳舞是不是能让我成了一个好市民，"有人说。"我们都不知道发生了什么事，"另一个人说，"而且很快地我们就想回家了。"② 不过，游行时所展现的平和的确可以证明群众是团结的。这些正是大卫及其他革命分子所看重的部分。他们想要训练这群身体，让他们了解人民的分裂会威胁到革命秩序，就像旧体制所发生的那样，不过他们的企图到最后还是失败了。

在庆典过程中，街上的样子还是会让人想起过去的种种：犯人游街、圣徒日的游行，等等。除此之外，街道这个空间所具有的多样性也阻碍了团结，它的经济功能仍然存在，它那破旧的房屋还没有消失，新秩序下的游行队伍将这些尽收眼底。相反，游行队伍来到了完全净空的空间时，一切看来有可能重新再来。依照史学家斯科特的观点，在空旷的地方举行庆典，在身体动作与政治意涵之间就没有任何障碍物了，符号与象征可以直通。③

在此，没有任何街道上所生的阻隔，身体完全被冷静下来。几个月后，一个小男孩也在练兵场上看到类似的状况，他把大卫的难题一针见血地点了出来：

---

① 《爱国者年报》，第 108 期（1792 年 4 月 17 日），第 478 页。多德《共和国盛典的推手：杰克-路易·大卫与法国大革命》并没有精确地翻译出这一段。
② 康斯坦丁（Edmond Constantin）：《幸福之书》（*Le Livre des Heureux*, Paris, 1810），第 226 页。
③ 感谢斯科特教授的指点。

他看到许多人凑到祖国祭坛的前面，听到有人说"国王"及"国民会议"之类的字眼，但是他们还说了些什么就听不到了……到了傍晚，他听到有人说红旗就快到了。他看了一看四周，就溜掉了。他听到祖国祭坛上的人说好市民应该留在原地……①

大卫的眼前已经没有东西阻挡了：大庆典在露天广场上达到高潮，这是一片没有障碍的空间，是一片单纯的空间，然而，到了最后，却是困惑与冷漠占了上风。

德昆西把用来对抗的西蒙诺节设计成法律权威与稳定的展示，用来威吓人民就范。不同于群众保安人员带着小麦捆，德昆西让他的保安人员佩带步枪并且上了刺刀。德昆西跟大卫一样，对群众绝不冷漠，因而整个场景布置的重点就在于如何才能让巴黎人印象深刻。主持者希望人们可以感受到新政权已经上轨道，也就是说，国家已经告别了无政府状态的时期。德昆西运用了大卫所使用的场景：庆典行进的是相同路线，从巴黎东部开始，暂停地点先是在巴士底，然后是市政厅、革命广场，最后高潮则是在练兵场上搭建一个简易高台，用来与所有的参与者、群众连动并为西蒙诺的半身像戴上桂冠。此时，天气也帮了大忙，开始变天，群众将武器呈献给雕像时，闪电划过天际，照耀着他们，炮声隆隆刚好呼应着雷声。不过，事情还是没有那么顺利。参加的团体很快就解散了，因为他们根本不知道下一步该干什么或说什么。德昆西觉得露天广场完全净空的空间应该可以引起大众对法律的尊崇。不过，大家对于这场表彰团结与力量的展示相当地冷漠。

---

① "一个男孩对一个不识字妇女在练兵场上签下请愿书所作的证言，1791 年 7 月 17 日"（"A Boy's Testimony Concerning an Illiterate Woman Signing the Petition at the Champ de Mars, July 17, 1791"）；引自莱维（Darlene Gay Levy）等编《革命巴黎中的妇女，1789—1795》（*Women in Revolutionary Paris*, 1789 — 1795, Chicago: University of Illinois Press, 1980），第 83—84 页。

这些节庆让自由的意义受到更大程度的局限。自由要战胜阻力、排除障碍、重新发展——在这样的构想中，自由像是一种纯粹而透明的空间——这样的自由，只会让身体弱化。它是一种麻醉。自由想让身体产生反应，就得接纳不洁、困难和阻碍，并将它们作为自由经验的一部分。法国大革命的节庆是西方文明中鲜明的一点，其中西方文明对于自由的情感体验，在运动机械学之下被驱散得无影无踪——有能力前往任何地方，通行无阻，自由行进，在完全净空的空间中享有最高度的自由。运动机械学成为现代经验的一部分——把社会、环境或个人的阻力（带着间歇性的挫折感）当成略带不公平或不正义的东西。人际关系中的轻松、舒适，"便于用作"个人行动自由的保证：借由感情的阻力，身体会注意到它所生活的世界。这是被逐出伊甸园的世俗版。身体在面对阻碍时才能产生生命力。

社会性的触摸

现代社会开始将无障碍的运动视为自由的时候，也遇到了如何处理玛丽安的躯体的难题。她的躯体象征着博爱，要与其他人产生联系，是一种社会性的触摸，而不单只是性的触摸。在玛丽安之前的 40 年，霍加斯的画"啤酒街"就展现了一种想象的城市，人们彼此触摸，是很平常的社交形式。当自由空间开始挤压身体的时候，人们出门工作，在公共场合遇到他人时便不可能那么做了。

1793 年 8 月 10 日，玛丽安在一场节庆活动中被安放在公共纪念物上。"共和国团结日的特征"（Festival of the Unity and Indivisibility of the Republic），巨大赤裸的玛丽安雕像坐落在高高的基座上，发辫环绕着她的头，采用的是埃及样式，至于她的胸部则设置了高压喷泉。这个设计被命名为"再生喷泉"（the Fountain of Regeneration），革命女神从分泌乳汁的胸部流出两道白色水流，革命人士在基座旁用碗舀水饮用，代表他们受到革命"不腐乳汁"的滋养。

庆典活动开始时，政治会议的主席发表"演说，解释人生来就是自由而平等的（也许是在接近胸部方面），而喷泉也刻有铭文，'我们都是她的孩子'（Nous sommes tous ses enfants）"。[①] 不过，这个时候只有政治领导人才能饮用不腐乳汁。庆典组织者认为这种做法虽然不公平，但用意是为了让场面简化而且让大家都能看到。但是，现存的绘画却显示，当时很少有人在注意仪式什么的。从莫奈（Monet）当时所画的东西可以看出，群众集结在"再生喷泉"周围，他们的表情跟在练兵场参加夏多维尔节与西蒙诺节的那群人一样，都是一脸困惑。[②]

史学家于埃（Marie-Hélène Huet）发现，"要让人们变成观看者……就得保持疏离的距离感，这是权力的真正形式"。[③] 在节庆期间，触摸玛丽安的身体只是当天一个"暂停地点"的序曲；群众从玛丽安那里移动到海克力斯的雕像面前，海克力斯被雕塑成有一大块胸肌的模样，他的右手臂佩戴着一把剑——在它的面前宣誓效忠革命。为了对海克力斯的身体作出响应，群众将队伍靠拢成军队方阵式。因此，整个庆典所要求的是，从女性移动到男性，从家里移动到军队里，从社交生活移动到服从命令的生活。

当革命变得越来越激进，完美的男性勇士取代了玛丽安。现代史学家阿居隆（Maurice Agulhon）追溯了玛丽安逐渐被描绘成被动的自由女

---

① 雅各布斯："不腐败的乳汁：哺乳与法国大革命"（"Incorruptible Milk: Breast-feeding and the French Revolution"），载于梅尔泽与拉比纳编《反叛的女儿：女人与法国大革命》，第 65 页。

② 莫奈之后的埃尔曼（Helman）所作的雕版画，"再生喷泉"（《La Fontaine de la Ration》）；重印于沃维尔《法国大革命：图像与记述》，第 4 册，第 142 页。

③ 于埃：《预演革命：马拉之死的登场，1793—1797》（*Rehearsing the Revolution: The Staging of Marat's Death, 1793—1797*, Berkeley: University of California Press, 1983），第 35 页。

Fontaine de la Régéneration elevée sur les Ruine de la Bastille.

再生喷泉，源于共和国团结日，1793 年 8 月 10 日。

神的过程：从 1790 到 1794 年，她脸部特征逐渐柔化，身体肌肉也消失了，姿势也较为静穆而被动，从大步走上战场的女性变成端坐的妇女。玛丽安的形象改变，与革命过程中的妇女经历是相一致的，妇女从一开始就是革命的推动者，她们组织了自己的政治俱乐部以及群众运动。只有当革命进入 1793 年恐怖统治的时期，她们才受到男性激进分子团体的压制。在比较了玛丽安与海克力斯所占据空间的不同之后，现代史学家，如雅各布斯与亨特作了这样的结论："自由女神或玛丽安因受欢迎的充满力量的男性形象而边缘化……有一部分的原因是来自于旨在抑制妇女日益增长的政治参与度的威胁。"[①]

不过，要放逐玛丽安并没有那么容易：作为一个活生生的象征，她代表了想触摸与想被触摸的欲望。这种欲望有另一个名字："信任"。玛丽安作为古代宗教象征（圣母）的现代版本，代表的是对于受难者的同情与养育。然而，在布雷所想象以及大卫所实行的革命空间里，玛丽安却变得不可接近。她不可以触摸，也不可以被触摸。

关于这些主题的一个奇怪但却又能打动人心的映像，出于节庆身体的革命设计者大卫之手。亨特指出："法国大革命的英雄都是殉难者，而非在世的领导人"。[②] 革命对他们的牺牲要如何纪念呢？大卫的做法是画了两张革命殉难者的肖像，一位是马拉（Jean-Paul Marat），他于 1793 年 7 月 13 日在浴室遭到刺杀身亡；另一位是年仅 13 岁的巴拉（Joseph Bara），他是在同年更早一点于乡间跟反革命分子抗争时被杀。在这两幅肖像中，完全净空的空间带有悲剧性的价值。

大卫在"马拉之死"中对悲剧价值的表现，已随着时间变迁而消

---

① 雅各布斯："不腐败的乳汁：哺乳与法国大革命"，第 65 页；也可参见亨特《法国大革命时期的政治、文化与阶级》，第 94—98 页。

② 亨特：《法国大革命时期的家庭罗曼史》，第 80 页。

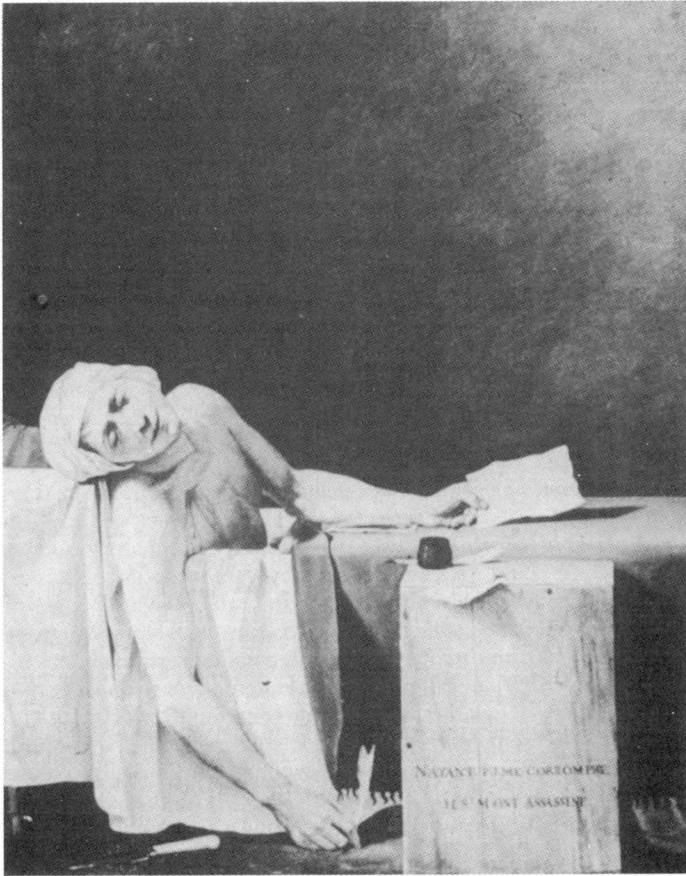

大卫，"马拉之死"，1793年。皇家美术馆，布鲁塞尔。

逝，因为大卫改变了马拉日常生活的场景。马拉患有令他相当疼痛的皮肤病，只有泡在冷水里才能减轻痛苦，所以他平常工作时都泡在澡盆里，不管是接见客人或是在澡盆上架一块板子写字。马拉相当富有，他把浴室改装成舒适的房间，贴上白色壁纸，并在壁纸上画上古代梁柱；在澡盆后面还有一张大地图。当时，有些画家在表现马拉之死时，强调是科黛（Charlotte Corday）刺杀了革命记者马拉，而为他们当时所在房间作了细部刻画。其他则是将垂死的马拉的身体画上德性的象征：其中一幅蚀刻画中，马拉身在澡盆中戴着桂冠；另一幅则是在洗澡时穿着罗马长袍。

大卫将桂冠、长袍和装饰全都去掉。他在画的上半部以绿棕的色调画上一个完全净空的空间，以作为中性的背景。下半部则是澡盆中垂死的马拉，一只手往外伸到写字板上，拿着一封科黛利用以进入房间的信；另一只手则落在澡盆边，还握着一支笔。马拉的裸体是暴露的，但大卫在这里还是将外观作了一些涂抹，皮肤上没有任何疖疤，而是白皙、无毛而光滑的，惟一有颜色的地方就是科黛在马拉胸前划开的小伤口，从那滴出了血。在澡盆前面是一个写字台，一罐墨水瓶，及一张纸；大卫使这些物体成为一个小而拥有生命的静物，"带有夏尔丹（Chardin）的风格"，一位绘画史学家说道。① 宁静与空旷成了这个暴力谋杀场景的特征。半个世纪后，波德莱尔（Baudelaire）想到了空旷："在这个房间冰冷的空气中、在这冰冷的墙上、围绕着这冰冷的棺木澡盆"，不禁让人感觉到马拉的英雄气质。② 不过，真正打动波德莱尔及其他人的则是他那非人的特质。充满了英雄的故事，它没有表现出马拉身为人类的痛苦。在这个中立而空无的空间里，同情不复存在。

巴拉的肖像同样是在完全净空的空间中表现殉难，但这个纪念肖像却充满了同情。大卫并没有完成这幅画，也许他是有意如此。这个年轻的男孩为了保护革命的前哨，在旺代（Vendée）被杀。他被脱光了衣服而尸体被放在与马拉一样的中性背景中，但更显得空旷无物，因为完全没有任何一点装饰来说明他的遭遇。在一片荒凉当中，画的整个重心都

---

① 布鲁克娜（Anita Brookner）:《杰克-路易·大卫》（*Jacques-Louis David*, London: Thames & Hudson, 1980），第 114 页。

② 波德莱尔，引自威尔顿斯坦夫妇（Daniel and Guy Wildenstein）《大卫：全集目录补充文献》（*David: Documents supplémentaires au catalogue complèt de l'oeuvre*, Paris: Fondation Wildenstein, 1973）；重印于布鲁克娜，《大卫》，第 116 页。桑尼特译。

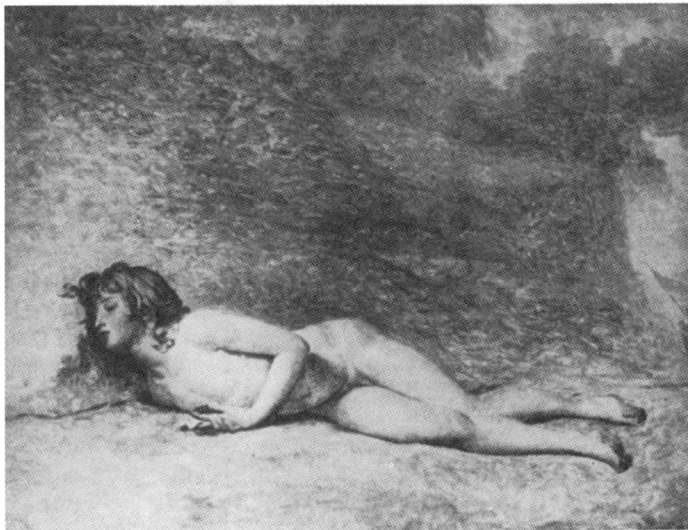

大卫，"巴拉之死"，1794 年。卢浮宫博物馆，巴黎。

放在尸体上。死亡、抹去一切、完全净空——这些都是革命在身体上所作的标记。

然而，画家却让年轻的巴拉显现性别暧昧的体态。男孩臀部宽阔，脚小而线条细腻。大卫将躯体正面转向观众，身体生殖器暴露在观众眼前；男孩的阴毛稀少，阴茎隐在两腿之间。年轻的巴拉，头发蜷曲，并往下绕在脖子上，犹如女孩蓬松的发型。有一种说法，如艺术史学家罗伯茨（Warren Roberts）认为大卫创造了一种雌雄同体的人物，其实并非如此。[1] 也不是为了表现殉难时，"女性特质恢复了勇气"。这位革命英雄看起来跟我们所想象的那种成熟男性的年轻英雄大不相同，而在革命前，大卫所画的 "贺拉斯兄弟之誓"（The Oath of the Horatii）就是属于

---

[1] 参见罗伯茨 "大卫的'巴拉'与法国大革命的负担"（"David's 'Bara' and the Burdens of the French Revolution"），收入《革命的欧洲，1750—1850》（*Revolutionary Europe，1750—1850*，Tallahassee，FL：Conference Proceedings，1990）。

后者。但是，此时，死亡已经抹去巴拉身上的性别标记。他那孩子般的纯真、无私，让他成为玛丽安形象下希望的维护者。巴拉是革命最后一位英雄，终于回到了玛丽安的身边；他是她的子嗣也是她的代表。

"巴拉之死"与法兰契斯卡的"鞭刑"形成强烈的对比。法兰契斯卡创造了一个场所的大面积绘画，他让同情与都市的景象一样易于辨认，而大卫则是在完全净空的空间中描绘出同情。在革命时期，同情只能通过身体而不能透过场所来传达。肉体与石头在道德上的割裂，成了社会世俗化的特色之一。

第 10 章　都市个人主义
福斯特的伦敦

1. 新罗马

　　一个美国商人漫步于第一次世界大战前夕的伦敦，如果他心有所感，说出美国当初不应该独立的蠢话，那还是值得原谅的。爱德华时代的伦敦，华丽的建筑宛如彩带一般地绵延数英里，市中心是庞大的政府办公厅，往东部延伸是银行家与贸易商密集的商业大楼，还有梅菲尔（Mayfair）、骑士桥（Knightsbridge）以及海德公园（Hyde Park）宏伟的大厦，以及由此往西延伸的中产阶级住宅区，一片片都以灰泥装饰成美丽的房屋，这些景象都呈现出帝国的气派。美国的城市如波士顿（Boston）与纽约（New York），当然也有富裕的一面——纽约第五大道（Fifth Avenue）的高楼大厦，以及波士顿的新后湾（Back Bay）——但是，伦敦所展现出来的却是自罗马帝国以来从未出现过的珍品。亨利·詹姆斯（Henry James）曾称爱德华时代的伦敦是"现代的罗马"。如果以大小以及财富来比较的话，这个说法的确恰如其分。在这个现代帝国的首都里，连绵不绝的华丽建筑物似乎与伦敦其他广大地区的贫困和不幸完全分离，而这一点，是古代城市或现代的富裕之岛如纽约和波士顿所看不到的。

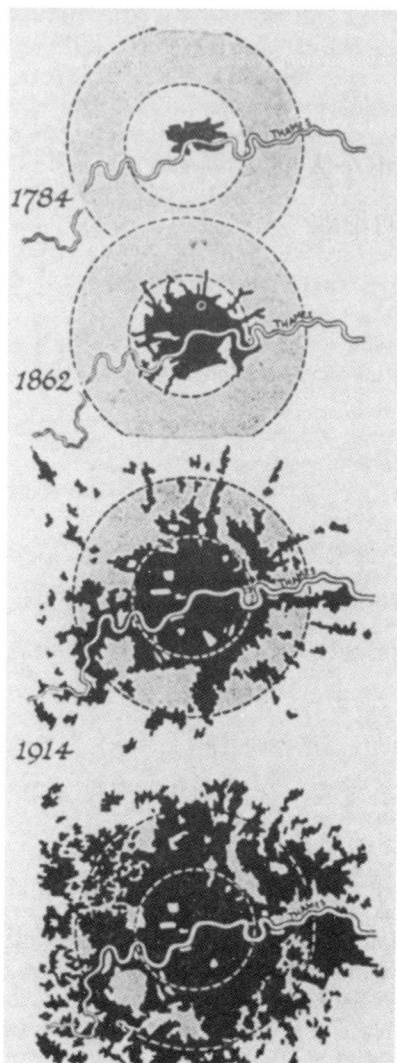

伦敦的发展。4 个时期的伦敦人口图：
1784 年、1862 年、1914 年，以及 1980 年。

法国的政治人物嫉妒这座城市也许还有别的理由。虽然英国菜肴的味道让人觉得伦敦是个不可久住的地方，但冒险前往观光的法国人还是会被这座城市所震撼，包括政治上的井然有序，英国阶级之间是嫉妒但并不是仇恨，上层社会人士在日常生活中仍可获得下层社会人们的尊崇。许多欧洲大陆的观光客的确注意到英国工人阶级对于陌生人以及外国人态度比较有礼貌，这跟一般普遍认为"约翰牛"（John Bull）讨厌外国人的看法相悖。去观光的巴黎人也许还会对比一下伦敦与巴黎的不同，前者从来没发生过革命，而后者则是革命不断，从 1789 年开始，经 1830 年和 1848 年到 1871 年。例如，年轻的克利孟梭（Georges Clemenceau）——带着胃病漫游于伦敦街道时便对英国社会状态感到敬佩——就将伦敦内部秩序与它的帝国财富联系在一起。克利孟梭认为，这个极为富有的地方用征服所得来的财富分给贫民，以此来安抚他们。

当然，第一印象会让我们误以为这个地方与人民处于幸福之中，因而，这种印象也让人产生正面的看法。不过，这种错误的印象仍然有它的用处。我们可以比较一下伦敦与罗马。

哈德良的罗马位于帝国中央，皇帝与他的工程师以广大的道路网将整个帝国编织起来，不论是在外观上或社会方面，首都与各省的命运可说是休戚相关。爱德华的伦敦则与帝国其他地方关系不同。伦敦以及其他英国城市在19世纪末发展起来时，国际贸易同时也重创了英国乡村。英国城市在粮食供应上逐渐仰赖美国，纺织用羊毛来自澳洲，棉花则来自埃及和印度。这种分化发展得很快，爱德华时代的成人就已经经历完这一整个过程。有位观察家写道："即使最晚到了1871年，英国已经有一半的人口住在2万人规模的城镇里。不过，住在10万人规模的大城市里的只有人口的四分之一强。"① 40年后，福斯特（E. M. Forster）写了《霍华德庄园》（*Howards End*），这部伟大的小说将乡村与城市作了对比，有四分之三的英国人离开了荒芜的土地和贫困的村庄而住进大城市，其中又有四分之一住进了大伦敦地区。哈德良时期的罗马，虽然在规模上与英国国王爱德华七世（Edward VII）时的伦敦相当，但却是花了600年才形成的。

现代地理的嬗变在19世纪下半叶已经遍及整个西方各国。1850年，法国、日耳曼人居住地区以及美国，原本跟英国一样，俨然是个农村社会。可是，一个世纪之后，全都开始都市化，并高度集中在某几个核心地区。柏林与纽约全速向前发展，与伦敦相同，两座城市原本都是乡村，后来则追随国际贸易高速发展。因此，从1848年到1945年的百年间，我们称之为"都市革命"时期。

亚当·斯密曾预见到，制造业以及自由市场的发展，并不能完全解

---

① 威廉（Raymond Williams）：《乡村与城市》（*The Country and the City*，New York：Oxford University Press，1973），第217页。

释这种快速的都市变化。伦敦，和纽约、巴黎或柏林一样，并非全然都是大制造业的中心——都市土地太贵了。这些城市也都不是自由市场的中心，是政府、大银行以及法人托拉斯企图控制国内和国际的商品和劳务市场的地方。除此之外，城市也不会只因为吸引了受害者就会获得发展——农业灾害或政治与宗教迫害的受害者，虽然这 3 种人的确重要。大量流离失所的年轻人流入城市，大企业在资本与劳动力方面也就不虞匮乏了。"都市革命"，跟大部分突然发生的社会演变一样，是一个杂糅诸多原因的事件——而且一开始感受到时，它就已经呈现出畸形发展现象。伦敦一方面代表了西方世界这种突然、大量的都市膨胀现象，另一方面也显示它可能是一场灾难。

帝国罗马与帝国伦敦的第二个比较：罗马是整个罗马帝国境内的城市模板；在 19 世纪末都市化大量涌现的时期，伦敦很快就走上与北部、中部城市如曼彻斯特（Manchester）和伯明翰（Birmingham）不同的路线。克利孟梭想象英国城市是个稳定的地方，人民各安其所，而这是制造业进步的缘故；他的想象也许跟一些充满磨坊、工厂与造船厂的工业城市是相符合的，但却不能运用于伦敦。伦敦的经济形式混合了造船业、手工业、重工业、金融业以及帝国政府，还有庞大的奢侈品贸易。批评家威廉因此说道："它的社会关系……远比北方来得复杂及不可测。"① 在《霍华德庄园》中，福斯特也有类似的说法，他提到伦敦时说："金钱来来去去、名声起起落落，而象征他们生活的城市，也载浮载沉。"②

对伦敦之壮观美丽感到震撼的观光客，如果拿伦敦与罗马作一番虚幻的比对之后，可能会认为一个巩固的政府完全可以掌控他的人民。这种中央控制也会让他想到自己的城市也应该试着这么做：在 1871 年巴

---

① 威廉：《乡村与城市》，第 220 页。
② 福斯特：《霍华德庄园》（New York：Vintage Books，1989；London，1910），第 112 页。

黎公社大混乱之后，巴黎当局开始建立城市有效中央政府；在纽约的"特威德老大"（Boss Tweed）组织崩解后，改革者同样地试着整合所有可行的方法来实施合理的城市控制。

不过，伦敦其实与纽约或巴黎有所不同，它缺乏中央政府的组织结构。直到1888年为止，伦敦"没有市政府，只有1个都市工作委员会、12个小教区，以及48个保安委员会"。① 在1888年改革之后，中央政府仍相当软弱。不过，没有中央政治权威不代表没有中央权力。中央权力掌握在大地主的手里，他们私底下控制了城市的广大区域。

从18世纪兴建第一座布伦斯贝里广场（Bloomsbury squares）开始，伦敦都市发展就一直在铲除穷人住房和商店以用作中产阶级或富人的居住地。世袭地主掌握大片土地的这个事实，让这些急剧转变成为可能，根本不需要公权力的介入或加以限制。贵族地主可以自由地建造，而他们的都市"更新"计划也进一步使伦敦穷人趋于集中，这些被赶出来的穷人比以往更密集地拥挤在一起。正如皇家工人阶级住居委员会（Royal Commission on the Housing of the Working Classes）在1885年观察的那样：

> 贫民窟被拆掉了，邻近地区的卫生与社会条件都获得了改善，不过穷人的住房问题并没有解决……结果便造成许多无房人口挤入邻近的街道与庭院，当新的住宅完成的时候，这些人的状况仍然没有获得解决。②

---

① 渥克威兹（Judith R. Walkowitz）：《恐怖乐趣的城市：维多利亚晚期伦敦的性危险记事》（City of Dreadful Delight：Narratives of Sexual Danger in Late-Victorian London，Chicago：University of Chicago Press, 1992），第25页。

② 《工人阶级的住居》（Housing of the Working Classes），皇家委员会报告4402（1884—1885. xxx），第19—20页；引自奥尔森（J. Olsen）《伦敦的城镇计划：18与19世纪》（Town Planning in London：The Eighteenth and Nineteenth Centuries，New Haven：Yale University Press, 1982），第2版，第208页。

19 世纪时，都市发展计划将穷人赶到伦敦金融区的东边、泰晤士河的南边，以及摄政公园（Regent's Park）的北边。至于仍留在市中心的穷人则被集中收容进孤立的小块地区，隐藏起来不让大众看到。于是，在巴黎之前，伦敦建立了一个比纽约规模更大、阶级层次更高而空间割裂的城市。

在财富上，伦敦也反映出英格兰、威尔士以及苏格兰合为一体的庞大财富差异。1910 年，大不列颠中有钱的 10% 的家庭约拥有全国 90% 的财富，最有钱的 1% 的家庭则拥有 70% 的财富。已经都市化的社会还维持着前工业时代的贫富分化；1806 年时，85% 的全国财富由 10% 的人拥有，65% 的财富则为 1% 的人所拥有。一个世纪之内，一些有土地的权贵越来越穷，而制造业者与皇家特许商人开始买下他们的土地来提高自己的身份。相比之下，全国有超过一半的人口是靠薪水维生，他们只拥有全国 3% 的财富，几乎所有的伦敦人都不能免除这样的剥削。①因此，克里孟梭错得离谱：征服得来的财富根本没能分给民众。

如果这是这座现代帝国城市的真实面目，那如何解释观光客所看到的富裕与秩序呢？虽然社会动荡确实存在，但许多伦敦人自身也很惊讶：他们的资本竟能在资本主义中获利，而又避免了革命。这种稳定，并非来自于英国人对于阶级的漠视。评论家卡津（Alfred Kazin）说，虽然"阶级斗争并非英国的特权"，但英国人对于阶级远比他们的对手美国和德国更加敏感。举例来说，卡津想到了奥韦尔（George Orwell）在 1937 年讲的话，"不管你往哪里转弯，阶级差异的诅咒都会挡着你，就像一面石墙一样。就算它不是一面石墙，也像水族箱的大玻璃一样"。②

---

① 参见汤普森（Paul Thompson）的土地税统计中的国家资本分配表，即《爱德华时代的人：重塑英国社会》（*The Eduardians：The Remaking of British Society*，New York：Routledge, 1992），第 2 版，第 286 页。
② 卡津："重游霍华德庄园"（"Howards End Revisited"），《党派评论》（*Partisan Review*），第 59 期（1992），第 30、31 页。

其他运作的力量也让这座举世无双的城市远离一触即发的革命。城市学家本雅明（Walter Benjamin）称巴黎为"19 世纪的首都"，是基于它那具有代表性的文化。伦敦也可以称为"19 世纪的首都"，但是基于个人主义。19 世纪的确可以称为个人主义的时代（Age of Individualism），这个词汇首见于托克维尔（Alexis de Tocqueville）《美国的民主》（*Democracy in America*）第 2 册。个人主义好的一面在于它是独立自主的，但托克维尔却看到了其阴暗的一面，觉得个人主义造成了市民孤独。他写道："每个人都表现得像陌生人一样，与其他人毫无瓜葛……当他跟着别人买东西时，虽然会混杂在人群里，但他眼里根本没有周围那些人；他只是存在于自我之中，而且也只为自己活着。他心里也许还有家庭，但若说到社会，则连想都不想。"①

他认为，个人主义能为社会带来秩序——人们只看重自己，因而能共存，并且因为冷漠，所以能宽容他人。这样的个人主义在都市空间有着特定的意义。19 世纪的城市规划目标是创造一群能自由移动的个人，并且让那些有组织的团体在城市里移动时遭受挫折。个人的身体在都市空间移动时，逐渐与他所赖以移动的空间脱离，同时也与在同一空间的其他人群分离。移动时，空间价值被贬低了，个人命运逐渐与人群不相干了。

托克维尔式个人主义在伦敦的胜利，影响了 1910 年正在写作《霍华德庄园》的福斯特。他的书在开场白中有句名言，"除了连结，别无他法……"这是一个社会的与心理的指令。福斯特的小说表明：一个城市社会要能连结紧密，人们必须不是以个人的方式彼此连结；人们若孤立起来，彼此漠不关心，将只会在社会上形成不幸福的均衡状态。

---

① 参见托克维尔《美国的民主》（New York：H. G. Langley, 1845），里夫（Henry Reeve）译，第 4 版，第 2 册。

在都市革命的过程中，这部小说再现了急速转变中的伦敦。福斯特与当时的人都认为，"速度"已经成了现代生活的核心。转变的步伐在小说家的眼中以"汽车"再现出来，而《霍华德庄园》则充斥了对这种新机器的诅咒。福斯特将爱德华的伦敦描述成一个虽然充满了变化但却毫无生气的城市，而这时托克维尔所说的紧张关系出现了——如果伦敦是一个到处充满着"愤怒与电报"的地方，那么它同时也让"人变得愚笨感觉迟钝"。福斯特想营造出一种隐晦不明却又四处弥漫的冷漠感，都市生活所造成的——这些是散步的游客所看不到的——冷漠感不仅充斥于富人与上流社会之中，而且连随着生活而浮沉的贫民也不例外。个人主义与速度联手麻木了现代身体；让他们无法连结。

《霍华德庄园》借由一个私生子的曲折离奇的继承和谋杀故事，来表述上述那种现象。伍尔芙（Virginia Woolf，她并不是该书的狂热者）曾经评论说，福斯特希望我们把他当成是社会批评者而非艺术工作者。她说："我们被拍了一下肩膀，他要我们注意一下这里，留意一下那里。"①《霍华德庄园》经常在一些段落以一些改变人物的突发事件来打动读者，如此作者才能有余暇回头来思考人物的意义。如果小说家花了太多工夫说理，那么他的艺术表现将会大打折扣。不过，小说最后倒是有个神来之笔：个人的身体可以从经历变故与挫折中重新获得感觉。"只有连结，别无他法……"这个指令只有那些认识到在个人自由、快速移动中存在着真实阻碍的人才会去遵守。有生命的文化将阻力当成是正面的经验。

本章要把叙述重点放在现代社会发展之上，而这种发展使得福斯特对于都市个人主义展开控诉——他将他的小说建立在身体移动与身体被

---

① 伍尔芙："福斯特的小说"（"The Novels of E. M. Forster"），《蛾之死与其他短文》（*The Death of Moth and Other Essays*，New York：Harcourt，Brace，1970），第172页。

动的体验上。他那令人讶异的结尾也暗示了一个新的都市文化思考方式。

2. 现代动脉与静脉

19 世纪的都市设计让城市中大量个人能移动，却让团体无法移动，尤其是那种出现在法国大革命中具威胁性的团体。19 世纪的城市设计师在启蒙运动时期的先驱者所奠定的基础上再加以发展，启蒙运动时期的先驱者将城市想象成负责输送的动脉与静脉，而 19 世纪的设计师则对此加以新利用。启蒙运动时期的都市学家想象着个人在城市群众中间穿越时所能感受到的刺激；19 世纪的城市设计师则想象着个人从群众走出时会受到保护。19 世纪 3 项伟大的建设计划标志着这个改变：伦敦摄政公园与摄政街（Regent Street）的建设，这个计划开始于 19 世纪初期；19 世纪中叶由奥斯曼男爵（Baron Haussmann）所重建的巴黎街道；19 世纪末的伦敦地铁工程。这 3 项计划都是浩大的工程，我们仅探讨这些计划是如何教导人们移动的。

摄政公园

在 18 世纪的巴黎与伦敦，计划者都把公园当成是都市之肺，而不是像中古时期那样把公园当成神圣之所。18 世纪的公园要发挥肺的功能，就要对植物种植予以规划。在巴黎，当局将国王的杜伊勒里花园围了起来，这个花园对民众原本是完全开放的，但是在 18 世纪 50 年代中期开始围上栅栏，为的是维护那些能给城市提供新鲜空气的植物。伦敦于 18 世纪建造的几个大广场，也同样地在 19 世纪时被围封了起来。这种对公园和肺部的类推，诚如现代城市学家福捷（Bruno Fortier）所言，简单而直接：在城市动脉中穿梭而行的人们经过这些封闭着的公园外围时，会呼吸到新鲜的空气，就好像肺部给血液增添活力一样。18 世纪的计划者接受了当时的医学观点，如果用福捷的话来说，就是"如果保持大量流动，那么就没有东西会腐坏"。① 伦敦最伟大的城市计划工程，就是于 19 世纪初开始建设的摄政街与摄政公园，由未来的国王乔治四世（George IV）与建筑师纳什（John Nash）共同负责，他们的原则就是把公园当成肺，还要顾及高速行驶的原则。

由老马里波恩公园（Marylebone Park）重建而成的摄政公园，拥有相当大的土坡。纳什希望能降低土坡的坡度，并且种植草皮而非树木。

纳什的伦敦摄政公园设计地点图，1812 年。

---

① 福捷："巴黎的空间政治"（"La Politique de l'Espace parisien"），载于福捷编《旧体制末期的巴黎空间政治》（La Politique de l'Espace parisien à la 17fin de l'Ancien Régime, Paris: Editions Fortier, 1975），第 59 页。

我们现在看到的树木，尤其是玛丽皇后玫瑰园周边的部分，都是后来栽种上的。一个广大、平整的露天草坪，看起来似乎非常适合团体聚集。而且，在维多利亚时代，那也是被允许的。不过，纳什的计划却不利于这种使用方式，因为他打算在公园周围建造可以高速行驶的道路。环绕在摄政公园栅栏外的道路，是一条高流量的交通路线。道路上许多自然障碍物或突出的建筑物都被拆除，以确保马车通行时能畅通无阻。最后，连穿过摄政公园的运河也被迫改道，以免影响交通。狄更斯觉得这条环绕公园的道路很像跑道。有些内部道路也以类似方式筑成，方便高运量的马车通行。而且，路面比较宽阔，以便这些马车可以行驶得更快。

如果纳什所在时代的伦敦所追求的是速度的话，那么它的空间似乎不适合于个人。18世纪出现于伦敦的都市广场从表面上掩饰了这样的一个事实，即整个伦敦充满了个人的房屋。面对广场的大房屋通常是15到20个街区一起盖，让外表看起来能整齐一致。18世纪伦敦的建筑法规，特别是1774年所通过的法律，禁止任何人在房屋上作任何标记。在布伦斯贝里，朴素的建筑街区相对于花草扶疏的广场，构成了内外、公私的明显界线。

虽然摄政公园比过去的广场都要大，纳什在设计隔着马路处于公园对面的建筑物时，还是用了类似的方式，让道路旁边的住宅风格一致。为了这么做，纳什使用了灰泥。灰泥是一种建筑媒介，它可以创造幻觉；把灰泥弄湿，可以制成诸如支撑文艺复兴宫殿的大砖块，或是倒入模具中可以做成精美的支柱。纳什在摄政公园平台建筑物前方涂抹了大量灰泥，每一幢建筑物都是如此，整个街区风格一致，精细的灰泥外表在街区与街区之间构成了一种韵律。

不过，这种建筑材料也代表了社会的断裂。将环绕着摄政公园的街区弄得如此美丽是有目的的。借着这些建筑物，可以在公园空间与公园外的城市建筑物之间画上一条界线。低矮的建筑物是杂乱的、贫穷的以及无秩序的。在环绕摄政公园的区域里，纳什计划将原本住在摄政公园土坡上的穷人赶到北边去，一直到石灰田（Chalk Farm）及康登镇（Camden Town）。大房屋排列而成的广大空间，以灰泥涂抹成同一样式，宛如一道墙，又像交通洪流，让公园难以穿透。因此，早期的摄政公园是一片完全净空的大型空间。这个设计将快速移动与"去稠密化"（一个有用的设计术语）结合在一起。除此之外，这种快速移动是一种个性的运输——利用的是两轮双座马车或四轮运货马车。

纳什的计划预见到拥向公园的交通流量不是来自于公园周边——因为在华丽的墙背后，很少有人坐得起马车——而是来自于市中心。在摄政公园的南边，有马路可以通往纳什所设计的大道，摄政街。为了要完成这条大道，纳什必须处理一些不能移动的障碍，如不能拆除的教堂，其克服的方法就是绕过这些不能摧毁的物体。摄政街的设计当然也是高运量的，人与马车都可以通行。同样，广大街区的建筑物风格也是一致的。纳什想让摄政街具有商业用途，所以让底楼全部用来开店——旧伦敦市区中的店铺通常是居住与经商混合的。纳什将伦敦商店的拱廊建筑物（会堂的屋顶是用玻璃镶嵌而成的，商店都沿会堂中线而开）运用到摄政街上。

摄政街在都市计划上是划时代的。它在地平面上将川流不息的交通与单一功能的使用结合起来。这种有组织的街道方式间隔了街道以及街道内的土地，如纳什在北面所建的公园就是如此。商业并没有延伸到巷道里；运货马车的买卖交易也不会跑到老胡同里进行。街上行人的流向，就跟在会堂里一样，是沿着中线行进而非与中线成直角。单一功能的街道创造了一个与劳动分工相同的空间分工，街道沿线只能用来进行市场交易，至于附近用于手工业或商业的空间则跟街道没有什么必然的关系。

北爱尔兰排屋（Ulster Terrace），摄政公园，伦敦，建于 1824 年。

摄政公园与摄政街的整体效果，为运动带来了新的社会意义。以交通来隔离以及净空空间（像摄政公园那样），可以将有目的的群众分散。线形的行人运动所加诸摄政街上的压力，使得人们难以构成群体，或聆听他人演说。换个角度来说，街道与公园让个人移动中的身体拥有特权。摄政街本身也的确一直是人声鼎沸的。除此之外，纳什并没有在其著作中提到他的设计想造成什么样的社会效应。跟很多英国城市学家一样，他极度讨厌布雷的光说不练。不过，在单一功能街道上的大众移动，乃是让单一个人在群众中追寻自己所关注之物必要的第一步。

奥斯曼的 3 个网络

纳什在伦敦的工作，两代人之后在巴黎由皇帝拿破仑三世（Napoleon III）及其主要的城市设计师继续，霍斯曼男爵制订计划。这些官吏曾经历过 1830 年与 1848 年的革命，也保持着对法国大革命的鲜明记忆。因此，群众运动令他们萦怀难忘。他们接受了纳什的想法，有意识地让个人的运动优先获得保障，为的是抑制城市大众运动。

19 世纪 50 年代与 60 年代的巴黎重建计划，其实是拿破仑三世自己拟定的。1853 年，"在奥斯曼宣誓就任塞纳河行政长官的那一天"，史学家平克尼（David Pinckney）写道：

> 拿破仑交给他一张巴黎地图，他已经在上面用 4 种不同的颜色（每个颜色代表了不同计划的轻重缓急），标示出他想要建造的街道。这张地图是路易·拿破仑（Louis Napoleon）个人的作品，但却成为未来 20 年城市变化的基本蓝图。[①]

奥斯曼以这个指导方针来执行现代最伟大的城市再发展计划，铲平了许多中古时期与文艺复兴时期的建筑物，建筑崭新的、统一的、封闭的街墙，铺设笔直的道路以方便高运量的马车通行。街道计划则是要将市中心与城市外围地区连结起来。他重建了巴黎中央市场，并且使用了新的建筑材料。铸铁，他对他的建筑师巴尔塔（Baltard）吼叫："铁！铁！我就是只想用铁！"[②] 他建筑了伟大的纪念建筑物，如巴黎歌剧院（Paris Opéra），又重新设计了城市公园，并且进行了新的大型下水道工程。

在街道工程方面，奥斯曼采用了罗马的线形原则，但作了一些改变。拿破仑三世给他的不过是一张草图。为了按照计划将街道开辟出来，奥斯曼建造了许多高木塔，让他的助理（他称之为"城市几何学家"）爬上去，用罗盘与尺来测量通往城市旧城墙的直线道路。城市几何学家所注视的方向，主要是往北以及往东北方向，那里多半盖满了工

---

① 平克尼：《拿破仑三世与巴黎的重建》（*Napoleon III and the Rebuilding of Paris*，Princeton：Princeton University Press, 1958），第 25 页。

② 参见奥斯曼（G. E. Haussmann）：《回忆录》（*Mémoires*，Paris, 1893），第 3 册，第 478—483 页；引自平克尼《拿破仑三世与巴黎的重建》，第 78 页。

建于 1850 年到 1870 年之间的巴黎新主要干道。

人的住房，建有作坊和小工厂。奥斯曼打算从那块地面横穿出去，用交通繁忙的大街来隔开那些穷人区。

　　跟纳什环绕着摄政公园的交通线一样，来往的交通现在形成了一道由流动车辆构成的"街墙"。在"街墙"的后头，穷人区被分割成片段。除此之外，这些街道宽度也经过奥斯曼的仔细计算，因为他对于暴动的群众有所顾忌，所以街道的宽度可以让两辆军车并列通过，必要的时候，还可以让士兵对着街道两旁的社区开火。同样，跟摄政公园周边一样，街道附近形成了连片街区建筑，一楼是店铺，二楼以上是公寓。越有钱的居民住得越靠街面，越穷的居民就住得越高。奥斯曼对于穷人区，只关心建筑物的正面："建筑者必须遵守高度的相关规定，并且依照规定的正面样式来建房。至于房子正面以后的部分可以自行决定，拥挤或通风不畅都无妨。事实上，许多房子确实是如此。"①

奥斯曼跟他的几何学家所制作的城市地图，将城市分成3个"网络"（networks）。第1个网络处理的是中古时期曲里拐弯的旧城巷道。奥斯曼竭力要把靠近塞纳河部分的房屋铲除掉，将道路拉直，目的是要让旧城区能通行马车。第2个网络则包括了连通城市与城外的道路，在城墙之外是被称为"入市税征收处"（octroi）的地方，从这里街道延伸到外部，对地方行使权力的城市行政现在联结到中心地区。第3个网络比较没有组织，连接着几条通往城外的主要干道，并且与第1和第2网络相连。

在奥斯曼的架构下，第1网络的街道属于城市动脉，就像朗方在华盛顿所建造的一样。建筑形式与移动的身体关系重大，纪念建筑物、教堂，或其他结构物都标志着交通工具或行走身体向前行进。连接位于卢浮宫北部皇家宫殿与新歌剧院的道路，乃是第1个网络的动脉，这条路就是里沃利街（rue de Rivoli），它还连通了市政厅及圣安东尼教堂。

第2个网络的街道是城市的静脉。这些街道上的移动，大部分都是要出城的，朝向商业区或轻工业区行进。奥斯曼这样规划是因为他不希望太多穷人来到市中心。在这里，街道附近的建筑形式就不那么重要了。中央大道（Boulevard du Centre），我们今日称为塞瓦斯托波尔大道（Boulevard de Sébastopol），就是一条都市静脉，从沙特莱广场（Place du Châtelet）向北延伸到圣丹尼斯城门。这条大道代表了线形所蕴含的社会控制。塞瓦斯托波尔大道约有100英尺宽，1英里长，将稠密、不规则的穷人区切成两半。旧街道与旧建筑无法与这条静脉连通，就算是与大道相通的街道，其相交的角度也不利于通行。塞瓦斯托波尔大道的作用也不是为了方便这些位于街道后面的片断区域，而是为了将粮食运送到北方而铺设的。奥斯曼在设计时，的确是将这条道路设计成朝北的单

---

① 平克尼：《拿破仑三世与巴黎的重建》，第93页。

行道。总而言之，凡是属于这一类的第 2 个网络道路，都是为了让交通工具能跑得更快而设立的空间。

第 3 个网络的地图，按照它的目的，同时具有动脉与静脉的功能。奥斯曼那项胎死腹中的计划，戈兰古尔街（rue Caulaincourt），就是其典型。它所面对的问题是如何将满载货物的马车，绕过北边的蒙马特公墓（Montmartre cemetery），往东或往西与第 2 个网络相连。此时，奥斯曼不得不打扰死者，将一部分的道路穿过墓园。这也让他陷入了与死者家属无边无际的法律诉讼中（这种事只有法国才会有），为了虚无的死者权利而讨价还价。不过，戈兰古尔街也的确惹起了不少反对的声浪，因为它戏剧性地表现了巴黎新流动地理对城市生活造成了多大的破坏。

在本雅明对于 19 世纪巴黎文化的伟大研究中，他将城市的玻璃屋顶拱廊称之为"城市毛细现象"，所有为城市带来生命脉动的运动，都集中在这个狭长而被覆盖的、拥有商店和咖啡馆以及人们蜂拥而至如血液凝块的通道中。塞瓦斯托波尔大道是另一种运动的景象，它是一个割裂的推力，一个有方向的运动，但太急切也太具压迫感，因为无法融入人们的生活当中。就像摄政街一样，塞瓦斯托波尔大道以 19 世纪的形式来看，是个活泼生动的空间。如果说它的目的是让群众无法形成政治团体，那么它的做法就是要让个人借由车辆、马车或步行来卷入这场狂乱的城市漩涡中。不过，作为一个设计，它也反应出了凶兆。因为它采取了两个步骤让运动凌驾于民众的主张之上：街道交通的设计与街道两边建筑群分离，顶多在乎的是建筑正面；城市静脉让街道变成了一个逃离市中心的工具，而非用来居住于市中心的通道。

伦敦地铁

伦敦地铁所开启的社会革命，经常被描述成让人们进入城市的一种革命。不过，地铁系统的设计者学习的是奥斯曼的网络系统；他们试图让人们出城与进城。往外的运动具有阶级的特征，即便是那些浪荡子也会对此有同感。

伦敦地铁，《万国书刊》(*Universal Illustrated*，1867年)。

家庭佣工是19世纪末梅菲尔、骑士桥、贝斯沃特（Bay-swater）以及伦敦其他富裕区域中，最大的穷困工人团体。富裕的巴黎、柏林与纽约也是如此。与家庭佣工结为盟友的则是处于第2位的大量劳务工人——家庭设备修理工、家庭日用品采购者，以及马车维护和马匹喂养的人。居住于雇主家的佣工，与雇主一起过着关系密切的家庭生活。在伦敦的社交期间，每年从5月底开始一直到8月，约有两万名处于第3位的年轻女孩从乡村拥入伦敦，来帮助这些名门淑媛们整理衣裳和梳理头发，让她们可以加入上流社会的社交圈。爱德华时代的伦敦代表了欧洲史上富人与穷人过着关系密切家庭生活的最后一段时光。在大战之后，机器将大幅取代佣工。

大部分的处于第2位的工人是在有钱人家里做事。不过，国家机关或市政府有时也需要大批职员和低级劳务工人。他们挤在伦敦旧市区的小块地区，大地主的计划根本不把他们列入考虑之列。19世纪中叶，许多穷困的雇工也居住在拥挤的东区及南岸区域，这些地区原本是一些被遗弃者以及水手暂时居住地。

穷人在市中心及在东区、南岸所居住的小块地区，显示了与皇家纪念建筑完全不同的城市面貌。到了这些地方，有人可能会觉得自己好像到了古罗马一样，到处充满了污秽。不过，相对于古罗马的公寓街区（insulae），以及其他欧洲城市大量出现的贫民窟，伦敦将悲惨收容在小型的建筑物里。城市学家奥尔森写道，在英国，"居住单位与建筑单位相同是很典型的做法。在欧洲大陆，前者则是后者的一部分"，由一排个人住房沿着街墙排开。① 在东区真正悲惨的地区，一个家庭只能挤一幢屋子里的一个小房间。地铁可以协助转变他们的状况。

对于那些只拥有全国3%财富的50%的人口来说，地铁所提供的廉价运输可以让他们找到别处更适合生活的地方。合作建筑社的发展，提供了资本来实现这个梦想。19世纪80年代，原本移入伦敦的人潮开始退出。多亏了改良的大众运输系统，劳动的穷人们才得以攒钱离开市中心，到城市外围地区买幢自己的房子，如泰晤士河南岸、市中心北部的康登镇等。跟特权阶级所住的房子一样，这些朴素的房子构成了风格一致的街区，有个人的小院子，房子后头还有附属的小屋。对福斯特以及当时的中产阶级来说，这种建筑物的质量实在让人不敢领教。住宅令人压抑，盖得很简陋，而且潮湿，屋外的私人土地很脏臭。然而，就工人阶级的标准来说，这样的房子已经相当令人满意。人们睡与吃不在同一层；屎尿的味道已不再充斥屋内。

地铁同时是动脉与静脉。它有助于伦敦市中心的进出，特别是有助

---

① 奥尔森：《城市作为一件艺术品：伦敦、巴黎、维也纳》（*The City as a Work of Art：London，Paris，Vienna*，New Haven：Yale University Press，1986），第92页。

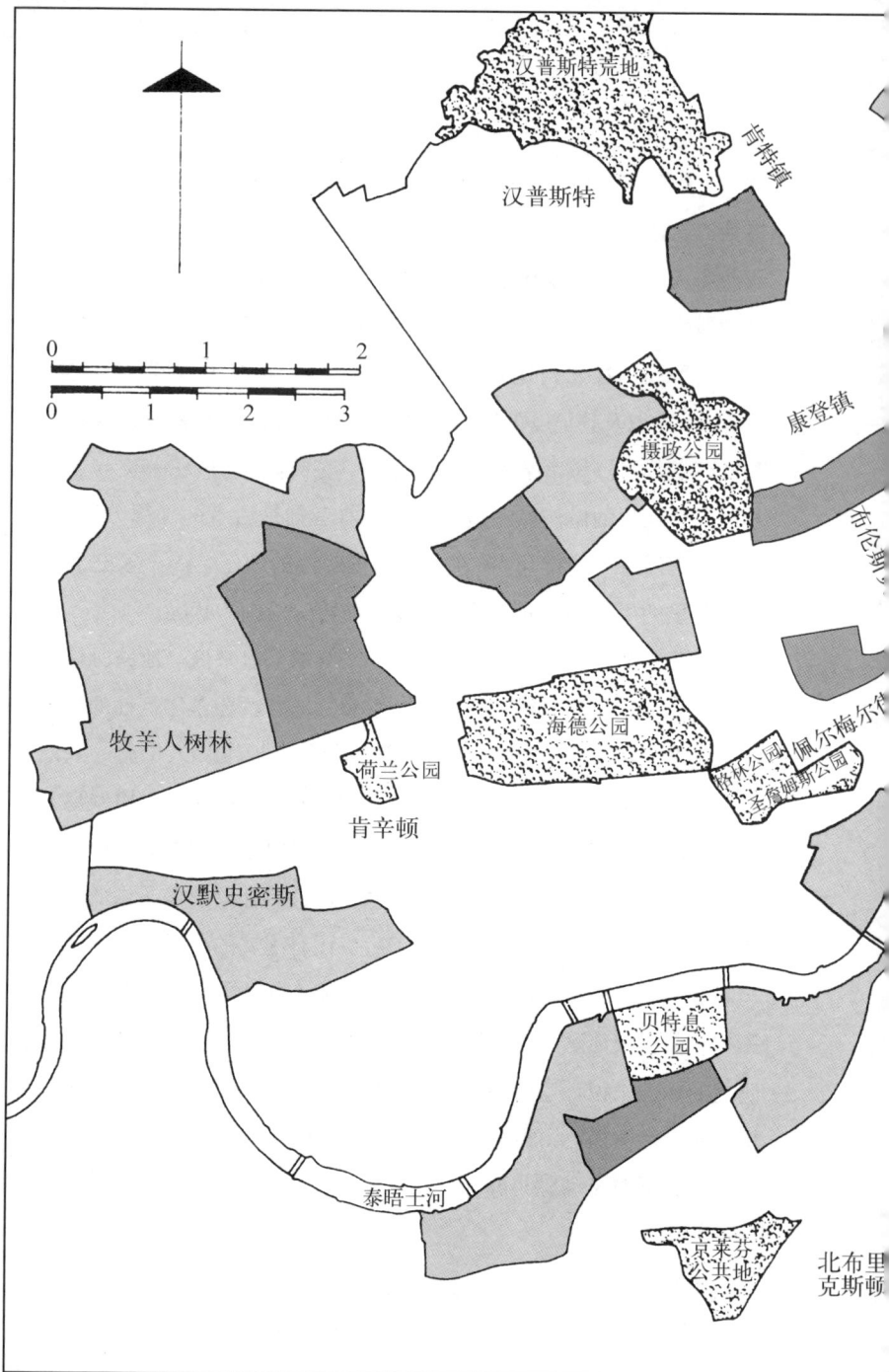

汉普斯特荒地

汉普斯特

肯特镇

康登镇

布伦斯？

摄政公园

牧羊人树林

荷兰公园

肯辛顿

海德公园

格林公园
圣詹姆斯公园
佩尔梅尔伯？

汉默史密斯

贝特息公园

泰晤士河

京莱芬里
公共地

北布里
克斯顿

0   1   2

0   1   2   3

伦敦的贫困，约 1890 年。夏桑

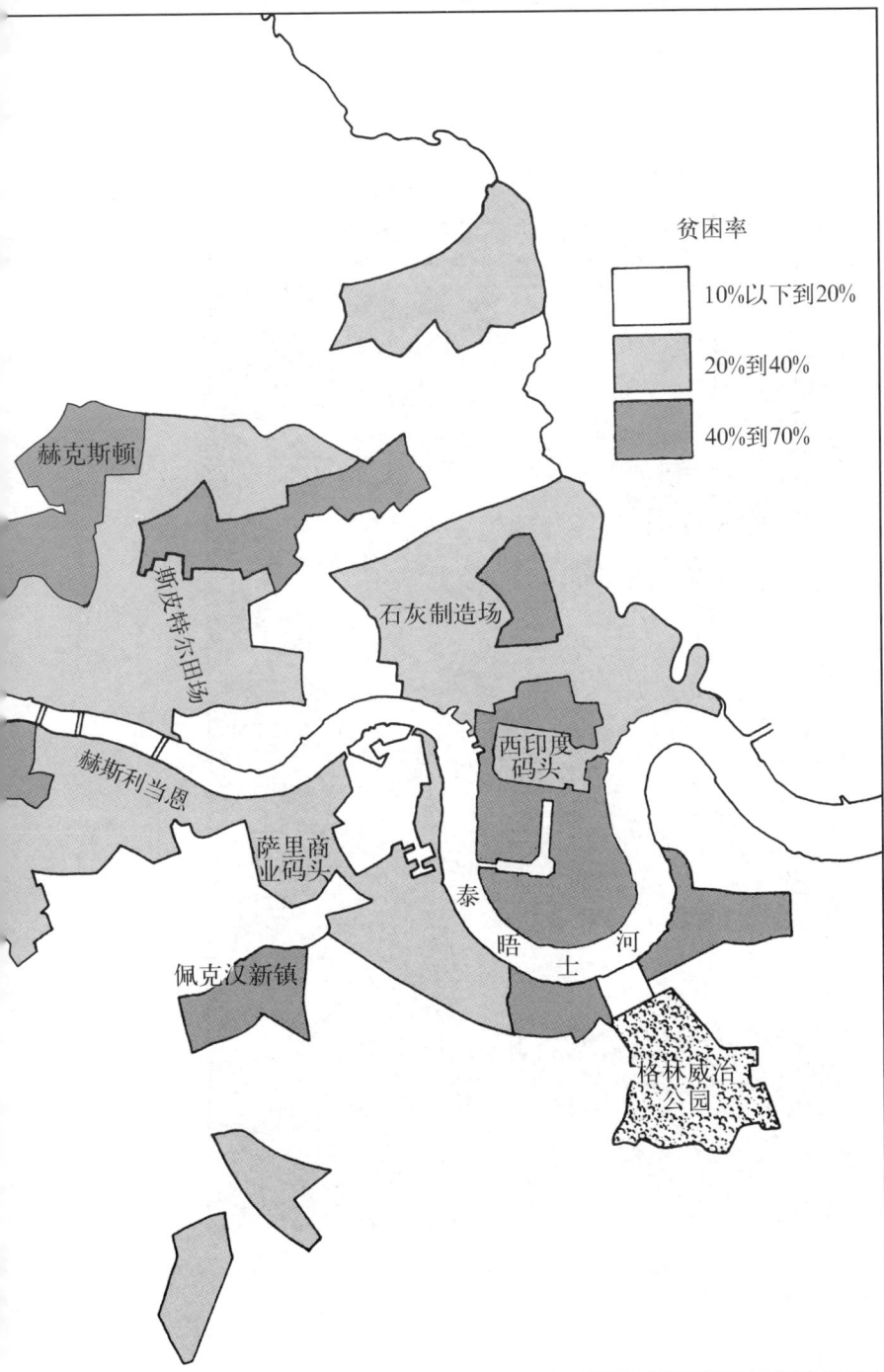

贫困率

10%以下到20%

20%到40%

40%到70%

赫克斯顿

斯皮特尔田场

石灰制造场

赫斯利当恩

西印度
码头

萨里商
业码头

泰   晤   士   河

佩克汉新镇

格林威治
公园

(Jacques Chazand) 绘图，梅修（Henry Mayhew）提供。

肉体与石头   **369**

戈尔德斯格林（Golders Green），伦敦。广告，约 1900 年。照片：理查德·托比亚斯（Richard Tobias）。版权所有。

于百货公司的大众消费，百货公司出现于 19 世纪 80 年代和 90 年代。在此之前，住在伦敦富裕西区的人可以完全不理会东区人的贫穷，而还能过得很好。然而，从 19 世纪 80 年代开始，如史学家渥克威兹所说的，"伦敦原本的想象地貌，开始从地理上的界线分明，转变成毫无界线及充满危险的逾越"。[1] 越界者往往是商店主人而非窃贼。

不过，如果说伦敦动脉与静脉的地铁系统创造了一个比较混合的城市，那么这种混合在时间上有着明显的限制。白天时，城市的人类血液从地下流到市中心。到了夜里，当人们搭乘地铁回家的时候，这些地表下的通道就变成了静脉，将大众运离市中心。通过这种地铁模式的大众运输，现代都市空间的时间地理于焉成形：白天人群密集并多样化，晚上则稀疏而同质。白天的混合并没有造成阶级之间的广泛接触。人们只是去工作、购物，然后回家。

3. 舒　适

在波德莱尔的诗里，速度被描述成疯狂的经验，高速运转中的都市男女生活在歇斯底里的状态中。事实上，由于运输技术的创新，速度在 19 世纪开始有了不同的特性。这使得旅行中的身体更加舒适。舒适是一种状态，我们会把这种状态与休息和被动连结在一起。19 世纪的科技逐渐让运动变成了一种被动的身体经验。移动的身体如果越舒适，在社交场合就会越退缩，独自沉默地旅行。

舒适是一种很容易被忽视的感觉。然而，人追求舒适其实有其高贵的源头，指的是在劳动之后让疲惫的身体休息。从 19 世纪开始，工厂中的工人被逼着工作到精疲力竭，往往是连续工作，一天不得休息。到了 19

---

① 渥克威兹：《恐怖乐趣的城市：维多利亚晚期伦敦的性危险记事》，第 29 页。

世纪末，很多人发现，工人工作时间不断增加，生产率反而递减。产业分析师注意到，英国工人在 19 世纪末时，每班工作 10 小时，而德国与法国工人每班工作 12 小时，有时还达到 14 小时，但英国工人每工时却有远高于德法的生产率。生产率的差异也在星期日不放假的工人与放假的工人身上体现出来。放假的工人，在其他不放假的日子会工作得更加努力。

市场逻辑引导着强硬的资本家如弗里克（Henry Clay Frick）产生这样的观点，他认为"比较优秀的工人"就是想要一直工作的工人，这种人的精力会被拼命工作赚钱的欲望所唤起。不过，疲劳的确对经济有影响。1891 年，意大利生理学家莫索（Angelo Mosso）已经阐明了疲劳与生产率之间的联系。他在其著作《疲劳》（*La Fatica*）中指出，人类会在完全无法支撑下去之前就开始感到疲劳，而这种疲劳感是一种保护机制，身体借由这种机制控制自己的体能，保护自己不在"感觉迟钝"时受伤。[①] 具有保护功能的疲劳感开始出现时，也就表示生产率将大幅下降。

19 世纪对舒适的追求，必须循着这条脉络来理解。舒适的旅行方式与用来休息的舒适家具及场所一样，对于由疲劳感所形成的身体过度使用会有所帮助。虽然如此，舒适一词从一开始时，也就是在舒适与"个人"舒适的意义完全等同的时候，就走上了另外一条路线，如果舒适降低了一个人的刺激度与感受度，那么在休息的时候，人就会在其他人群中退缩不前。

椅子与马车

古希腊人在宴请宾客的地方，罗马人夫妇在他们的饭厅里，不是采取

[①] 莫索：《疲劳》（London, 1906），德鲁蒙德夫妇（M. and W. B. Drummond）译，第 156 页；引自拉宾巴赫（Anson Rabinbach）《人类的原动力：能量、疲劳与现代性的起源》（*The Human Motor：Energy，Fatigue，and the Origins of Modernity*，New York：Basic Books，1990），第 136 页。

躺卧的姿势就是采取站姿来进行社交活动。这种让身体处于休息状态的社交姿态，与古代剧场中"可怜"而易受伤害的坐姿形成强烈对比。在中古时期，以近乎蹲的方式坐着成了一种社交姿势，不过那还是会随着坐的人地位的高低而有所差异。最普遍用来休息的家具是没有靠背的矮凳子，或是矮木箱。有靠背的椅子是有身份的人才能使用。17世纪时，繁琐的礼节规定，人们坐的时候要看是在什么时候、跟谁在一起，来决定怎么坐，如路易十四时代的凡尔赛宫就是如此。伯爵夫人看到皇室的公主时应该起身，至于旁系的公主则不需起身，可以继续坐在凳子上。如果国王或王后都不在场，那么这两位公主便可以坐在有扶手的椅子上，当非旁系的公主起身时，如果这时皇室的公主坐的是没有扶手的椅子，就可以不用起身示意。站立成了一种表示敬意的动作。从公主到仆役，在面对比他们社会地位高的人（享受着坐的舒适）的时候，要站起来。

到了理性时代，椅子成了放松坐姿的工具，反映出人们已经逐渐从凡尔赛的繁文缛节中解放出来。椅背已经变得跟座位一样重要，椅背还有斜度，坐着的人可以倚靠着；扶手也放低了，好让坐着的人可以任意地转动身子。比较明显的变化发生在1725年，有一种家庭使用的椅子出现，取名为"牧羊人之椅"（bergère），实际上牧羊人不可能来坐这种椅子。制作家具的鲁波（Roubo）说，这种椅子可以让人靠着椅背，让肩膀放松，"而且把头靠着的时候，也不会把先生或女士的头发弄乱"。① 18世纪的舒适因此意味着运动自由，即便是坐着的时候也一样。坐着的人可以往任何一边倾斜，轻松地跟周边的人交谈。这种在坐着的时候所享有的扭转与移动的自由，标志出18世纪的椅是最简单的，也最昂贵；漂亮的木制"温莎"（Windsor）椅，让当时乏善可陈的英国与

---

① 鲁波（Roubo），引自吉迪恩（Sigfried Giedion）《机械化的号令》（*Mechanization Takes Command*，New York：Oxford University Press，1948），第313页。

美国住房增色不少，也撑直了人们的背。这种椅子跟贵族所坐的"牧羊人之椅"一样，开口很大，可以让身体其他部位也能自由活动。

19世纪时，椅子虽只有少量改变，却大大地影响了坐的社交经验。之所以如此，那是由于家具业开始兴起。1830年前后，椅子制造商在座位下面以及椅背上装上弹簧。制造商再在弹簧上加上了软垫，里面填充物是利用机器纺纱机所产生的副产品，即用折起的马毛和梳落下的羊毛填充而成。由于设计上要用软垫铺满椅子与沙发，因此椅子和沙发木架尺寸放大许多。法国的椅垫业者德维莱尔（Dervilliers）于1838年开始制造这种椅子，称之为"安乐椅"（confortables）。他设计了不同的款式椅子，如1863年的"安乐的参议员椅"（confortable senateur），以及1869年的"安乐的威尼斯轻舟椅"（confortable gondole）。后者就像一艘船一样，坐着的人可以倚靠在椅上，放低身体高度。在这些"安乐椅"中，身体陷入了封闭的结构，无法随意移动。随着批量制造的技术不断进步，尤其是改由机器来织成软垫之后，椅子开始成为大众能够使用的产品。"安乐椅"摆放在工人与小职员的家中，成了骄傲的象征，以及一个可以暂时摆脱俗务休息的地方。这些椅子所产生的舒适感，蕴含着另一种特殊的人类姿势，史学家吉迪恩认为："这种姿势是基于放松而产生……是一种完全自由的姿势，跟过去的时代相较，既不能称之为坐，也不能称之为躺。"①

19世纪的人在坐的时候，总会让自己整个人陷在椅垫里而无法动弹，这对他们来说才叫真正的放松。相同的坐姿也可以用在19世纪的摇椅上面。18世纪时的形式，譬如温莎摇椅，坐的人用脚蹬着，以和缓的方式摆动着。19世纪时，制造商在这些椅子上加上弹簧，开始产生了较为复杂的机械运动。1853年，美国第1项专利给了我们现在称

---

① 吉迪恩：《机械化的号令》，第396页。

正式场合的椅子。18 世纪晚期。

之为倾斜办公椅的椅子，而这种椅子在当时只当成普通的座椅。它的摇晃动作是通过许多缠绕的弹簧产生的，意味着"放松"来自于小而频繁的"无意识位置移动"。① 把背倒在由弹簧所支撑的、倾斜的办公椅上，

---

① 吉迪恩：《机械化的号令》，第 404 页。

舒适的椅子。19世纪中期。

那种身体感受完全不同于靠在木制摇椅上。为了感到舒适，身体就少动，而由弹簧来承担脚的工作。

舒适以及被动的身体对舒适的耽溺，出现在最私密的坐姿上。19世纪中叶开发出来的冲水马桶，是18世纪要求卫生的声浪下的一种延续。不过，维多利亚时代的透明玻璃马桶，加上一层木制座椅，似乎已经超越了实用目的。这种马桶形状奇特，陶瓷还经过彩绘，简直已经被看作摆饰品。制造商希望人们坐在上面的时候，可以顺便休息，就像人们坐在椅子上一样。有些马桶上面甚至安装了杂志架，有些甚至还有碗盘柜。精巧的"拉普尔克雷伯摇椅"（rocking Crapper）也在维多利亚时代销往海外。

顺利排便成了19世纪的私人活动——迥异于上一个世纪的习惯，

当时的人一起坐在便桶椅上谈天说笑，椅子下放的就是尿壶。现在，房间里有澡盆、清洗台与马桶，一应俱全，人们安静地坐着，想想事情，也许还读点书或喝些什么，完全放松，不受干扰。在屋内的交谊空间放一把安乐椅，让人们在累了一天之后可以不受打扰地好好休息，这也显现出个人从公众场合的退缩。

在旅行的过程中坐着，逐渐也成为个人追求舒适的一种方式。德维莱尔也将椅垫运用到马车内部；在马车底部装上弹簧减少颠簸。一旦马车比较舒适了，乘客也比较能够忍受较快的速度，这是旧式马车所办不到的。

这些变化改变了旅行的社会条件。19 世纪欧洲的火车车厢，车厢里设有小房间，可以容纳 6 到 8 名乘客，可以面对面坐着。这种座位设计是来自于早期的轿式大马车内部样式，只是原封不动地照搬到火车上而已。史学家施伊费尔布什（Wolfgang Schivelbusch）认为，火车上首次出现这种座位时，不禁让人感受到"人们面对面无话可说的窘境"，因为原本可以掩饰尴尬的马车噪声，现在已经消失了。① 不过，舒适平稳的铁路车厢也可以让人拿起书来独自阅读。

火车车厢坐满了包裹密实的身体，或是阅读，或是沉默地看着窗外，这种现象是 19 世纪所出现的社会变化：沉默是用来保障个人隐私的一种方式。至于在街上，也跟在火车上一样，人们开始认为不让陌生人对自己说话是一种权利，认为陌生人对自己说话是一种冒犯。在霍加斯的伦敦或是在大卫的巴黎，跟陌生人讲话并不会有侵犯对方隐私权的问题；在公共场所人们会很自然地彼此交谈。

美国的火车车厢出现于 19 世纪 40 年代，它的座位可以满足人们的

---

① 施伊费尔布什：《铁路旅程：19 世纪工业革命及时空感》（*The Railway Journey*, Berkeley：University of California Press, 1986），第 75 页。

美国火车车厢里的男人，1847 年。

需求，让大家可以享有自己的沉默空间。美国的火车车厢没有分隔出小房间，而是让每个人都面朝前坐着，这样就只会看到别人的背部而不是脸。美国火车经常长途行驶——以欧洲的标准来看——让旧世界观光客惊讶的是，一个人可以在完全一语不发的状况下（即便他与车厢内的人没有物理性的障碍）横越北美大陆。社会学家齐美尔（Georg Simmel）认为，在大众运输来临之前，人们很少感觉到必须坐着长时间保持沉默而只是把眼睛睁得大大的。这种大众运输上的"美式作风"，后来也出现在欧洲的咖啡馆与酒吧里。

咖啡馆与酒吧

欧洲的咖啡馆起源于 18 世纪初期英国的咖啡馆。有些咖啡馆开始时只是训练所的附属部门，有些则是独立的企业。保险公司如伦敦劳埃德保险公司（Lloyd's of London）开始时就是一家咖啡馆，而它的规矩恰恰代表了当时的社交习惯。只要付了一杯咖啡的价钱，就有权利在劳埃德咖啡馆里跟任何人说话。[1]

咖啡馆中的交谈并不只是闲聊。交谈是获取信息的重要手段，从交谈中，人们可以知道道路、城市以及生意的消息。虽然从长相与谈吐中可以明显看出每个人社会阶层的不同，不过，一旦喝起酒来，就很容易忽略彼此身份的差异地聊起天来。18世纪晚期，现代报纸的出现，增强了人们说话的动力。报纸展示在房间的报架上，提供了讨论的话题——文字似乎与说话一样实在。

旧体制时期的法国咖啡馆，名称上袭用英国的咖啡馆，连运作方式也大致相同，陌生人一起争论、聊天以及交换信息。在革命前夕，政治团体经常在咖啡馆碰面。起初，许多团体都在同一间咖啡馆碰头，如左岸最早的普罗克布咖啡馆（Café Procope）。革命爆发时，彼此争论不休的政治团体都已经有了各自的咖啡馆据点。在革命期间以及革命结束以后，绝大部分的咖啡馆都集中在皇家宫殿附近。这里在19世纪初开始进行了一项试验，企图将咖啡馆转变成社会机构。这个试验只是将一些桌子搬到屋外的树廊（galerie du bois）下，而树廊刚好穿过皇家宫殿的中心。这些放在屋外的桌子，使得政治团体无所遁形。这些桌子可以让顾客好好地观看风景，而不是彼此密谋。

奥斯曼男爵所发展出来的巴黎各条大道，尤其是第2个网络的街道，很适合进行这种户外空间的利用。广阔的街道向咖啡馆提供了大量空间，任其向四周扩展。除了第2个网络上的咖啡馆之外，奥斯曼的巴黎还有两个咖啡生活的中心：一个聚集在歌剧院周围，有大咖啡馆

---

[1] 参见桑内特《公共人的衰落》（*The Fall of Public Man*，New York：W. W. Norton，1992；1976），第81页。

（Grand Café）、和平咖啡馆（Café de la Paix）以及英国咖啡馆（Café Anglais）；另一个则位于拉丁区（Latin Quarter），其中最有名的喝咖啡地方有伏尔泰（Voltaire）、金太阳（Soleil d'Or），以及弗朗科斯第一酒店（Françors Premier）。这些大咖啡馆的顾客来自于中产阶级和上层社会，饮料价格让穷人望而却步。除此之外，在这些大咖啡馆中，巴黎人表现得跟美国人一样；上咖啡馆的人都希望自己有独处的权利。在这些大型场所里沉默的人们，与工人阶级的习性大不相同，后者喜欢在巷弄内的咖啡馆享受着亲密的社交关系。

在大咖啡馆的户外桌旁，人们希望能固定在一个地方坐着。至于想随时转换场景的人则站在吧台旁边。为这些固定位置的身体服务的速度，要比为站着的顾客慢得多。举例来说，19 世纪 70 年代，让最老的服务生降级去服务咖啡馆的户外桌是很普遍的事，他们慢吞吞的服务态度让每个顾客印象深刻。在平台上，咖啡馆的客人静静地坐着，看着人来人往——他们一个一个地坐着，各自陷入自己的沉思之中。

福斯特时代，在伦敦的皮卡迪利广场（Piccadilly Circus）附近有一些大型的法国风格咖啡馆。不过，伦敦比较流行的饮料场所其实是酒吧。从它们所营造的舒适感来说，爱德华时代的伦敦酒吧已经汲取了它们欧洲大陆咖啡馆远亲的公众风格。在吧台边人们可以自由聊天的话，那么其他就座的地方就是可以保持沉默以及一人独处的场所。巴黎大部分的咖啡馆都跟附近的工作场所有关，伦敦的酒吧也是一样。"在大道、歌剧院旁以及拉丁区内的咖啡馆，谈生意的人才是那里的常客，观光客或高尚的亚上流社会妇女反而不是主流人群"。[①] 酒吧当然无法像咖啡馆那样，跟街道空间联系在一起。酒吧像是一个避难所，里头混杂着尿、啤酒以及香肠的气味。对有些人来说，酒吧是相当舒适而芬芳的地

---

① 参见桑内特《公共人的衰落》，第 216 页。

方。不过，在咖啡馆平台上悠闲坐着的巴黎人，其实也跟街道是没有联系的。坐在那里的男女，就与沉默横越美洲大陆的美国人一样，对他们来说，街上来来往往的人群只是一种景象，一道风景。旅行家黑尔（Augustus Hare）写道："在大道旁，或者在杜伊勒里花园里花上半个小时，就好像在看一个情节不断变换的戏剧一样。"① 我们或者可以说，在酒吧以及在咖啡馆里，一个人坐着的时候，在自己的沉思里，也有着万般的景象在脑海里掠过。

构成了一道道风景的一部分的外在群众，已经不怀有革命暴力民众的恶意——街上的人们也不会对于提供啤酒或白兰地的人有所要求。1808 年，巴黎警察开始小心翼翼地铲除咖啡馆中危险的政治因素。1891 年，用来监视咖啡馆的警察单位撤出了。公共领域开始充满了移动与注视的个人——不管是巴黎还是伦敦，都是一样——并且不再像过去那样，具有任何的政治意涵。

跟椅子一样，咖啡馆也提供了一个可以将被动与个人融为一体的舒适空间。咖啡馆完全是都市风格下的产物。咖啡馆中的人虽然彼此疏离，但咖啡馆中毕竟还是人声鼎沸。当都市建筑开始呈现机械式的封闭化的时候，这块舒适的空间也开始转而向内发展。

密封的空间

18 世纪的设计者想要以健康的身体为模板，来建造一座健康的城市。据城市学家班纳姆（Reyner Banham）的观察，当时的建筑技术很少能达到这个目的；建筑物可能有裂缝但又密不透风，空气流动不畅，

---

① 黑尔：《巴黎》（*Paris*，London：Smith, Elder, 1887），第 5 页；引自奥尔森（Olsen）《城市作为一件艺术品：伦敦、巴黎、维也纳》，第 217 页。

开暖气又不能保温，造成浪费。① 到了 19 世纪晚期，建筑物空气流通的问题开始浮上台面。

中央暖气的出现，在西方文明史上其意义就跟铺有填充垫子的椅子一样重要。不过，中央暖气就像日后所展现出来的内部灯光、空调，以及垃圾处理一样，实现了启蒙时代健康环境的梦想——却付出了社会代价，因为这些发明将建筑物孤立于都市环境之外了。

富兰克林（Benjamin Franklin）给我们提供了另外一种把房间加热的概念，以加热空气的方法来取代在屋内生火。富兰克林于 1742 年创造了第 1 个"富兰克林火炉"。蒸汽机的发明人，瓦特（James Watt），于 1784 年以蒸汽来加热他自己的办公室。19 世纪初期，许多大型建筑物都开始以蒸汽来提供暖气。用来制造蒸汽的锅炉也可以产生热水，并可以经由水管分送到有需要的房间去，而不必像过去那样，由仆役在厨房烧开后再送过去。1877 年，霍利（Birdsill Holly）在纽约作了一个尝试，要用单一锅炉来提供数栋大楼的暖气与热水。

这些发明所造成的问题有两个：建筑物有缝隙，暖气容易泄漏；建筑物空气流通不畅，暖气在内部很难快速送达各处。暖气流通问题在 19 世纪 60 年代由斯特蒂文特公司（Sturtevant Company）所发展的加压暖气解决了。但是，这项新技术仍然没有解决暖气泄漏的烦恼。建筑师们在把建筑物封起来的时候，同时也考虑到了空气如何有效流通的问题，引导空气在建筑物内部流通，并且排出不新鲜的空气。有效而具可塑性的隔热物质一直要到 20 世纪 10 年代和 20 年代才开发出来。因此，19 世纪的努力，重点都放在如何通过设计，将建筑物密封起来。其中一个方式就是使用新材料，如以一块块玻璃板镶嵌在所有窗户上。这种

---

① 参见班纳姆《良好调节的环境》（*The Well-Tempered Environment*，Chicago：University of Chicago Press，1984），第 2 版，第 18—44 页。

设计首次运用于19世纪70年代的百货公司。另一个方式就是用排气管来取代窗户。位于北爱尔兰贝尔法斯特（Belfast）大型皇家维多利亚医院（Royal Victorian Hospital），完成于1903年，它的排气管就是如此设计。

密封的建筑物之所以能成功，有赖于照明技术的进步。19世纪建筑里的瓦斯灯有漏气的问题，相当危险。爱迪生（Thomas Edison）组合了许多材料于1882年时发明了电灯。对于英国建筑师来说，这是兴建现代建筑的参考点，至于法国与德国还要再晚上几年。1882年，路灯开始由瓦斯灯换成电灯。电灯的发展，对于大城市建筑来说，意味着内部空间将变得更容易利用，并对窗户也不再那么依赖了。最后，甚至可以不需要窗户，整幢建筑物只要有电灯就好了。新技术将早期建筑物中，内部与外部因照明需要而产生的联结打断。

所有的这些科技材料都可以用在现有的城市建筑上。举例来说，电灯就可以安装在原来的瓦斯灯基座上，暖气管和通风管可以铺在地板下或楼梯井中。不过，大型建筑物中最令人感到不方便的地方衍生出新的都市形式。那就是费力攀登好几层楼是很辛苦的，而利用电梯技术克服了垂直升降的问题，摩天大楼因而得以建造起来。电梯开始利用于建筑物上是在1846年，原先是以人力拉动，后来才改用蒸汽机。纽约的达科他公寓大楼（Dakota Apartment House）以及伦敦康诺饭店（Connaught Hotel）均使用了水压起重机来使电梯平台上下移动。电梯的命运，取决于它的安全性，奥蒂斯（Elisha Graves Otis）于1857年发明了一个自动锁住的煞车系统，防止了动力消失时会产生的问题，从而使电梯成为一种安全的机器。

我们对于电梯已经习以为常，所以观察不到电梯对我们身体的影响，静静地站立着，就感受不到电梯上升时的空气张力。除此之外，电梯也让建筑物以全新的方式密封起来，人们可以在短短数秒之间远离街道及其一切。在现代建筑中，电梯还通往地下车库，这使得被动移动的身体完全失去了与外界的实际接触。

借由这些方式，速度地理学以及对舒适的追求让人们处于了孤立的状态，这就是托克维尔所谓的"个人主义"。在一个以机场候机厅作为建筑象征的时代里，应该不会有人在走过爱德华时代的伦敦那充斥装饰的街道时还会说"真丑"吧！除此之外，舒适的空间与科技也为现代城市带来了真正的愉悦。一个纽约人可能会认为一座兴建于《霍华德庄园》写成后15年的建筑物很美，例如位于五十七街及公园大道交会口东北角的里兹大酒店（Ritz Tower）。里兹大酒店落成于1925年，41层楼高以及设有中央暖气与水管系统，是第一座完全以住宅构成的大楼，也是当时西方最高的摩天大楼。根据1916年的分区条例，里兹大酒店采取了逐层后退的建筑方式，仿佛高悬于空中的巴比伦平台，街上的噪声被遮挡住了，视野也变得开阔。建筑史学家霍斯（Elizabeth Hawes）写道："当它往上越变越窄的时候，更能让人感觉到垂直的概念，就像伸缩式的望远镜一样，逐层后退，成为伸入云端的高塔。"[1]

里兹大酒店是有效率的，也是戏剧化的。建筑师罗思（Emery Roth）的暖气和新鲜空气工程，无论是在设计上还是在使用中都是无懈可击的。如此一来，里兹大酒店的居民就不再需要窗户来作为生命维护装置。即使到了今天，里兹大酒店虽然已经被其他的摩天大楼所围绕，而公园大道的街角交通也经常拥塞，但走进大楼里面，人们仍会在这个全世界最紧张的城市里感觉到宁静与祥和。那么，为什么要反对这样的建筑物呢？《霍华德庄园》给了我们一个答案。

---

[1] 霍斯：《纽约，纽约：公寓大楼是如何改变了城市的生活，1869—1930》（*New York, New York: How the Apartment House Transformed the Life of the City, 1869—1930*, New York: Knopf, 1993），第231页。

4．移置的功效

福斯特反对高速、舒适以及有效率的社会组织，因而设想出了一个比较属于心理层面的移动形式，也就是让人们移置出他们原本感觉安全的状态。不过，福斯特似乎不太能够胜任这个任务。他在指令"只有连结，别无他法……"的同时，又在《为民主欢呼两声》（*Two Cheers for Democracy*）中宣称："我讨厌因果律这个观念。而且，要是我必须在背叛国家与背叛朋友之间作出选择的话，我希望我有这个胆子选择背叛我的国家。"① 在《霍华德庄园》中，女主人公回想着，"对所有人好是没有用的，我拼了命在底片上涂上各种颜色，但得出来的竟全是灰的"。她因此认为，"她最多敢奢望的，只是对一个人好或对几个人好就行了"。②艺术家的世界似乎是既独特又小巧。然而，在这个紧密的小世界里，出现了对于舒适的挑战。小说家想让我们相信，它一定会发生。

《霍华德庄园》让3个家族的命运在一个朴素的英国乡村宅邸霍华德庄园交错。威尔考克斯家族（the Wilcox family）为金钱与名望而活，也拥有旺盛的精力与决心；他们代表了爱德华时代的新都市精英。史列格尔家族（the Schlegel family）由两个孤弱却相当富有的姐妹，玛格丽特（Margaret）和海伦（Helen），以及她们那喜欢艺术并有着高尚人际关系的弟弟所组成。第3个家族的社会阶层比较低，代表人物是年轻的职员巴斯特（Leonard Bast），他的情妇后来变成了他的妻子。

由于福斯特在情节构思上并不拿手，因此他的故事读起来像是个抽象的字谜游戏，每件事都整齐划一地解开了。海伦与威尔考克斯家族的

---

① 福斯特：《为民主欢呼两声》（*Two Cheers for Democracy*，London：Edward Arnold，1972），第66页。

② 福斯特：《霍华德庄园》，第134页。

幼子曾有一段短暂却又混乱的恋情。威尔考克斯太太死了，她丈夫娶了史列格尔家族的姐姐玛格丽特；海伦与威尔考克斯的小孩都痛恨这场婚姻。海伦先是工人阶级职员巴斯特的朋友，之后则跟他上床；巴斯特淫荡的妻子则红杏出墙成了威尔考克斯先生的情妇，当时威尔考克斯的第一段婚姻还存在。这段故事的结尾发生在霍华德庄园里。威尔考克斯先生攻击了巴斯特，他来霍华德庄园是为了找他所爱的海伦。巴斯特死了；威尔考克斯被控杀人罪，送入监狱服刑；这个灾难让威尔考克斯与他的妻子取得了和解；至于未婚的妹妹及她的孩子则搬入霍华德庄园，之后则以此为家。

这部小说是借由不断移置剧中的人物而省去了一些必要的情节，而这些移置的过程又是以外科手术式的散文来表现。为了要了解这一点，我们可能要将《霍华德庄园》视为整个计划的前半段，至于后半段则是《莫利斯的情人》（*Maurice*）。福斯特于 1910 年《霍华德庄园》出版后，即开始投入这本书的写作。第 2 本小说所描述的，是一个上层阶级的股票经纪人与一个未受过教育的猎场看守人之间的同性恋故事。从福斯特那个时代的标准来看，这个故事完全逾越了性与阶级的规范，按理说它的结局应该是悲惨的。然而，《莫利斯的情人》的结局反而是幸福的场面，一个受到传统与阶级束缚的绅士倒在仆人的怀里。福斯特说："必须要有圆满的结局，我决心让小说中的这两个男人彼此相爱，并且就这样子永远地持续下去。"①

《霍华德庄园》所描述的也是不同阶级的人之间的非法性关系，如海伦·史列格尔与里奥纳德·巴斯特的一夜情。《霍华德庄园》的结局并不像《莫利斯的情人》那样，有一个"永远"持续的爱情。相反的，它却发生了谋杀：小说中的英国国教徒及值得尊敬的角色居然杀害了巴

---

① 福斯特：《莫利斯的情人》（New York：W. W. Norton, 1993），第 250 页（末注）。

斯特，然后坐了牢。背叛的情事也被揭发了：玛格丽特·史列格尔这才晓得她的丈夫在性与金钱上欺骗了她。不过，这里面也产生了幸福：公然违反性规范的海伦，带着她的私生子搬到霍华德庄园居住。《霍华德庄园》中所有的角色到最后都有一种不确定感——他们找不到自己的身份定位。相反，莫利斯到了最后才发现并肯定了自己同性恋的倾向。不过，即使《霍华德庄园》中的人们对于自己失去了确定感，但他们都与自己所处的世界以及身旁的人们有着良好的互动。福斯特所表现出来的移置，与弥尔顿《失乐园》中被逐出伊甸园的情节如出一辙。在福斯特的小说里，个人的移置具有一种特定的社会向度。

福斯特的读者也许会想好好了解一下这对与"光荣的纺纱女"（Glorified Spinster）有点类似的史列格尔姐妹。这是出现于 1888 年《麦克米兰杂志》（*Macmillan's Magazine*）上的一个被解放的年轻女人的故事。《麦克米兰杂志》描述这位光荣的纺纱女，认为她具有值得赞扬的品质，而且为人谦逊。她不愿过着"依赖并从属于他人"的生活，想"从自己所赚的每分钱中得到最大的快乐"，并且尝试着要"找到幸福与精神上的快乐，因而很少注意周遭的社会环境"。[①] 光荣的纺纱女获得了自由，不过付出的代价是未曾尝过男女之爱与担任母亲的角色。

在《霍华德庄园》中，玛格丽特与海伦则在好几个地方颠覆了光荣的纺纱女。玛格丽特从威尔考克斯身上获得性满足，却也能批评威尔考克斯并且维持自身的独立。海伦则更为激进，成了一个未婚妈妈。不过，姐妹俩对于她们所作所为并没有真正的认识，而到了小说的结尾，她们也不尝试去解释或分析彼此。

《霍华德庄园》是一部非同寻常的小说，因为其中的角色都坚持通过他们所处环境的外观、气味与碰撞来思考他们是谁。就像性一样，对

---

① 佚名："光荣的纺纱女"，《麦克米兰杂志》，第 58 期（1888），第 371 和 374 页。

于场所的原始印象逐渐崩解。当玛格丽特头一次看到霍华德庄园阴暗又低矮的房间时，她找到了天真与和平，认为"画室、饭厅，以及大厅……这3个房间可以让孩子玩耍，也可以让朋友们遮风避雨"。① 跟这些景象相对照的，则是"巨大的幽灵，而这正是伦敦所鼓动的"，"当她从霍华德庄园的大厅走进厨房时，雨点打在屋顶上，顺流而下，水声潺潺，这个巨大的幽灵便在这雨声中安睡"。② 然而，到了小说末尾，这些景象都消失了。

福斯特安排了一些变化，亨利·威尔考克斯对玛格丽特说，他儿子与他的不幸一同压在他的肩上，"我不知道该怎么做，我完蛋了，这下我真的完了"。小说写到这里，本该进入一个情感低潮。不过，福斯特并没有这么做。玛格丽特此时的反应是，"她内心没有一丝暖意……她也没有拥抱这个颓唐的人……他跟跄地走向玛格丽特……并且恳求她的帮忙。她做的事很简单——她把他收留在霍华德庄园，让他恢复"。③ 虽然，她丈夫已经毁了，但她本身丰富而独立自主的生活才刚刚开始。对威尔考克斯来说，要重新站起来，就必须扬弃过去那些陈腔滥调的信仰——他必须接受她那"堕落"的妹妹以及接受玛格丽特的独立权力。这将是一个试验与改变他的地方。在这本书里，最令人玩味的地方就是玛格丽特跟她妹妹所说的话，在霍华德庄园里，她们必须"与一成不变作战。变化——不断的变化，是上帝特意为这么一个单亲家庭而设的。如此，这个家庭才会充满色彩。这中间也许会有悲伤，但总胜过每天单调不变的无味生活"。④ 这幢乡村住宅因而充满了不确定性，却是一种生动活泼的生活。

---

① 福斯特：《霍华德庄园》，第 209—210 页。
② 同上书，第 210 页。
③ 同上书，第 350 页。
④ 同上书，第 353—354 页。

场所的变动感对作者来说是很重要的，同样也影响了书中的角色。福斯特书中的房子是以他所住过的家为模板。他在 4 岁到 14 岁时住过那里，后来他与他的母亲被迫离开。不过，福斯特本人觉得能离开是一件好事，"如果那块土地在当时是欢迎我的，那么我个性中保守的那一面将会继续发展，而自由主义的那一面将会萎缩"。他晚年所表达得更强烈的说法是，"我对那里的印象……还在发光……而且让我看到社会与历史。那是一种中产阶级的景象……然而，一旦开始接触到了一些人，这些没有安定感也不要安定感的人，会完全转变你对于世界的看法"。①

因此，移置在这本小说中所代表的意义就与纯粹的移动（可憎的、无意义的移动，福斯特认为汽车便是这种移动的缩影）大不相同。人类的移置就是让人们处于颠沛流离之中，于是便能彼此照顾，并关心自己身在何处。移置所创造出来的诸种可能，其中比较好的例子就是对伦敦的描述。那时史列格尔姐妹还住在伦敦，就跟作者住在乡下的状况一样，她们被赶出了自己的家。这时候，福斯特约略地说道："伦敦人并不了解伦敦，直到有一天被扫出伦敦的住所时，才有所体认。玛格丽特的眼睛之所以开始雪亮，是因为她在威克汉广场（Wickham Place）'她在伦敦的住所'的房子租约到期了。"②

福斯特曾对他的朋友里德（Forrest Reid）谈到他的一生："我一直试着要将我从出生以来所经历的各个片断拼凑起来。"③ 他小说中的角色也试图这么做。然而，福斯特小说中的人物连结，却缺乏哲学家海德

---

① 这两段陈述都引自达克沃斯（Alistair M. Duckworth）《霍华德庄园：福斯特的小说之屋》（*Howards End：E. M. Forster's House of Fiction*，New York：Twayne/Macmillan，1992），第 62 页。
② 福斯特：《霍华德庄园》，第 113 页。
③ 给里德的信，1915 年 3 月 13 日，引自弗贝克（P. N. Furbank），《福斯特：传记》（*E. M. Forster：A Life*，New York：Harcourt Brace Jovanovich，1978），第 2 册，第 14 页。

格尔（Martin Heidegger）在德国黑森林农场中所想象的"事物的纯一性"（simple oneness of things），意即"数个世代都一直住在同一个屋檐之下，这样一个持续性的居所，通过人们的时间旅程，而显现出它的性格"。[①] 霍华德庄园则是一个时间断裂的地方，但是反而产生了正面的价值。

鸦巢，《霍华德庄园》的原型。

卡津在评论《霍华德庄园》时，认为福斯特在书中显露了一种希望，那就是"让可叹的阶级骄傲、阶级保护与阶级痛苦的社会，能开始感受到一些比较深层的、比较古老的'共同体情感'，以此来作为新社会的标记"。[②] 福斯特在《莫利斯的情人》与《霍华德庄园》中所表现出来的，就是打破性与阶级的疆界。不过，在《霍华德庄园》中，他也

[①] 海德格尔："建筑处所的思想"（"Building Dwelling Thinking"），载于《诗、语言、思想》（*Poetry，Language，Thought*，New York：Harper & Row，1975），霍夫施塔特（Albert Hofstadter）导论、翻译，第160页。强调部分为原文所有。此文为讲稿，首次发表于1951年8月5日德国的达姆施塔特（Darmstadt）。

[②] 卡津：《重游霍华德庄园》，第32页。

反映出场所所可能具有的现代意义。他的场所观并不带有圣域的概念，反而是一个让人们恢复活力的地方，人们可以在当中坦露、承认以及提出他们自己或别人的不一致之处。

这些批判，对于处身于充满差异、不同种族、不同性向、不同阶级、不同年龄的城市中的我们，能产生什么意义呢？一个拥有多元文化的城市，它所需要的为什么会是移置，而非安全与舒适呢？

结论　市民身体
多元文化的纽约

1．差异与冷漠

格林威治村

　　跟许多人一样，我对于格林威治区的印象，完全来自于真正去过格林威治村之前的 20 年，我读了珍·雅各布（Jane Jacob）的《美国大城市的死与生》（*The Death and Life of Great American Cities*）——在这本名著里，格林威治村简直就是纽约的精华所在。它的多元性表现在混杂的团体以及引人注目的个人方面。她所描绘的格林威治村与哈莱姆区（Harlem）和南布朗克斯区（South Bronx），其不同的地方就在于，各民族不管是意大利人、犹太人或希腊人，彼此都处于相当和谐的状态。因此，格林威治村对她来说，乃是位于纽约心脏地带的一个现代市集。①

　　我找到这个地方，可以证明她所言不虚。虽然 20 世纪 70 年代有许多移民后代移居到市郊，但这个社区仍然相当多元而且包容。在别处有着干净床单及温暖床铺的青少年，到华盛顿广场的露天空地上睡觉，在阵阵民歌声中睡着，既无须烦恼有小偷来骚扰，也不必担心有无家可归的人出现。格林威治村里的房屋与街道都维护得很好，给人一种不同于

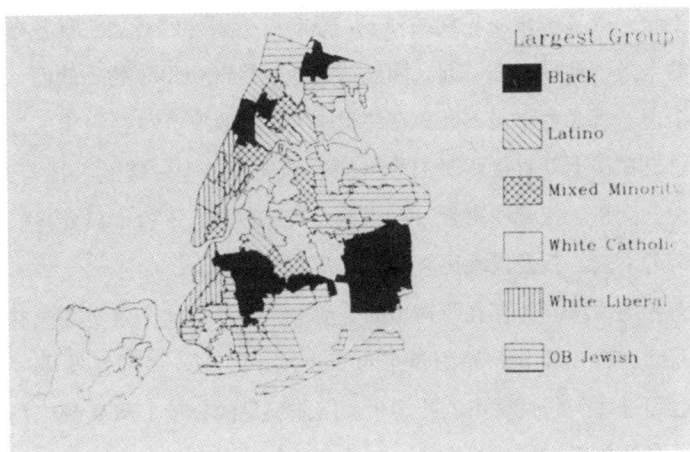

纽约市全区的种族与政治构成图，约 1980 年。经同意引自莫勒科普 (John Hull Mollenkopf)：《浴火重生的凤凰：纽约市政科赫联盟的兴起与衰落》 (*A Phoenix in the Ashes：The Rise and Fall of the Koch Coalition in New York City Politics*，Princeton University Press，1922)。

纽约其他地方的印象，有着强烈的社区意识，人们可以住得比较安心。

村里至今仍维持着多样性的空间。现在沿着麦克道格街 (MacDougal Street) 也还有结合相当紧密的意大利家族，中间还杂有一些外来的观光客暂住。在社区漂亮的住房和公寓里仍住着许多老年人。他们看护着自己的廉价住宅，并与新来的人混居在一起。这些新来者往往比较有钱而年轻。从雅各布的时代开始，大批的同性恋社群开始在村的西端发展，他们有时会受到观光客的骚扰，不过与邻居相处还算融洽。作家或艺术家之所以会长久住下（像我就是），主要是因为房租便宜。对于我们这些年事渐长的布尔乔亚式波希米亚人来说，这个多样化环境具有无穷的魅力。

---

① 参见雅各布：《美国大城市的死与生》（New York：Random House，1963）。

不过，光凭肉眼所见到的外表，总会产生误导的看法。雅各布看到村里的人紧密地结合在一起，因此认为他们是混合不分的。然而，在麦克道格街，观光客总是不断地在注视别人。意大利人住在一楼店铺的上面，总是在楼上就直接跟对面大楼的人聊天，对于一楼的人视若无睹。第二街上交错居住着西班牙人、犹太人与韩国人。不过，只要我们沿着第二街走下去，就会发现民族界限非常清楚。

　　差异与冷漠同时存在于村里的生活中。多样性这个事实并没有使人加强互动。有一部分的原因是来自于近二十年来，多样性发展过于迅速，远超过《美国大城市的死与生》所能预见的程度。华盛顿广场已经变成了毒品超级市场，儿童活动空地上的秋千成了站立式的海洛因精品店，波兰爱国英雄雕像下的板凳则用来展示各种各样的药丸，广场的 4 个角落则在进行可卡因的批发买卖。现在已经没有年轻人会睡在公园里了，虽然这些贩毒者跟他们的保镖都是当地的妈妈从婴儿时期荡秋千开始带大的，长大后就读广场隔壁的大学。这似乎无法减少他们犯罪的动机，而这些罪犯当地人都知道，却只有警察不清楚。

　　在《伯罗奔尼撒战争史》中，修昔底德将伯里克利的葬礼演说与数月后雅典瘟疫爆发放在一起对照，借此来衡量雅典市民的力量。当艾滋病这个现代瘟疫出现于格林威治村的街头时，修昔底德所描述的道德崩解景象竟又重现于今日。在社区的西面，疾病蔓延让许多同性恋的居民更加投入政治；市政府的医疗体系开始对他们有了正面响应（但做法上有些许不妥之处）；西区许多表演艺术、戏剧和舞蹈的地方都成为追查艾滋病的场所。

　　至于村东边，格林威治村在这里逐渐进入下东边（Lower East Side）比较贫穷的区域，景象可说是截然不同。这里有毒瘾的人比较多，而且男女都有。他们由于共用注射针头而感染了艾滋病。至于一些妇女则因为从事娼妓的工作，也感染了艾滋病。艾滋病与毒品在莱明顿街

（Rivington Street）区域混合流行。这块区域有许多空屋，刚好作为成瘾者的"注射所"（shooting galleries）。偶尔会有一些年轻社会工作者来到莱明顿街，他们敲一敲上锁的注射所门窗，提供免费而干净的针头。不过，其他的村民多半不想管这种跟死神接近的闲事，便睁一只眼闭一只眼，而警察也乐得轻松。于是，废弃的屋子也就越来越多。

当地人不想麻烦警察来管毒品泛滥的问题。同样，我的邻居也几乎不会打电话叫警察来处理流浪汉的问题。就数字来看，夏天，纽约市中心平均每两百人就有一人是流浪汉，这个悲惨指数高于加尔各答（Calcutta），但低于开罗（Cairo）。[①] 村里的流浪汉睡在靠近华盛顿广场的街上，但会远离毒品交易的路线。白天，他们会站在当地银行的外面，我财务方面的"雇员"就说，尽管村子里的人给钱不如城市富裕区给得多，但我们也不怎么给他添麻烦。事情就是如此，这里的人对于流浪汉似乎习以为常。

现代都市，个人主义在发展，而个人在城市里则逐渐沉默了。街道、咖啡馆、百货公司、铁路、巴士以及地铁，都成了受人关注的场所而非谈话的地方。在现代城市里，陌生人之间的言语连结难以维系，城市里的个人这时看到身旁的场景所产生的同情心，也会因此变得短促——就像对于生活上的一张快照一样。

格林威治村的多样性就是以这种方式呈现的。它纯粹是一个视觉的市集。这里已经没有像第二大道那样的地方让人们讨论所见所闻了，他们也没有地方在一起塑造市民故事。最重要的是，这里也没有一块不受打扰的地方让大家来思考一下受病毒蹂躏的东区该如何处理。格林威治村跟城市其他地区一样，提供了无数正式的场合，让我们的市民可以在

---

① 关于流浪汉的统计，往往随着取样的不同而有所变化。不过，近年来，夏天时曼哈顿的流浪汉有 3 万人左右，冬天则介于 1 万到 12 000 人之间。这些无家可归的人主要都是单身的人。在市郊，流浪汉的人数比较少，但无家可归的家庭数却相当高。

其中抱怨、生气一番。但是，政治的场合并不等同于每天在街上所进行的社交行为。除此之外，政治场合对于城市多元文化的融合，可以说一点帮助也没有。

人们不想跟自己不同的人来往，但这种不同又会造成仇恨。因此，人们最希望的就是在日常生活中能做到包容，这些可说是社会学上不言而喻的道理。这种不言而喻的道理可能会认为，像《霍华德庄园》这样的小说所传达的个人经验，是不可能运用于社会上的。纽约作为一个多元文化的城市已有一个多世纪了，许多文化的确遭受到差别待遇，就像文艺复兴时期威尼斯的犹太人一样。所谓差异不可避免地会造成彼此疏远，意味着这样的多元文化城市无法产生共同的市民文化，意味着人们会像威尼斯的基督徒一样，认为只有相似的人才有可能产生同一种市民文化。除此之外，社会学上的自明之理也意味着要将处于较深层次的犹太—基督信仰根源（也就是同情）予以消除，仿佛是将一个充满活力的宗教力量冲入多元文化之海一样。

如果说纽约历史所产生的问题是市民文化能否从人类差异中形成出来，那么格林威治村的问题则更为独特：如何才能让人们觉得多元文化就是他们生命中的一部分。

中心与边陲

多元文化社会已经造成情感上的两难了，而这种状况又因为纽约的历史与地理而变得更加复杂。

虽然纽约还不算是罗马人所预想的那种完全以方格构成的城市，但它已经可以算是个相当完整的方格城市，由无数面积相同的街区构成。而且，纽约的方格没有边缘或中心的区别。罗马的城市建筑师观察天体，来决定城市的地点，并且画出城镇的疆界来界定内在几何。现代纽约的设计者则将都市方格视为是一副不断处于扩张之中的棋盘。1811年，城市的建立者在格林威治村的城市土地上制订了方格计划。到了1855年，这个计划开始扩展，越过了曼哈顿（Manhattan）而直抵布朗克斯的北方乡镇，以及皇后区的东方乡镇。

跟罗马的城镇方格相同，纽约的计划是建在一大片空地之上。在土地尚未有人居住之前，就开始规划了。如果罗马人是向上天寻找指示的话，那么纽约的建造者则是向银行咨询。芒福德（Lewis Mumford）对于现代的方格计划曾作了批评："复活的17世纪资本主义，将单片的土地、街区、街道、大道都当成抽象的买卖单位，而毫不尊重原本既存的使用方式、地形条件以及社会需要。"① 纽约方格所创造出来的土地绝对一致，意味着土地被当成货币一样来看待，每块土地的价格都是一样的。合众国早期曾有这么一段快乐的时光，只要银行家有需要，就可以随时印制美钞。同样，要增加土地的供给量，只要往远方一划就行了。因此，有许多城市的出现只是因为构思的人突然想到而划出来的。

这种毫无限制的方格城市缺乏中心点。1811以及1855年的纽约地图就完全没有标示出人们该在哪边交会。相反，罗马人会规划出主要街道，再找出街道与街道间的交会点。到纽约观光的人，按照逻辑可能会认为纽约的中心点应该是在中央公园。沃克斯（Calvert Vaux）与奥姆斯特德（Frederick Law Olmsted）于1857年开始规划这个公园时，他们是想把它当成纽约市民的避难所。当时，当地政客干扰奥姆斯特德，使他无法完成计划。公园于是开始荒废，人们也开始避开这座疏于管理、犯罪横行的地方，更别提要把它当成个朋友相见的地点了。

理论上，一个缺乏固定疆界和固定中心的城市计划，是有可能在城

---

① 芒福德：《历史中的城市》（*The City in History*，New York：Harcourt Brace Jovanovich, 1961），第 421 页。

市中产生好几个社会接触点的。原始的计划没有办法约束下一代建筑师的想法。例如，纽约大型办公大楼洛克菲勒中心（Rockefeller Center）开始兴建于20世纪30年代，它其实可以往北、往南或甚至往西移几个街区来建造。中心方格在哪里，并没有硬性规定。纽约的空间弹性，在精神上看起来似乎跟朗方多元化而非中心化的设计很相似。事实上，纽约的设计其实比较接近大革命时期法国城市学家的想法。纽约的计划没有政府指令的限制，意味着空间中的障碍可以轻易地铲除。这些障碍多半来自于过去遗留下来并随时光流逝而不断增加的石头、玻璃和钢铁。

一直到最近，纽约的建筑物一直呈现出某种周期性建了又拆、拆了又建的状况。绵延数英里长的第五大道，从格林威治村到中央公园。这段路上在60年里，先是建起了大楼，有人进驻，然后拆除大楼建起更高的大楼。即便到了人们已经开始重视历史建筑物的今日，新建成的纽约摩天大楼，其使用年限仍然是50年，并且以此来作财产估算。然而，这幢大楼实际使用年限可能远高于此数。在世界所有的城市当中，纽约是一座最会以摧毁自己来让自己成长的城市。也许再过100年，哈德良时期的罗马遗迹可能还会留存着，而我们现在所看到的纽约到那时可能已经片瓦不存了。

这种如变色龙般的都市建筑，对于纽约多元文化的历史很重要。在南北战争以后，纽约开始成为一座国际都市，大批移民拥入贫民区，主要是在曼哈顿区的下东面，有时也分布于曼哈顿区西面码头后方，或者是在布鲁克林区（Brooklyn）东边。这时，所谓的新住房法（New Law Tenements）进一步加剧了这些人的惨况。这些建筑物原先设计是让内部空间有足够的照明与空气，但这些建筑师的善意却完全挡不住大批民众挤进这些建筑物中，其结果是原来设计的功能根本无法发挥。

20世纪初，这些移民的子女们开始在条件允许下搬离原先住所，就像英国工人阶级在有了地铁之后就迁移到伦敦北部比较好的住宅区那样，先搬到哈莱姆区，有的则更进一步搬到市郊人口比较稀少的地方。最有钱的会买下独幢房屋，独自居住。其次的则是搬入公寓大楼，而公寓大楼不会像原先居住位于市中心的公寓那么拥挤。不过，这里也有两种力量会阻止移民子女外移。首先是大部分的工作来源还是集中在市中心，其次是纽约此时还缺乏便捷的动脉与静脉网络。

在二次大战之后，又出现新一波向外迁移的力量，这一次的向外迁移之所以能成为可能，完全要归功于一个人，即摩西（Robert Moses）。与奥斯曼的工作一样，摩西成立的公司在 20 世纪 20 年代与 30 年代可说是蹒跚成长。他建造桥梁、公园、港口、海滩前缘以及主要干道。摩西另一个跟奥斯曼相同的地方，或者说，要比奥斯曼、布雷及威利更具优势的地方，就在于他发现纽约目前既有的都市建筑，在形式上完全可以自行决定取舍，并不需要对前人的建筑进行保留或更新，因而也就可以毫无顾忌地大展身手。

摩西为纽约市区所作的大型交通系统，实现了启蒙时代以来想以移动的身体为模型来打造城市的梦想。当摩西动工的时候，纽约已经具备了全世界最完整的大众运输系统。虽然如此，他仍然希望能一个人开车来旅行。对于其他的设计者来说，这个庞大的道路网似乎将会威胁到既有的城市中心的活力，而不是扩大整座城市的范围。关于这一点，城市学家戈特曼（Jean Gottmann）曾在他的经典之作《大城市》（*Megalopolis*）中，想象一个广大的都市区域，沿着美国东海岸完全涵盖从波士顿到华盛顿之间的所有城市，并合而为一。如此庞大的城市很有可能会摧毁原本各个城市的"中心"或"心脏"地带。[1]

摩西认为他的主要干道只会让人感到舒适，而不是一种破坏性的设计。他对于运动愉悦的感受，完全表现在公园道路的系统上。公园道路

---

[1] 戈特曼：《大城市》（New York：Twentieth Century Fund，1961），第 736 页。

是不准行驶卡车的道路，是完全处于人造花园当中的弯曲通道，路旁没有房子。这种昂贵而又虚幻的公园道路，是为了让驾车行驶成为一种愉快而畅通无阻的事。

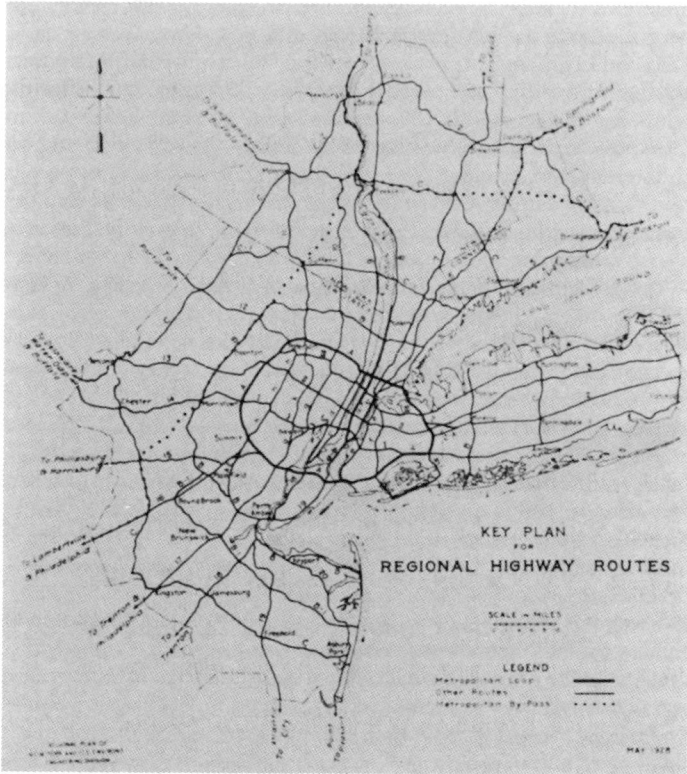

纽约地区主要干道路线总计划图，1929 年。引自《区域计划图：地图与解说》(*The Graphic Regional Plan：Atlas and Description*，New York：Courresy of Columbia University, Avery Architectural and Fine Arts Library)。

摩西相信，如果有了主要干道和公园道路系统，人们会将城市压力抛诸脑后。对此，摩西还有一个宏伟目标，那就是建设琼斯海滩（Jones Beach），那就是将这一大片沙滩开发为纽约附近的一个休闲胜地。关于摩西对于建设海滩的态度，他的同事珀金斯（Frances Perkins）说道：

"他非常讨厌那些民众。他觉得他们有虱子，是脏鬼，只会在琼斯海滩上乱扔瓶罐。'总有一天我会抓到他们的，非好好教训他们一顿不可!'……他喜欢大众，但却不喜欢乱七八糟的一群人聚在那里。"①摩西尤其不想让黑人进入琼斯海滩，连他所创造的公园也不许黑人进入，因为他认为黑人特别脏。

卡罗（Robert Caro）为摩西撰写的传记，书名是《权力掮客》（*The Power Broker*），相当恰当地表现出摩西的真正性格。②摩西本人不是专业的设计者，但他善于利用设计者所需要的政府与财政工具。摩西特别缺乏视觉的想象来了解地图的绘制，以及蓝图的三度空间形式。他经常被说成是设计的魔鬼，实际上他比魔鬼还吓人。身为一个掌握大权的人，他居然不了解自己在干什么。但是，对于琼斯海滩，他的社会目标倒是非常清楚的。

摩西绘制的纽约地图，引自卡罗《权力掮客：摩西与纽约的衰弱》（*The Power Broker：Moses and the Fall of New York*，New York：Alfred A. Knopf，1974），封面内页。

---

① 引自卡罗：《权力掮客》（New York：Knopf，1974），第 318 页。
② 同上。

他的计划是要摈除多样性。城市中拥挤的群众，应该要像石头一样地被劈开，借由分割城市以便达成"公益"的目的。为此，摩西作了些主观的选择。只有成功者——如有一辆车或一幢房子——才能拥有离开的工具。桥梁与主要干道将使他们能脱离罢工、乞丐与失意者的吵闹，而这些人在经济大恐慌期间便充斥在纽约的街道上。

摩西想要缓解过于密集的市中心，于是进行了介入。他这个做法刚好满足了许多社区的要求，那里的人们都想要拥有再大一点的家庭住宅。摩西通过主要干道向东修建，以便纽约都会区往外扩散，这时二次大战后的建筑商们也开始对长岛（Long Island）的大片地区与马铃薯田进行开发。摩西将主要干道往北修筑，许多中型地主这时也开始往市郊迁移。一代人之前，甘斯（Herbert Gans）曾研究位于长岛的列维镇（Levittown）社区，发现是摩西的主要干道建成后，居民才得以搬来此地的。他也观察到独户家庭住宅可以让"家庭更有凝聚力，士气也比较高"。[①] 甘斯对于那些看不起这些住宅的人嘲弄一番：一旦能够离开那过于拥挤的都市公寓，人们当然会特别珍惜新房子，因为"拥有自己的住房一直是他们的心愿"。[②]

摩西并不了解自己已经创造出新的经济领域。纽约边缘地区的发展，也与办公室及劳务的发展相一致的。然而，多亏了电子通信的出现，公司未必一定要设在市中心租金高的地方。边缘地区的发展也与制造业变化有关。逐渐地，边缘地区开始在服务业及小工厂里雇用女性劳工。妇女可以在离家很近的地方工作，不过薪水要比男性低得多。[③] 边

---

① 甘斯：《列维镇镇民》（*The Levittowners*，New York：Pantheon，1967），第 220 页。
② 同上书，第 32 页。
③ 关于这些变迁的简要陈述，参见韦伯（Melvin M. Webber）"都市发展的革命"（"Revolution in Urban Development"），载于泰勒（Lisa Taylor）编《住宅：象征、结构、地点》（*Housing：Symbol，Structure，Site*，New York：Rizzoli，1982），第 64—65 页。

缘地区有了自己所专属的经济生活时，想要脱离城市的梦想已经有一部分开始破灭了。贫困以及低工资的工作又再度在郊区出现。犯罪与毒品也出现了。甘斯所记录的，想在市郊有个稳定而安全的家庭生活，这个希望也开始枯萎，至少从原先所承诺的脱离来看是如此。

摩西的遗产以两种方式继续存续下来。他对于纽约的重建，让两个世纪前从欧洲开始的个人主义运动得以走在前头。另一方面，他让那些仍留在破旧而多样的市中心的人去面对一个尖锐而更困难的问题，那就是他们要如何看待自己以及他人。

身体的运动，在现代首次产生了重要性，成为一种生物活动的原则。医学对于血液循环、肺部呼吸，以及神经中电的流动的分析，构成了对健康身体的全新图像，一个自由运动的身体可以刺激有机体。从这种医学知识出发，空间因此就应该设计成有利于身体运动以及呼吸的样式。这种演绎空间的方法特别受到18世纪启蒙的城市设计家的欢迎。能自由移动的人会比较冷静沉着，并且由于肉体感受到自由，也就会倾向于个人主义。

现在人们移动得比较快，特别是在有了汽车之后，往返于中心与边缘地区之间就更为方便，城市各部分也就很容易连成一体。速度的逻辑，让身体脱离于身体所借以运动的空间。主要干道的设计者为了安全（如果没别的理由的话），企图将车辆高速行驶的空间予以中性化和标准化。驾驶行为，就是将坐着的身体规范化，使其维持在固定的位置上，并且只需要细小的动作，从而从肉体上限制了驾驶人。哈维时代的人把运动想象成一种刺激，而在摩西的纽约，我们知道运动所造成的不过是单调而已。

19世纪，不管是针对运动还是针对座具作的设计，都与能否让个人身体舒适的技术有关。舒适可以降低刺激的量，放松刺激的强度，同时也试图追求千篇一律。寻找舒适，减少刺激，跟我们如何在多元文化的社区里，面对令人受挫的感觉有着直接的关系。

罗兰·巴尔特（Roland Barthes）首次注意到此类问题，因为他发现人们在遇见陌生人时，会开始过滤脑海中的"再现影像清单"（image repertoire）。[①]扫描到一个复杂或不熟悉的场景，个人会很快地将其予以分类，不管是依照简单还是普遍的标准，但最后一定会依照社会所给予的思维定式进行判断。在街上遇到一个黑人或阿拉伯人，白人一定会先意识到那人是个威胁，于是不会再仔细地看他们。罗兰·巴尔特发现，这个判断非常迅速，而其结果却令人惊讶。由于影像清单的分类力量，人们很快就中断了对外界刺激的感受。面对差异，他们很快就变成被动。

城市学家林奇（Kevin Lynch）也显示了再现影像清单是如何以相同的方式来阐释城市地理学的。他说，每个城里人在心里都有"我属于哪里"的影像。在研究过程中，林奇发现他的研究对象总会拿新的环境来比对心中的那张影像，两者的相似之处越少，研究对象对新环境就会越冷漠。快速移动，例如开车，强化了再现影像清单的利用，人们倾向于分类并且马上作出判断。地理的片断化也使再现影像清单更明晰，因为在边缘地区，每个部分都有其特定功能——家、购物中心、办公室、学校——而且每个部分都不相邻，有空地相隔，更成为一种零碎影像。我们如在特定地点看到某人不属于这里或表现得不恰当，就会很快轻易地作出判断。

类似的状况，社会学家戈夫曼（Erving Goffmann）想要显示人们在街上行走时"防卫性地去刺激"会如何影响人们在街上的态度的。看到

[①] 参见罗兰·巴尔特《恋人絮语》（*A Lover's Discourse*，New York：Hill & Wang, 1978），霍华德（Richard Howard）译。

别人一眼便立即进行分类，然后人们会采取不同的走法或改变位置以尽可能减少与别人发生身体接触的可能。① 通过再现影像清单来检视周边的环境，将环境化约成简单的再现范畴，比较其中的相似与差异。经过这个过程，人们已经大幅度地减少了都市经验的复杂性。通过对再现影像清单的利用，人们开始在别人面前退缩，以此而感觉到安适。

用这种工具来感觉现实，可以避免困扰与暧昧。在威尼斯犹太区所产生的触摸恐惧感，在现代社会中再度被强化了。个人身体在面对多样性的过程中，形成了某种类似犹太隔离区的东西。速度、脱离、被动：这三种元素是新城市环境利用哈维的发现所创造出来的。

自我封闭的这道视觉的墙，对于置身这道墙外的人来说有着特殊的意义。

20 世纪 60 年代末期，摩西斯失去了权力，戈特曼《大城市》的预言似乎有可能实现：纽约市中心破旧而贫困的部分将会废弃而无人居住，美国的其他城市也一样。这是因为 1965 年新移民法颁布之后，移民移入城市的浪潮似乎停止了。波多黎各人经常被说成是纽约的"最后的外国人"。然而，全球经济拉动的力量却破坏了这个期望：新一波的移民潮又出现了，先是来自于加勒比海与中美洲的，然后是韩国的，然后是来自崩溃的苏联的移民，以及中东和墨西哥的移民。这些新移民现在占了纽约人口的一半。

有些人口也从市郊回流到市中心。在一代之前离开市中心的移民子女，现在又回到了市中心。这股回流有一部分是因为纽约市郊的房市有了变化，另一方面则是因为全国商业中心曼哈顿这时突然提供了许多的就业机会。除此之外，更有许多外地的年轻人想拥进纽约寻找发展机

---

① 参见林奇（Kevin Lynch）《城市的形象》（*The Image of the City*，Cambridge，MA：MIT Press，1960）；戈夫曼《公共场合中的关系：公共秩序的微观研究》（*Relations in Public：Microstudies of the Public Order*，New York：Basic Books，1971）。

会。每年来到纽约的人群中，最多的就是 18 到 30 岁的年轻白人。

这些新纽约人必须要应付那些从未离开过纽约的人的复杂生活。二次大战之后，纽约开始出现社会与家庭的阶层分化；事业成功的犹太人、希腊人、意大利人以及爱尔兰人搬离了市中心，至于他们那事业比较不成功的同胞则留在原地。许多老人也选择留下，在此艰辛地生活。过去 50 年来，在纽约所隐藏的一出戏就是位于内城的犹太贫民窟。一般人眼中的纽约犹太人，是事业成功的民族团体。但是，这种想法忽视了居住于下东边、上西边（Upper West Side）以及富莱特布什（Flatbush）的数万犹太贫民。他们被人遗忘，以手工艺以及为他人提供劳务来勉强维持生活。其他社区也是一样，开始是同甘共苦，后来阶级流动，几代人后开始分化，犹如重新上演的戏剧，遗弃、背叛、成功，等等。搬到市郊去的中产阶级黑人往往不再与住在贫民区的兄弟姐妹联络来往了。

要让犹太区维持纯犹太人的成分，其实需要有隔离的命令才能做到——就像威尼斯将犹太人关闭在某个地方或现代纽约避免借钱给黑人一样。19 世纪，纽约的犹太区与其说是某个特定族群居住的地方，不如说是一块单纯可买卖的土地。纽约下东边完全是穷人住的地方，但是各民族的人都有。20 世纪 20 年代的小意大利，其实住了很多爱尔兰人和斯拉夫人。时至今日，则是亚洲人与意大利人最多。哈莱姆区在 20 世纪 20 年代"哈莱姆文艺复兴"的极盛时期，住的多半是希腊人与犹太人，而非黑人。

在摩西作了各项改变之后，市中心开始消失而成为大城市的一部分，"犹太区"的意义也开始转变为专指"那些被遗弃的人"。例如，哈莱姆区人口不断地减少；犹太人与希腊人于 20 世纪 30 年代开始离开，40 年后，黑人资产阶级也离开了。只要是属于犹太区的一分子，就不免让人觉得你是个失败者。

有人试图以打破隔离、建立光荣的集体认同方式来重建犹太区（像文艺复兴的犹太人一样）。这个做法在纽约各处推行，对象是新的移民团体、黑人、犹太穷人以及其他被遗弃的人。要恢复犹太区的辉煌，意味着要在空间上、精神方面转向内部。大部分社区建筑方面的努力都放在界定共同身份上面，以及修建能界定共同生活中心的建筑物或空间，并不重视不同的人之间的接触。纽约绝对不是个熔炉，而它的多元文化现在又沾染上了遗弃的历史问题，被遗弃者需要恢复名誉。然而，在摩西斯之后，将新民族带往市中心的力量却不允许这样的自我巩固，因为这个荣誉是在隔离空间中产生的，它的模板是威尼斯的犹太人。

就人口的角度来看，纽约只能以旧犹太区的空间来收容那些新移民。从贫民区到华尔街的东北部，现在全都是夜间群体，他们在充斥纤维光学的金融圣殿中担任清洁工人、印刷工人、信差以及劳役工人的工作。多米尼加人、萨尔瓦多人以及海地人，快速地拥入哈莱姆区西北角仍适合居住的地区。在布鲁克林区，俄国犹太人、哈西德派犹太人（Hasids），以及叙利亚人则移入过去犹太人所居住的地方。市中心不断有当地年轻的白人移入，他们住在以前中产阶级居住的地方。

除此之外，城市的经济也不允许自我认同的巩固。全国连锁商店已经取代了许多当地的商店；小商店在纽约还能够维持强势的只有在几种行业——从修理小提琴的到收破铜烂铁的，以及专业印刷——而且顾客群也必须不局限于当地，否则店铺就经营不下去。跟过去一样，这些稳定的、小而专业的店铺是许多新移民的社会晋升阶梯。纽约的多元文化史已经步入了一种主张分离的方向，但种族分离注定是一条死路，不谈别的，从经济上来说就是如此。

从伯里克利的雅典到大卫的巴黎，"市民"这个字就隐含着一种交织的命运，一种各种命运的纠结。伯里克利时期的希腊人完全无法想象他（她）们的命运如何能与城市的命运分离，对于哈德良时期的异教罗马人来说也是如此。虽然早期基督徒相信他们的命运就在自己身上，但这种内在生命到最后还是会与世俗的命运相联结。中古时期的社团看起来似乎可以跟这种共同命运划清界限，因为它可以自己改变自己，而且就像波隆那大学一样，也可以切断与目前的联系。然而，社团是一种集体性的群体，是由许多特定个人结合而成的一个法律个体，有自己的生命。威尼斯犹太区诉说着关于共同命运的悲惨故事，威尼斯基督徒知道他们的命运无法与犹太人分离，而犹太区的犹太人命运也无法摆脱压迫者的控制。法国大革命的拂晓时刻，由巴黎妇女所发动的粮食暴动，也想将她们的命运与凌驾于她们之上的权力紧紧地连在一起。

在现代世界里，共同命运的信仰已经遭到分化。民族主义的意识形态主张人民共享同一种命运，革命的意识形态也如此认为。然而，城市存在本身就否定了这样的说法。19世纪时，城市发展运用了移动、公共卫生以及私人舒适等技术。市场的运作，街道、公园和广场的规划都抑制了群众的需求，并让个人拥有特权。如托克维尔所观察到的，个人对于"彼此间的共同命运感到陌生"。托克维尔也与其他对个人主义发展提出批评的人一样，看到了个人主义与唯物主义的广泛关联。他写道，一个"高尚的唯物主义，不会腐化，但会让灵魂无力，并且无声无息地松弛你的跳跃力"。① 个人一旦从共同生活中退出，自己也将失去生活的意义。

摧毁与重建的搅动能量，可以创造或摧毁纽约的大型办公大楼、公寓大楼以及住宅，这种能量否认了时间对于市民文化的影响。纽约发展的路线，与伦敦及其他城市很相像——都是通过个别无羁绊的运动来获

---

① 托克维尔：《美国的民主》（*Democracy in America*，New York：Vintage Books，1963），里夫译，第2册，第141页。

得现代的形式。否定共同命运，是所有运动的核心。

二次大战后逃往长岛的白人，如果这种做法可以算是公开与留居原地的白人和黑人决裂的话，那么同时间还有更多隐而不显的决裂也产生了。那些留居原地的人，为了面子，也会说他们与逃离者决裂。特权者为了保护自己不受穷人侵扰，索性杜绝所有外界的刺激。有需要的人穿上了像盔甲一样的东西，却只能让自己得不到所需的物品。格林威治村的生活也许可以说明我们能获得最大成果：愿意在生活上拥有差异；虽然有不同意见，但仍能共享同一命运。

2. 市民身体

在本书的开头，我曾说过我写这本书是抱着一种宗教信仰者的心情来写的。现在，到了本书的结尾，我应该解释一下个中的原因。在本书《肉体与石头》中，我曾主张城市空间的形式应该取决于人们是如何感受自己身体的。对于生活在多元文化城市中彼此照顾的人来说，我相信，如果要了解这些人，就必须改变一下我们对身体的感受。除非我们能认识到我们身体上的不足，否则我们永远也无法了解别人的身体跟我们有什么不同。市民的同情心来自于能意识到我们身体上的欠缺，而非来自于纯粹的善意以及正确的政治。如果这些主张看起来跟纽约实际的状况差得太远，也许那就表示城市的经验已经与宗教的理解完全分离了。

这些从身体上所学到的教训，乃是犹太—基督教传统的基础之一。这个传统的核心，就是亚当与夏娃的逾越，对自己裸体的羞怯，被逐出伊甸园，此后则产生了人类始祖成为什么以及失去什么的故事。在伊甸园中，他们是天真、无知的，而且是顺从的。被逐出伊甸园之后，他们开始有知觉，知道自己是有瑕疵的生物，因而开始探索，希望了解所有奇怪与不相似的事物。他们不再是由上帝照顾的子女。《旧约》所记载的故事，不断重复着人类始祖痛苦的觉醒，凡是在身体欲望上逾越了上帝十诫的人，就会受到惩罚，然后就会像亚当与夏娃一样被流放，然后觉醒。早期基督徒传递着基督在地上的话语；被钉上十字架以免除人的罪，他给予世上男女的恩赐，就是让人感受到肉体的不足；他的门徒若能少追求一点身体上的愉悦，那他们彼此间的爱就会多一点。

异教的历史以另一种方式来说明这个古代真理，即身体在城市中的感受。雅典的市集与普尼克斯是城市的空间，市民在当中感受到身体的不足：古代市集刺激着人民的肉体，但同时也剥夺了他们彼此进行完整交谈的机会；普尼克斯提供了持续不断的演说以及共同体的叙事逻辑经验，但代价则是让人民完全处于话语雄辩的刺激之中。市集与普尼克斯的石头使人们置身于涨潮的状态中。这两个中心都令人不满，只有借由对其中一个不满才能让人淡忘原本对另一个的不满。在这个具有双重中心的城市里，人们从身体经验中了解到自己的不完整。虽然如此，没有人能比雅典人更能自觉地评价市民文化："人类"与"城邦"是两个可以互换的词语。密切的市民情感，来自于移置的效果，人们在无法满足身体需要的空间中，强烈地关心彼此——或者如某个犹太人所言，之所以关心彼此，是因为空间无法满足彼此的需要。不过，雅典并没有因此而永远稳定。就连公民活动中最具纽带关系的部分——仪式，也无法保证他们永远团结。

将社会不稳定与个人不足当成负面来看，完全是现代人的习惯。现代个人主义的形成，主要目标就在于追求个人的自足，也就是说，完整而非不完整。心理学所说的语言，想为人类自己找到一个中心，或者说，要找出一个中心让自我能够完整。现代的社会运动也用这种语言，仿佛整个社团都要像一个个人一样，一贯而完整。在纽约，被遗弃在城内的与被遗弃在城外的人，他们的痛苦也通过个人-社团的语言表现出来。种族与社会团体转而向内强化自我认同，同时也是治疗自己。移置以及不连贯所产生的心理经验——这个领域，精神分析学家利夫顿（Robert Jay Lifton）称之为"反复无常的自我"（protean self）——似乎是医治这些日渐深化的社会伤口的最佳良方。[①]

然而，在缺乏重要的自我移置经验下，社会差异会逐渐加深，因为对于他者（Other）的兴趣会萎缩。弗洛伊德在 1920 年出版了《超越愉悦原则》（*Beyond the Pleasure Principle*），指出这种社会事实其实也是一种身体事实。他对比了整体而均衡的身体愉悦以及以现实为中心、超越身体愉悦的身体体验。弗洛伊德写道，愉悦"被令人不悦的紧张感置放在运动当中，愉悦是不变的……它最后总是以降低紧张感结束"。[②] 愉悦与性兴奋不同，性兴奋总是牵涉到感觉上的骚动。愉悦则是试着要返归于某种状态，弗洛伊德的比方是宛如子宫中的胎儿一样舒适、安全而未感知到外在世界。在愉悦原则的支配之下，人们会脱离世界。

弗洛伊德的角度是世俗性的现实主义者，而非宗教禁欲者，因为他知道对舒适的渴求是出自于生理上的需要。他写道："为了保护而反对刺激，这个功能对于生物体来说要比接受刺激来得重要。"[③] 但是，如果保护功能占优势，如果身体一直不定期地面对危机，那么到最后有机体会因为缺乏刺激而生病。现代人对于舒适的追求，其实对人体来说是危险的。这是因为我们虽然想避开困难，但困难却永远存在。

什么东西可以让我们不往后退缩去寻找愉悦呢？在《超越愉悦原则》中，弗洛伊德提出了两个方法。第一个，他称之为"现实原则"（reality principle）：一个人要用意志力让自己面对身体上和感情上的困

---

① 参见利夫顿：《反复无常的自我：在断裂的时代中人类所展现的弹性》（*The Protean Self: Human Resilience in an Age of Fragmentation*，New York：Basic Books，1993）。
② 弗洛伊德：《超越愉悦原则》（New York：W. W. Norton，1961），斯特雷奇（James Strachey）译，第 1 页。
③ 同上书，第 21 页。

难。在现实原则的支配之下，一个人会有决心去认识"不悦"。①"不悦"使人每天都得产生勇气以面对。不过，弗洛伊德是个现实主义者，知道现实原则的力量不够强大，而勇气的产生更是困难。另外一个打败愉悦的方法比较切实有效也比较持久。每个人都会有这样的经验，"那就是个人的本能总是与个人的目标和需求相冲突"。② 身体在这种状况下会陷入天人交战，这时就会造成不舒适。不过，欲望与目标的不协调往往是无法解决的，或者是只能把它搁在一旁而暂不解决。

这就是文明所造成的现象：它让我们（我们充满着弱点）面对矛盾的经验，而这种经验又无法避免，我们会因此感觉到自己的不完整。精确地来说，在这种"认知不一致"（cognitive dissonance）的状态下——批评家的用语——人类会开始专心地探索并投入于这块领域中思索完整性和愉悦的问题。文明化，以及通过整体的支配形象来创造权力与愉悦。这两种力量的长期斗争，构成了西方城市史。"身体"的支配形象在城市空间中展现了权力的作品。雅典人与异教罗马人都利用了这种支配形象。在犹太—基督教传统的发展过程中，精神的流浪者返回位于市中心的家里，他受难的身体成为顺服的表现，灵体遂成了肉体与石头。在近代科学时代初期，中心是被当成新的"身体"支配形象——身体是一个循环机制，而中心就是心脏跳动与肺——这种科学身体形象在社会上发展成一种将个人权力合理化的学说，使个人权力超越了国家主张。

不过，我也要说明，这样的遗产包含了深刻的内在矛盾与负担。在雅典城里，男性裸体的支配形象无法完全控制或定义穿着衣服的女性身体。罗马的中心是一个神秘的焦点，它象征了罗马的连续不断与一贯；用来表达这种一贯的视觉语言却成了权力的工具。然而，如果是在民主

---

① 弗洛伊德：《超越愉悦原则》，第 4 页。
② 同上书，第 5 页。

的中心的话，雅典公民就成了声音的奴隶。如果在帝国中心的话，罗马市民就成了眼睛的奴隶。

早期基督徒开始在城市生根，他们与视觉和地理上的暴君作了妥协。然而，对于这群信仰犹太—基督传统的道与光的流浪者来说，这两种事物与他们的信仰其实是誓不两立的。基督教与城市中心的力量作了妥协，将自身的视觉想象分成两种：内在与外在，精神与权力。外在城市的领域，是无法满足居住城市里的灵魂内在的信仰需求的。中古时期的基督教城市仍继续进行这两种中心的区别，虽然都以石头砌成，但一个是圣殿，一个却是街道。不过，基督的身体虽然能通过模仿而能继续统治基督教城市，但却无法统治街道。

城市中心也无法进行洁净的行动。这种想要赎罪并且将基督徒身体予以洗净的冲动，导致了基督教威尼斯对于犹太人以及其他不洁身体进行了一场隔离。即便如此，也无法让精神核心恢复。革命的仪式也无法让核心连贯。试图扫除障碍，在革命巴黎中心创造透明自由的空间，这种冲动到最后只造成了完全的净空与冷漠，并且导致整个市民改造失败。现代个人的支配形象，所造就的毫无束缚的身体并没有带来胜利的感觉，而只带来了被动。

空间中身体的支配形象所产生的裂缝与矛盾，造成了时间与空间的阻力，妇女节与阿都尼亚节高贵的反抗，基督徒住宅饭厅内的仪式与洗礼，犹太区内的晚间仪式——这些仪式并没有摧毁支配秩序，而是让支配秩序想依自己形象来打造的身体能挣脱出来，创造出比较丰富的生活。在我们的历史上，身体与城市之间的复杂关系带领人们超越了愉悦原则，如弗洛伊德所描述的那样。这些都是令人头痛的身体，不休息的身体，感觉骚动的身体。人们能忍受多少的不一致与不安呢？两千年来，人们一直热切地依附在属于自己的场所中，承受着各种各样的事物。我们可以保留这部人类在城市中心所进行的各种生活记录，但并不以其作为衡量我们所处现状的惟一标准。

最后，这种支配与文明之间的历史紧张感，问我们一个关于我们自身的问题。我们要如何逃脱自己身体的被动性——我们系统中的裂缝在哪里，我们要如何才能解放？虽然这个问题跟当前关于团体伤害与团体权利的论述没什么关系，但我坚定地认为，这个问题对于一个拥有多元文化的城市来说，更是急迫。如果我们对于自己的一切不会感到不安，那么还有什么东西会让我们——我们不是那位敲着废屋大门的女英雄——由内转而向外去接触其他人，去体验他者呢？

所有社会都需要强烈的道德规范来让人们宽容，减少对立，并且让人们感受到自己的不完整，同时不容易排斥他者。这些道德规范在西方文明都是通过宗教力量来达成的。布朗曾说，宗教仪式将身体绑在城市里。异教仪式如妇女节，将女性推出住宅的界线外，进入仪式的空间。在这个空间里，男人跟女人抹灭了性别的界限，只以公民的身份参与仪式。

为了让人类往外走，所以我们就应该恢复这一类型的宗教仪式。这种想法当然很可笑——而且从城市仪式空间的历史来看，也不允许我们有这种机械性的想法。异教世界消失了，基督徒在仪式空间的创造方面找到了一个新的精神任务，而这种任务要求劳动与自我规训。最后，这样的要求就变成了城市生活的标记，如同之前农业社会的道德规范一样。这些仪式空间的重点在于让身体疼痛，这种受难的模式与基督教是不可分的。后来的发展出人意料，当基督教社团发现他们必须要跟与他们不相像的人共同生活时，他们就将这种仪式空间与受难身体的负担转移给这些受他们压迫的人，就像威尼斯的犹太人一样。

法国大革命再度重演了这段基督教戏剧，也是最后一次。革命所选定的环境已经失去以往的特定与稠密，革命将受难者摆在这个环境里，并且另外选定了一个母亲形象，用来吸收并转化受难的过程。受难的身体陈列在完全净空的空间里，那是一个抽象而自由的空间，但是完全看不到任何人的连结。

革命仪式的戏剧，也与异教戏剧产生共鸣。这种安排仪式的尝试乃是植根于古代生活，而其服务对象则是被压迫者。在练兵场上，这个仪式设计也终告失败。古代的信仰认为，仪式是"来自于别的地方"。现在则似乎意味着它的权力是无法设计的、超越人的能力的，是受到超越人道与开化社会的力量所启发的。

设计换个方向，转而走向创造愉悦这条路，以舒适的形式，来舒解疲劳，减轻工作负担。但是，这种设计的力量一方面固然可以让身体休息，另一方面却也造成了感官的迟钝，让身体与环境的关系变得更加被动。设计所形成的愉悦让人类身体陷入一种孤独休息的状态。

如果说有一个空间是可以动员文明的力量来对抗支配的话，那么这个空间必然存在于去接受任何人都想要避免的东西上面：疼痛，即在电影院里，我的朋友所表现出来的那种经历过的疼痛。他那只已经炸碎的手可以作为一个佐证，经历过的疼痛见证了身体移动绝非社会的力量所能限制的，疼痛的意义在这个世界总是不完整的。对于疼痛的接受，存在于一个领域，这个领域外在于人类在这世界所规定的一切秩序。维特根施泰因对于疼痛的见证，那一段话在本书一开头已有引用。在名著《疼痛的身体》(*The Body in Pain*)中，哲学家斯卡里（Elaine Scarry）援引了维特根施泰因的见解："虽然感受肉体疼痛的能力与听觉、触觉、欲望一样是基本的"，但疼痛不同于"每天所产生的肉体与心理感受，疼痛并不需要外在世界还有一客体存在。"[①]

出现在布雷计划中广大完全净空的空间，乃是世俗社会无法与疼痛

---

① 斯卡里：《疼痛的身体》(New York：Oxford University Press, 1985)，第 161 页。

接触的标记。借由扫除障碍，全部扬弃过去的一切，革命分子相信自己可以让这块空间充满意义。一块没有障碍的空间，可以满足新社会的需要。抹去空间，就可以抹去疼痛。同样的抹去法，在之后也满足了各种的目的，宁可采取逃避的方式，也不肯面对。因此，在我们的文明对于疼痛的了解方面，法国大革命可以说代表了一种巨大的断裂。大卫将疼痛的身体摆在玛丽安也存在的同一个空间里，一个净空、无主的空间，一个身体，只有疼痛陪着它——这是个无法忍受的状态。

在多元文化的城市中所潜在的市民问题里面，有一个问题具有道德难度，那就是要对他者产生同情。想要如此，就必须要有一个地方，人们可以在那里感受到疼痛，以及疼痛的来源，如此，便能让人们对于疼痛有所理解。疼痛是人类经验的一部分。疼痛让自我失去方向感，也让自我不完整，并打断了欲望的连贯性。能够接受疼痛的身体才能算是市民的身体，才能感受到他人的痛苦。让疼痛在街道上展现出来，疼痛才会变得可以忍受——即便如此，在一个多样化的世界里，没有人可以解释他或她对他人的感觉是什么。但是，身体仍可以遵循着这个市民轨道而行，只要它能认识到在社会上身体的痛苦是没有解药的，身体的不幸来自于别的地方，至于身体的痛苦则源自上帝要求流放者应一起生活的命令。

参考书目

Adelman, Howard. "Leon Modena: The Autobiography and the Man." In *The Autobiography of a Seventeenth-Century Rabbi: Leon Modena's "Life of Judah."* Ed. Mark Cohen. 19–38.

Adorno, Theodor. "Culture Industry Reconsidered." *New German Critique* 6 (1975): 12–19.

Agulhon, Maurice. *Marianne into Battle: Imagery and Symbolism in France, 1789–1880.* Trans. Janet Lloyd. New York: Cambridge University Press, 1981.

Anonymous. "The Glorified Spinster." *Macmillan's Magazine* 58 (1888): 371, 374.

Arasse, Daniel. *The Guillotine and the Terror.* Trans. Christopher Miller. London: Allen Lane, 1989; Paris, 1987.

Arendt, Hannah. *The Human Condition.* Chicago: University of Chicago Press, 1957.

Ariès, Philippe. *Western Attitudes Toward Death: From the Middle Ages to the Present.* Trans. Patricia Ranum. Baltimore: Johns Hopkins University Press, 1974.

Aristophanes. Vol. I: *The Clouds.* Trans. Benjamin Bickley Rogers. Loeb Classical Library. New York: G. P. Putnam's Sons, 1924.

Aristotle. *De Anima (On the Soul).* Trans. Hugh Lawson-Tancred. London: Penguin, 1986.

———. *Generation of Animals.* Trans. A. L. Peck. Loeb Classical Library. Cambridge, MA: Harvard University Press, 1943.

———. *On Sense and Sensible Objects {De Sensu}. On the Soul, Parva Naturalia, On Breath.* Trans. W. S. Hett. Loeb Classical Library. Cambridge, MA: Harvard University Press, 1964.

———. *The Politics.* Ed. Richard McKeon, trans. Benjamin Jowett. New York: Random House, 1968.

Auden, W. H. *Collected Poems.* Ed. Edward Mendelson. New York: Random House, 1976.

Auguet, Robert. *Cruelty and Civilization: The Roman Games.* London: Allen & Unwin, 1972.

Augustine. *The City of God.* Trans. Gerald G. Walsh, S. J., et al. 3 vols. Fathers of the Church series, vol. 14. Washington, D.C.: Catholic University of America Press, 1950.

———. *Confessions.* Trans. R. S. Pine-Coffin. London: Penguin, 1961.

Baldwin, Summerfield. *Business in the Middle Ages.* New York: Cooper Square Publishers, 1968.

Banham, Reyner. *The Well-Tempered Environment.* 2nd ed. Chicago: University of Chicago Press, 1984.

Barasch, Moshe. *Gestures of Despair in Medieval and Early Renaissance Art.* New York: New York University Press, 1976.

Barthes, Roland. *A Lover's Discourse.* Trans. Richard Howard. New York: Hill & Wang, 1978.

Barton, Carlin. *The Sorrows of the Ancient Romans: The Gladiator and the Monster.* Princeton: Princeton University Press, 1993.

Baumgartner, M. P. *The Moral Order of a Suburb.* New York: Oxford University Press, 1988.

Beacham, Richard. *The Roman Theatre and Its Audience.* Cambridge, MA: Harvard University Press, 1992.

Beaucourt, Charles. *Captivité et derniers moments de Louis XVI.* Paris, 1892.

Bell, Malcolm. "Some Observations on Western Greek Stoas." Unpublished manuscript, American Academy in Rome, 1992.

Bergquist, Birgitta. "Sympotic Space: A Functional Aspect of Greek Dining Rooms." In *Sympotica: A Symposium on the Symposion.* Ed. Oswyn Murray.

Berlin, Isaiah. "Two Concepts of Liberty." *Essays on Liberty.* London: Oxford University Press, 1969.

Black, Max. "On Metaphor." *Models and Metaphors: Studies in Language and Philosophy.* Ithaca, NY: Cornell University Press, 1962. -

Boardman, John. "Greek Art and Architecture." In *The Oxford History of the Classical World.* Eds. John Boardman with Jasper Griffin and Oswyn Murray. New York: Oxford University Press, 1986.

Boatwright, Mary Taliaferro. *Hadrian and the City of Rome.* Princeton: Princeton University Press, 1987.

Boegehold, Alan L. "Toward a Study of Athenian Voting Procedure." *Hesperia* 32 (1963): 366–374.

Boucher, François. *20,000 Years of Fashion: The History of Costume and Personal Adornment.* New York: Abrams, 1973.

Braund, David. *The Administration of the Roman Empire.* Exeter: University of Exeter Press, 1988.

Bremmer, Jan. "Walking, Standing and Sitting in Ancient Greek Culture." In *A Cultural History of Gesture.* Eds. Jan Bremmer and Herman Roodenburg. Ithaca, NY: Cornell University Press, 1991.

Brilliant, Richard. *Gesture and Rank in Roman Art.* New Haven: Connecticut Academy of Arts and Sciences, 1963.

———. *Visual Narratives.* Ithaca, NY: Cornell University Press, 1984.

Brookner, Anita. *Jacques-Louis David.* London: Thames & Hudson, 1980.

Brooks, Peter. *Body Work: Objects of Desire in Modern Narrative.* Cambridge, MA: Harvard University Press, 1993.

———. *The Melodramatic Imagination.* New Haven: Yale University Press, 1976.

———. *Reading for the Plot: Design and Intention in Narrative.* New York: Knopf, 1984.

Brown, Frank E. *Roman Architecture.* New York: Braziller, 1972.

Brown, Peter. *Augustine of Hippo.* Berkeley: University of California Press, 1967.

————. *The Body and Society: Men, Women, and Sexual Renunciation in Early Christianity*. New York: Columbia University Press, 1988.

Bruno, Vincent J. "The Parthenon and the Theory of Classical Form." In *The Parthenon*. Ed. Vincent J. Bruno. New York: W. W. Norton, 1974.

Bryson, Norman. *Vision and Painting*. New Haven: Yale University Press, 1983.

Burchard, Johann. *Liber Notarum*. Cita di Castello, 1906.

Burkert, Walter. *Structure and History in Greek Mythology and Ritual*. Berkeley: University of California Press, 1979.

Bynum, Caroline Walker. *Jesus as Mother: Studies in the Spirituality of the High Middle Ages*. Berkeley: University of California Press, 1982.

————. "The Female Body and Religious Practice in the Later Middle Ages." In *Fragments for a History of the Human Body, Part One*. Eds. Michel Feher, with Ramona Naddaff and Nadia Tazi.

Bynum, William. "The Anatomical Method, Natural Theology, and the Functions of the Brain." *Isis* 64 (December 1973): 445–468.

Caemmerer, H. Paul. *The Life of Pierre Charles L'Enfant*. New York: Da Capo, 1970.

Cahen, Léon. "La population parisienne au milieu du 18ème siècle." *La Revue de Paris* XI (1919).

Camp, John M. *The Athenian Agora: Excavations in the Heart of Classical Athens*. London: Thames & Hudson, 1986.

Cantarella, Eva. *Bisexuality in the Ancient World*. Trans. Corma O' Cuilleanain. New Haven: Yale University Press, 1992.

Carcopino, Jérôme. *Daily Life in Ancient Rome*. Trans. E. O. Lorimer. New Haven: Yale University Press, 1968; Paris, 1939.

Carlson, E. T., and Meribeth Simpson. "Models of the Nervous System in Eighteenth-Century Neurophysiology and Medical Psychology." *Bulletin of the History of Medicine* 44 (1969): 101–115.

Caro, Robert. *The Power Broker*. New York: Knopf, 1974.

Cave, Roy C., and Herbert H. Coulson. *A Source Book for Medieval Economic History*. New York: Bruce Publishing Co., 1936.

Chédeville, André, Jacques Le Goff, and Jacques Rossiaud, eds. *Histoire de la France urbaine*. Vol. 2: *La ville mediévale*. Paris: Editions du Seuil, 1980.

Chenu, Marie Dominique. *La théologie au XIIme siècle*. Paris: J. Vriu, 1957.

Chenu, Marie Dominique. *La théologie au XIIme siècle*. Paris: J. Vriu, 1957.

Choay, Françoise. "La ville et le domaine bâti comme corps dans les textes des architectes-théoriciens de la première Renaissance italienne." *Nouvelle Revue de Psychanalyse* 9 (1974).

Cipolla, C. M. *The Economic History of Europe*. Vol. I. London: Fontana, 1972.

Clark, Kenneth. *The Nude: A Study in Ideal Form*. Princeton: Princeton University Press, 1956.

Cohen, Mark, ed. *The Autobiography of a Seventeenth-Century Rabbi: Leon Modena's "Life of Judah."* Princeton: Princeton University Press, 1988.

Cohn, Norman. *The Pursuit of the Millennium: Revolutionary Millenarians and Mystical Anarchists of the Middle Ages*. Rev. ed. New York: Oxford University Press, 1972.

Cole, Toby, and Helen Gich Chinoy, eds. *Actors on Acting*. Rev. ed. New York: Crown, 1970.

Comito, Terry. *The Idea of the Garden in the Renaissance*. New Brunswick, NJ: Rutgers University Press, 1978.

Constantin, Edouard. *Le livre des heureux.* Paris, 1810.

Contamine, Philippe. "Peasant Hearth to Papal Palace: The Fourteenth and Fifteenth Centuries." In *A History of Private Life.* Vol. II: *Revelations of the Medieval World.* Eds. Georges Duby and Philippe Ariès.

Corbin, Alain. *The Foul and the Fragrant: Odor and the French Social Imagination.* New York: Berg, 1986; Paris, 1982.

Coryat, Thomas. *Coryat's Crudities.* 2 vols. Ed. James Maclehouse. Glasgow: University of Glasgow Press, 1905; London, 1611.

Cox, Harvey. *The Secular City.* Rev. ed. New York: Macmillan, 1966.

Cozzi, Gaetano, ed. *Gli Ebrei e Venezia. secoli XIV–XVIII.* Milano: Edizioni di Comunità, 1987.

Dauban, Georges. *Madame Roland et son temps.* Paris, 1864; 1819.

Davis, Natalie Z. "Fame and Secrecy: Leon Modena's *Life* as an Early Modern Autobiography." In *The Autobiography of a Seventeenth-Century Rabbi: Leon Modena's "Life of Judah."* Ed. Mark Cohen.

Detienne, Marcel. "En Grèce Archaïque: Géométrie politique et société." *Annales ESC* 20 (1965): 425–442.

———. *The Gardens of Adonis: Spices in Greek Mythology.* Trans. Janet Lloyd. Intro. J.-P. Vernant. Atlantic Highlands, NJ: Humanities Press, 1977; Paris, 1972.

Dio Cassius. *Dio's Roman History.* Vol. VIII. Trans. Earnest Cary. Loeb Classical Library. New York: G. P. Putnam's Sons, 1925.

Dodds, E. R. *The Greeks and the Irrational.* Berkeley: University of California Press, 1951.

Douglas, Mary. *Purity and Danger: An Analysis of Concepts of Pollution and Taboo.* London: Routledge & Kegan Paul, 1978.

Dover, K. J. *Greek Homosexuality.* Cambridge, MA: Harvard University Press, 1989.

Dowd, David. *Pageant-Master of the Republic. Jacques-Louis David and the French Revolution.* Lincoln: University of Nebraska Press, 1948.

Duby, Georges. *The Age of Cathedrals: Art and Society, 980–1420.* Trans. Eleanor Levieux and Barbara Thompson. Chicago: University of Chicago Press, 1981; Paris, 1976.

———. "The Emergence of the Individual; Solitude: Eleventh to Thirteenth Century. " In *A History of Private Life.* Vol. II: *Revelations of the Medieval World.* Eds. Georges Duby and Philippe Ariès. Trans. Arthur Goldhammer. Cambridge, MA: Harvard University Press, 1985; Paris, 1985.

Duckworth, Alistair M. *Howards End: E. M. Forster's House of Fiction.* New York: Twayne / Macmillan, 1992.

Dudley, Donald R., ed. and trans. *Urbs Roma.* London: Phaidon Press, 1967.

Dumesnil, Marie-Françoise. "A Reply to the 'Reflections of Dramatic Art' of Clairon" (1800). Trans. Joseph M. Bernstein. In *Actors on Acting.* Eds. Toby Cole and Helen Crich Chinoy.

Dumont, Louis. *Homo Hierarchicus: Essai sur le système des castes.* Paris: Gallimard, 1967.

Egbert, Virginia Wylie. *On the Bridges of Medieval Paris: A Record of Early Fourteenth-Century Life.* Princeton: Princeton University Press, 1974.

Feher, Michel, with Ramona Naddaff and Nadia Tazi, eds. *Fragments for a History of the Human Body, Parts One, Two, and Three.* New York: Urzone, 1989.

Fehl, Philippe. "Gods and Men in the Parthenon Frieze." In *The Parthenon.* Ed. Vincent J. Bruno.

Finlay, Robert. "The Foundation of the Ghetto: Venice, the Jews, and the War of the League of Cambrai." *Proceedings of the American Philosophical Society* 126.2 (8 April 1982): 140–154.

Finley, M. I. *The Ancient Greeks: An Introduction to their Life and Thought.* London: Penguin, 1963.

———. *The Ancient Economy.* 2nd ed. London: Hogarth Press, 1985.

Foa, Anna. "The New and the Old: The Spread of Syphilis, 1494–1530." In *Sex and Gender in Historical Perspectives,* eds. Edward Muir and Guido Ruggiero. Baltimore: Johns Hopkins University Press, 1990.

Forster, E. M. *Howards End.* New York: Vintage Books, 1989. London, 1910.

———. *Two Cheers for Democracy.* London: Edward Arnold, 1992.

———. *Maurice.* New York: W. W. Norton, 1993.

Fortas, Meyer. "Ritual and Office." In *Essays on the Ritual of Social Relations.* Ed. Max Gluckman. Manchester: Manchester University Press, 1962.

Fortier, Bruno. "La Politique de l'Espace parisien." In *La politique de l'espace parisien à la fin de l'Ancien Régime.* Ed. Bruno Fortier. Paris: Editions Fortier, 1975.

Foucault, Michel. *Discipline and Punish.* New York: Pantheon, 1977; Paris, 1975.

———. *The History of Sexuality.* Vol. 1: *An Introduction.* Trans. Robert Hurley. New York: Vintage Books, 1980; Paris, 1976. Vol. 2: *The Use of Pleasure.* Trans. Robert Hurley. New York: Vintage Books, 1990; Paris, 1984. Vol. 3:

———, and Richard Sennett. "Sexuality and Solitude." *Humanities in Review* I.1 (1982): 3–21.

Freud, Sigmund. *Beyond the Pleasure Principle.* Trans. James Strachey. New York: W. W. Norton, 1961; Vienna, 1923.

Furbank, P. N. *E. M. Forster: A Life.* 2 vols. New York: Harcourt Brace Jovanovich, 1978.

Furet, Française. *Penser la Révolution Française.* Paris: Gallimard, 1978.

Gans, Herbert. *The Levittowners.* New York: Pantheon, 1967.

Garrod, H. W., ed. *The Oxford Book of Latin Verse.* Oxford: Oxford University Press, 1944.

Giedion, Sigfried. *Mechanization Takes Command.* New York: Oxford University Press, 1948.

Gilbert, Felix. " Venice in the Crisis of the League of Cambrai." In *Renaissance Venice.* Ed. John R. Hale.

Gilman, Sander L. *Sexuality.* New York: John Wiley & Sons, 1989.

Giruoard, Mark. *Life in the English Country House: A Social and Architectural History.* New Haven: Yale University Press, 1978.

Goethe, Johann Wolfgang. *Italian Journey, 1786–1788.* Trans. W. H. Auden and E. Mayer. New York: Pantheon, 1962.

Goffmann, Erving. *Relations in Public: Microstudies of the Public Order.* New York: Basic Books, 1971.

Gombrich, E. H. *Art and Illusion: A Study in the Psychology of Pictorial Representation,* Bollingen Series XXXV.5, Princeton: Princeton University Press, 1961.

Gonzales-Crussi, F. *The Five Senses.* New York: Vintage Books, 1991.

Gothein, Marie Luise. *A History of Garden Art.* Vol. I. Trans. M. Archer-Hind. New

York: Hacker, 1966; Heidelberg, 1913.

Gottmann, Jean. *Megalopolis*. New York: Twentieth Century Fund, 1961.

Gould, Carol. *Marx's Social Ontology*. Cambridge, MA: MIT Press, 1980.

Graf, Fritz. "Gestures and Conventions: The Gestures of Roman Actors and Orators." In *A Cultural History of Gesture*. Eds. Jan Bremmer and Herman Roodenburg.

Grant, Michael. *History of Rome*. New York: Scribners, 1978.

Grunwald Center for the Graphic Arts, Los Angeles. *French Caricature and the French Revolution, 1789–1799*. Exhibition Catalogue. Los Angeles: University of California Press, 1988.

Guston, Philip. "Piero della Francesca: The Impossibility of Painting." *Art News* 64 (1965): 37.

Habermas, Jurgen. *The Structural Transformation of the Public Sphere: An Inquiry into a Category of Bourgeois Society*. Trans. Thomas Burger, Cambridge, MA: MIT Press, 1989; Darmstadt, 1962.

Hale, John R., ed. *Renaissance Venice*. Totowa, NJ: Rowman & Littlefield, 1973.

Halperin, David. *One Hundred Years of Homosexuality*. London: Routledge, 1990.

Hansen, Mogens. "The Athenian Ekklesia and the Assembly Place on the Pnyx." *Greek Roman Byzantine Studies* 23.3 (Autumn 1982): 241–249.

Harbison, Robert. *Eccentric Spaces*. Boston: Godine, 1988.

Harrison, Evelyn B. "Athena and Athens in the East Pediment of the Parthenon." In *The Parthenon*. Ed. Vincent J. Bruno.

Harvey, David. *Social Justice and the City*. Baltimore and London: Johns Hopkins University Press, 1975.

Harvey, William. *De motu cordis*. Frankfurt, 1628.

Haussmann, G. E. *Mémoires*, vol. 3. Paris, 1893.

Hawes, Elizabeth. *New York, New York: How the Apartment House Transformed the Life of the City, 1869–1930*. New York: Knopf, 1993.

Heers, Jacques. *La ville au Moyen Age*. Paris: Librairie Arthème Fayard, 1990.

Heidegger, Martin. "Building Dwelling Thinking." In *Poetry, Language, Thought*. Intro. and trans. Albert Hofstadter. New York: Harper & Row, 1975.

———. "The Origin of the Work of Art." In *Poetry, Language, Thought*.

Héritier-Augé, Françoise. "Semen and Blood: Some Ancient Theories Concerning Their Genesis and Relationship." In *Fragments for a History of the Human Body, Part Three*. Eds. Michel Feher, Ramona Naddaff, and Nadia Tazi.

Hesiod. *Works and Days. The Homeric Hymns and Homerica*. Trans. Hugh G. Evelyn-White. Loeb Classical Library. Cambridge, MA: Harvard University Press, 1936.

Hirschmann, Albert. *The Passions and the Interests: Political Arguments for Capitalism Before Its Triumph*. Princeton: Princeton University Press, 1977.

Hodgett, Gerald. *A Social and Economic History of Medieval Europe*. London: Methuen, 1972.

Hollander, Anne. *Moving Pictures*. New York: Knopf, 1989.

Homer. *The Iliad*. 2 vols. Trans. A. T. Murray. Loeb Classical Library. Cambridge, MA: Harvard University Press, 1963; 1925.

Honour, Hugh. *Venice*. London: Collins, 1990.

Hopkins, Keith. *Death and Renewal*. New York: Cambridge University Press, 1983.

Horkheimer, Max, and Theodor Adorno. *Dialectic of Enlightenment*. Trans. John Cummings. New York: Continuum, 1993.

Horowitz, Elliott. "Coffee, Coffeehouses, and the Nocturnal Rituals of Early Modern Jewry." *American Jewish Studies Review* 14 (1988): 17–46.

Huet, Marie-Hélène. *Rehearsing the Revolution: The Staging of Marat's Death, 1793–1797*. Trans. Robert Hurley. Berkeley: University of California Press, 1992.

Hufton, Olwen. *Women and the Limits of Citizenship in the French Revolution*. Toronto: University of Toronto Press, 1992.

Hughes, Diane Owen. "Earrings for Circumcison: Distinction and Purification in the Italian Renaissance City." In *Persons in Groups*, W. Richard Trexler. Binghamton, NY: Medieval and Renaissance Texts and Studies, 1985.

Huizinga, Johan. *The Waning of the Middle Ages*. Trans. F. Hopman. New York: St. Martin's Press, 1954; Leiden, 1919.

Hunt, Lynn. *Politics, Culture, and Class in the French Revolution*. Berkeley: University of California Press, 1984.

———. *The Family Romance of the French Revolution*. Berkeley: University of California Press, 1992.

Huse, Norbert, and Wolfgang Wolters. *The Art of Renaissance Venice: Architecture, Sculpture, and Painting, 1460–1590*. Trans. Edmund Jephcott. Chicago: University of Chicago Press, 1990; Munich, 1986.

Jacobs, Jane. *The Death and Life of Great American Cities*. New York: Random House, 1961.

Jacobus, Mary. "Incorruptible Milk: Breast-feeding and the French Revolution." In *Rebel Daughters: Women and the French Revolution*. Eds. Sara E. Melzer and Leslie Rabine. New York: Oxford University Press, 1992.

Jakobson, Roman. "Two Types of Language and Two Types of Aphasic Disturbances." *Fundamentals of Language*. Eds. Jakobson and Morris Halle. The Hague: Mouton, 1956.

James, E. O. *Seasonal Feasts and Festivals*. New York: Barnes & Noble, 1961.

Jarrett, Bede. *Social Theories of the Middle Ages 1200–1500*. New York: Frederick Ungar, 1966.

Jefferson, Thomas. *Notes on the State of Virginia*. Edited with an Introduction by William Peden. Chapel Hill: University of North Carolina Press, 1955.

John of Salisbury. *Policraticus*. Ed. C. C. J. Webb. Oxford: Oxford University Press, 1909.

Joint Association of Classical Teachers. *The World of Athens: An Introduction to Classical Athenian Culture*. Cambridge, UK: Cambridge University Press, 1984.

Kaminsky, Jack. *Hegel on Art*. Albany, NY: State University of New York Press, 1970.

Kantorowicz, Ernest H. *The King's Two Bodies: A Study in Medieval Political Theology*. Princeton: Princeton University Press, 1957.

Katz, Jacob. *Exclusiveness and Tolerance: Studies in Jewish-Gentile Relations in Medieval and Modern Times*. Oxford: Oxford University Press, 1961.

Kennedy, Emmet. *A Cultural History of the French Revolution*. New Haven: Yale University Press, 1989.

King James Bible. Cambridge, UK: Cambridge University Press, 1988; also New Testament text, New York: Thomas Nelson & Sons, 1925.

Kite, Elizabeth S. *L'Enfant and Washington*. Baltimore: Johns Hopkins University Press, 1929.

Klibansky, Raymond. "Melancholy in the System of The Four Temperaments." In *Saturn and Melancholia,* eds. Raymond Klibansky, Erwin Paustsky, and Fritz Saxl. New York: Basic Books, 1964.

Knights , L. C. *Drama and Society in the Age of Jonson*. London: Chatto & Windus, 1962.

Knox, B. M. W. "Silent Reading in Antiquity." *Greek Roman Byzantine Studies* 9 (1968): 421–435.

Konrad, Gyorgy. *Anti-Politics*. Trans. Richard E. Allen. New York: Harcourt Brace Jovanovich, 1984.

Kostof, Spiro. *A History of Architecture: Settings and Rituals*. Oxford: Oxford University Press, 1985.

———. *The City Shaped: Urban Patterns and Meanings Through History*. London: Thames & Hudson, 1991.

———. *The City Assembled: The Elements of Urban Form Through History*. London: Thames & Hudson, 1992.

Krautheimer, Richard. *Rome: Profile of A City, 312–1308*. Princeton: Princeton University Press, 1980.

———. *Early Christian and Byzantine Architecture*. 4th ed. New York: Viking-Penguin, 1986.

Krinsky, Carol Herselle. *Synagogues of Europe: Architecture, History, Meaning*. New York and Cambridge, MA: The Architectural History Foundation and MIT Press, 1985.

Kubey, Robert, and Mihaly Csikszentmihalyi. *Television and the Quality of Life: How Viewing Shapes Everyday Experience*. Hillsdale, NJ: Lawrene Erlbaum, 1990.

Landes, David. *Revolution in Time: Clocks and the Making of the Modern World*. Cambridge, MA: Belknap Press, 1983.

Landes, Joan B. *Women and the Public Sphere in the Age of the French Revolution*. Ithaca, NY: Cornell University Press, 1988.

———. "The Performance of Citizenship: Democracy, Gender and Difference in the French Revolution." Unpublished paper presented at the Conference for the Study of Political Thought, Yale University, April 1993.

Lane, Frederic Chapin. "Family Partnerships and Joint Ventures in the Venetian Republic." *Journal of Economic History* IV (1944): 178–196.

———. *Venice: A Maritime Republic*. Baltimore: Johns Hopkins University Press, 1973.

Lavin, Marilyn Aronberg. *Piero della Francesca: The Flagellation*. New York: Viking Press, 1972.

Lawrence, A. W. *Greek Architecture*. Additions by R. A. Tomlinson. London: Penguin, 1983.

Le Bon, Gustave. *The Crowd. A Study of the Popular Mind*. Ed. R. Merton. New York: Viking Press, 1960.

Leff, Gordon. *Paris and Oxford Universities in the Thirteenth and Fourteenth Centuries: An Institutional and Intellectual History*. New York: John Wiley & Sons, 1968.

Le Goff, Jacques. "Introduction" to *Histoire de la France Urbaine*. Vol. II: *La Ville Médiévale*. Eds. André Chédeville, Jacques Le Goff, and Jacques Rossiaud.

Paris: Editions le Seuil, 1980.

———. *Medieval Civilization, 400–1500.* Trans. Julia Burrows. Cambridge, MA: Basil Blackwell, 1988.

———. *Your Money or Your Life: Economy and Religion in the Middle Ages.* Trans. Patricia Ranum. New York: Zone Books, 1988.

———. "Head or Heart? The Political Use of Body Metaphors in the Middle Ages." In *Fragments for a History of the Human Body, Part Three.* Eds. Michel Feher, Ramona Naddaff, and Nadia Tazi.

———. "Temps de l'Eglise et temps du Marchand." *Annales ESC* 15 (1960):417–433.

Leguay, Jean-Pierre. *La rue au Moyen Age.* Rennes, France: Ouest France, 1984.

Le Guerer, Annick. *Scent.* Trans. Richard Miller. New York: Random House, 1992.

Lenin, V. I. *Materialism and Empiro-Criticism.* New York: International Publishers, 1927; 1908.

Levy, Darlene Gay, Harriet Applewhite, and Mary Johnson, eds. *Women in Revolutionary Paris, 1789–1795.* Chicago: University of Illinois Press, 1980.

Lewis, Naphtali, and Meyer Reinhold, eds. *Roman Civilization: Selected Readings.* Vol. II: *The Empire.* 3rd ed. New York: Columbia University Press, 1990.

Lifton, Robert Jay. *The Protean Self: Human Resilience in an Age of Fragmentation.* New York: Basic Books, 1993.

Lissarrague, François. "Figures of Women." Trans. Arthur Goldhammer. In *A History of Women in the West.* Vol. I: *From Ancient Goddesses to Christian Saints.* Ed. Pauline Schmitt Pantell. Cambridge: Harvard University Press, 1992; Paris, 1991.

Little, Lester K. *Religious Poverty and the Profit Economy in Medieval Europe.* London: Paul Elek, 1978.

Lopez, Robert. *The Commercial Revolution of the Middle Ages, 930–1350.* Englewood Cliffs, NJ: Prentice-Hall, 1971.

Loraux, Nicole. *The Invention of Athens: The Funeral Oration in the Classical City.* Trans. Alan Sheridan. Cambridge, MA: Harvard University Press, 1986.

———. "Herakles: The Super-Male and the Feminine." In *Before Sexuality: The Construction of Erotic Experience in the Ancient Greek World.* Eds. David Halperin, John J. Winkler, and Froma I. Zeitlin. Princeton: Princeton University Press, 1989.

Luchaire, Achille. *Social France at the Time of Philip Augustus.* Trans. Edward Benjamin Krehbiel. London: John Murray, 1912; Paris, 1899.

Luscombe, D. E. "Cities and Politics Before the Coming of the *Politics:* Some Illustrations." In *Church and City 1000–1500: Essays in Honor of Christopher Brooke.* Eds. David Abulafia, Michael Franklin, and Miri Rubin. Cambridge, UK: Cambridge University Press, 1992.

Lykurgos. *Against Leocrates. Minor Attic Orators.* Trans. J. O. Burtt. Loeb Classical Library. Cambridge, MA: Harvard University Press, 1954.

Lynch, Kevin. *The Image of the City.* Cambridge, MA: MIT Press, 1960.

MacDonald, William L. *The Pantheon: Design, Meaning and Progeny.* Cambridge, MA: Harvard University Press, 1976.

———. *The Architecture of the Roman Empire.* Vol. I: *An Introductory Study.* Rev. ed. New Haven: Yale University Press, 1982.

MacMullen, Ramsay. *Paganism in the Roman Empire.* New Haven: Yale University

Press, 1981.

Manuel, Frank. *The Broken Staff: Judaism Through Christian Eyes.* Cambridge, MA: Harvard University Press, 1992.

Marcus Aurelius Antoninus. *Meditations.* Trans. G. M. A. Grube. Indianapolis: Hackett Publishing, 1983.

Marcuse, Herbert. *One-Dimensional Man: Studies in the Ideology of Advanced Industrial Society.* Boston: Beacon Press, 1964.

Masson, Georgina. *Courtesans of the Italian Renaissance.* New York: St. Martin's Press, 1975.

Mazzolani, Lidia Storini. *The Idea of the City in Roman Thought: From Walled City to Spiritual Commonwealth.* Trans. S. O'Donnell. Bloomington: Indiana University Press, 1970; Milan, 1967.

McNeill, William. *Venice. The Hinge of Europe, 1081–1797.* Chicago: University of Chicago Press, 1974.

Meeks, Wayne A. *The First Urban Christians: The Social World of the Apostle Paul.* New Haven: Yale University Press, 1983.

———. *The Moral World of the First Christians.* Philadelphia: Westminster Press, 1986.

Melzer, Sara, and Leslie Rabine, eds. *Rebel Daughters. Women and the French Revolution.* New York: Oxford University Press, 1992.

Mercier, Sebastien. *Tableau de Paris.* 12 vols. Amsterdam, NY: 1782–88.

Millar, Fergus. *The Emperor in the Roman World.* Ithaca, NY: Cornell University Press, 1992.

Ministère de la Culture et de la Communication, des Grands Travaux et du Bicentennaire. *Les Architectes de la Liberté 1789–1799.* Exhibition Catalogue. Paris: Ecole Nationale Supérieure des Beaux Arts de Paris, 1989.

Modena, Leon. " Life of Judah." In *The Autobiography of a Seventeenth-Century Rabbi: Leon Modena's "Life of Judah."* Ed. Mark Cohen.

Mollat, Michel. *The Poor in the Middle Ages.* Trans. Arthur Goldhammer. New Haven: Yale University Press, 1986; Paris, 1978.

Morel, Marie-France. "Ville et campagne dans le discours médical sur la petite enfance au XVIIIe siècle." *Annales* ESC 32 (1977): 1007–1024.

Mumford, Lewis. *The City in History.* New York: Harcourt Brace Jovanovich, 1961.

Munsterberg, Hugo. *The Film: A Psychological Study: The Silent Photoplay in 1916.* New York: Dover Publications, 1970; 1916.

Murray, Oswyn. "Sympotic History." In *Sympotica: A Symposium on the Symposiom.* Ed. Oswyn Murray. Oxford: Clarendon Press, 1990.

Nelson, Benjamin N. "The Usurer and the Merchant Prince: Italian Businessmen and the Ecclesiastical Law of Restitution, 1100–1550." *Journal of Economic History* VII (1947): 104–122.

Neusner, Jacob. *A History of the Mishnaic Law of Purities.* Leiden: Brill, 1977.

Nock, Arthur Darby. *Conversion.* Oxford: Oxford University Press, 1969.

Ober, Josiah. *Mass and Elite in Democratic Athens: Rhetoric, Ideology and the Power of the People.* Princeton: Princeton University Press, 1989.

Olsen, Donald J. *Town Planning in London: The Eighteenth and Nineteenth Centuries.* 2nd ed. New Haven: Yale University Press, 1982.

———. *The City as a Work of Art: London, Paris, Vienna.* New Haven: Yale University Press, 1986.

Origen. *Contra Celsum*. Trans. and ed. Henry Chadwick. Cambridge, UK: Cambridge University Press, 1965.

Outram, Dorinda. *The Body and the French Revolution: Sex, Class, and Political Culture*. New Haven: Yale University Press, 1989.

Ovid. *Fasti*. Trans. James George Frazer. Loeb Classical Library. Cambridge, MA: Harvard University Press, 1976.

———. *Tristia*. In Ovid, vol. VI. Trans. Arthur Leslie Wheeler. Rev. G. P. Gould. 2nd ed. Loeb Classical Library. Cambridge, MA: Harvard University Press, 1988.

Ozouf, Mona. *Festivals and the French Revolution*. Trans. Alan Sheridan. Cambridge, MA: Harvard University Press, 1988; Paris, 1976.

Pantel, Pauline Schmitt, ed. *A History of Women in the West*. Vol. I: *From Ancient Goddesses to Christian Saints,* trans. Arthur Goldhammer. Cambridge, MA: Harvard University Press, 1992; Paris, 1991.

Paterculus, Velleius. *Compendium of Roman History II*. Trans. Frederick William Shipley. London: W. Heinemann, 1924.

Pelikan, Jaroslav. *Jesus Through the Centuries*. New Haven: Yale University Press, 1985.

Pellizer, Ezio. "Sympotic Entertainment." In *Sympotica: A Symposium on the Symposion*. Ed. Oswyn Murray.

Pinckney, David. *Napoleon III and the Building of Paris*. Princeton: Princeton University Press, 1958.

Pirenne, Henri. *Medieval Cities: Their Origins and the Revival of Trade*. Trans. Frank D. Halsey. Princeton: Princeton University Press, 1946.

Plato. *Gorgias*. Trans. and intro. Walter Hamilton. London: Penguin, 1960.

———. *Symposium*. Trans. and intro. Alexander Nehamas and Paul Woodruff. Indianapolis: Hackett Publishing, 1989.

Plautus. Vol. VII: *Curculio*. Trans. Paul Nixon. Loeb Classical Library. Cambridge, MA: Harvard University Press, 1977.

Plutarch. "Perikles." *The Rise and Fall of Athens: Nine Greek Lives*. Trans. Ian Scott-Kilvert. London: Penguin, 1960.

Polanyi, Karl. *The Great Transformation: The Political and Economic Origins of Our Time*. Boston: Beacon Hill Press, 1957.

Polybius. *Histories*. 6 vols. Trans. W. R. Paton. Loeb Classical Library. Cambridge, MA: Harvard University Press, 1980.

Pomeroy, Sarah. *Goddesses, Whores, Wives , and Slaves: Women in Classical Antiquity*. New York: Schocken Books, 1975.

Pouchelle, Marie-Christine. *The Body and Surgery in the Middle Ages*. Trans. Rosemary Morris. New Brunswick, NJ: Rutgers University Press, 1990; Paris, 1983.

Pullan, Brian S. *Rich and Poor in Renaissance Venice*. Oxford: Basil Blackwell, 1971.

———. *The Jews of Europe and the Inquisition of Venice, 1550–1670*. Totowa, NJ: Barnes & Noble, 1983.

Rabinbach, Anson. *The Human Motor: Energy, Fatigue, and the Origins of Modernity*. New York: Basic Books, 1990.

Ravid, Benjamin. "The First Charter of the Jewish Merchants of Venice, 1589." *Association for Jewish Studies Review* I (1976): 187–222.

———. "The Religious, Economic, and Social Background and Context of the Establishment of the Ghetti of Venice." In *Gli Ebrei e Venezia, secoli XIV–XVIII*. Ed. Gaetano Cozzi.

Reed, T. J. *Goethe*. Oxford: Oxford University Press, 1984.

Reps, John. *Monumental Washington*. Princeton: Princeton University Press, 1967.

Reynolds, Joyce. "Cities." In *The Administration of the Roman Empire*. Ed. David Braund.

Roberts, J. W. *City of Sokrates: An Introduction to Classical Athens*. New York: Routledge & Kegan Paul, 1984.

Roberts, Warren. "David's 'Bara' and the Burdens of the French Revolution." In *Revolutionary Europe 1750–1850*. Tallahassee, FL: Conference Proceedings, 1990.

Rosenau, Helen. *Boullée and Visionary Architecture*. New York: Harmony Books, 1976.

Rousseau, Jean-Jacques. *Emile, ou Traité de L'Éducation*. Paris: Gallimard, 1971; 1762.

Rudé, George. *The Crowd in the French Revolution*. New York: Oxford University Press, 1959.

Ruggiero, Guido. *The Boundaries of Eros: Sex Crime and Sexuality in Renaissance Venice*. New York: Oxford University Press, 1985.

Rykwert, Joseph. *The Idea of a Town: The Anthropology of Urban Form in Rome, Italy and the Ancient World*. Cambridge, MA: MIT Press, 1988.

Saalman, Howard. *Medieval Cities*. New York: George Braziller, 1968.

Sade, D. A. F, Marquis de. *Three Complete Novels (Justine, Philosophy in the Bedroom, Eugénie de Franval)*. Trans. Richard Seaver and Austryn Wainhouse. New York: Grove Press, 1966.

Sappho. *Greek Lyrics*. Trans. David A. Campbell. Loeb Classical Library. Cambridge, MA: Harvard University Press, 1982.

Scarry, Elaine. *The Body in Pain: The Making and Unmaking of the World*. New York: Oxford University Press, 1985.

Schama, Simon. *Citizens*. New York: Vintage Books, 1989.

Schivelbusch, Wolfgang. *The Railway Journey*. Berkeley: University of California Press, 1986.

Schmitt, Jean-Claude. "The Ethics of Gesture." In *Fragments for a History of the Human Body, Part Two*. Eds. Michel Feher, Ramona Naddaff, and Nadia Tazi.

Schwartz, Regina. "Rethinking Voyeurism and Patriarchy: The Case of *Paradise Lost*." *Representations* 34 (1991): 85–103.

Scott, Joan Wallach. " 'A Woman Who has Only Paradoxes to Offer'; Olympe de Gouges Claims Rights for Women." In *Rebel Daughters: Women and the French Revolution*. Eds. Sara E. Melzer and Leslie Rabine.

Seneca. *Seneca's Letters to Lucilius*. 2 vols. Trans. E. Phillips Barker. Oxford: Clarendon Press, 1932.

———. *Seneca: Moral Epistles*. Trans. and intro. Anna Lydia Motto. Chico, CA: Scholars Press, 1985.

Sennett, Richard. *The Fall of Public Man*. New York: W. W. Norton, 1992; 1976.

———. *The Conscience of the Eye*. New York: W. W. Norton, 1992; 1990.

Shakespeare, William. *The Merchant of Venice*. Ed. W. M. Merchant. London: Penguin, 1967.

Simon, Erika. *Festivals of Attica: An Archaeological Commentary.* Madison: University of Wisconsin Press, 1983.

Simson, Otto von. *The Gothic Cathedral: Origins of Gothic Architecture and the Medieval Concept of Order.* 3rd ed., Bollingen Series XLVIII. Princeton: Princeton University Press, 1988.

Sirel, Edmund. "Les Lèvres de la Nation." Paris, 1792.

Sissa, Giulia. "The Sexual Philosophies of Plato and Aristotle." In *A History of Women in the West.* Vol. I: *From Ancient Goddesses to Christian Saints.* Ed. Pauline Schmitt Pantel. Trans. Arthur Goldhammer. Cambridge, MA: Harvard University Press, 1992; Paris, 1991.

Smith, Adam. *The Wealth of Nations.* New York: Everyman's Library, Knopf, 1991; London, 1776.

Stafford, Barbara Maria. *Body Criticism: Imaging the Unseen in Enlightenment Art and Medicine.* Cambridge, MA: MIT Press, 1991.

Stambaugh, John E. *The Ancient Roman City.* Baltimore: Johns Hopkins University Press, 1988.

Stanton, G. R., and Bicknell, P. J. "Voting in Tribal Groups in the Athenian Assembly." *Greek Roman and Byzantine Studies* 28 (1987).

Starobinski, Jean. *Jean-Jacques Rousseau, la transparence et l'obstacle: Suivi de sept essais sur Rousseau.* Paris: Gallimard, 1971.

Stechow, Wolfgang. *Breughel.* New York: Abrams, 1990.

Stow, Kenneth R. "Sanctity and the Construction of Space: The Roman Ghetto as Sacred Space." In *Jewish Assimilation, Acculturation and Accommodation: Past Traditions, Current Issues and Future Prospects.* Ed. Menachem Mor. Lanham, University Press of America, 1989.

Strauss, Leo. *The City and Man.* Chicago: Rand-McNally, 1964.

Suetonius. *The Twelve Caesars.* Trans. Robert Graves. Rev. ed. London: Penguin, 1979.

Svenbro, Jesper. "La voix intérieure." *Phrasikleia: anthropologie de la lecture en Grèce ancienne.* Paris: Editions de la Découverte, 1988.

Symonds, J. A. *Memoirs.* New York: Viking Press, 1984.

Tacitus. *Agricola.* Trans. M. Hutton. Rev. R. M. Ogilvie. *Agricola, Germania, Dialogus.* Loeb Classical Library. Cambridge, MA: Harvard University Press, 1970.

Talma, François-Joseph. "Grandeur Without Pomp" (1825). In *Actors on Acting.* Eds. Toby Cole and Helen Crich Chinoy.

Temkin, Owsei. *Galenism: Rise and Decline of a Medical Philosophy.* Ithaca, NY: Cornell University Press, 1973.

Temko, Allan. *Notre Dame of Paris.* New York: Viking Press, 1955.

Tenenti, Alberto. "The Sense of Space and Time in the Venetian World." In *Renaissance Venice.* Ed. John R. Hale.

Tertullian. *Apologetical Works* [and Octavius, *Minucius Felix*]. Trans. Rudolph Arbesmann, Emily Joseph Daly, and Edwin A. Quain. The Fathers of the Church Series, vol. 10. Washington, DC: Catholic University of America Press, 1950.

Thebert, Yvon . "Private Life and Domestic Architecture in Roman Africa." In *A History of Private Life.* Vol. I: *From Pagan Rome to Byzantium.* Ed. Paul Veyne.

Cambridge, MA: Harvard University Press, 1990; Paris, 1985.

Thompson, Paul. *The Edwardians: The Remaking of British Society.* 2nd ed. New York: Routledge, 1992.

Thucydides. *History of the Peloponnesian War.* Trans. Rex Warner, intro. M. I. Finley . London: Penguin, 1954.

Tilly, Charles. *The Contentious French.* Cambridge, MA: Harvard University Press, 1986.

Toellner, Richard. "Logical and Psychological Aspects of the Discovery of the Circulation of the Blood." In *On Scientific Discovery.* Eds. Mirko Grmek, Robert Cohen, and Guido Cimino. Boston: Reidel, 1980.

Tucci, Ugo. "The Psychology of the Venetian Merchant in the Sixteenth Century." In *Renaissance Venice.* Ed. John R. Hale.

Ullmann, Walter. *The Individual and Society in the Middle Ages.* Baltimore: Johns Hopkins Press, 1966.

Vernant, Jean-Pierre. "Introduction" to Marcel Detienne, *The Gardens of Adonis.*

———. "Dim Body, Dazzling Body." In *Fragments for a History of the Human Body,* Part One. Eds. Michel Feher, Ramona Naddaff, and Nadia Tazi.

Veyne, Paul. *Bread and Circuses.* Abridged and trans. Brian Pearce. London: Allen Lane / Penguin, 1990; Paris, 1976.

Vidler, Anthony. *The Architectural Uncanny: Essays in the Modern Unhomely.* Cambridge, MA: MIT Press, 1992.

Virgil, *Eclogues. Virgil's Works.* Trans. J. W. Mackail. Intro. Charles Durham. New York: Modern Library, 1934.

Vitruvius. *The Ten Books of Architecture.* Trans. Morris Vicky Morgan. New York: Dover Publications, 1960.

Vovelle, Michel. *La Révolution Française: Images et récits.* 5 vols. Paris: Messidor / livre Club Diderot, 1986.

Walkowitz, Judith R. *City of Dreadful Delight: Narratives of Sexual Danger in Late-Victorian London.* Chicago : University of Chicago Press, 1992.

Weber, Max. *The City.* Trans. Don Martindale and Gertrud Neuwirth. New York: The Free Press, 1958; Tübingen, 1921.

Webber, Melvin. "Revolution in Urban Development ." In *Housing: Symbol, Structure, Site.* Ed. Lisa Taylor. New York: Rizzoli, 1982.

Welch, Katherine. "The Roman Amphitheatre after Golvin." Unpublished manuscript, New York University Institute of Fine Arts, 1992.

White, Michael L. *Building God's House in the Roman World: Architectural Adaptation Among Pagans, Jews, and Christians.* Baltimore: Johns Hopkins University Press, 1990.

Whyte, William. *City: Rediscovering the Center.* Garden City, NY: Doubleday, 1988.

Wildenstein, Daniel and Guy. *David: Documents supplémentaires au catalogue complèt de l'oeuvre.* Paris: Fondation Wildenstein, 1973.

Williams, Raymond. *The Country and the City.* New York: Oxford University Press, 1973.

Willis, Thomas. *Two Discourses Concerning the Soul of Brutes.* London, 1684.

Winckelmann, Johann Joachim. *History of Ancient Art.* Trans. Johann Gottfried Herder. New York: Ungar, 1969.

Winkler, John J. *The Constraints of Desire: The Anthropology of Sex and Gender in Ancient Greece.* New York: Routledge, Chapman & Hall, 1990.

―――. "The Ephebes' Song." In *Nothing to Do with Dionysos?* Eds. John Winkler and Froma Zeitlin. Princeton: Princeton University Press, 1990.

Wittgenstein, Ludwig. *The Blue and Brown Books: Preliminary Studies for the "Philosophical Investigations."* New York: Harper Colophon, 1965.

Woolf, Virginia. "The Novels of E. M. Forster." *The Death of the Moth and Other Essays.* New York: Harcourt, Brace, 1970.

Wycherley, R. E. *How the Greeks Built Cities: The Relationship of Architecture and Town Planning to Everyday Life in Ancient Greece.* 2nd ed. New York: W. W. Norton, 1976.

―――. *The Stones of Athens.* Princeton: Princeton University Press, 1978.

Xenophon. *Hellenika I–II.310.* Ed. and trans. Peter Krentz. Warminster, UK: Aris & Phillips, 1989.

Yourcenar, Marguerite. *Memoirs of Hadrian.* Trans. Grace Frick. New York: Farrar, Straus & Giroux, 1954.

Zanker, Paul. *The Power of Images in the Age of Augustus.* Trans. Alan Shapiro. Ann Arbor: University of Michigan Press, 1990.

Zeitlin, Froma. "Playing the Other: Theatre, Theatricality, and the Feminine in Greek Drama." In *Nothing to Do with Dionysos?* Eds. John Winkler and Froma Zeitlin.

Zucker, Paul. *Town and Square: From the Agora to the Village Green.* New York: Columbia University Press, 1969.

图书在版编目(CIP)数据

肉体与石头：西方文明中的身体与城市/(美)桑内特(Sennett, R.)著；
黄煜文译.—上海：上海译文出版社,2016.2（2024.5重印）
（睿文馆）
书名原文：Flesh and Stone: The Body and the City in Western Civilization
ISBN 978 - 7 - 5327 - 7055 - 7

Ⅰ.①肉… Ⅱ.①桑… ②黄… Ⅲ.①城市社会学-
研究 Ⅳ.①C912.81

中国版本图书馆 CIP 数据核字(2015)第 210673 号

Richard Sennett
Flesh and Stone
The Body and the City in Western Civilization
Copyright© 1994 by Richard Sennett
All rights reserved including the rights of
reproduction in whole or in part in any form.

图字：09 - 2005 - 483 号

肉体与石头：西方文明中的身体与城市
[美] 理查德·桑内特/著 黄煜文/译
责任编辑/衷雅琴 装帧设计/张志全工作室

上海译文出版社有限公司出版、发行
网址：www. yiwen. com. cn
201101 上海市闵行区号景路 159 弄 B 座
山东韵杰文化科技有限公司印刷

开本 890×1240 1/32 印张 14.25 插页 6 字数 272,000
2016 年 2 月第 1 版 2024 年 5 月第 3 次印刷
印数：5,001—6,000 册

ISBN 978 - 7 - 5327 - 7055 - 7/C·068
定价：68.00 元